Robert Hess

Das etruskische Italien

Entdeckungsfahrten zu den
Kunststätten und Nekropolen der Etrusker

Verlag M. DuMont Schauberg

Auf der Umschlagvorderseite: *Blick auf Blera im Kernland der Etrusker*
Darunter: *Malerei auf der Rückwand der Tomba del Barone, Tarquinia, Ende 6. Jh. v. Chr.*
Auf der Rückseite: *Porträt der Velia, Malerei aus der Tomba dell'Orco, Tarquinia, um 300 v. Chr.*

Druck und buchbinderische Verarbeitung:
Druckerei Gebr. Rasch & Co., Bramsche, und Boss-Druck, Kleve

Printed in Germany ISBN 3-7701-0637-7

Inhalt

Vorwort

... denen, welche nicht reisen,
ist nicht zu helfen.
Jacob Burckhardt

Wer in den Museen Italiens den Reichtum an Kunst und Handwerk der Etrusker und die erstaunliche Menge der von ihnen importierten griechischen Vasen gesehen hat, den verlangt es, die Gräber zu sehen, aus denen all diese Werke und auch ein wesentlicher Teil unseres Wissens um die etruskische Kultur stammen. Der lebendige Eindruck von einem isolierten Grabbau oder einer weiten Nekropole draußen im Land ist durch Museumsbesuche nicht zu ersetzen.

Bequem zu erreichen sind die großen Nekropolen der etruskischen Küstenstädte am Tyrrhenischen Meer. Abseits von ihnen, im pastoralen Binnenland, liegen die monumentalen, aus Tuffwänden gehauenen Felsengräber und die Zonen mit den vielfältigen Typen der etruskischen Grabarchitektur. Die Wege zu ihnen aufzuzeigen, war mir ein besonderes Anliegen. Ab und zu führen sie zu weniger bekannten lokalen Museen oder Antiquarien, in denen man interessante Einblicke in die ländliche Kultur der Etrusker erhält.

Um die zahlreichen im Kernland Etruriens zerstreuten Orte und Gräberstätten in einer übersichtlichen Ordnung zu erfassen, habe ich die konventionelle Aufteilung in ungefähre Tagesrouten gewählt. Auf die an den Wegen zu den etruskischen Denkmälern liegenden bedeutenden Werke der Romanik hinzuweisen, konnte ich nicht unterlassen.

Dankbar erinnere ich mich des freundlichen Entgegenkommens, dem ich auf den vieljährigen Streifzügen durch Etrurien begegnete. Für mannigfache Förderung besonders herzlich zu danken habe ich Prof. Dr. Giacomo Caputo, ehemaligem Direktor des Archäologischen Museums in Florenz und Ausgräber der berühmt gewordenen ›Montagnola‹, Prof. Dr. Clelia Laviosa, Ausgräberin von Roselle, Prof. Dr. Nereo Alfieri, Ausgräber von Spina, und Frau Dr. M. Demus-Quatember, Verfasserin des soliden Buches über die etruskische Grabarchitektur. Aufrichtiger Dank gilt auch den kundigen Ispettori Onorarii Giuseppe De Santis in Barbarano Romano und Luigi Gobbi in Tolfa, dem leider unlängst verstorbenen Capo Servizio al Museo Etrusco di Chiusi, Loris Rossi, und dem Custoden von San Giuliano, Filippo Cocchio. Bereitwillig haben sie mir bei der Erstellung der Pläne ihrer Zonen beigestanden.

R. H.

1973

Zeittafel

Voretruskische Kulturen

1400–1200 v. Chr.	Volle und jüngere Bronzezeit in Italien. Gleichzeitig Blüte der Apennin-Kultur (geritzte Mäander, Spiralen) und der Terramare (Pfahlbauer) in Norditalien
1000–900 v. Chr.	Übergang von der späten Bronzezeit in die Eisenzeit
Um 800 v. Chr.	Sub-apenninische und Proto-Villanova-Stufe
1. Hälfte 8. Jh.	Entstehung großer Zentren in Campanien, Latium und Etrurien
770 v. Chr.	Beginn der griechischen Kolonisation in Süditalien und Sizilien (Ischia, Cumae, Messina)
Mitte 8. Jh. – 700	Phase der entwickelten Villanova-Kultur. Ausschließlich Brandgräber. Vorzügliche Bronzearbeiten
750–650 v. Chr.	Letzte Phase der Villanova-Kultur

Die etruskische Kultur

Seit 10. Jh v. Chr.	Aus der Ägäis und Kleinasien kommen Träger (Tyrrhener) einer überlegenen Kultur an die Küste des Tyrrhenischen Meeres und ins Landesinnere. Völkische Elemente der Ansässigen (bronzezeitliche Apenninen, italische Umbrer, Villanovier u. a.) verschmelzen im 9.–8. Jh. v. Chr. mit den Ankömmlingen zur kulturellen Einheit. Werden des etruskischen Volkes. (Nach A. J. Pfiffig)
Um 750 v. Chr.	Kontakt mit dem Seehandel der Griechen und Phönizier. Einfuhr protokorinthischer Vasen. Kanopen in Chiusi
7. – Anfang 6. Jh. v. Chr.	Orientalisierende Phase. Wachsender griechischer Einfluß. Geometrische Motive
Bis nach 600 v. Chr.	Gründung und rasches Aufblühen der etruskischen Küstenstädte. Einfuhr orientalischer Kostbarkeiten, edler Metalle und Elfenbein, die im Lande verarbeitet werden. Aus den Fossagräbern entsteht eine neuartige Grabarchitektur. Die Totenkammern werden vorkragend eingewölbt oder aus dem Tuff gehauen. Über ihnen wird auf einem Sockel (Krepis) der Tumulus aufgehäuft. Regolini-Galassi-Grab, Caere (675), Pietrera in Vetulònia, S. Cerbone in Populonia. Die Kammern enthielten erstaunlichen Gold-

	schmuck (Granulation), hervorragend getriebene Bronzen, Schnitzereien in Elfenbein u. a. Wirtschaftliche, kulturelle und politische Hochblüte Etruriens
600–450 v. Chr.	Übergang zur archaischen etruskischen Kunst. Bedeutende Kunstwerke treten an die Stelle des Kunsthandwerkes. Große Grabmalerei in Tarquinia, Steinplastik und Bronzen in Vulci, Reliefs in Chiusi, Tempelterrakotten in Veji (um 500 v. Chr.), Hochrelief des Tempelgiebels in Pyrgi (1. Hälfte 5. Jh.). Bronzebecken Barberini von Praeneste (Palestrina), Corsini-Fibel (625), Treppensteine in Tarquinia (Mitte 6. Jh.)
616–509 v. Chr.	Dynastie der Tarquinier in Rom
Ab 610 v. Chr.	Bucchero-Keramik. Zunahme der Einfuhr griechischer Vasen
598 v. Chr.	Campanien unter etruskischer Kontrolle. Gründung von Capua
598–550 v. Chr.	Berühmte Typen der Grabarchitektur: S. Cerbone in Populonia, Diavolino in Vetulònia, Monte Calvario in Castellina in Chianti, La Montagnola in Quinto Fiorentino, Casal Marittima bei Volterra, Grab der Schilde und Stühle in Caere (Cerveteri)
540 v. Chr.	See-Sieg der Etrusker und Karthager über die Griechen bei Alàlia (Ostküste v. Korsika)
Um 525 v. Chr.	Besetzung von Felsina (Bologna) und Marzabotto durch die Etrusker. Expansion in die Po-Ebene (Etruria Padana). Hafenstädte Spina und Adria mit griechischer Handelskolonie
504 v. Chr.	König Porsenna von Chiusi erobert Rom. Die adligen Brüder Vibenna von Vulci erheben sich gegen das Priesterkönigtum in Etrurien.

Etrurien auf der Höhe der Macht

Um 500 v. Chr.	Der etruskische Machtbereich umfaßt nahezu ganz Mittel- und Norditalien und Campanien im Süden
550–450 v. Chr.	Reiche Entfaltung der archaischen etruskischen Kunst

Niedergang

482–474 v. Chr.	Beginn der langjährigen Kämpfe zwischen Rom und Veji
474 v. Chr.	Vernichtender Sieg der Griechen von Syrakus über die etruskische Flotte vor Cumae. Die Etrusker verlieren die Kontrolle über das Tyrrhenische Meer. Der rasche Rückgang der Einfuhr fremder Waren ist Ausdruck des wirtschaftlichen Niederganges

470 v. Chr.	Tomba del Triclinio in Tarquinia
438–425 v. Chr.	Zweiter Krieg zwischen Rom und Veji
423 v. Chr.	Besetzung von Capua und Cumae durch die Samniten
406–396 v. Chr.	Letzte Belagerung von Veji durch Rom
Um 400 v. Chr.	Einfälle der Gallier in Norditalien. Die Etrusker fliehen nach Süden und in die Alpentäler Die Gallier marschieren nach Chiusi
4.–3. Jh. v. Chr.	Tempelterrakotten in Orvieto (Belvedere) und Falerii (Civita Castellana).

Die Römer erobern Etrurien

396 v. Chr.	Veji und sein Territorium wird von den Römern besetzt
395 v. Chr.	Das faliskische Capena wird zur Bestrafung seiner Unterstützung Vejis von den Römern geplündert und zu einem Bündnis gezwungen. Ein Teil seines Gebietes wird konfisziert
390 v. Chr.	Die Gallier belagern und brandschatzen Rom
390–389 v. Chr.	Tarquinia fällt in römisches Gebiet ein und greift die Besatzungen von Sutri und Nepi an. Aus handelspolitischen Gründen verhält sich Cerveteri neutral
384 v. Chr.	Die Griechen von Syrakus plündern und zerstören Pyrgi, den wichtigsten Hafen von Cerveteri, von dem die Ausbeute an Metallen in den Tolfabergen verschifft wurde. Eine der wichtigen Quellen des Reichtums von Cerveteri
354 v. Chr.	Rom erklärt Caere (Cerveteri) wegen seiner Beteiligung am Einfall von Tarquinia in sein Salinengebiet den Krieg
351 v. Chr.	Nach der Einnahme von Veji verheeren die Römer das Land von Falerii und schließen einen Waffenstillstand auf 40 Jahre
348 v. Chr.	Ende des 40jährigen Waffenstillstandes zwischen Rom und Tarquinia. Nach 268 v. Chr. geht Tarquinia mit Rom ein Bündnis ein, wofür es sein Küstengebiet Rom abtreten mußte. Der reduzierte Stadtstaat blieb souverän
Mitte 4.–2. Jh. v. Chr.	Hellenistische Nachblüte der etruskischen Kunst. Tempelterrakotten (Falerii, geflügelte Pferde in Tarquinia), Grabmalereien (Tomba dell'Orco in Tarquinia, Tomba François in Vulci), Porträtköpfe, Sarkophage u. Urnen in Stein, Alabaster, Terrakotta, bemalte Keramik, gravierte Bronzen (Cisten, Spiegel).
311–308 v. Chr.	Aufstand der Etrusker gegen Rom

310 v. Chr.	Kämpfe um den römischen Vorposten Sutri. Die Römer übersteigen die Cimini-Berge, die bisher als unpassierbar galten. Der Zugang zu Inner-Etrurien war offen. Arezzo, Cortona, Perugia wurden eingenommen.
295 v. Chr.	Niederlage der Gallier und Etrusker in Sentinum
293 v. Chr.	Nach wiederholten vergeblichen Angriffen besetzen die Römer Falerii, die Hauptstadt der Falisker. Sie muß die Hälfte ihres Gebietes abtreten und wird 5 km westlich nach Falerii Novi übersiedelt
280 v. Chr.	Vulci muß die tyrrhenische Küste und weite Gebiete seines Hinterlandes an Rom abtreten. Der restliche Staat bleibt im Bündnis mit Rom souverän Rom schließt Bündnisverträge mit Volsinii, Arezzo, Perugia, Roselle, Vetulònia und Populonia
273 v. Chr.	Aufhebung der Autonomie von Caere (Cerveteri). Stadt und Land werden eine römische Präfektur. Gründung der römischen Kolonie Cosa bei Ansedonia
265 v. Chr.	Zerstörung von Volsinii

Das römische Etrurien

245 v. Chr.	Gründung der römischen Kolonie von Pyrgi
241 v. Chr.	Bau der Via Aurelia und der Via Amerina
225 v. Chr.	Sieg der Römer und ihrer etruskischen Alliierten über die Gallier bei Telamone. Bau der Via Clodia
205 v. Chr.	Die etruskischen Städte müssen Scipio für seinen Zug nach Karthago hohe Kontributionen leisten
189–181 v. Chr.	Gründung römischer Kolonien in Nord- und Mittelitalien (Bologna, Felsina, Parma, Modena, Graviscae, Saturnia)
154 v. Chr.	Bau der Via Cassia
91 v. Chr.	Auflehnung der Etrusker gegen die Gesetze des Tribunen Livius Drusus
90–88 v. Chr.	Die etruskischen Städte erhalten das römische Stadtrecht
82 v. Chr.	Nach dem 1. Bürgerkrieg treten die Etrusker für Marius ein. Sulla entzieht Volterra und Arezzo das Wahlrecht und beschlagnahmt einen Teil ihres Territoriums
42 v. Chr.	Im 2. Bürgerkrieg wird das von den Antoniern besetzte Perugia von Octavianus belagert und niedergebrannt
1. Hälfte 1. Jh. n. Chr.	Kaiser Claudius schreibt die ›Tyrrhenika‹, eine verlorengegangene Geschichte der Etrusker

Fachausdrücke

Aedikula-Grab (Edicola)	Kleines Haus oder Tempelchen mit architektonisch geschmückter Nische über dem Boden zur Aufnahme der Leichen
Akroter	Plastischer Schmuck auf der Mitte und in den Ecken der Tempelgiebel. Bei den Etruskern in bemalter Terrakotta
Alberese	Heller, mergeliger Kalkstein
Antefix	Figürlich oder mit Palmetten geschmückte, am unteren Rande des Daches aufstehende Stirn- oder Abschlußziegel
Aplu oder **Apulu**	Etruskischer Name für Apollo
Auguren	In Kollegien organisierte römische Priester. Spezialisten für die Deutung des göttlichen Willens aus dem Flug der Vögel und besonderen Himmelserscheinungen
Auspizien	Deutung des Willens der Götter durch die Auguren
Bucchero	In ganz Etrurien verbreitete schwarze Keramik für den täglichen Gebrauch und rituelle Zwecke vom 7. Jh. v. Chr. bis in die Zeit des Hellenismus. Durchgehend schwarz gebrannter Ton. Im Süden dünnwandiger ›Bucchero sottile‹, in Mittel-etrurien (Chiusi, Orvieto) schwerer ›Bucchero pesante‹. Siehe Kataloge der Etrusker-Ausstellungen in Köln (1956) und Wien (1966)
Cassetta-Gräber	Kassetten, Kisten aus Steinplatten für Brandgräber (tombe del tipo a cassetta di lastre)
Cassone-Gräber	Eine Grube (fossa) mit aus dem Felsen gehauenem oder mit Platten zusammengestelltem Sarkophag. In Vulci sind die Grabzellen mit den Cassone-Gräbern von einem Vorraum aus zu erreichen (6.–5. Jh. v. Chr.)
Cippus	Kubisches, zylindrisches oder dekorativ behauenes Grabmal in Stein

Circoli	Steinkreisgräber. In der Mitte eines Kreises von Steinen im Boden lag das Fossa-Grab. Zahlreich waren sie in Vetulònia und Marsiliana d'Albegna. Der Steinkreis war die schützende Umhegung des Totenbezirkes. Von diesen frühen Gräbern ist kaum mehr etwas zu sehen
Ciste	Zylindrischer oder kistenförmiger Behälter in Bronzeblech mit Deckel. Wandung oft reich graviert. Berühmt ist die Ficoroni-Ciste aus Palestrina (4.–3. Jh. v. Chr.) in der Villa Giulia, Rom
Cucumella	Dialektausdruck für ›kleiner Berg‹. Monumentales Hügelgrab. Berühmt ist die Cucumella in Vulci. Die beiden großen Hügelgräber del Sodo in Cortona werden ›Melone‹ genannt
Cunicolo	Unterirdischer Gang, Wasserkanal
Disciplina Etrusca, Etruskische Disziplin	Die erst spät in heilige Bücher niedergeschriebene religiöse Lehre der Etrusker mit bis ins einzelne gehenden Anweisungen für die Erkenntnis des Willens der Götter aus den Eingeweiden – besonders der Leber – der Opfertiere, aus dem Fall und der Farbe des Blitzes, dem Flug der Vögel und anderen Zeichen. Sie enthielt ferner die eigentümliche Säkularrechnung, nach der jedem Volk seine Zeit vorbestimmt war – den Etruskern zehn Säkula –, wobei die Säkula von einer längeren oder kürzeren Dauer als hundert Jahre sein konnten. Sie umfaßte auch die Vorschriften für den Grabkult, Bestattung und Opfer, für die Gründung der Städte, Heiligtümer und andere Angelegenheiten. – Diese wenigen Angaben mögen von der Schicksalgläubigkeit der Etrusker und ihrem stummen Ausgeliefertsein an die göttlichen Mächte eine Vorstellung geben.
Dolio	Großes Tongefäß zur Aufnahme der Aschenurne und Beigaben (siehe: Ziro-Grab)
Dromos	Zur Grabkammer führender Gang
Falsches Gewölbe, Pseudokuppel	Im Gegensatz zum echten Gewölbe aus konisch zugehauenen Blöcken wird hier durch ein vorkragendes Übereinanderlegen der Blöcke oder Platten die kuppelförmige Einwölbung konstruiert (siehe: Vorkragende Gewölbemauer)
Fanum Voltumnae	Heiligtum der Voltumna in Volsinii, wo die Vertreter der etruskischen ›Völker‹ jährlich zum Nationalfest, zu Versammlungen und Spielen zusammenkamen. Lage des Ortes unbekannt. Orvieto, Bolsena, Montefiascone, Viterbo u. a. sind genannt worden. L. Banti vermutet das Heiligtum in Süditalien
Fibel	Nadelverschluß für Kleider aus Gold oder Bronze. Bügel oft geschmückt

Filigran	Eine in der orientalisierenden Periode häufig angewendete Technik in der etruskischen Goldschmiedekunst, oft in Verbindung mit Treibarbeit. Feine Gold-, Silber- oder Bronzedrähte wurden ornamental auf die Unterlage geschweißt
Foculi, Focolare	Wärmewanne, ›Rechaud‹ in Bucchero pesante für Speisen, Geschirr, Besteck usw.
Fossa	Ausgehobene Grube (Grab), kanalartig ausgegrabener Trakt für den Abfluß des Wassers, zur Bewässerung oder Abgrenzung von Feldern oder zur Füllung eines Grabens mit Wasser entlang der Stadtmauer
Fossa-Grab	Tomba a fossa diente der Leichenbestattung im 7. Jh. v. Chr. Rechteckige, 2–3 m lange, 1–1,5 m breite Grube, oft mit Steinen oder Platten ausgeschlagen, für die Bestattung der Leiche. Soll entwicklungsmäßig zum Kammergrab geführt haben
Fosso	Großer, natürlicher, wo nötig ergänzter Bach- oder Flußgraben für den Abfluß des Wassers
Gang- oder Korridorgrab	Ungegliederte, gangartige Anlage der Grabkammer
Glocke	Unter den Profilen der Bekrönung des Würfelgrabes der ausladende, gewölbte Teil
Granulation	Eine in der etruskischen Goldschmiedekunst zur höchsten Vollendung ausgebildete, äußerst schwierige Technik. Von dünnen Golddrähten werden unwahrscheinlich kleine Kügelchen, ›Tröpfchen‹, abgeschmolzen und mit der Goldblechunterlage ornamental verschweißt. Die sachgerechte Anschweißung setzt eine angeglichene Temperatur des Goldbleches voraus
Haruspices	Etruskische Seher. Deuter des Willens der Götter, der sich in außerordentlichen Naturerscheinungen wie in Blitzschlägen, aber auch in den Eingeweiden, besonders der Leber, der Opfertiere äußert
Hercle	Etruskischer Name für Herakles
Impasto	Keramik der Frühzeit in grobem, nicht oder wenig geschlemmtem Ton
In situ	Am ursprünglichen Ort
Ipogeo	Unterirdisches Grab ohne sichtbares Mal über der Erde
Kammergrab, Tomba a camera	Aus dem anstehenden Fels gehauener, aufgemauerter oder unterirdischer (Ipogeo) Totenraum. Die aus dem Tuff gemeißelten Kammern sind oft innenarchitektonisch gestaltet (Cerveteri). Die Toten wurden auf Bänken, Betten und in Sarko-

phagen bestattet, die Aschenurnen nach dem Verbrennungsritus (Volterra) aufgestellt.

Kandelaber	Leuchterständer auf Dreifuß in Bronze mit hohem Schaft und ausgreifenden dünnen Armen für Kerzen oder Öllämpchen. Auf dem Schaft oft plastische Abschlußfigur. In Etrurien sehr verbreitet
Kanope	Ägyptisches Gefäß mit dem Kopf des Verstorbenen als Deckel für die Aufnahme der Eingeweide der mumifizierten Leiche. In Etrurien Bezeichnung für die Aschenurnen mit Menschenkopf als Deckel. Schönste Beispiele aus dem Gebiet von Chiusi
Kantharos	Konisches Trinkgefäß mit zwei seitlichen, den Gefäßrand überragenden Henkeln
Koroplastik	Figürliche und dekorative Bau-(Tempel-)Plastik in Terrakotta
Krepis	Tragender Sockel, Unterbau, Basis der etruskischen Tumuli. Gegensatz zu den vom Boden aus aufgeschütteten Hügelgräbern
Kuppelgrab	Durch den Dromos zugängliche Grabkammer, die durch den konzentrisch vorkragenden Aufbau eingewölbt ist
Lebes	Großes, halbkugelförmiges Becken aus Bronzeblech mit gegossenen oder gehämmerten Henkeln ohne Fuß. Oft mit Protomen, Löwen- oder Greifenköpfen auf dem Rande verziert. Wurde auf einen Dreifuß oder eine geschlossene Stütze gestellt. Asiatischen Ursprunges (Urartu). Gefunden in Gräbern von Palestrina (Praeneste), Cerveteri und Vetulònia
Lituus	Kurzer, spiralförmig oder halbbogig auslaufender Stab. Würdezeichen der Priester, Auguren und Amtspersonen. In der Tomba degli Auguri in Tarquinia auch Abzeichen des Schiedsrichters bei einem Ringkampf
Lucumo	Etruskischer Königstitel. Titel des Hauptes eines etruskischen Stadtstaates
Menrva	Die römische Minerva
Mundus	Zentral in den Städten angelegter Schacht für die rituelle Verbindung mit den Göttern der Unterwelt in der Religion der Etrusker und Römer
Nenfro	Vulkanischer Tuffstein
Nortia	Göttin, die in Volsinii (Bolsena?) einen Tempel hatte, in dem die abgelaufenen Jahre gezählt wurden. An jedem Jahresende wurde in die Wand der Cella ein Nagel eingeschlagen
Orientalisierende Phase	In der etruskischen Kultur 7. – Anfang 6. Jh. v. Chr.

Padanisch	In der Po-Ebene (Padus: der Po)
Peperino	Leicht zu bearbeitender Tuff in Latium
Phersu	Gott der Unterwelt. In der Tomba degli Auguri (um 530 v. Chr.) in Tarquinia als maskierte Gestalt mit langem Bart und hoher, spitzer Mütze dargestellt
Pozzo, Pozzetto	Brandgrab der Villanova-Zeit. Schachtartige, 3–5 m tiefe Grube für die Aufnahme der bikonischen Aschenurne mit Beigaben
Protome	Oberkörper (Brust, Hals, Kopf) von Menschen und Tieren als Schmuck an Gefäßen und Geräten in Bronze, Ton und Bucchero. Seit dem 8. Jh. v. Chr. aus dem Orient in Griechenland und Etrurien eingeführt
Rhyton	Fußloses Ausguß- oder Trinkgefäß in Metall oder Keramik, oft in Form eines menschlichen Kopfes oder einer Tiergestalt
Säkularlehre	Nach ihr ist jeder Nation die Zeit ihres Bestehens vorbestimmt. Für die Etrusker waren es acht oder zehn Säkula. Ein Säkulum hatte aber nicht die Dauer von hundert Jahren. Es richtete sich nach dem Tod des Letzten, der zu Beginn des währenden Säkulums am Leben war. Durch außerordentliche Naturerscheinungen und andere Zeichen, die die Haruspices zu deuten hatten, zeigten die Götter Anfang und Ende eines Säkulums an
Sassofortino	Ein Sandstein aus dem etwa 25 km nördlich von Vetulònia gelegenen Weiler Sassofortino. Er wurde in Vetulònia für den Bau der Kuppelgräber verwendet
Situla	Nach oben erweiterter runder Kessel, Eimer mit flachem Stand in Bronze. Wandung meist mit interessanten Treibarbeiten oder auch mit Gravuren geschmückt. Ein berühmtes Exemplar der Gattung die Situla Certosa im Museo Civico von Bologna. Weitere Exemplare im Museum von Este
Skarabäus	Mistkäfer. Wurde in Nachbildungen als Schmuck, Amulett, Siegelstein aus Ägypten in Etrurien eingeführt
Scheintür	Fingierter Türrahmen an der Front eines späteren Würfelgrabes. Wirklicher Eingang zum Grab ist vor dem Massiv des Würfels im Boden. Z. B. in Castel d'Asso und Norchia
Stratigraphie	Archäologische Untersuchung der Erdschichten
Tebenna	Überkleid des Etruskers aus schwerem, farbigem Stoff seit dem 6. Jh. Später auch bestickt. Im Gebrauch der längeren römischen Toga ähnlich. Sehr schöne Beispiele in den Grabmalereien von Tarquinia

Terramare	Pfahlbausiedlungen in der Po-Ebene
Tholos	Kreisrunde etruskische Grabkammer mit vorkragend überwölbender – falscher – Kuppel. Beispiele: Casal Marittima (rekonstruiert im archäologischen Garten von Florenz) und Quinto Fiorentino
Tinia	Höchster etruskischer Gott. Entspricht dem griechischen Zeus und dem römischen Jupiter
Tuchulcha	Den Menschen bedrohender, abstoßender Dämon der Spätzeit mit Vogelgesicht und Schlangen in den Händen. Tomba dell'Orco in Tarquinia
Tumulus	Bei den Etruskern ein auf einem kreisrunden Sockel aufgehäufter Grabhügel über der Grabkammer
Turms	Der etruskische Hermes oder Merkur
Uni	Etruskische Göttin, die der griechischen Hera und römischen Juno entspricht
Vertumnus	Nach antiken Schriftstellern ein Hauptgott Etruriens, der nach den im Gebiet von Viterbo–Bolsena–Orvieto gefundenen Votiv-Cippi hier verehrt wurde und in Volsinii einen Kult hatte. Von ihm ist bisher keine Spur gefunden worden
Villanova	Ein kleiner, einige Kilometer östlich von Bologna gelegener Weiler, wo die sogenannten Villanova-Urnen entdeckt wurden. Sie haben der Villanova-Kultur den Namen gegeben
Volsinii	Der etruskische Name der Stadt nach ihren Münzen: Velsu, Velzna, Velznani. Bedeutende Stadt im Gebiet von Bolsena–Orvieto. Ihre genaue Lage ist nicht bekannt. Nach den Alten war sie das Zentralheiligtum des etruskischen Städtebundes. In ihr befand sich der Kult der Göttin Nortia und des Gottes Vertumnus. Dort entstand 265 v. Chr. das römische Volsinii
Voltumna	Schicksalsgöttin der Etrusker. Ihr Kult war in Volsinii, wo sie einen Tempel hatte, in dem jährlich zur Errechnung der Zeiten ein Nagel eingeschlagen wurde
Vorkragende Gewölbemauer	Technik der Einwölbung, bei der die übereinanderliegenden Reihen von Blöcken sich vorschiebend im Decken- oder Kuppelschluß treffen. Es gibt demnach die linear und die kuppelförmig vorkragende Wölbung
Ziro-Grab	Späte Form des Brandgrabes. Aschenurne und Beigaben wurden in einem großen, dickwandigen Tongefäß in eine Grube versenkt. Bis zum 7. Jh. v. Chr. (siehe auch: Dolio)

Hinweise auf Hotels und Restaurants

1. **Route: Modena** (S. 27)	Hotels: *Real-Fini*, Largo Garibaldi 24. – *Palace Hotel*, Via Emilia Est 27. – *Albergo Estense*, Viale Berengario 11 (einfacher). Restaurants: *Fini*, Piazzale S. Francesco. – *Tucano* (mit Garten), Largo Garibaldi 13
2. **Route: Bologna** (S. 31)	*Ristorante Notai*, Via dei Pignattari 1, am rechten Seitenschiff von San Petronio, in der Nähe des Museo Civico
2. **Route: Florenz** (S. 33)	*Hotel Mediterraneo*, Lungarno del Tempio 44 (mit Parkplatz und Garage). – *Hotel Capitol*, Via Amendola 34
2. **Route: Fiesole** (S. 34)	*Albergo-Ristorante Aurora*, gegenüber dem Dom (Gartenterrasse)
3. **Route: Florenz** (S. 41)	*Hotel Mediterraneo*, Lungarno del Tempio 44. – *Hotel Columbus*, Lungarno Colombo 22/a. Beide Hotels westlich des Ponte Niccolo. – *Ristorante da Celestino*, Piazza S. Felicita 4 (Trattoria Toscana), Nähe vom Ponte Vecchio
4. **Route: Siena** (S. 43)	*Grand Hotel Excelsior* am Stadion. – *Hotel Chiusarelli*, Viale Curtatono 9
5. **Route: Volterra** (S. 45)	*Hotel Nazionale*, Tel. 2284
6. **Route: Populonia** (S. 50)	*Ristorante Baratti* (mit einigen Zimmern), am Ende der Straße entlang des Golfes, am Meer. Bekannte Fischküche
7. **Route: Follònica** (S. 55)	Wenn wir nicht im *Baratti* in Populonia nächtigen, fahren wir auf der Via Aurelia (Nr. 1) nach Follònica. *Hotel Lampada di Aladino*, Via Firenze 10. Im sehr guten *Ristorante Piccolo Mondo* am Meer befindet sich auch eine beschränkte Anzahl von Zimmern

7. Route: Grosseto (S. 61)	*Ristorante Da Beppe all'Ombrone*, Viale Matteotti 69. – *Hotel S. Giorgio* (gegenüber, ohne Restaurant). – *Hotel Mediterraneo*, am Badestrand von Marina di Grosseto
8. Route: Orbetello (S. 67)	*Hotel Nazionale*, Arco dei Raveggi 2 (ohne Restaurant). Schöner und ruhiger, etwa 12 km weiter in Porto S. Stefano oder Port' Ercole, *Hotel Don Pedro*
9. Route: Pitigliano (S. 72)	*Albergo-Ristorante Guastini*, Piazza Petruccioli (Unterkunft und gute Küche)
10. Route: Ischia di Castro (S. 94)	*Albergo Ducato* (Übernachtung)
10. Route: Montalto di Castro (S. 94)	Unweit von der Ortschaft (1,5 km) links liegt das *Motel AGIP* (Übernachtung). – In der Nähe der neuen Straße nach Ischia di Castro, 8 km nordöstlich vom Castello liegt die *Trattoria Da Isola* (typische Küche der Maremma)
11. Route: Tuscania (S. 103)	Im *Albergo-Ristorante Al Gallo*, in der schmalen Via del Gallo, gibt es eine gute Küche und ein behagliches Restaurant mit großen Fenstern, die eine schöne Sicht über die Dächer der alten Stadt freigeben.
12. Route: Viterbo (S. 104)	Zu empfehlen ist hier das *Hotel Olimpia* (ohne Restaurant), Viale Trieste 94, Tel. 32829. Ein alter Palazzo außerhalb der Stadt in der Nähe von Madonna della Quercia, mit Parkplatz unter hohen Bäumen. – Im Zentrum der Stadt, bei der großen Piazza della Rocca, Via della Cava 36, kommt das modernisierte *Albergo Leon d'Oro* (mit Garage) in Frage. Tel. 31012. – Von den vielen Restaurants sind außer dem vornehmen *Aquilanti* bei La Quercia, im Stadtinnern *Antico Angelo* an der Piazza delle Erbe und die *Scaletta*, Via Marconi 41/51, zu empfehlen. – Im *Caffè Schenardi*, nahe der Piazza delle Erbe, treffen sich einheimische und fremde Freunde der Etruskologie. Der Besitzer gibt gerne Auskunft und Rat über Stadt und Land. Die Stadt bietet eine günstige Möglichkeit zum Parken von Autos. In Minutennähe des Zentrums, anschließend an den Piazzale dei Caduti, liegt der weite

Platz Stazione Autolinie, wo der Wagen immer geparkt werden kann. Durch die breite Avenue Via Marconi oder von der Piazza del Plebiscito ist er leicht zu erreichen.

12. Route: Vetralla (S. 116)
Ristorante Francesco Paolelli, Via Roma 15

13. Route: Barbarano Romano (S. 121, 125)
Links vor dem Tor der Stadtmauer liegt eine *Trattoria,* in der wir zur Mittagsrast einkehren

14. Route: Civita Castellana (S. 130)
Zum Mittagessen gehen wir im Zentrum in das einheimische *Ristorante Castellucci,* Via Tribuna 8–12, nahe dem Hauptplatz (Dienstags geschlossen). Bei der Hausnummer 54 der Piazza ist der Durchgang zum Restaurant. Außer sehr schönen regionalen Gerichten gibt es als Spezialität eine schmackhafte ›lasagna al forno‹. Der Wein von den umliegenden Reben ist kellerkühl und fruchtig. Dann suche man das *Ristorante Bersagliere* auf, in der Straße der westlichen Ecke der Piazza Matteotti. Im Mai wird an allen Tischen der Gaststätten die Mahlzeit mit einem Korb voll ›Fave‹ begonnen. Es sind fremdartige, große grüne Bohnen mit hölzern harter Schale. Die Kerne werden mit Salz oder Käse gegessen. Gedörrt werden sie als Schweinefutter verwendet

15. Route: San Giovenale (S. 140)
Für die Mittagsrast fahren wir zu der uns bereits bekannten *Trattoria* in Barbarano Romano (5,5 km). Man wird immer eine ›pasta asciutta‹ (Spaghetti oder Nudeln mit Fleischsauce oder Butter und Käse), Schinken, im Herbst schmackhafte Würstchen und einen fruchtigen lokalen Weißwein bekommen

17. Route: Tarquinia (S. 196)
Das neue *Hotel Tarconte* bietet eine gute Unterkunft

17. Route: Civitavecchia (S. 196)
Zu empfehlen ist das *Hotel Mediterraneo Suisse* an der Promenade des Meeres, Viale Garibaldi 38. Für gehobene Ansprüche kommt das moderne *Sunbay Parkhotel* in Frage, an der Via Aurelia, 3,5 km südlich von der Stadt. – Von den Restaurants ist die *Villa dei Principi* am Meer, Via Odescalchi 11a (mit Parkplatz), besonders hervorzuheben. Man erhält dort die beste Fischsuppe der Küste

18. Route: Tolfa (S. 197)

Für eine Mittagsrast ist das modernisierte *Ristorante Da Vittorio* an der Ausfahrt nach Civitavecchia, Via d'Italia 60 zu empfehlen. – Liebhaber regionaler Spezialitäten werden bei *Da Pajaccio* an der Piazza Matteotti, Via Bartoli 5, auf ihre Rechnung kommen. In der einheimischen Gaststube sind delikater Wildschwein-Schinken, ›Pollo alla porchetta‹, selbstgemachte Teigwaren, lokaler Käse und Rotwein zu bekommen

18. Route: Cerveteri (S. 200)

Auf der Suche nach einem Nachtquartier in Cerveteri erhält man immer die Antwort: »Ladispoli«. Ein 6,5 km entfernter Badeort, wo die *Villa Margherita* mit *Ristorante Cielo e Mare* in Frage kommt. Nach einer zuverlässigen Auskunft soll man in Cerveteri selbst, im kleinen, sauber geführten *Albergo Cavallo bianco*, in der Nähe des Museums, sehr gut aufgehoben sein.

19. Route: Via Cassia nördlich Rom (S. 210)

Bela Motel, 1801 Via Cassia, Roma-La Storta, Tel. 699 0232, ein Ort der Ruhe und Entspannung, 10 km von der Peripherie der Stadt Rom (Schwimmbad). – In der Zone der Via Cassia nördlich von Rom befinden sich ferner das neue *Albergo Paradiso* in Isola Farnese mit guter Küche, und das noch im Lärm der Stadt liegende moderne *Hotel Caesar Augustus* (mit Garage), Corso Francia 200. Abwechslung in der Küche bieten die *Restaurants La Giustiniana, Girarrosto, Ernesto* an der Via Cassia und die ländlichen Trattorien an der Straße von der Via Cassia nach Isola Farnese

21. Route: Palestrina (S. 230)

Für gute Verpflegung und etwaige Unterkunft ist das renovierte *Ristorante-Albergo Stella* (mit Parkplatz) am westlichen Rande des Städtchens, Corso Pierluigi 73, sehr zu empfehlen

22. Route: Rom (S. 232)

In der breiten, axialen Zufahrt zum Petersplatz, in der Via della Conciliazione 39, finden wir das ausgezeichnete römische *Ristorante Pierdonato*, wo wir behagliche Mittagsrast halten können (Dienstags geschlossen)

22. Route: Orvieto (S. 241)

An der östlichen Ecke der Piazza del Popolo befindet sich das zu empfehlende *Gd. Hotel Italia*, früher Nuova Italia, Via della Piazza del Popolo 13 (ohne Restaurant). Neben ihm ist das gute *Ristorante del Pino da Checco*. Wer sich für eine gute einheimische Küche interessiert, gehe vom Domplatz zur *Trattoria del Rocchio* in der

Via Lorenzo Maitani 10. Der freundliche Padrone ist nebenbei noch passionierter Keramiker. Als erstklassige Küche für regionale Spezialitäten ist das *Ristorante Morino* zu nennen, Via Garibaldi 37, Nähe der Porta Romana

23. Route: Chiusi (S. 246)

Für die Unterkunft in Chiusi kann ich nach meinen persönlichen Erfahrungen und nicht ohne Vorbehalt nur das *Hotel Sfinge Etrusca,* Via Marconi 2, nennen. Für die Verpflegung in Chiusi ist das einheimisch geführte *Ristorante Quercealpino* an der Station der Autostrada A 1 und *Il Patriarca* in Querce al Pino, 4 km von Chiusi, an der Straße nach Chianciano Terme, zu empfehlen. In jeder Beziehung sehr gut aufgehoben ist man im *Hotel Ambasciatori* (mit Garage) in Chianciano Terme, Viale della Libertà, 12 km von Chiusi

25. Route: Perugia (S. 251)

In Perugia ist das *Hotel Rosetta,* Via del Sette 1, am Boulevard der Stadt und seine Küche sehr zu empfehlen. Überdies ist man im Stadtgewimmel der Mühe enthoben, den Wagen unterzubringen: behende Diener des Hauses erledigen diese Angelegenheit

25. Route: Arezzo (S. 257)

Für die Unterkunft ist das moderne *Hotel Graverini*, Via Guido Monaco 47, in der axialen Straße vom Bahnhof in die Stadt, zu empfehlen (Garage in der Nähe). Bescheideneren Ansprüchen entspricht das *Albergo Chiahi d'Oro* (ohne Restaurant) an der Piazza S. Francesco. Von den Restaurants habe ich das renovierte *Cecco,* Corso Italia 209, in guter Erinnerung

26. Route: Ferrara (S. 259)

In Ferrara sind Unterkunft und Küche im *Hotel Astra*, Viale Cavour 55, vorzüglich. Zu empfehlen ist auch das etwas bescheidenere *Hotel San Giorgio,* Via Garibaldi 93 (ohne Restaurant). Als Restaurant ist *Italia-da Giovanni* beim Schloß, Largo Castello 32, zu empfehlen

26. Route: Arezzo – Bologna (S. 259)

Für eine Mittagsrast im Abschnitt Arezzo – Bologna (163 km) gibt es an der Strada del Sole mehrere Restaurants. *Firenze Nord, AGIP,* am Fuße des Apennin; *Ronco Bilaccio, AGIP,* auf dem Apennin; Bologna Süd, *MOTTA* (sehr gut)

27. Route: Spina (S. 264)	Für eine Ruhepause nach dem Museumsbesuch eignet sich die kleine Bar gegenüber dem Museum. Hernach fahren wir, über Ostellata, nach dem Porto Garibaldi bei Comacchio (59 km), wo wir im *Ristorante Fortuna,* zwischen dem Strand und der Via Spiaggia 33, eine gute Mittagsrast halten
28. Route: Adria (S. 266)	Im neuen, sehr angenehmen *Hotel Beatrice d'Este* am wunderbar gepflegten Giardino Pubblico, Via Petrarca, kehren wir ein.
28. Route: Soave – Como (S. 265)	An der Autostraße vier Restaurants

Die Reiserouten

1. Route

Piacenza – Fidenza – Modena (112 km)

Piacenza. Am Beginn der ersten Route unserer Reise nach Etrurien von Piacenza zu reden, mag manchen Leser erstaunen. Ich tue es nicht aus Voreingenommenheit für diese sympathische Stadt, die mit der großen Piazza dei Cavalli, dem prachtvollen Palazzo ›Il Gotico‹ (1281), den herrlichen Reiterstandbildern von zwei Farnese-Herzögen (1620) und dem würdigen lombardischen Dom (1122) den Ankömmling heiter zur Italienreise empfängt.

Im nicht sonderlich interessanten Museo Civico befindet sich jedoch ein wichtiger etruskischer Fund: die weltberühmte *Bronzeleber von Piacenza.* Wer sich für die Religion der Etrusker interessiert, die in der Antike als besonders religiöses Volk galten, sollte hier einen kurzen Besuch machen. Das Museum ist – schon seit Jahren ›vorübergehend‹ – im Istituto Gazzola an der Via San Tomaso 14 untergebracht. Geöffnet ist es nur sonntags, 10–12 Uhr. An Wochentagen öffnet der Custode nach vorhergehendem Telefonanruf vom Verkehrsbüro oder dem Polizeiposten im Palazzo Gotico aus.

Die Bronzeleber (Abb. 1, 2). In der kleinen Ortschaft Settima bei Piacenza wurde 1878 das Modell der Leber eines Opfertieres, eines Schafes, gefunden. Die eine Seite der Leber ist in viele scharf umgrenzte Felder, Quartiere, eingeteilt, in die über 40 Namen etruskischer Gottheiten eingraviert sind. Die seltsame, grundrißartige Zeichnung bedeutet das Abbild des Himmelsgewölbes. Die einzelnen Felder entsprechen dem Standort und dem Herrschaftsgebiet eines Gottes. Neun Götter, welche die Macht haben, Blitze zu schleudern, haben ihren bestimmten Bereich. Die gesamte Einteilung richtet sich nach den Himmelsgegenden. Eine Linie von Norden nach Süden, der *cardo,* wird von der Ost-West-Linie, dem *decumanus* in der Mitte gekreuzt. Mehrfach unterteilt sind die übrigen Flächen.

Im östlichen und nordöstlichen Bereich haben die obersten, den Menschen gut gesinnten Götter ihren Sitz. In der südlichen Zone walten die Gottheiten der Erde, der

Natur, in der westlichen die furchtbaren Götter der Unterwelt und des Schicksals und in der nordwestlichen die gefürchteten, unheilvollen Mächte. Schon nach babylonischem Glauben war die Leber Sitz des Lebens, der Seele. Aus Babylonien und Kleinasien gibt es auch Lebermodelle in Terrakotta. Aus den Zeichen der gesunden oder kranken Leber der Opfertiere erkannte der Haruspex (Leberbeschauer) die Zukunft und deutete den Willen der Götter. Stellte er Bedrohungen einer erzürnten Gottheit fest, hatte er auch die Mittel zu ihrer Besänftigung anzugeben. Der Ritus einer Untersuchung der Leber durch den Haruspex ist auf Aschenurnen (Volterra) und gravierten Handspiegeln (Florenz, Vatikan) dargestellt.

Das Bronzemodell der Leber stammt aus der Spätzeit, um 300 v. Chr., vielleicht noch später, als die Römer die Po-Ebene bereits besetzt hatten. Nach Meinung der Etruskologin L. Banti ist es zweifellos etruskisch. Da die Leberschau noch lange nach der Unterwerfung der Etrusker durch die Römer praktiziert wurde, sieht Frau Banti in diesem Modell eher eine Gedächtnisstütze für römische Haruspices. Andere nehmen an, sie habe als Lehrmittel zur Heranbildung junger Leberbeschauer gedient. Wie dem auch sei, das Lebermodell gehört zu den wenigen originalen Dokumenten der etruskischen Religion, die auf uns gekommen sind. Und wie die Alten durchgehend ihre Gebrauchsgegenstände mit einem sicheren Formgefühl gestaltet hatten, so ist auch die unbeschriftete Rückseite des Modells von einer überraschenden, geradezu plastisch modern anmutenden Schönheit.

Die Voraussage der Zukunft erfolgte auch aufgrund von Blitzschlägen, deren Sinn durch die *fulguratores* ausgelegt wurde. Für die Art dieses Vorganges sei hier ein Beispiel aus der Spätzeit gegeben. Hundert Tage vor der Ermordung Cäsars schlug der Blitz in eine Bildsäule von ihm und zerstörte das ›C‹ seines Namens. Der zur Deutung herbeigerufene etruskische Seher sagte ohne langes Besinnen, daß Cäsar in den nächsten hundert Tagen – Zahlenzeichen ›C‹ – an der Seite der Götter thronen werde.

Fidenza. Auf der Autostrada del Sole 40 km weiter haben wir in Fidenza wiederum Gelegenheit zu einem erwünschten, jedoch nicht unerläßlichen Aufenthalt. Wenig abseits der Hauptstraße, in etwas ungepflegter Umgebung, erhebt sich der romanische Dom, ein Bauwerk aus dem 13. Jh., der unbestrittene Ruhm Fidenzas. Es sind seine Portale, die in diesem Zusammenhang interessieren, genauer gesagt die großartigen Portallöwen, die in der Lombardei wahrhaftig nicht seltenen Torwächter dieser Art, und es sind weiter die beiden Stierköpfe über den Säulenkapitellen der linken Seitenpforte, die an die Stierköpfe am Eingang des etruskischen Grabes dei Rilievi in Cerveteri erinnern. Erstmals stoßen wir auf ein Beispiel der seltsamen Zusammenhänge von gewissen Motiven und Formen der etruskischen Plastik mit Werken der Romanik. Auf solche ›rapports‹ der beiden Kulturen wurde schon wiederholt hingewiesen. Löwen stellten die Etrusker als Wächter ihrer Gräber auf. Man denke an jenen aus Tuscania im Museum von Florenz, an jene aus Vulci und Castro. Ein Fortwirken alter Symbolvorstellungen ist wahrscheinlich: die mittelalterliche Heraldik geht sogar bis auf Mesopotamien zurück.

Modena. Die Stadt hat einen der großartigsten romanischen Dome Italiens (12.–13. Jh.) und ein uns interessierendes Museum. Der umfängliche Palazzo dei Musei am Stadtkern, Largo Porta S. Agostino, enthält eine ganze Anzahl von bedeutenden Sammlungen mit prähistorischen und archäologischen Funden sowie Inschriften, Münzen u. a. Die uns angehenden Objekte der Villanova- und etruskischen Kultur sind in den Räumen mit römischen Bronzen in sechs Vitrinen ausgestellt. Unter den etruskischen Kleinbronzen sind die Statuetten eines Kriegers (6. Jh. v. Chr.) und einer tanzenden Minerva (6.–5. Jh. v. Chr.) hervorzuheben.

Aus dem Zentrum der Stadt ragt der 87 m hohe Campanile des Doms. Über das Häusergewirr hinweg, weithin in die Ebene meldet sich dieses Wahrzeichen. An den Portalen des Baues wachen wieder Löwen, und die Fassaden zieren prachtvolle romanische Reliefs. Das Relief an der Westfassade zeigt zwei äsende Hirsche mit einem gemeinsamen Kopf – ein Motiv, das in etruskischen Fabelwesen der orientalisierenden Periode oft anzutreffen ist. Das Innere des Domes umfängt den Eintretenden mit einer unerwarteten räumlichen Größe und Erhabenheit. Schöne romanische Skulpturen an der Brüstung des überhöhten Chores über der offenen Krypta und an der Kanzel gliedern sich organisch der Innenarchitektur ein.

2. Route

Modena – Bologna – Marzabotto – Florenz – Fiesole – Florenz (175 km)

Bologna (Felsina). Auf der schnurgeraden Via Emilia (SS Nr. 9) oder auf der Autostrada del Sole fahren wir nach Bologna. Bald – es sind nur 39 km – erscheint die Stadt an den Ausläufern des Apennin in der Po-Ebene. Es ist die erste wichtige Station unseres Weges in das Kernland der Etrusker. Vom Stadtrand führt die Via San Felice direkt zum Zentrum mit dem Nettuno-Brunnen, zur Piazza Maggiore und zur großartigen Basilika San Pedronio. Hier sind wir auch in der Nähe des Museo Civico, dem Anlaß unseres Aufenthaltes in Bologna.Es befindet sich in der schmalen Straße entlang dem linken Seitenschiff von San Pedronio, unter den Arkaden, Via Archi Ginnasio 2. Bevor wir die bedeutende Sammlung besuchen, sollten wir vom alten Felsina, vor allem von der für die etruskische Frühkultur wichtigen Villanova-Zeit eine, wenn auch nur summarische Vorstellung haben.

Im Zuge der etruskischen Expansion nordwärts über den Apennin in die Po-Ebene wurde Bologna die wichtigste Stadt der Etrusker im Norden. Eigentümlicherweise ist ihre ursprüngliche Lage bis heute nicht gefunden worden. Bekannt sind ihre Nekropolen. Wie im Kernland bevorzugten die Etrusker für ihre neue Niederlassung in der

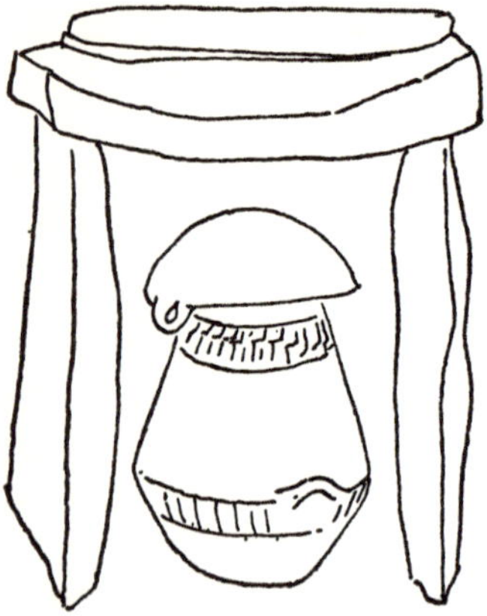

Porta S. Vitale, Bologna. Tomba a cassetta

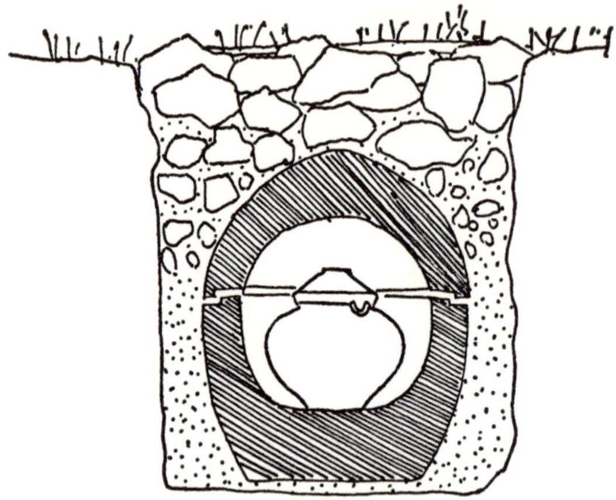

Narce, Tomba a custodia

zweiten Hälfte des 6. Jh. v. Chr. auch hier eine Zone, in der sich die Leute der Villanova-Zeit schon angesiedelt hatten. Im 5. Jh. v. Chr. erreichte die etruskische Stadt ihre höchste Blüte. Bald darauf, zu Beginn des 4. Jh. v. Chr., wurde sie von den Kelten eingenommen. Im Museum befinden sich auf hufeisenförmigen Grabsteinen Reliefs mit Kampfszenen zwischen Etruskern und Galliern.

Vor der Besetzung der Po-Ebene bis zu den Alpen hatten die Etrusker an der adriatischen Küste die bedeutenden Handels- und Hafenstädte *Spina* und *Adria* gegründet. Wie im Süden soll es auch in Nordetrurien einen Bund von zwölf etruskischen Städten gegeben haben, von dem aber bisher fast nichts festgestellt wurde.

Nach dem kurzen Blick auf das etruskische Felsina (Bologna) sind stichwortartig noch einige voretruskische Kulturen in Italien zu erwähnen, die apenninische Kultur und die Terramare (Pfahlbauer) in Norditalien, die gleichzeitig mit der vollen und jüngeren Bronzezeit (1400 u. 1200 v. Chr.) bestanden. Der Übergang von der späten Bronzezeit in die *Eisenzeit* vollzog sich um 1000–900 v. Chr. und erstreckte sich bis in die subapenninische und Protovillanova-Stufe gegen 800 v. Chr., also bis in die Zeit, in der die Griechen 770 v. Chr. ihre Kolonisation in Süditalien und Sizilien begannen.

Die Phase der entwickelten *Villanova-Kultur* (um 750–700 v. Chr.) mit ihren hervorragenden Metallarbeiten, ihrer Keramik und ihren Nachahmungen orientalisierender Erzeugnisse ist in Bologna von besonderem Interesse. Diese Kultur wurde erst 1854 von Graf Gozzardini in der Ortschaft Villanova bei Bologna entdeckt. Charakteristisch für sie ist der Leichenbrand und die schon erwähnten bikonischen Aschenurnen, die in ein Pozzetto (Grube) eingelassen wurden. Gegenstände in Bronze und elementare Töpfereien in Impasto, die später vielfältiger und handwerklich feiner wurden, gab man den Urnen bei.

S. 28, 29 Villanova-Kultur, Urnengräber (Pozzi)

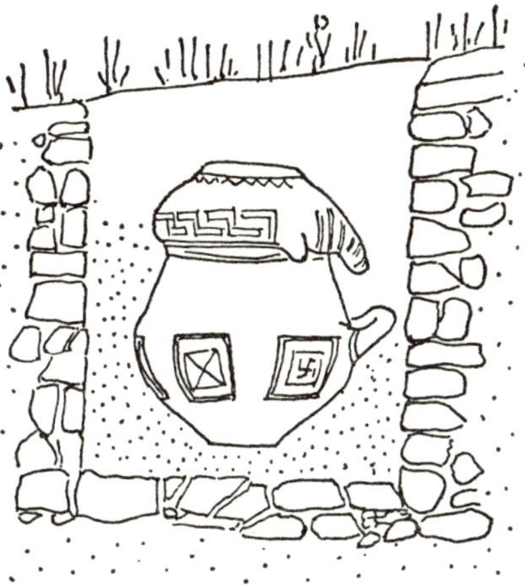

Narce, Tomba rivestito di sassi

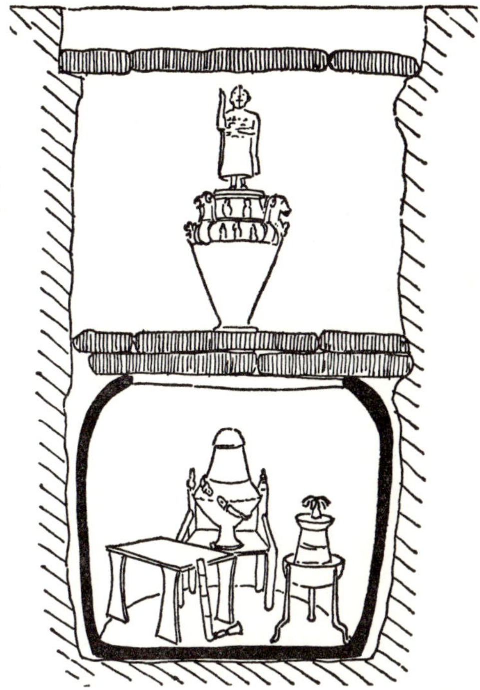

Rechts: Chiusi, Ziro-Grab

Die Kultur breitete sich vom Süden (Salerno) über ganz Italien bis in den Norden (Emilia) aus. Im Küstengebiet entfaltete sie sich rascher und reicher als im Innern des Landes. Der Übergang zu den Anfängen der etruskischen Hochkultur fällt mit der älteren orientalisierenden Phase (7. Jh. v. Chr.), mit den Vorläufern einer monumentalen Grabarchitektur und der Zunahme des Ritus der Bestattung zusammen. Kunsthandwerkliche Anregungen der Villanova-Leute wurden von den Etruskern bereitwillig aufgenommen. Es gibt Nekropolen, in denen neben etruskischen Bestattungen Villanova-Pozzi (Brandgräber) liegen. Und unter den Beigaben in etruskischen Fossa-Gräbern fand man oft auch Gegenstände des Villanova. Wer sich für die frühe Kunst der Etrusker interessiert, kann die späte Villanova-Kultur nicht übergehen.

Die doppelkonische Villanova-Urne hatte eine Trinkschale, da und dort einen Kammhelm in Impasto oder in Bronze als Deckel (Abb. 3). Wie ein Signet für die ganze Villanova-Kultur steht sie in den Museen. Außer ihr gab es, besonders in Südetrurien, für die Aufnahme der Asche auch Hüttenurnen in Impasto. Die Strohhütten der Hirten auf abgelegenen Weiden erinnern heute noch an sie. Auf Deckeln und Tongefäßen erscheinen auch modellierte Figuren und Tiere. Die Bronzearbeiten, Fibeln, Gürtel, Anhänger, Halsketten, Pferdetrensen, Schnallen und anderes verraten ein erstaunliches handwerkliches Geschick und einen elementaren künstlerischen Sinn.

Die Villanova-Kultur reicht vom spärlichen Gebrauch des Eisens in ihrer Frühzeit bis zur Töpferscheibe, zur ausschließlichen Verwendung des Eisens für Waffen und bis zum Import von Gold, Elfenbein, Skarabäen und Glas. Zur Erfassung der einzelnen Entwicklungsstufen teilten die Archäologen die Kultur in mehrere Phasen; die letzte fällt in den Zeitabschnitt 750–650 v. Chr. Neuere Abstufungen kommen bis zu noch jüngeren Zeitansätzen.

Museo Civico. Eine verwirrende Menge von Werken in Ton und Bronze, unter denen sich eine große Zahl von Doubletten befindet, kam aus den Nekropolen von Bologna im Museum zusammen. Sie erweckt zunächst den fast beklemmenden Eindruck eines Depots oder Studienmagazines. Klug gesichtet, die einzigartigen Hauptwerke in guten Vitrinen aufgestellt, würde die Sammlung zu einer großartigen Ausstrahlung kommen. Außer den Spitzenwerken, die den Ruhm des Museums ausmachen, gibt es unter der Fülle der Gegenstände noch viele bedeutsame Funde aus der Villanova- und etruskischen Kultur, welche ganze Aufmerksamkeit verdienen.

In der schattigen Ecke einer alten Vitrine steht der berühmte, häufig abgebildete kleine Stier-Askos in Ton (17,7 cm) aus der Benacci-Nekropole (Abb. 6). Das tiergestaltige Gefäß mit schlauchartig verlängertem Hals, Stierkopf und einem Reiter hat die charakteristischen Merkmale der späten Villanova-Zeit. Ein feines Ritzmuster und gestempelte Ringreihen zieren den Körper. Der muntere kleine Reiter mit Spitzhelm befindet sich nicht selten an Bronzegegenständen der Zeit.

Diesem überzeugenden Werk der ausgehenden Villanova-Kultur ist die ›Königin der Situlen‹ die Situla Certosa (um 500 v. Chr.), ein Prunkstück des Museums, an die Seite zu stellen (Abb. 4). Die Situla, ein kreisrunder Kessel oder Eimer (32 cm hoch) hat einen flachen Stand, von dem sich die Wandung nach oben erweitert. Einflüsse aus alten östlichen und nordöstlichen Kulturen sind offensichtlich. Gefunden wurden die Situlen in Dalmatien, Venezien, Hallstatt, im südlichen Alpengebiet Österreichs und schließlich auch in der Po-Ebene, in Este und Bologna. Unter all den Situlen aus diesen Gebieten kommt dem Exemplar des Museums, das als Aschenurne in der Nekropole Certosa gefunden wurde, ein hervorragender Rang zu. Auf der in vier Zonen eingeteilten Wandung des Gefäßes sind in Treibarbeit Szenen aus dem etruskischen Leben der Zeit faszinierend erzählt. Soldatenzug, Trauerprozession, Kesselträger, Reiter, Vögel, Musikanten, orientalisierende Fabeltiere, Priester mit hohen Hüten, Frau mit Urne auf dem Kopf usw. Hervorragende Abbildungen, auf denen die Details der Darstellungen besser als auf dem Original zu erkennen sind, enthält das Buch von Jože Kastelic.

Eine durchaus lokale, spätere Besonderheit der etruskischen Skulptur in Bologna sind die hufeisenförmigen Grabstelen der Nekropole Certosa aus dem 6.–5. Jh. v. Chr. In den Stein gehauene, klare Flachreliefs stellen in unterteilten Zonen etwa den Kampf eines Hippokampen mit einer Schlange, die Reise des Verstorbenen in die Unterwelt oder das damals aktuelle Motiv des Zweikampfes eines Etruskers mit einem Gallier dar (Abb. 5). Eindrücklich, symbolhafter sind die frühen steinernen Grabzeichen mit einem runden, scheibenförmigen, meist abstrakt relievierten Kopf.

Die heute sehr geschätzten etruskischen Bronzestatuetten weisen in ihrer künstlerischen Qualität starke Unterschiede auf. Im Museum sind sie mit zwei hervorragenden, ungewöhnlich großen (24,5 cm) Votivfiguren vertreten, einer Etruskerin mit je einer Blume in den Händen und einem kräftigen Etrusker mit Omphalos-Schale. In ihrer plastischen Straffheit kommt die etruskische Geistigkeit besonders rein zum Ausdruck. Sie stammen aus einem Heiligtum des Bologneser Apennin.

Unter den Meisterwerken in Bronze des Museums fällt ein schöner, gegossener Villanova-Gürtel (um 800 v. Chr.) auf. Der äußerst sensibel gravierte Dekor auf der breiten Gürtelfläche vereinigt Kreise, Buckel, Enten und deren abstrakt übersetzte Schnäbel zu einer souveränen Komposition. Betroffen steht man vor diesem ornamentalen Meisterwerk der angewandten Kunst.

Um die zeitliche Reichweite der Sammlung und die künstlerische Haltung der Etrusker in ihrer hellenistischen Spätzeit anzudeuten, sei abschließend noch auf den Ausschnitt eines figurenreichen Tempelschmuckes in Terrakotta aus Civitalba (2. Jh. v. Chr.) hingewiesen. Nach den elementaren Eindrücken, die wir von den erwähnten frühen Werken erhalten haben, mutet uns diese, für die Epoche charakteristische Gestaltung spielerisch an.

Mittags brechen wir auf zum Besuch von Marzabotto und zur Weiterfahrt nach Florenz, wo wir den Ausflug nach Fiesole im Auge haben.

Marzabotto. Nicht allzu vielen dürfte diese mittelgroße etruskische Stadt und heutige kleine Ortschaft bekannt sein. Die antiken Schriftsteller scheinen sie nicht gekannt zu haben. Für den an der etruskischen Kultur Interessierten aber hat sie eine besondere Bedeutung. Neben den vielen Gräbern und Nekropolen, welche die Archäologen bisher ans Licht brachten, ist sie bisher die einzige etruskische *Stadt,* die ausgegraben wurde. Sie liegt mit ihren Nekropolen und der Akropolis auf terrassenartigen Ebenen über dem linken Ufer des Reno.

Die vor etwas mehr als hundert Jahren begonnenen Ausgrabungen wurden 1950 wieder aufgenommen und kürzlich fortgesetzt. Sie haben eine planmäßige Anlage mit einem schachbrettartigen Straßennetz, mit einem Quartier für Werkstätten, Gießereien, Töpfereien, Magazinen und mit einer Zone für die Wohnhäuser freigelegt. Die von der Disciplina Etrusca postulierte Grundeinteilung für den Städtebau – sie konnte schon wegen der Bodenbeschaffenheit nicht überall eingehalten werden – scheint hier annähernd befolgt worden zu sein. Eine breite Hauptstraße von Norden nach Süden, der *cardo,* wird, entgegen der Vorschrift, nicht von einer breiten Ost-West-Straße, dem *decumanus,* sondern von drei Straßen gekreuzt (s. Plan S. 32). Die gepflasterten Straßen haben eine Breite von 15 Metern und sind von Fußgängerstreifen und Abflußrinnen gesäumt. Die Häuser im Wohnviertel haben den für das 5. Jahrhundert v. Chr.

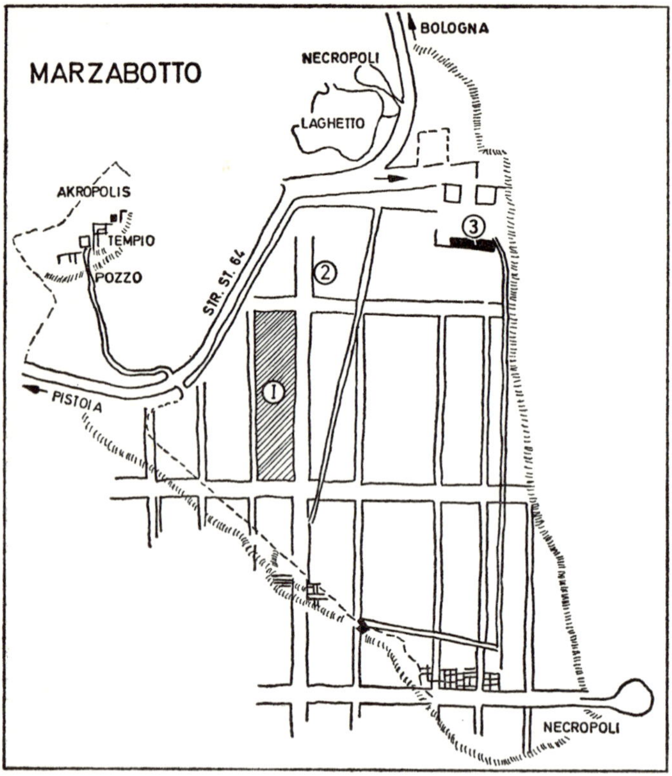

Plan von Marzabotto
1 Werkstätten
2 Neue Ausgrabungen
3 Museum
Rechts unten:
Ost-Nekropole

typischen Grundriß. Verglichen mit 1500 Jahre späteren Städten des Mittelalters, staunt man hier über den hochentwickelten Städtebau der Etrusker.

Westlich der Stadt, in einem Park über der Staatsstraße nach *Pistoia,* liegt die Akropolis, der heilige Bezirk. Von ihr sind Reste der Grundmauern, des Tempels, ein imposanter Altar und eine Wasserklärung (Pozzo) erhalten. Zu ihrer Besichtigung überquert man vom Stadtareal die Staatsstraße und klingelt an einem Torgitter.

Zweckmäßig sucht man zuvor schon die kleine Nekropole östlich der Stadt auf. Über dem prachtvollen weiten Flußbett, wo der Reno ein großes Stück des etruskischen Stadtgebietes weggeschwemmt hat, finden wir am äußersten Rande des verbliebenen Ufers die Ost-Nekropole. Im Schatten der Bäume liegen wunderbare, von farbigen Flechten überwucherte Cippi wie große, steinerne Halbmonde oder moderne Skulpturen im Rasen (Abb. 7). Zu ihnen gesellen sich aus schweren Platten gefügte Grabkisten, die ursprünglich wohl von einem Erdhügel überdeckt waren. Diesem Grabfeld ähnlich ist die Nord-Nekropole am Ende der Stadt – Richtung Bologna –, wiederum jenseits der Straße.

Das Museum hat im Krieg 1944 schwere Schäden und empfindliche Verluste erlitten. Vorbildlich ist der neue Bau mit lichten Sälen wieder hergestellt und mit modernen Vitrinen ausgestattet worden. Die Sammlung enthält interessante lokale Funde. Hervorgehoben seien Fragmente von Tempelterrakotten, Votivbronzen, attische und etruskische Vasen, eigenartige, birnenförmige Cippi in Marmor, eine Stele mit figürlichem Relief aus der Ost-Nekropole und ein feiner griechischer Marmorkopf aus dem Anfang des 5. Jh. v. Chr.

Im Museum ist ein ausgezeichneter illustrierter kleiner Führer erhältlich.

Die Schlußetappe unserer Route über den Apennin nach Florenz ist wunderbar. Wir fahren von Marzabotto die kurze Strecke von 8,5 km zurück nach Sasso Marconi, wo wir auf der breiten, neuen Brücke über den Reno zum technischen Meisterwerk der Strada del Sole kommen.

Elegant, flüssig durchzieht sie das Tal der Setta, nicht achtend der Bachgräben, Runsen und Grate in der steilen Talwand. Unmerklich, gleichmäßig steigend gewinnt sie an Höhe, dem Blick immer neue landschaftliche Überraschungen eröffnend. Da und dort, an besonders schönen Aussichtspunkten, laden Cafés und Restaurants mit Benzinstationen zum Verweilen ein. Auf der Höhe des Apennins führt ein Tunnel unvermittelt in ein anderes Italien, in die Toscana. Nach dem sich in die Länge ziehenden Anstieg geht es kurz und rasch die steilen, südlichen Ausläufer des Apennin hinunter in das ebene Vorgelände von Florenz. Unweit fließt der tückische Arno nach Pisa im Westen.

Florenz. Wir sind am Knotenpunkt der Autobahnen ›Firenze Nord‹. Wie ein aus einer anderen Welt hergewehtes, knechtisch dem hastigen Verkehr unterworfenes Riesenkarussell liegt er vor den Toren der Renaissance-Stadt.

Die Verkehrsschwierigkeiten in Florenz und unsere Weiterfahrt bedenkend, schlage ich vor, von der Einfahrtsstraße (Via Ponte alle Mosse) in die Stadt auf die Piazza della Libertà, und von dort durch die Via Giacomo Mateotti an den Lungarno del Tempio zu fahren. Vor der obersten, letzten Brücke über den Arno, dem Ponte S. Niccolo, biegen wir in den baumbestandenen Lungarno del Tempio ein und kommen zum Hotel Mediterraneo am Arno (Lungarno d. T. 44). Wir finden hier einen Parkplatz und eine Garage. In der nahen Via Amendola 34 (T. 675 201) liegt das ebenfalls zu empfehlende Hotel Capitol. Ratsam ist es, Zimmer vorher zu bestellen. Diese Hotels befinden sich außerhalb des Zentrums von Florenz. Ihre Lage ist insofern angenehm, als von ihnen aus die vorgesehenen Ausflüge nach Fiesole und Quinto-Sesto Fiorentino mühelos mit dem eigenen Wagen über die Piazza della Libertà unternommen werden können.

Fiesole (Faesulae). Zu dem genußreichen Ausflug nach Fiesole (8 km) fahren wir auf die Piazza della Libertà zurück. In ihrer rechten Platzecke haben wir den Viale Don Minzoni, den direkten Weg nach dem alten Etruskerstädtchen über Florenz. In einer hügeligen Landschaft mit warmer Erde, silbrigen Oliven und vielen schwarzen Zypressen, wie sie die Florentiner im Mittelalter auf die Predellen der Altäre gemalt haben, liegt, auf dem Rücken eines der vielen Berghügel um Florenz, Fiesole. Ummauerte stille Gärten mit versteckten Villen grenzen rechts und links an die Straße. Auf der Höhe in das Städtchen einfahrend, kommt man auf die Piazza mit Dom (1028) und Campanile.

Ein paar Schritte sind es nur durch die Gasse am Chor des Domes vorbei und man überschaut, an der Ecke des Museums, die weite Mulde der archäologischen Zone. Sie liegt mit dem 1809 entdeckten und wieder hergestellten römischen Theater, den Resten von Thermen und den Grundmauern des etruskischen Tempels mit *einer* Zelle und seitlichen Längskammern (Anfang 3. Jh. v. Chr.) vor der faszinierenden Szenerie der Hügelketten des Apennins. Im Tempelbereich wurden Altäre und sehr schöne Votivstatuetten in Bronze und Terrakotta gefunden (Abb. 20). Der Grundriß des Tempels ist von besonderem Interesse. Ist doch die vom römischen Architekten Vitruv angegebene dreizellige Anlage des etruskischen Tempels hier nicht eindeutig zu erkennen. In der Nähe, am Rande des Areals, befindet sich ein Trakt von der mit großen Blöcken errichteten, gut erhaltenen Stadtmauer aus dem 5. Jh. v. Chr.

Die Bestände des kleinen sehenswerten Museums umfassen hauptsächlich die Funde aus dem nahen archäologischen Areal. Hervorzuheben sind einige Urnen mit Reliefs, interessante Cippi, charakteristische Bronzestatuetten aus dem 7.–5. Jh. v. Chr., eine Stele mit Darstellungen eines Banketts und eines Tanzes, ferner das überraschende Bronzefragment einer Wölfin. Die eindrückliche Kriegerstele DI LARTH NINIE – einer Verwandten werden wir in Volterra begegnen – ist leider nur im Abguß vorhanden. Das Original ist im Museum von Florenz. Die Stele ist das älteste Beispiel dieses Typus. Sie kommt aus einer Werkstatt in Fiesole (Anfang 5. Jh. v. Chr.). In einem kraftvollen Relief ist der Verstorbene heroisiert, bewaffnet, mit über die Schulter wallendem Haar dargestellt.

Die Anfänge von Fiesole, das zusammen mit Florenz von Volterra aus gegründet wurde, sind in die frühe Zeit des 7. Jh. v. Chr. zu datieren. Als städtisches Zentrum tritt es erst im 4. Jh. v. Chr. hervor. Es gehörte demnach nicht dem Bunde der zwölf Städte an, von dem, der Überlieferung gemäß, die Belebung des kulturellen und politischen Lebens in Etrurien ausgegangen ist. Es wurde schon erwähnt, daß die südlichen Küstenstädte rascher und intensiver aufblühten als die im Binnenlande. Anderseits sind jene, aus was für Gründen auch immer, man nennt u. a. die Malaria, in römischer und nachrömischer Zeit zerfallen und verödet. Fiesole bestand seit der etruskischen Zeit bis in unsere Tage, wie Florenz, Cortona, Volterra, Perugia und andere Städte des etruskischen Landesinnern. Es sei auf den kleinen, illustrierten Führer hingewiesen, der für den Besuch der Zone und des Museums nützlich ist.

3. Route

Florenz – Quinto-Fiorentino – Florenz (30 km)

Museen. Vielen kleinen Gemeindemuseen oder Antiquarien, die meist den Stolz der Bürgerschaft ausmachen und außer interessanten lokalen Fundgegenständen ab und zu auch ein wichtigeres Einzelwerk enthalten, begegnet man in Etrurien. So etwa in Asciano bei Siena, Allumiere, Trevignano am Bracciano-See, Ischia di Castro zwischen Vulci und dem Bolsena-See, in Orbetello beim Monte Argentario und in Populonia. Die sympathische kleine Sammlung im allzeit geöffneten Municipio von Barbarano Romano ist vor einigen Jahren ausgeplündert worden.

Ungleich gewichtiger sind die Museen jener Orte, die auf dem Boden etruskischer Zentren entstanden sind. Es sind die kommunalen, städtischen und nationalen etruskischen Sammlungen in Arezzo, Bologna, Cerveteri, Chiusi, Civitavecchia, Cortona, Ferrara, Grosseto, Orvieto, Palestrina, Siena, Tarquinia, Todi, Tolfa, Tuscania, Viterbo und Volterra.

In einem überragenden Range stehen das Museo Gregoriano Etrusco in der Vatikanstadt, und die etruskischen Sammlungen im Konservatoren-Palast, Rom. Den unvergleichlichen Höhepunkt aller Sammlungen etruskischer Kunst – nicht nur in Italien – nehmen aber das Archäologische Museum in Florenz und die Villa Giulia in Rom ein.

In Florenz konzentrierte sich die Sammeltätigkeit mit der Zeit auf die Toscana. Die Villa Giulia in Rom wurde vornehmlich für die Funde in Südetrurien (Lazio) bestimmt. Der einzigartige, intakte Fund im Regolini-Galassi-Grab, Cerveteri, begründete den Ruhm des Museo Gregoriano Etrusco. Die reichen Bestände dieser großen Museen vermitteln ein umfassendes Bild von der Kunst und Kultur Etruriens.

Das *Museo Archeologico* in Florenz, Via della Colonna 38 (beim Platz der SS. Annunziata), wurde als erstes bedeutendes Museum etruskischer Kunst 1880 eingerichtet. Aus alten Beständen, die in den Uffizien verwahrt wurden, kamen die großen Bronzefiguren des Arringatore (Redner), die Chimäre (Abb. 11), und die berühmte François-Vase in das neue Museum. Räumliche Erweiterungen im Erdgeschoß ermöglichten eine damals neuartige Ausstellung des Sammelgutes nach topographischen Gesichtspunkten.

Am 14. November 1966 entlud sich über Florenz eine unvorstellbare Sintflut. Hoch wogten die Wassermassen über die Ufer des Arno. Durch alle Gassen und Wege wälzten sie sich in die Stadt. Das Niveau, das sie erreichten, ist an den Häusern bei Santa Croce noch zu sehen. Die ölig schmutzigen Wasser füllten Keller, Magazine und Werkstätten. Wild durchfluteten sie auch den topographischen Trakt des Museums und überdeckten den anstoßenden Garten mit den aufgebauten Originalgräbern. Der sofortige Einsatz zur Rettung der Kunstwerke verwandelte, wie ein Florentiner sagte, Kirchen und Museen in Spitäler der Kultur.

Die Vitrinen im Erdgeschoß des Museums wurden zertrümmert, die kostbaren Werke durcheinander gewirbelt. Etwa neuntausend antike Vasen wurden in Scherben geworfen, und um die zwanzigtausend Kleinwerke – unter ihnen die Kostbarkeiten in Elfenbein, Gold, Bronze – im Wasser zerstreut. Durch die Nässe sind die restaurierten Vasen, die empfindlichen Bronzen auseinandergefallen. In Haufen von Vasenscherben müssen die zusammengehörenden Teile gesucht werden.

Jahre wird es währen, bis der prächtige Grablöwe aus Tuscania, die Villanova-Urne mit dem schönen brozenen Kammhelm, der herrliche Kriegerkopf aus Orvieto, die frühesten etruskischen Steinskulpturen, die geritzte Grabstele und die großartigen Bronzen aus Vetulònia, die herrliche Goldfibel Corsini aus Marsiliana (Abb. 11), die Sarkophage aus Tarquinia und viele andere köstliche Werke wieder zu sehen sind.

Ein Trost ist uns verblieben. Vom unerhörten Reichtum des Museums, der ja nie in *einem* Rundgang bewältigt werden konnte, sind die Sammlungen des ersten und zweiten Stockwerkes unbeschädigt erhalten. Der Eingang zu ihnen ist bis auf weiteres in die Via della Colonna 38 verlegt worden. Für die Besichtigung und Orientierung im weitläufigen Gebäude ist der an der Kasse erhältliche kleine Führer von De Agostino zu empfehlen. In unserem Wegweiser können nur kurze Hinweise gegeben werden.

Erster Stock, Säle 9 und 10: Zahlreiche etruskische Steinskulpturen, Löwe (Tuff) aus Tuscania, bemalter Alabaster-Sarkophag mit Darstellung von Kampfszenen der Griechen mit den Amazonen in frischer Farbigkeit (4. Jh. v. Chr.). Reliefs von Chiusi, Cippi, Fragment von der Fassade eines Tempelgrabes in Norchia, Urnen.

Saal 14: Groß- und Kleinbronzen. Die Chimäre aus Arezzo (5. Jh. v. Chr.), Arringatore aus dem 3.–2. Jh. v. Chr. In den Vitrinen charakteristische etruskische Krieger-Statuetten, Haruspices u. a. in Bronze.

Säle 11–13: Kunsthandwerkliche etruskische Bronzearbeiten aller Art: Kandelaber, Spiegel, Geschirr u. a. Fragment eines etruskischen Kriegswagens. Im Saal 12 römische Bronzen, unter andern auch die bekannte griechische Knaben-Statue des sogenannten Idolino (5. Jh. v. Chr.).

Säle 1–8: Die ägyptische Sammlung.

Zweiter Stock, Säle 1–6: Italisches und mittelmeerisches Material ist hier zu Vergleichszwecken zusammengestellt.

Säle 7, 11 und 12 enthalten eine reiche Folge von griechischen Vasen aus den verschiedenen Zentren ihrer Produktion, die nach Etrurien importiert worden sind. Eingeleitet wird sie mit korinthischen, jonischen, kalkidischen und anderen Gefäßen des 7.–6. Jh. v. Chr. In den letzten beiden Sälen der Reihe (11 und 12) findet sie mit einer umfänglichen Sammlung attischer Vasen ihren Abschluß. Die Abteilung enthält prachtvolle Beispiele aus den verschiedenen Stilphasen vom 6.–4. Jh. v. Chr. Die berühmte François-Vase, ein repräsentativer Voluten-Krater (570 v. Chr.), vom Töpfer Ergotimos und dem Maler Kleitias, dominiert in der Mitte des Saales 11 den ganzen Raum. In fünf Zonen sind auf ihr Szenen aus der griechischen Sagenwelt mit einer wunderbaren künstlerischen Kraft und Schönheit dargestellt. In den Sälen 8–10 sind charakteristische etruskische Impasto-Töpfereien und ausgewählte Bucchero-Gefäße der vielerlei Typen zu sehen. Die letzten Säle 13–15 enthalten spätere etruskische, campanische, faliskische Vasen und Keramik von Volsinii und Gnatia (4.–2. Jh. v. Chr.). Ihnen schließen sich im Saal 15 die etruskischen Terrakotten, Votive, dekorativen Tempelfragmente, Antefixe, ferner Tonsarkophage u. a. aus Sovana, Tarquinia, Arezzo, Orvieto und Tuscania an.

Den Rundgang durch die überreiche Sammlung möchte ich mit der Erwähnung einer Merkwürdigkeit und eines Meisterwerkes abschließen. In den verbliebenen Sälen 17–20 und 29–30 sind nebst einigen Freskoablösungen sehr unzulängliche Kopien von Wandmalereien in Gräbern von Tarquinia, Chiusi, Orvieto und Vulci zu sehen. Die Originale waren der gänzlichen Zerstörung ausgesetzt. Unberührt von ihrer künstlerischen Haltung zeigen die Kopien einzig das Inhaltliche, Ausschnitte aus dem täglichen Leben der Etrusker. Aber auch diese informatorische Seite ist nicht ohne Interesse.

Eine echte Genugtuung ist es aber, unter den Kopien des Saales 17 den originalen, bemalten Tonsarkophag der Larthia Seianti anzutreffen. Ein prachtvolles Spitzenwerk des etruskischen Hellenismus aus Chiusi (3.–2. Jh. v. Chr.).

Vom Erdgeschoß aus ist der gepflegte Garten des Museums zu erreichen. Sein Besuch – er stellt eine einzigartige Abteilung des Museums dar – sollte nicht unterlassen werden. Zwischen Blumen und tiefgrünen Sträuchern wird man in die Welt der etruskischen Gräber, ihre Typen und Architektur eingeführt. Originale Grabbauten aus den Nekropolen sind hier rekonstruiert worden (Abb. 14, 28). Einfache Pozzetti der Villanova-Kultur mit ihren Aschenurnen, verschiedene Kammer- und Kuppelgräber, bei denen die Technik des Aufbaues und der Einwölbung abzulesen ist. Wir sehen die bekannte, kreisrund aufgemauerte, mit vorkragender falscher Kuppel eingedeckte Grabkammer von Casal Marittimo (6. Jh. v. Chr.). Die Rekonstruktion ist ein typisches Beispiel für eine Gruppe monumentaler Gräber, die nur im Norden Etruriens vorkommen, und von denen wir in Quinto-Fiorentino an Ort und Stelle noch weitere sehen werden. Hinzuweisen ist auch auf das Diavolino-Grab aus Vetulònia mit den Eck-Pendentifs, auf die spitzbogig vorkragend gedeckte Kammer aus Orvieto (6. Jh. v. Chr.) und auf den weiten Raum mit 53 Aschenurnen des Inghirami-Grabes von Volterra (4.–3. Jh. v. Chr.; Abb. 14).

Von symbolhafter Eindrücklichkeit und archaischer Schönheit sind die einfachen Schild- oder Decksteine aus Vetulònia (8. Jh. v. Chr.).

Bevor wir das Museum verlassen, erkundigen wir uns nach der Möglichkeit der Besichtigung der monumentalen Kuppelgräber *La Montagnola* und *La Mula* in Quinto-Fiorentino, deren Besuch sehr interessant ist.

La Mula zu besuchen ist insofern etwas umständlich, als über der Kuppel des Grabes eine private Villa steht, der sie seit fünfhundert Jahren als *cantina* dient. Eine telefonische Verständigung ist notwendig. Für die *Montagnola* wird jemand in der Nähe den Schlüssel haben, wie es bei solchen Denkmälern in Italien üblich ist. Leider kann ich darüber keine präzisen Angaben machen.

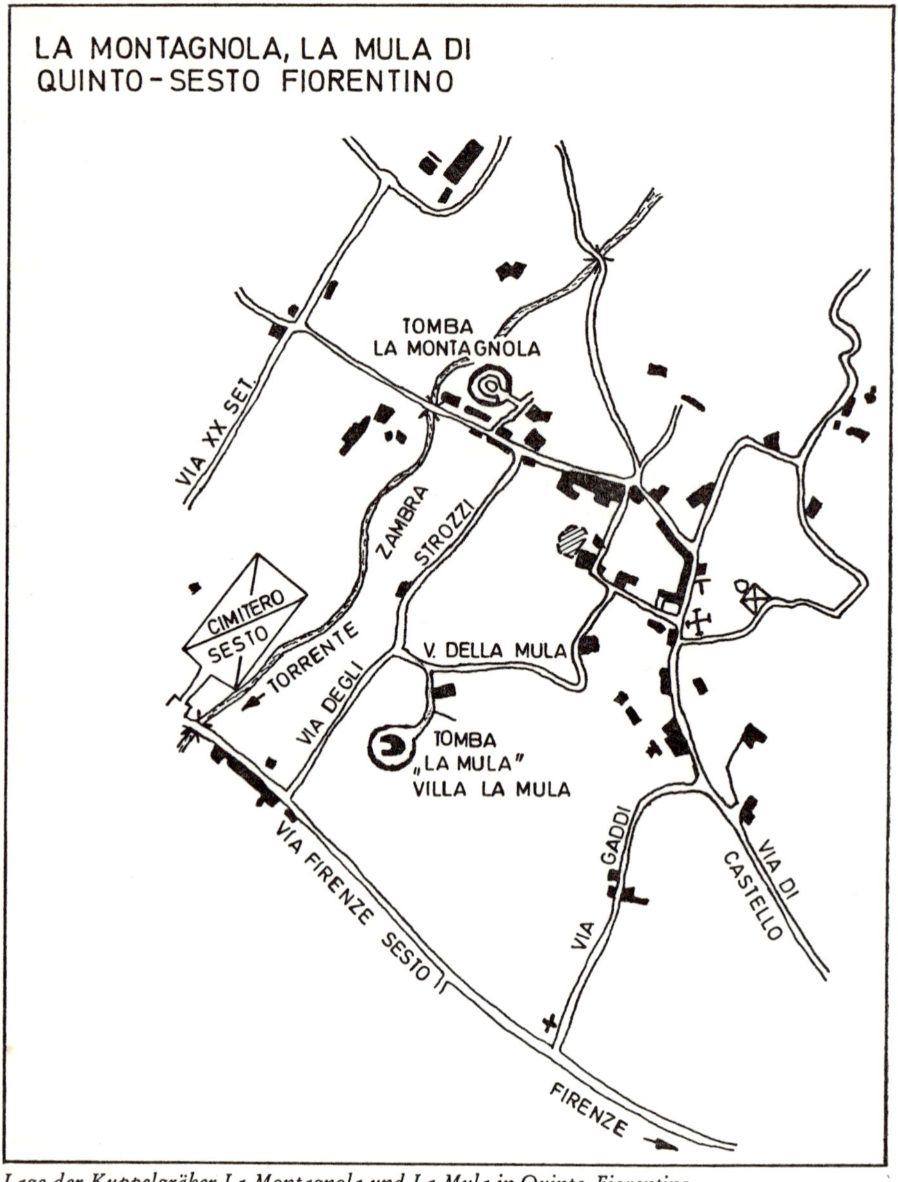

Lage der Kuppelgräber La Montagnola und La Mula in Quinto-Fiorentino

Quinto-Fiorentino. Der nur 9 Kilometer weite Ausflug nach Quinto-Fiorentino und die Besichtigung der beiden Kuppelgräber nimmt nicht viel Zeit in Anspruch. Die Lokalität

Quinto ist mit dem größeren Sesto-Fiorentino nachbarlich verbunden. ›Sesto‹ wird hier abkürzend weggelassen. Straßenbezeichnungen lauten auf Quinto-Sesto-Fiorentino. *La Mula* und *La Montagnola* liegen nicht weit auseinander. In der Literatur über die Gräber wird gewöhnlich nur von Quinto-Fiorentino gesprochen, was wir von nun ab auch so halten werden.

Die Ausfahrt nach Quinto-Fiorentino ist einfach. Etwas länger ist die Strecke über die Piazza della Libertà, zeitlich ist sie kürzer und dazu müheloser als der direkte Weg durch die verstopften engen Straßen des Quartiers. Von der Piazza della Libertà folgen wir den grünen Wegweisern zur Autostrada A 1 bis zum Viale Strozzi am Park der Fortezza, auf der wir ein kurzes Stück nach rechts fahren. An der Kurve geradeaus weiter über eine Brücke kommen wir in die Via dello Statuto. Etwas westlich, genau parallel zu ihr, ist die Via del Quinto Fiorentino. Übrigens gibt es auch eine Autobus-Verbindung von der Station aus zu diesen ländlichen Vororten.

La Montagnola (Abb. 12). Von Florenz kommend, etwas abseits rechts der Straße durch die Ortschaft (s. Plan) liegt bei der Villa Cantagalli, Via Fratelli Rosselli 17, ein sanft ansteigender Erdhügel, die *Montagnola.* Eine Gruppe großer Bäume steht auf der Erhebung, genau über dem Kuppelraum des Grabes. Der kreisrunde Hügel hat einen äußeren Durchmesser von 70 m. Wir nehmen die Taschenlampe mit und gelangen durch einen 14 m langen, 5 m tiefen und 2 m breiten, in großen Blöcken gemauerten Dromos in die Kammern des Grabes. Zunächst in einen etwa 7 m langen Korridor, den kurz vor dem Kuppelraum seitlich 3 m tiefe Kammern flankieren. Durch die linke gelangten die Ausgräber, welche den Dromos noch nicht kannten, in das Grab. Eigentümlicherweise sind schon in frühen Zeiten Schatzgräber durch den gleichen Gang in das Innere der Anlage eingedrungen. Die Räume sind alle mit massigen Steinblöcken vorkragend überwölbt. Nur einige Schritte im unterirdischen Korridor weiter stehen wir vor dem spitzbogigen, sorgfältig geglätteten Durchgang zum Tholos, des mehr als 5 m hohen vom Boden nach oben sich verjüngenden Kuppelraumes. Er hat einen Durchmesser von 5,20 m. In seiner Mitte steht, wie zur Stütze der Kuppel, ein auffallend stark dimensionierter Pfeiler. Nach Vacano soll es sich bei solchen Pfeilern nicht um eine tragende Stütze handeln. Das Gewölbe halte sich selber. Es werde damit, nach den religiösen Anschauungen der Etrusker, die Achse der Welt symbolisiert. Die Kuppel ist demnach ein Abbild des Himmelsgewölbes.

Der Grabbau aus dem 7. Jh. v. Chr. ist unbeschreiblich eindrucksvoll. Er wurde bereits ausgeraubt angetroffen. Nur wenige kleine Fragmente von gravierten Plättchen in Knochen und Elfenbein, figürliche Zierstücke aus mit Silber belegtem Eisen und Impastoscherben der orientalisierenden Epoche (Ende 7. Jh. v. Chr.) wurden gefunden.

Auf Beobachtungen technischer Art, wie etwa die wohlüberlegte Einlage einer Lehmschicht zwischen Mauer und Erdaufhäufung zur Trockenhaltung der Grabräume hier näher einzugehen, würde zu weit führen. Vergleiche mit dem oben erwähnten, hundert Jahre späteren Kuppelgrab von Casal Marittimo im Garten des Museums von Florenz kommen in den Sinn. Obwohl es sich bei Casal Marittimo um eine authentische Rekon-

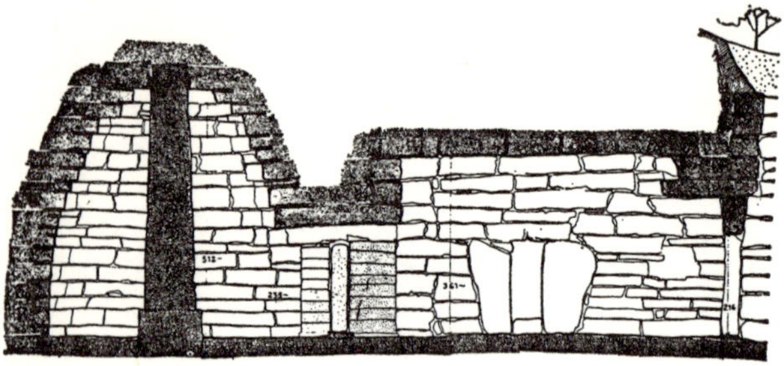

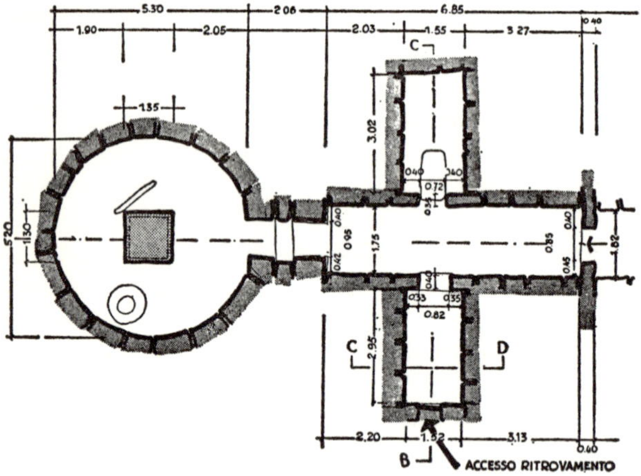

Der Tholos von La Montagnola in Quinto-Fiorentino, Schnitt und Grundriß. Der Pfeil im Grundriß zeigt an, wo die Ausgräber in die seitliche Kammer eindrangen. Den wirklichen Eingang durch den Dromos kannten sie noch nicht

struktion handelt, empfindet man das Urtümliche, weder Kopier- noch Transportierbare in der Montagnola besonders stark.

Die großartige Grabanlage ist unter der umsichtigen Leitung von Prof. Giacomo Caputo mit einer Schar begeisterter, freiwilliger Helfer 1959 ausgegraben worden. Fragen des Zusammenhanges mit andern Gewölbebauten im nördlichen Etrurien, z. B. Castellina in Chianti und in Kleinasien wurden damit erneut aufgeworfen. Die wenigen Publikationen über die Montagnola sind unter ›Quinto-Fiorentino‹ in den Literaturhinweisen vermerkt.

La Mula. Einen halben Kilometer südlich der Montagnola, unter der Villa Pecchioli-Gerbi, Via Gramsci 269/Via della Mula 2, befindet sich das längst bekannte, sehr schöne Kuppelgrab La Mula. In den Studien über etruskische Grabarchitektur wird ihm eine besondere Aufmerksamkeit geschenkt.

Vom Boden aus annähernd kreisrund, mit einem Durchmesser von 9 m, ist der Raum als ›falsche‹ Kuppel, also vorkragend, aufgemauert. Da der Stützpfeiler fehlt, hat der Raum eine freie, unbeeinträchtigte Wirkung. Neben Casal Marittimo und der Montagnola ist La Mula ein weiteres imponierendes Denkmal der etruskischen Kuppelgräber in Nord-Etrurien. Die Funde aus diesem Grab (7.–6. Jh. v. Chr.) beweisen die breite Teilnahme der Zone um Florenz an der Kultur der orientalisierenden Phase in Etrurien. Diese Kuppelgräber mit ihrer Monumentalität kommen eigentümlicherweise in Südetrurien überhaupt nicht vor. Liegen hier östliche Einflüsse über die Adria vor?

Für besonders interessierte Freunde etruskischer Kultur empfehlen wir noch einen Abstecher zu neuen Ausgrabungen im Tal des Arno. Ungefähr 15 km südwestlich von Quinto liegt an den Ausläufern des Monte Albano an der Staatsstraße Nr. 66 die Ortschaft Poggio a Caiano. Eine Abzweigung links führt nach Carmignano und von dort eine weitere nach dem etwas südlich gelegenen Weiler Comeana (2 km). Von hier, anfangs der Straße nach Signa (auf der linken Seite des Arno), befinden sich beim Friedhof von Montefortini ›Buschetti‹, Grabhügel, aus der Zeit der Kuppelgräber, die wir soeben gesehen haben. Ein überraschender Beleg für die frühe etruskische Besiedelung der Zone um Florenz. Die Ausgrabungen sind noch im Gange. Eine außerordentlich schöne, linear vorkragende Eindeckung der Kammer des Montefortini-Grabes wurde hier entdeckt.

Auf der Straße Nr. 66 kehren wir nach Florenz zurück.

4. Route

Florenz – Castellina in Chianti – Siena – Asciano – Siena (125 km)

Wir fahren über die Arnobrücke Lungarno del Tempio auf das linke Ufer. Die Straße Nr. 222 führt über das stattliche *Greve* durch die klassische Toscana. Auf den unzähligen Hügeln liegen breite Gutshöfe *(podere)* oder stehen schwarze Gruppen von Zypressen. An sonnigen Halden reifen die Chianti-Trauben. Auf den flachen Feldern wogt schon früh im Jahre das goldene Korn. Das Bild wäre nicht ausgewogen, würden ihm nicht die dunklen, krummen Stämme und die altsilbernen Kronen der Oliven den Reiz eines kostbaren Gewebes geben. Es ist das Land, das lange vor den Besitzstreitigkeiten der feudalen Herren im Mittelalter von den Etruskern bebaut und in zerstreuten Höfen bewohnt wurde.

In Greve sind wir bereits im Zentrum des herben Chianti-Weines, der seinen Weltruhm einem Baron Ricasoli zu verdanken hat, dessen Name heute noch für Spitzengewächse dieses bekömmlichen Rotweines bürgt.

Monte Calvario. Bei der Einfahrt in das hochliegende Städtchen Castellina in Chianti bemerken wir rechts, nicht weit von der Straße, den mäßig hohen, jedoch ausgedehnten Hügel des Monte Calvario. Es ist der Tumulus eines der großen Monumentalgräber

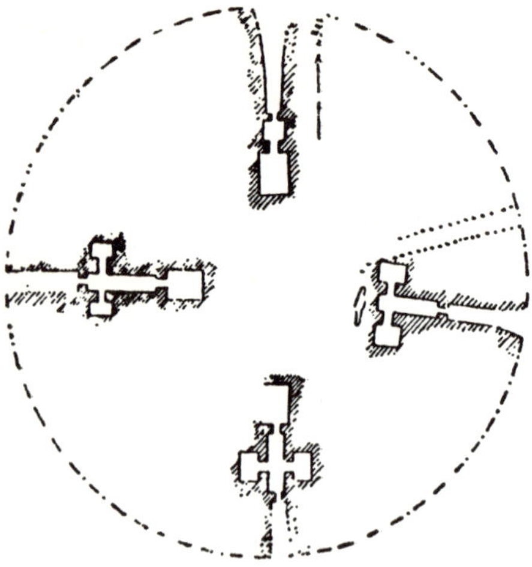

Castellina in Chianti. Grundriß des Tumulus-Grabes Monte Calvario. Ende 7. Jh. v. Chr. Grabkammern nach Himmelsrichtungen orientiert

Nord-Etruriens. Im Municipio erkundigte ich mich nach dem Schlüssel zu den Grabkammern. Den habe der Wegmeister. Er sei unterwegs, komme in einer halben Stunde zurück. Nach meinen Erfahrungen konnten es auch ein oder zwei Stunden sein. Auf gut Glück schritt ich dem Monte Calvario zu. Den Tumulus umstehen in Abständen junge Pinien. Seine weite, kreisrunde Basis ist mit Stacheldraht umzäunt. Mit lebhafter Gestik munterte mich ein vorbeigehender Bauer auf, unter dem Zaun durchzuschlüpfen. Die Grabeingänge waren offen, hatten überhaupt keine Türen.

Die isolierte Anlage umfaßt vier nach den Himmelsrichtungen angeordnete Grabkammern. Der sie überdeckende Erdhügel verläuft ohne die Abtreppung eines tragenden Sockels im Land. Die Kammern sind, außer der östlichen, die stark zerfallen ist, gut erhalten. Die südliche Kammer mit Dromos, zwei Seitenzellen, Vorkammer und Hauptraum macht einen gewaltigen Eindruck. Aus rustikalen, ungeglätteten Kalksteinblöcken (Albarese) sind die Wände gemauert und die Eindeckungen vorkragend gewölbt. Die architektonische Anlage scheint für die Ewigkeit geschaffen. Interessant und auch bezeichnend ist die Verschiedenheit der räumlichen Gestaltung der Kammern, die übrigens nicht nur hier zu beobachten ist. Die Etrusker liebten offenbar das Schematische nicht.

Erst 1902 wurde der Tumulus, der immerhin einen Durchmesser von 50 m hat, entdeckt. Gefunden wurden Beigaben aus der Mitte des 7. Jh. v. Chr., und, wohl von späteren Beisetzungen, auch jüngere.

Wie schon vermerkt, liegt das Hügelgrab alleinstehend in der Landschaft. Vergeblich wurde in seiner Umgebung nach einer Nekropole oder Siedlung gesucht. Da in der frühen Zeit der Etrusker das Land nur spärlich besiedelt war, wird vermutet, daß eine Familie der Herrenschicht, vielleicht die Besitzer des Landes, die großartige Anlage gebaut haben. In ihrer Abgeschiedenheit wird sie nur wenig besucht. Sie wird, wie mir scheint, auch in den Publikationen nicht ihrer Bedeutung gemäß berücksichtigt.

Die Toscana überrascht, wo es auch sei, durch die Schönheiten der Landschaft. Nicht anders ist es auf der Weiterfahrt nach Siena durch die weingesegneten Monti del Chianti, wo im engeren und weiteren Umkreis die berühmten Gewächse Arbia, Brolio und Ricasoli kultiviert werden. Etwa 4 km vor Siena kommen wir auf die Superstrada Florenz–Siena. Um dem verfänglichen – Fußgänger sagen ›malerischen‹ – Straßengewirr mit unzähligen Einbahnwegen der mittelalterlichen Stadt zu entgehen, biegen wir an der Porta Camollia in der alten Stadtmauer rechts in die Via di Montluc ein. Nach etwa 300 m mündet sie in den Viale Diaz, auf dem wir zur Fortezza Medicea und, sie umfahrend, zum Gd. H. Excelsior am Stadion kommen. Der Wagen kann, was in Siena besonders willkommen ist, vor dem Hause parkiert werden. Wer für die Nacht ein einfaches Hotel vorzieht, findet wenig weiter, im Viale Curtatono 9, das sympathische Hotel Chiusarelli.

Asciano. Ein Ausflug nach Asciano ist reizvoll. Auf der Straße Nr. 73 nach Arezzo fahren wir bis zur Abzweigung Taverne d'Arbia (8 km). In einer halbstündigen Fahrt durch das schöne Land sind wir in Asciano.

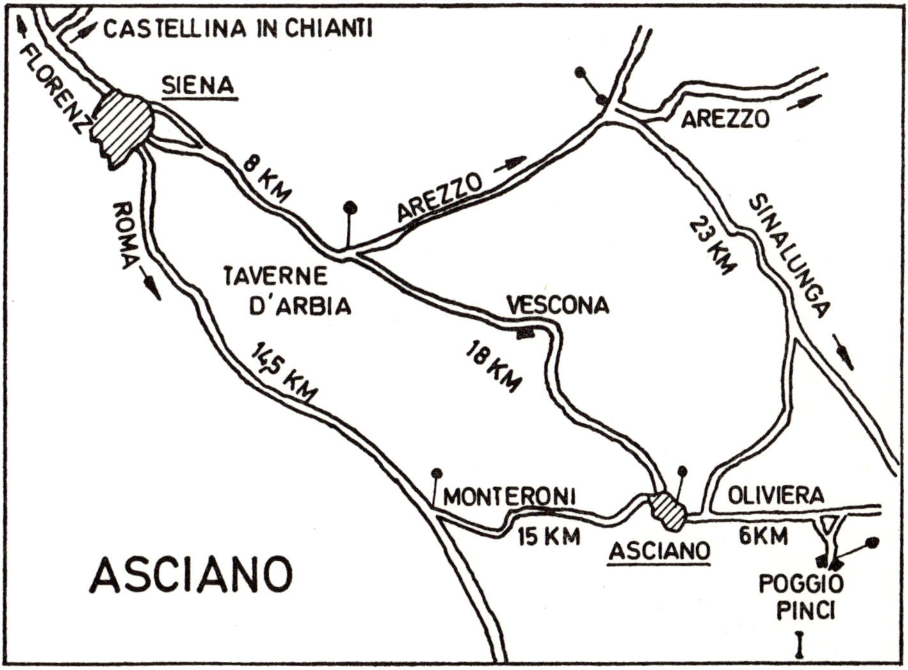

Wegekarte Siena–Asciano

Das pastorale Leben im Städtchen hat sich seit der Etruskerzeit bis in unsere Tage erhalten. Der Ort gehört zum Gebiet von Chianti, Val d'Elsa und Siena, das die Etrusker mit Gehöften und kleinen bäuerlichen Orten besiedelt hatten. Entwickelt haben sich Siena und Asciano erst in späterer Zeit. In Asciano fragte ich nach dem Museo Etrusco. Man wies mich an die Prefettura. Dort hieß es, der Pfarrer oder der Lehrer habe den Schlüssel. Der Pfarrer – ich glaubte Glück zu haben – trat eben aus seinem Haus. Kurz und klar war seine Antwort: Der Segretario della Comune habe den Schlüssel. Im Municipio zeigte man hinauf in den zweiten Stock. Aus dem lauten, wirren Betrieb ertönte eine Stimme: Der Segretario sei besetzt! Er erschien aber bald. Ein freundlicher, fast vornehmer Herr mit zwei ansehnlichen Schlüsseln in den gepflegten Händen. Er führte uns zu einer kleinen romanischen Kirche an der Straße. Die Türe trug eine weiße Marmortafel: MUSEO ETRUSCO.

Der kapellenartige Raum ist mit modernen Vitrinen geschickt und gut eingerichtet. Die Ausstellung enthält in der Hauptsache die Funde aus den fünf Kammergräbern, die 1957 auf dem nahen Poggio Pinci östlich des Städtchens entdeckt wurden. Ein Ochse sei mit einem Bein in eine der Kammern eingesunken, eine Geschichte, die ich in Vulci und anderswo auch schon über die Auffindung eines Grabes gehört hatte.

Die für das engere Siedlungsgebiet um Siena bezeichnende Sammlung des Museums kann natürlich nicht mit erstrangigen Werken der etruskischen Kunst aufwarten. Sie enthält ein paar Stücke bescheidenen Goldschmucks, Bronzefibeln und besonders Aschenurnen, auf denen, vom 5. Jh. v. Chr. bis in die etruskische Spätzeit, immer wieder der Name Hepni vorkommt. Vermutlich war es eine begüterte Familie von Asciano. Obwohl das Museum, wie erwähnt, künstlerisch nicht von besonderer Bedeutung ist, hat es eine eigentümliche Ausstrahlung. Die etruskischen Grabbeigaben in den Vitrinen scheinen das Ländliche, Bäuerliche, Einfache, Unprätentiöse des heutigen Städtchens zum Ausdruck zu bringen.

Wunderbar dazu paßt die Trattoria mitten im Ort, die nichts Kunstgewerbliches, Eisengeschmiedetes hat. Zum Mittagessen *(pranzo)* gab es eine schöne Pasta asciutta (Teigwaren), saftige, wohlgewürzte Würstchen, frisches, grünes Gemüse, Früchte und einen ausgezeichneten, roten Landwein.

Für die Rückkehr nach Siena wählen wir die schöne, nur einige Kilometer längere Strecke über Monteroni d'Arbia. Wir erreichen dort die Nr. 2, von der wir (bei Cerchiàia) links in die Nr. 73 abzweigen.

Nachtrag:

Poggio Civitate (Murlo, Siena). – Il Santuario Arcaico. Das Bryn Mawr College (Pennsylvania, USA) hat 1966 mit Ausgrabungen in der Zone des Poggio Civitate und del Tesoro bei Murlo (Siena) begonnen. Nach vier jährlich wiederholten Untersuchungen konnte ein etruskischer Baukomplex der zweiten Hälfte des 6. Jh. v. Chr. festgestellt werden. Figürliche Reliefs, Gorgonenköpfe und zahlreiche, größere Fragmente von Akroteren, Antefixen, Krateren und Friesen in Terrakotta kamen an den Tag. Sie lassen kultische Bauten vermuten.

Die Funde kamen 1970 in Florenz und Siena zur Ausstellung und hernach in die archäologischen Museen der beiden Städte.

5. Route

Siena – Monteriggioni – Volterra (52 km)

Siena. Der Ruhm Sienas, seine pittoreske Lage, seine Kirchen, Paläste und Heiligen, seine große mittelalterliche Kunst und der farbige Palio sind schon so oft besungen worden, daß es ein überflüssiges Wagnis wäre, ähnliches zu versuchen. Das etruskische Siena nimmt uns nicht lange in Anspruch. Wir sichern uns zunächst auf den Abend in Volterra unsere Zimmer (Hotel Nazionale, T. 2284) und suchen hernach das Museo Archeologico, Via della Sapienza 3, auf, das 1956 eröffnet wurde. Die erstaunlich vielen etruskischen Funde aus der Umgebung von Siena, Buccheri, Vasen aus früher und später Zeit, Kanopen in Terrakotta, Urnen und viele Kleinbronzen kommen in lichter Aufstellung ausgezeichnet zur Geltung.

Nach dem Rundgang in dem sympathischen Museum begeben wir uns noch eine Weile in den alten Kern der Stadt. Vielleicht suchen wir ihre größte Kostbarkeit auf: das wunderbare, weltberühmte Triptychon der *Maestà* von Duccio di Buoninsegna (1479) im Museo del'Opera beim Dom. Oder wir steigen zur herrlichen Mulde des Campo mit dem grazilen Palazzo Pubblico hinab, in dessen Sälen sich die großartigen Fresken des Simone Martini (1284–1344) und anderer Meister befinden.

Auf der Fahrt nach Volterra erblickt man etwa 14 km von Siena entfernt den romantischen Festungsring *Monteriggioni.* Mit dem Bau der gegen die Florentiner gerichteten Festung, der 570 m langen Mauer und den vierzehn quadratischen Türmen, hatten die Sienesen 1203 begonnen. Er liegt auf einer niederen Anhöhe im ausgedehnten Gebiet von etruskischen Kammergräbern aus dem 6.–4. Jh. v. Chr.

Wie in Volterra wurden die Kammern ungefähr kreisrund, etwa auch mit einem Stützpfeiler in der Mitte, aus dem Boden gehauen. Die Tomba ›Sepus‹ in Malacena unweit dem Casone und dem Bahnhof Castellina in Chianti ist das bekannteste Grab der Zone. In ihm wurden 109 Beisetzungen aus dem 3.–1. Jh. v. Chr. entdeckt. Die zahlreichen Grabbeigaben kamen bis auf wenige Urnen in das Nationalmuseum Berlin–Ost. Im Hinblick auf die unvergleichlich interessanteren Grabarchitekturen, zu denen wir noch kommen werden, kann auf die Besichtigung dieses Grabes, für die überdies noch eine Bewilligung der Besitzer, Conti Torrosi, einzuholen ist, verzichtet werden.

Die Straße führt durch das schöne Land zur größeren Ortschaft Colle di Val d'Elsa, die malerisch über dem modernen Industriegebiet Colle Basso liegt.

Volterra (Velathri, Volaterra). Nähert man sich Volterra vom Meer her durch das Tal der Cecina, erscheint die Stadt mit der Szenerie ihrer Südfront auf dem Kamm des Höhenzuges wie ein mächtiger Herrschersitz. Von Osten kommend, stößt man unvermittelt auf die Fortezza, die größte Festung der Renaissance, die Lorenzo Il Magnifico 1472 bauen ließ. Ihr entlang, wie auf einer Höhenpromenade, vor der sich das weite

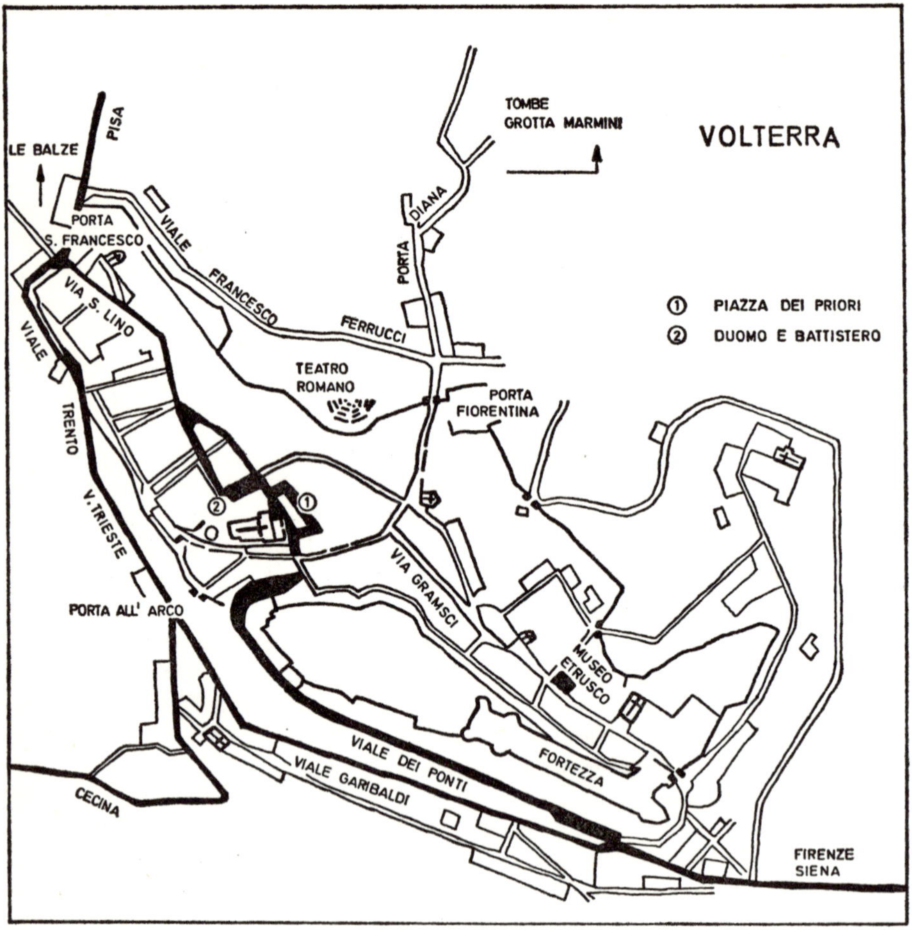

Plan von Volterra

Land bis an den Horizont ausbreitet, kommen wir geradewegs zum Hotel Nazionale im Zentrum der Stadt.

Sie war ein bedeutendes Glied des Zwölf-Städte-Bundes, der föderativen, religiösen und politischen Organisation der Etrusker. Wie viele solcher städtischen Zentren ist sie um das 8.–7. Jh. v. Chr. auf dem Boden von Villanova-Siedlungen entstanden. In der Folge hat sie sich, ihre landwirtschaftlichen Interessen expansiv verfolgend, zu einer mächtigen etruskischen Westmetropole entwickelt. Ihr Landbesitz reichte im 4. Jh. v. Chr. bis zum Arno und bis in das Tal der Chiana. Es war die Zeit der Blüte der Stadt. Lange Schutzmauern mit dem ältesten erhaltenen etruskischen Stadttor, der massigen ›Porta all'Arco‹, zeugen davon (Abb. 16). Sie unterrichten uns auch über das weit umfänglichere Areal der alten Stadt gegenüber dem heutigen.

Auf der Piazza dei Priori, einem der echt mittelalterlichen Plätze Italiens, sind wir umgeben von herben, alten Palästen. Steil ragt der schmale Palazzo dei Priori, das älteste Stadthaus dieser Art (13. Jh.) in die Höhe. An der Piazza gegenüber steht der noch ältere Palazzo Pretorio mit der kubisch massigen Torre del Podestà. Das Volk nennt ihn wegen des skulptierten Wildschweinchens an der Front ›Porcellino‹ (Ferkel). Etwas vom Klima, das hier oben sehr rauh sein kann, haben diese verhaltenen Paläste. Man vergleicht sie mit der verfeinerten Architektur des Palazzo Vecchio in Florenz, denkt auch an den subtilen Palazzo Pubblico in Siena und ist von der herben Kraft und Unbedingtheit des 13. Jahrhunderts, wie sie hier ungeschminkt, durch keine Restaurierung ›verschönert‹ zum Ausdruck kommt, betroffen.

An der Stirnseite des Platzes, nahe dem ›Porcellino‹, befindet sich in einem alten Palazzo das einheimische Ristorante ›Etruria‹.

Museo Etrusco Guarnacci. Der Spaziergang zum Museum an der Via Don Minzoni führt zwischen mittelalterlichen Häusern, schwärzlichen Mauerwänden und Patrizierpalästen mit schweren Türen und profilierten Fensterfassungen vorbei. Nach der Lichtung der Piazza XX Settembre, von der Kirche S. Agostino einige Häuser weiter, gelangt man links zum Museum, einem der frühesten für etruskische Kunst. Zur Erinnerung an seinen Gründer (Mgr. Mario Guarnacci, 1701–1785) wird es auch Museo Guarnacci genannt. Mit dem Museum verbindet sich unweigerlich die Vorstellung von unzähligen Aschenurnen – es sollen etwa 600 sein –, die thematisch geordnet an den Wänden des oberen Stockwerkes neben- und übereinander aufgereiht sind (Abb. 18). In der Hauptsache sind es kleine Aschenkisten aus dem leicht zu bearbeitenden Alabaster, z. T. aus einem lokalen Stein oder auch aus Terrakotta. Ihre Seitenwände zieren Reliefs aus der griechischen Mythologie, Darstellungen von Abschiedsszenen und der Reise in die Unterwelt (Abb. 15), oder einfache Inschriften. Außerdem gibt es den Typus eines gekürzten Sarkophages mit figürlichem Deckel. Das berühmteste Beispiel dafür ist der expressiv naturalistische Deckel mit einem älteren Ehepaar aus Terrakotta (Mitte 1. Jh. v. Chr.).

Nicht allzuviel Mühe kostet es, in der Menge der Urnen, unter denen es auch vorfabrizierte Exemplare gibt, die künstlerisch oder thematisch interessantesten herauszufinden. Was die vorfabrizierten Urnen anbelangt, wurde festgestellt, daß es Werkstätten gab ähnlich den heutigen Grabsteingeschäften, welche die gangbarsten Modelle auf Vorrat herstellten. Der Hellenismus in Etrurien (3.–1. Jh. v. Chr.) ist unter den Alabasterurnen mit einer Reihe schöner, charakteristischer Werke vertreten.

Mit unserem Besuch des Museums sind wir vorgeprellt. Im Raum links des Vestibüls sind die interessantesten Funde aus der späteren Villanova-Zeit in Volterra nicht nur sehr gut ausgestellt, es ist auch auf instruktiven Tafeln das Charakteristische dieser Kultur und ihrer Zeitphasen dargestellt. Auch die Lage der Nekropolen in Volterra ist angegeben. Wer daraufhin etwa ein einzelnes Grab aufsucht, kann erleben, daß der kleine Eingang mit Unrat verstellt ist.

In der Eingangshalle selber steht neben sehr schönen Cippi die mächtige Stele der lebensgroßen Kriegerfigur des Aule Tite aus dem 6. Jh. v. Chr. (Abb. 17). Mit Lanze, Bart und Haarwellen über dem Nacken ist die Stele aus grobem Stein ausgehauen. Gefunden wurde sie in der Nekropole Portone bei der Porta Diana im Norden der Stadt. Man erinnert sich an die ähnliche Kriegerstele des Larth Ninie in Fiesole und erkennt, daß die inneretruskischen Städte lebhafte Beziehungen unter sich hatten.

Vielfältig ist die Sammlung in den Räumen des oberen Stockwerks. Sie enthält Zeugnisse des wachsenden kulturellen und politischen Einflusses, den Volterra seit dem 5. Jh. v. Chr. hatte. Das Fehlen von orientalisierender und griechischer Importware zeigt allerdings, daß Reichtum und politische Bedeutung Volterras nicht durch überseeischen Handel, sondern, wie soeben bemerkt, durch die intensive Bebauung seiner weiten Ländereien erreicht wurden.

Im Museum fällt die umfangreiche Kollektion an schwarz- und rotfigurigen Vasen (300–200 v. Chr.) aus lokalen Werkstätten auf. Sie waren im Landesinnern, etwa in Perugia, sehr begehrt und sind heute in den meisten Museen und Sammlungen vertreten. Eine Vitrine mit schweren etruskischen Münzen leitet zur vergnüglichen Mannigfaltigkeit der Bronzestatuetten über. Hier ist die bekannte überlängte Knabenfigur (60 cm hoch) des sogenannten *Ombra della sera*, eine Votivgabe, ausgestellt. Auf einer Postkarte wird sie in der Übersetzung ›Abendgeist‹ genannt. Die Zeile von Eichendorff wäre treffender: »Länger fallen schon die Schatten durch die kühle Abendluft ...«. Unter den etruskischen Kleinplastiken kommen gelängte Figuren (Priester, Offerenten, Krieger) häufig vor. Der Knabe von Volterra ist die längste und auch späteste von ihnen (um 100 v. Chr.).

Das Museum enthält außer einer Menge von Bronzewaren auch Terrakotten, Goldschmuck, Cippi u. a. Ich muß es dem Besucher überlassen, seine eigenen Entdeckungen zu machen. Ein Gang durch den reizenden Garten an der Rückseite des Museums, in dem zwischen der Vegetation Fragmente von Steinplastiken eingestreut sind, lohnt sich.

Wieder auf der Piazza dei Priori, begeben wir uns auf den Domplatz mit dem schönen oktogonalen Kuppelbau des Baptisteriums (1283). Sein nüchterner Innenraum hält nicht, was die Außenarchitektur verspricht. Vom Platz aus hat man eine herrliche Sicht. Beim Baptisterium führt ein enges, steiles Gäßchen hinunter zur bekannten Porta all'Arco, oder Arco Etrusco (Abb. 16). Wie ein Urbild aller Stadttore steht diese blockhafte Pforte zwischen den Mauern. Die mächtigen seitlichen Stützen und Innenwände sollen etruskisch sein (4. Jh. v. Chr.). Der leichtere Torbogen ist nach der Belagerung Sullas (83–21 v. Chr.) von den Römern rekonstruiert worden. Diese haben die drei schwarzen, verwaschenen Köpfe vom alten Tor wieder eingemauert. Man sieht, daß sie eher zu den großen Blöcken der Bogenstützen als zu den kleineren Bausteinen des Bogens gehören. Über ihre Bedeutung wurden vielerlei Meinungen geäußert. Die Ansicht, es sei die kapitolinische Göttertrias (Jupiter, Juno, Minerva) oder es seien Schutzgottheiten der Stadt, hat am meisten für sich.

In Perugia und Falerii Novi (Civita Castellana) gibt es weitere etruskische Stadttore, zu denen wir noch kommen werden. Das Tor von Volterra, durch das die Menschen heute wie vor über 2000 Jahren gehen, ist das eindrucksvollste von allen. Wir kehren durch diese alte Porte auf die Via all'Arco zurück. Rechts und links der Straße sind Alabaster-Werkstätten, weiß verstaubt wie Bäckereien.

Wer ein charakteristisches Kammergrab, etwa der Nekropole Portone bei der Porta Diana, besuchen möchte, erkundige sich auf der Piazza oder beim Hotelier nach einem Guida (Führer), der für die Erlaubnis des Besitzers sorgen wird.

6. Route

Volterra – Cécina – Populonia – Follònica (113 km)

Nekropolen und Gräber in Volterra. Die bedeutendsten Nekropolen Volterras liegen auf den beiden Landzungen, die sich von der Stadt aus nach Nordwesten (Le Balze) und direkt nach Norden (Portone b. Porta Diana) vorstrecken. Bei der Kirche S. Giusto, besonders charakteristisch am Plateau der Nekropole Guerrùccia, sind die steilen Erdabstürze *Le Balze.* Wie von Wasser und Steinlawinen scharfkantig durchfurchte Hänge in den Alpen ist hier die lehmige, mergelhaltige Erdmasse, die vom Plateaurand in die Tiefe stürzte, verschrundet (Abb. 13).

Von der Piazza dei Priori fahren wir geradeaus durch das Stadtviertel zur Porta S. Francesco am nördlichsten Zipfel der Stadt. Die Straße weiter verfolgend, kommen wir zu den ›Balze‹ (2 km). Bei der Kirche S. Giusto, links von der Straße, führt ein kurzes Wegstück auf das Plateau der *Nekropole Guerrùccia,* das an den Abbruchrand der Balze und einen sehr schönen Trakt der etruskischen Stadtmauer grenzt. Ein großer Teil der späten Brandgräber (6.–5. Jh. v. Chr.) ist hier vom Erdrutsch in die Tiefe gerissen worden. Neben Pozzi wurden im verbliebenen Grabfeld auch viele Ziro-Gräber aus der Phase des Überganges vom Leichenbrand zur Bestattung, Fosse und kleine Kammergräber (6.–5. Jh. v. Chr.) gefunden.

Unweit, nördlich vom Piano di Guerrùccia, liegt nahe der Straße eine weitere Nekropole, die *Badia.* Wenige hundert Meter westlich, parallel der Straße, auf der wir nach Volterra zurückkehren, bei Santa Chiara, zieht sich ein längeres, interessantes Stück der etruskischen Stadtmauer hin, das von der Straße aus zu erreichen ist.

Gräber. Auf der Piazza dei Priori treffen wir den bestellten Guida und gehen mit ihm zur Porta Fiorentina. In ihrer Nähe liegt das in letzter Zeit ausgegrabene römische

Theater. Nur eine Viertelstunde weiter kommen wir zu der im Vergleich mit dem Arco Etrusco viel einfacheren Porta Diana und zur *Nekropole Portone* und anderen Grabfeldern, die außerhalb der Stadtmauern lagen. Heute sind fast alle Kammergräber dieser Nekropolen, die in der wenig resistenten Mergelerde ausgehoben wurden, eingestürzt. Die noch bestehenden liegen unter Reben oder andern Anpflanzungen versteckt in privatem Besitz.

In der *Grotta Marmini,* einer großen Kammer, in die uns der Guida führt, lernen wir den Typus der Gräber von Volterra kennen, einen in Mergelerde kreisrund ausgehöhlten, flach überwölbten Raum (deshalb die Bezeichnung ›a forno‹) mit einer ringsum laufenden Bank für die Aschenurnen. Die gewichtigeren Kammern haben überdies noch eine Mittelstütze. Das Grab der vornehmen Familie Inghirami (350–250 v. Chr.) mit 53 Urnen ist im Museumsgarten von Florenz rekonstruiert worden (Abb. 14). Mehrere Gräber gehörten den Inschriften zufolge der Patrizierfamilie Caecinae, die durch A. Licinius Caecina, den Freund von Cicero, bekannt ist. In einem dieser Gräber fand man 40 Aschenurnen.

Im Zuge der römischen Expansion nach Norden wurde Stadt um Stadt der Etrusker eingenommen. Volterra wurde 205 v. Chr. erobert und Bundesgenosse Roms. Für den Zug des Scipio nach Afrika hatte die Stadt Getreide und Schiffspech zu liefern. Trotzdem war sie im Bürgerkrieg letzter Sammelplatz der etruskischen Popularen. Sulla rächte sich dafür mit der Konfiskation des ganzen Gebietes von Volterra und mit dem Entzug des Bürgerrechts. Der Volterraner A. Licinius erreichte durch seinen Freund Cicero den Aufschub des Einzuges der konfiszierten Ländereien. Erst später befaßte sich Caesar mit dieser Frage (59 v. Chr.) und assignierte einen Teil.

In der Stadt ging das Leben seit der Etruskerzeit bis heute weiter.

Von der erfrischenden Hochlage Volterras fahren wir durch welliges Hügelland in das liebliche Tal der Cécina hinunter. Bald kommen wir in die Wärme der Niederung und bei Cécina in die Nähe des Meeres. Erlaubt es die Zeit, ist die Weiterfahrt an den wunderbaren Golf von Baratti in Populonia einem Aufenthalt in Cécina oder S. Vincenzo vorzuziehen (39 km). Die Fahrt, besonders ab S. Vincenzo, auf der neuen Straße durch dichten Wald dem Meer entlang ist eine genußreiche Abwechslung. Am Ende der Straße am Golf liegt das vorzügliche Ristorante ›Baratti‹. Seine Terrasse über dem Meer bietet eine wundervolle Aussicht auf das von der Küste leicht ansteigende Gelände der Nekropolen.

Populonia (Pupluna, Fufluns). Es ist auffallend, daß die römischen Schriftsteller, die sich mit den etruskischen Städten befaßten, das durch seine Eisenindustrie reich gewordene Populonia erst 205 v. Chr. erwähnen. Es geschah im Zusammenhang mit den Kontribution – größere Lieferungen von Eisen –, welche die Stadt Scipio für den Krieg in Afrika zu leisten hatte. Die Lage von Populonia ist insofern interessant, als es die einzige etruskische Stadt war, die am Meer lag. Die andern Küstenstädte hatten wohl ihre Hafenanlagen am Meer, lagen selber aber 10–40 km weit im Innern des

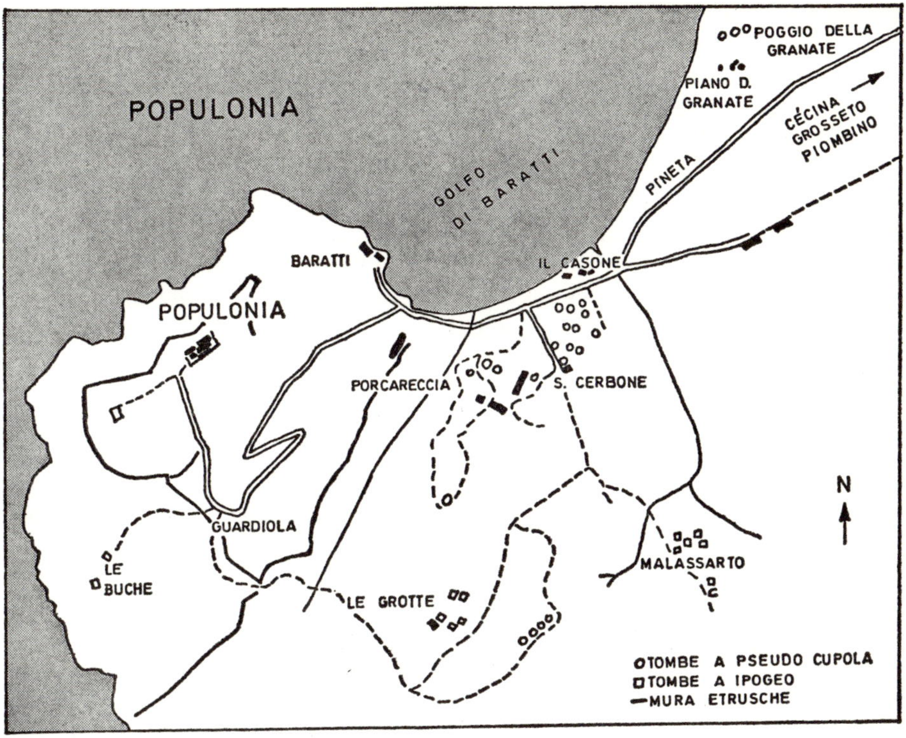

Wegekarte von Populonia und Umgebung

Landes. Populonia war eines der bedeutendsten metallurgischen Zentren der Antike. Früh schon, im Anfang des 7. Jh. v. Chr., hatte es in den Monti Metalliferi und im näher gelegenen Campiglia Marittima Kupfer abgebaut, das in den Werkstätten am Hafen verarbeitet wurde. Diese Metallwerkstätten entwickelten sich sehr rasch zu einer leistungsfähigen Industrie, die ab 400 v. Chr. das immer begehrtere Eisen verhüttete, das von der Insel Elba bezogen wurde. Mehrere, z. T. recht gut erhaltene Schmelzöfen wurden im Val Fucinaia gefunden.

Mit dem Aufschwung der Metallproduktion am Fuße des Berges, auf dem sich die Oberstadt mit der Akropolis befand und wo heute das kleine, verschlafene Dorf Populonia mit einem sehenswerten Lokalmuseum liegt, entstand eine zweite Stadt, die ›parte bassa‹ von Populonia. Die fortgesetzten Bedrohungen der etruskischen Küstenstädte durch die Griechen von Cumae und Sizilien im 6.–4. Jh. v. Chr. veranlaßten die Ober- und Unterstadt von Populonia, eine umfassende Schutzmauer zu errichten (4.–3. Jh. v. Chr.), von der noch mehrere Trakte erhalten sind. Vom Hafen Baratti über den Poggio Guardiola südlich der Zone von S. Cerbone bis zur hochgelegenen Akropolis umschloß sie den Kern von Populonia. Im Bürgerkrieg wurde die Stadt von Sulla (80 v. Chr.) verwüstet und zerstört.

Erstmals auf unserer Fahrt begegnen wir in Populonia einer großartigen Nekropole mit architektonisch bedeutsamen Gräbern, vor allem *S. Cerbone* und dem *Poggio della Porcareccia.* Außer ihnen gibt es noch mehrere Nekropolen, die sich am Golf um die wichtigste, S. Cerbone, gruppieren. Wir können nicht alle Nekropolen besuchen, zumal da und dort die Gräber (Abb. 21), wie etwa die primitiven unterirdischen Kammergräber – Pozzi und Fosse vom Poggio und Piano delle Granate, der nördlichsten Nekropole am Meer –, stark zerstört und von der Macchia überwuchert sind. Aus der Literatur erhält man eine bessere Kenntnis von ihnen. Eindrucksvoller und aufschlußreicher ist es, S. Cerbone und die Tumuli auf dem gegenüberliegenden Poggio della Porcareccia eingehend zu besichtigen.

Von der Straße entlang dem Golf zweigt rechtwinklig schnurgerade ein fahrbarer Weg hinauf zum imposanten ehemaligen Podere S. Cerbone ab, dem jetzigen Verwaltungsgebäude der Soprintendenza. Unterhalb, beim Parkplatz, ist der Zugang zum überblickbaren Grabfeld der Nekropole. Vor wenigen Jahren noch war es überdeckt mit Hügeln von schwarzer, bräunlich angerosteter Eisenschlacke *(scorie di ferro)*, den Überresten der antiken primitiven Gewinnung des Eisens mit Holzfeuerung. 50–60% des Eisengehaltes blieben dabei in der *scorie* zurück. Mit der zunehmenden Eisenproduktion gegen Ende des 4. Jh. v. Chr. wurde der Anfall von Schlacke so umfänglich, ihre Wegschaffung so unwirtschaftlich, daß sie in nächster Nähe bis mehr als sieben Meter hoch über die Grabhügel abgelagert wurde. Ihr ungeheures Gewicht drückte die vorgekragten Kuppeln der Grabkammern ein. Über zweitausend Jahre lagen die Totenkammern aus dem 7.–5. Jh. v. Chr. mit ihren bedeutsamen Beigaben an Bronzen, etruskischen Vasen, Terrakotten, verhältnismäßig wenigen griechischen Gefäßen bis zu ihrer Freilegung seit 1914 unter der Schlackenmasse. Heute sind die rotbräunlichen Schlackenberge, die vor wenigen Jahren noch der Landschaft einen farbigen Reiz verliehen, weggeräumt. Weg und Steg sind von der *scorie* gesäubert.

Im Weltkrieg 1915/18 und später wieder bis 1959 wurde der restliche Eisengehalt der Schlacke mit modernen Methoden restlos ausgebeutet.

Am Eingang der Nekropole S. Cerbone befindet sich der Plan des Gebietes von Populonia. Vielleicht treffen wir hier auch den freundlichen Custode dei Monumenti, der mit seinem Hund und einem Motorrad die Nekropole überwacht. Auskunft über manch Wissenswertes, etwa über den Weg zur Porcareccia, wird er bereitwillig erteilen. Die Gräber sind hier nicht abgeschlossen. Man kann sie ungehindert ohne Führer besichtigen.

Beim Eingang zur Nekropole Cerbone liegt der monumentale Tumulus, *Tomba dei Carri* (7. Jh. v. Chr.). Die Gräber sind nach dem wichtigsten Gegenstand, den man in ihnen gefunden hat, benannt. Hier waren es zweirädrige Kriegswagen. Sie wurden in den drei Seitenzellen des niedrigen Ganges zur Grabkammer gefunden und kamen ins Museum von Florenz.

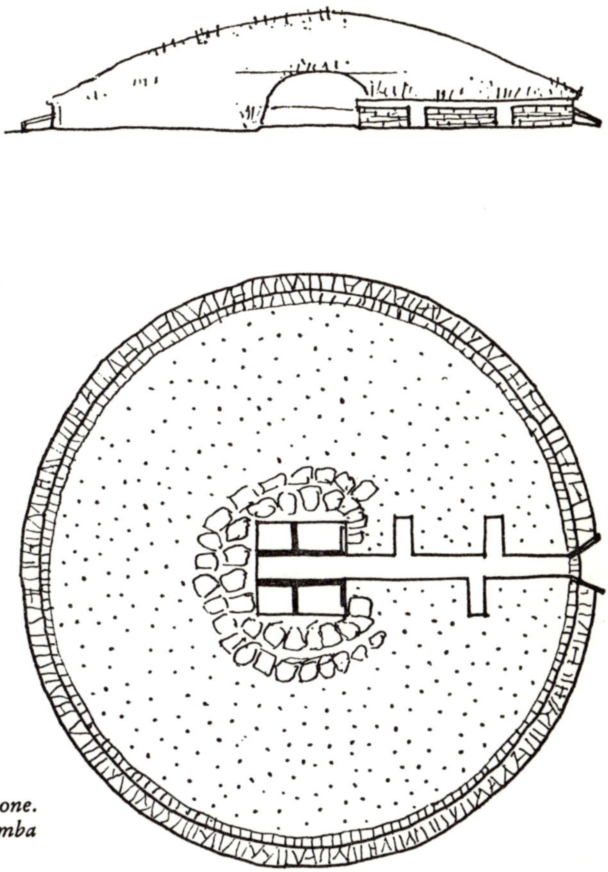

Populonia, Nekropole S. Cerbone. Schnitt und Grundriß der Tomba dei Carri, 7. Jh. v. Chr.

Der große Tumulus der Tomba dei Carri ist in Populonia das schönste Beispiel für den Typus der über der Erde aufgemauerten Kammergräber mit vorkragender Kuppel. Über dem kreisrunden Sockel, der Krepis, mit plattengepflastertem Umgang und vorstehender Traufe, ist der gewaltige Erdhaufen des Grabhügels aufgeschüttet worden. Für den eben erwähnten Einsturz der Kammergewölbe mitsamt dem Hügel, den das ungeheure Gewicht der darüberliegenden Eisenschlacke verursachte, haben wir hier ein sprechendes Beispiel.

In der Achse des Sockels liegt der Eingang zum niedrigen Korridor mit drei Seitenzellen, der zur quadratischen Totenkammer führt. Die Eingänge zum Korridor und zur Grabkammer waren mit schweren Steinplatten verschlossen. Fünf Leichenlager mit den

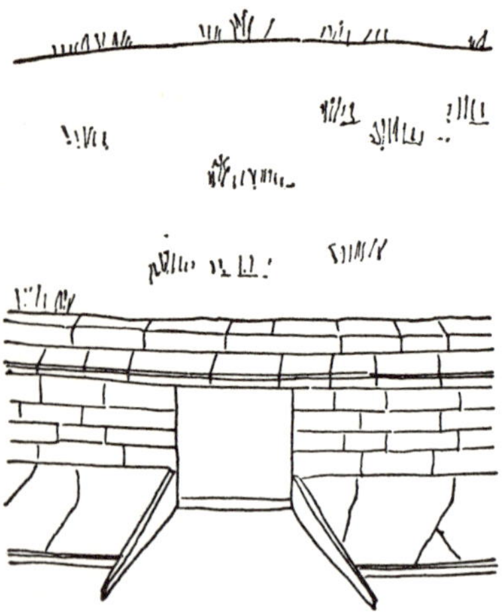

Schematischer Aufriß der Tomba dei Carri

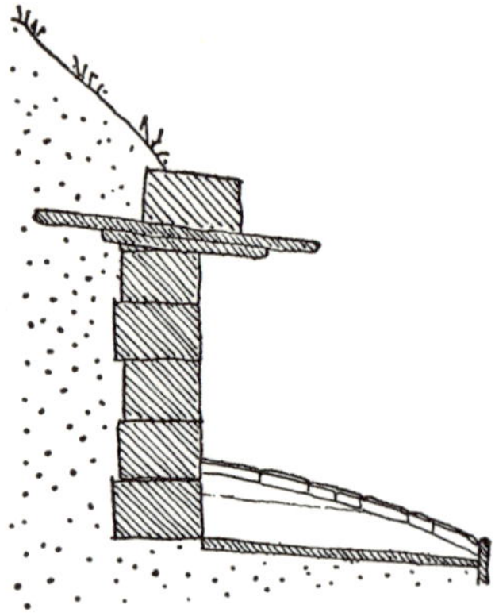

Schnitt des Sockels der Tomba dei Carri in S. Cerbone, auf den der Erdhügel aufgeschüttet wurde

für Populonia charakteristischen ›gedrechselten Spindelpfosten‹ nahmen die Toten und die für sie bestimmten Beigaben auf (Abb. 23). Über ihnen, in den Ecken der quadratischen Kammer, treten die vorkragend eingesetzten Pendentifs hervor (Abb. 24). Sie leiten vom Viereck in die kreisrunde Konstruktion der ›falschen‹ (d. h. vorkragenden) Kuppel über. Dieser baulichen Lösung werden wir auch in Vetulònia begegnen. In Etrurien kommt sie nur in den Nekropolen dieser beiden Städte vor.

Die Betrachtung der Tomba dei Carri macht uns mit der Architektur des archaischen Kammergrabes vom ›Typus Populonia‹ bekannt. Von der leichten Anhöhe des Grabes überblickt man das wunderschöne, etwas gewellte Feld, das sich im Rahmen der sanften Hügelzüge am Horizont bis ans Meer hinunter ausbreitet. Auf ihm verteilen sich noch eine Reihe weiterer Hügelgräber. Gemächlich können wir von einem zum andern wandern. Auffallend ist der Kreis des zweitgrößten Kuppelgrabes, der *Tomba dei Letti funebri.* Nahe der Straße am Golf treffen wir auf zwei interessante Aedikula-Typen von Gräbern, ein aufgemauertes Häuschen oder Tempelchen und neben ihm einen niedrigen, sarkophagartigen Kasten *(cassone)* mit Giebeldach (Abb. 22). Frei, ohne Eindeckung mit einem Erdhügel, sind sie vom Boden aufgemauert worden.

Im Westen von S. Cerbone, jenseits des Grabens, ist der Poggio Porcareccia, auf dem mit bloßem Auge in der dunklen Macchia einige Hügelgräber des Typus ›Populonia‹ zu erkennen sind. Das eine ist die *Tomba dei Flabelli* (7. Jh. v. Chr.), in der ein überaus reiches Material von Bronzearbeiten aus der orientalisierenden Epoche gefunden wurde, das ins Museum von Florenz gekommen ist. Ein weiteres Grab, die *Tomba delle Oreficerie,* wurde erst 1940 völlig unberührt entdeckt. Seine ursprüngliche Kuppel ist intakt erhalten geblieben (Ende 7. Jh. v. Chr.). Wie sein Name andeutet, enthielt es eine

Menge z. T. granulierten Goldschmucks, Ohrgehänge, Broschen, Spangen, Ringe u. a. (jetzt im Museum von Florenz).

Die vorkragend, trocken gemauerten Kuppelbauten der Gruppe Vetulònia–Populonia sind die ältesten Etruriens (Ende 8.–7. Jh. v. Chr.). Auf italischem Boden haben sie keine Vorläufer. Ihre monumentale Grabarchitektur erscheint in konstruktiver und technischer Vollendung auf die bescheidenen Pozzi und späteren Fosse der Villanova-Phase. Wo sind ihre Vorläufer?

M. Demus-Quatember vergleicht sie in ihrer soliden Studie über etruskische Grabarchitektur (1958) mit gleichen und ähnlichen Grabbauten aus dem 1. Jh des 1. Jahrtausends in Kleinasien. Außer den Grabanlagen in der Zone von Halikarnass (Karien), auf die sie besonders hinweist, nennt sie noch eine Anzahl vorkragend gemauerter Tumuli in Kleinasien.

Die Kuppelgräber von Vetulònia und Populonia sind in den nicht zur Ruhe kommenden Auseinandersetzungen um die Herkunft der Etrusker nicht wegzudenken.

Erlaubt es die Zeit, sollte man sich nach den Gräbern den Genuß der kurzen Fahrt (5 km) hinauf zur 180 m über dem Meer gelegenen ›Oberstadt‹ Populonia nicht versagen. Eine breite Straße führt durch kühlen Wald und Macchia mit vielen herrlichen Ausblicken zu ihr hinauf. An der Einfahrt links erscheinen die gekrönten Türme des Castello. Rechts liegt der große Neubau, den die Marchesa Gasparri-Faltoria für Waisenkinder baute. Diesem Institut schräg gegenüber ist das bereits erwähnte Museum, das in fünf gewölbten Parterreräumen untergebracht ist. Wenn es auch keine erstrangigen Werke enthält, so sieht man doch viele interessante etruskische Terrakotten, Buccheri und auch einige griechische Gefäße, die in der Gegend gefunden wurden.

Zauberhaft ist die Aussicht über das offene Meer auf das Areal der antiken unteren Industriestadt Populonia und auf die Zone der ältesten Gräber beim Poggio delle Granate in der nördlichsten Ecke des Golfes.

Sofern wir es nicht vorziehen, hier zu nächtigen, fahren wir über Venturina an der Via Aurelia weiter nach *Follònica* (24 km).

7. Route

Follònica – Vetulònia – Grosseto – Roselle – Grosseto (70 km)

Vom betriebsamen Follònica kehren wir auf die Via Aurelia zurück. Nach 23 km Richtung Ost-Süd, bei den wenigen Häusern von Grilli, zweigen wir rechts ab nach Vetulònia.

Vetulònia (Vatluna oder Vatuluna). Wie das Bergnest Populonia über dem Meer liegt die kleine Häusergruppe des Dorfes Vetulònia auf der Kuppe eines 345 m hohen Bergrückens über der nördlichen Landzunge der weiten Ebene von Grosseto. Wie ein Fixpunkt schimmert der schmale, weiße Kirchturm auf dem silhouettenhaften Grat. Die Hänge des bergigen Hügels sind dunkelgrün von Gestrüpp und Macchia überwuchert. In wenigen Aussparungen stehen Oliven und Steineichen. Nicht weit unterhalb des Dorfes auf der Höhe liegen die Nekropolen mit unzähligen Brand-, Steinkreis- und Kuppelgräbern. Wer die erstaunliche Menge kostbarer Beigaben im Museum von Florenz nicht gesehen hat, der wird sich kaum vorstellen können, daß das alte Vetulònia einer der bedeutenden zwölf Stadtstaaten der Etrusker war, die in einem föderalistischen Bund zusammengeschlossen waren.

Ähnlich wird es jenen ergangen sein, die das antike Vetulònia im letzten Jahrhundert bei Campiglia, Viterbo, im Gebiet von Vulci, in Massa Marittima und anderwärts suchten. Georges Dennis war überzeugt, es in Magliano i. T. mit dem Hafen Talamone gefunden zu haben. Bis die unermüdlichen und erfolgreichen Ausgrabungen Falchis in den achtziger Jahren des vorigen Jahrhunderts die überzeugenden archäologischen Beweise für die Lage von Vetulònia erbrachten, hieß das Dorf Colonna di Buriano. König Umberto I. gab ihm 1888 wieder den antiken Namen Vetulònia.

Die große Ebene von Grosseto, über die wir den Blick vom Rande des Dorfes schweifen lassen, gibt manche Auskunft über Reichtum und Bedeutung des etruskischen Vetulònia. Zur Zeit seiner Blüte war das Mündungsgebiet der beiden Flüsse Bruna und Ombrone ein Meerbusen. Einen beträchtlichen Teil der heutigen Ebene füllte der Lacus Prilius (See Prile). Die Stadt hatte einen direkten Zugang zum Meer, betrieb Schiffahrt, Seehandel, Fischerei und im Hinterlande Jagd. Ihre Münzen trugen das Bild eines Dreizackes und zweier Delphine. Ihr gegenüber, in einer Entfernung von 15 km, lag jenseits der Bucht die aufblühende Schwesterstadt *Roselle,* auf die längst vor dem 3. Jh. v. Chr. die Vormacht in der Region übergegangen war.

Das starke Geschiebe der Flüsse führte schon im 6. Jh. v. Chr. zur zunehmenden Versumpfung und Verlandung der Seebucht. Zusammen mit der Konkurrenz von Populonia und wohl auch von Roselle verursachte dies den bis heute nicht restlos geklärten Niedergang des angesehenen Vetulònia. Nach alter Überlieferung soll Rom die Insignien für die Konsuln, Prätoren und Aedilen – Rutenbündel mit Beil, Amtssessel aus Elfenbein – und die Toga für den Triumphator von Vetulònia übernommen haben. Ein eisernes Rutenbündel mit Doppelaxt wurde in der Tomba del Littore in Vetulònia gefunden.

Unser Plan enthält die wichtigeren etruskischen Nekropolen und Gräber. Auf die Nekropolen der Villanova-Kultur (8.–7. Jh. v. Chr.), die Vacano den Mutterboden der etruskischen Kultur genannt hat, kann hier nur kurz hingewiesen werden. Die kleineren von ihnen liegen an der Via Etrusca bei den Gräbergruppen Belvedere und Poggio alle Birbe. Hervorzuheben sind die großen Urnenplätze mit Tausenden von Pozzetti in dichter Streuung, in die die Ascheurnen, weniger zahlreich auch Hüttenurnen, gelegt wurden. Es ist der Totenberg *Poggio alla Guardia,* der sich am Anfang unseres Weges zu den Gräbern erhebt, und der Colle Baronico, der abseits, etwa 1,5 km nordwestlich vom Dorfe, liegt.

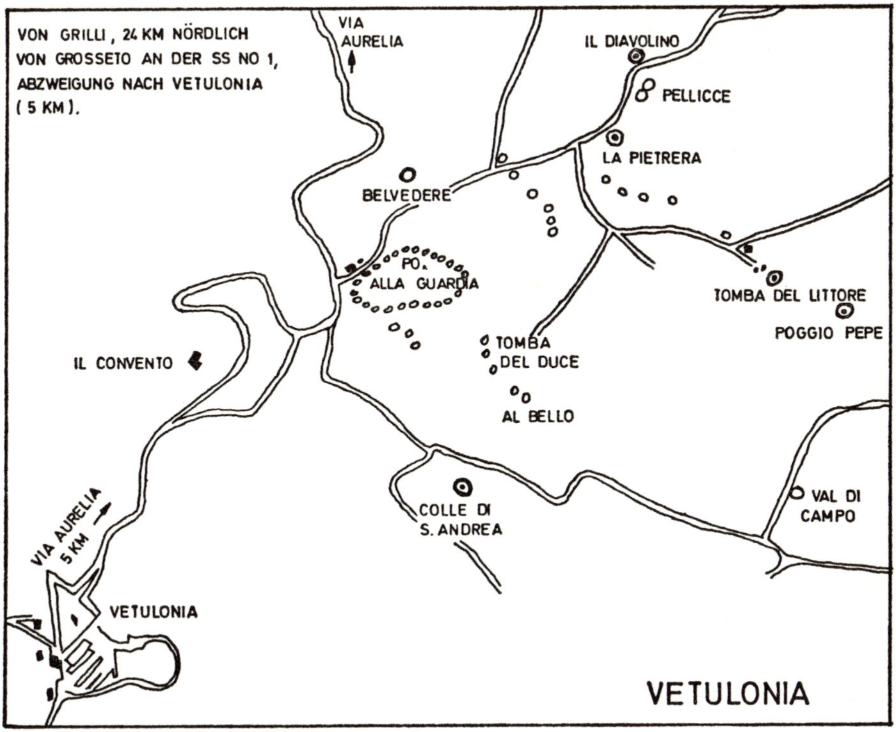

Wegekarte von Vetulònia und Umgebung

Zu sehen ist von diesen Villanova-Gräbern fast nichts mehr. Sie wurden bald nach ihrer Erforschung dem zerstörenden Einfluß des Wetters und der wild wuchernden Vegetation überlassen. Die Pozzetti des Poggio alla Guardia waren mit schildförmigen, symbolhaft skulptierten Steinplatten gedeckt. Die am besten erhaltenen Stücke sahen wir im Garten des Museums von Florenz. Sie waren wohl Vorläufer der unvorstellbar schweren, pyramidenförmigen Grab- oder Decksteine, die sich ebenfalls im Garten des Museums in Florenz befinden (Abb. 28).

Vom Dorf Vetulònia zurückfahrend, biegen wir nach der großen Straßenschleife in die rechts abzweigende, asphaltierte Straße ein. Rechts liegt der steile Hang des Poggio alla Guardia und links ein Bauernhaus. Einen Steinwurf weiter sind wir beim gelben Wegweiser ›Tombe Etrusche‹. Zunächst geht es einen steinigen, jedoch fahrbaren Weg bergab, dann geradeaus mit leichtem Gefälle zu den bekannten Gräbern *Pietrera* und weiter zum *Gran Tumulo del Diavolino*. Böschungen von roter, trockener Erde, bröckligem Gestein, grauen Felsblöcken und dichten Sträuchern säumen das Wegstück. Olivenbäume, knorrige Steineichen, Feigenbäume, kleinere und größere Tumuli, erscheinen in den Lichtungen. Öffnungen gewähren überraschende Durchblicke auf das zauberhafte Land. Erregend ist es, inmitten dieser urtümlich anmutenden stillen Landschaft den stummen Zeugen des frühen etruskischen Totenkultes zu begegnen.

La Pietrera. Über einige Stufen kommen wir rechts in den Hohlweg, der zum 22 m langen Dromos des Grabes führt (Abb. 26). Vor dem Eingang zur quadratischen Grabkammer sind dem Dromos zwei schmale Seitenzellen angefügt. Die den Raum überwölbende Kuppel hat eine Höhe von 14 m. Die Größe der Anlage ist überraschend; der künstliche Grabhügel hat an der Basis einen Durchmesser von 70 m. In seiner Mitte waren zwei Kammern übereinander aufgemauert. Wie in der ›Montagnola‹ in Quinto-Fiorentino und im Kuppelgrab von Massa Marittimo war auch hier ein Mittelpfeiler, der bis zur Höhe der untern Kammer restauriert wurde (Abb. 25). Warum aber zwei übereinander liegende Kammern? Die Decke der unteren, ersten Kammer ist bald nach ihrem Bau eingestürzt. Auf ihr wurde genau gleich die obere, zweite Kammer aufgeführt, was auch in den eigentümlichen beiden Bogen über dem Eingang zum Ausdruck kommt.

Die Ausführung der falschen – vorkragenden – Kuppel ist ein meisterliches Werk der etruskischen Maurer. Ohne vorspringende Eckzwickel – Pendentifs (s. Populonia) – ohne Unterbrechung geht die Mauer vom Viereck der Kammer allmählich in das Kreisrund der Kuppel über. Dafür brauchte man einen Sandstein, der aus dem 30 km entfernten Sassofortino beschafft wurde. Der lokale, brüchige Kalkstein war für eine derartige Konstruktion nicht geeignet. Die Bauern holten später für ihre Bedürfnisse hier die Sandsteine wie aus einem Steinbruch. Deshalb: Pietrera (Steinbruch). Die großen Schäden, die das außerordentliche Grabmonument dadurch erlitt, sind an den Restaurierungsarbeiten zu erkennen. Gefunden wurden in der Pietrera (700–600 v. Chr.) fünf Bestattungen, ein Brandgrab, und das Wichtigste, Fragmente archaischer, figürlicher Steinskulpturen, die als frühester Versuch einer etruskischen Großplastik gelten (in Florenz).

Auf dem Grabhügel befand sich eine Anzahl Fossa-Gräber mit Beigaben an Goldschmuck, Terrakotten und etruskischen Töpfereien. Die im Kuppelraum des Grabes erwarteten Kostbarkeiten hatten vermutlich die Benützer des ›Steinbruches‹ längst gefunden. Die Ausgrabungen und Restaurierungen erfolgten mit Unterbrechungen von 1882–1893 und 1925–1926.

Tumuli Le Pellicce. Auf dem Weg von der Pietrera zum Diavolino-Tumulus sehen wir zunächst rechts die beiden eng aneinanderliegenden Grabhügel Le Pellicce. Vom größeren stammt der gewaltige, monolithische Deckstein – jetzt im Garten des Museums von Florenz (Abb. 28) –, der auf dem Tumulus wie ein Mal ausgesehen haben muß. Sein Gewicht beträgt etwa 5 Tonnen. Bedenkt man die über 30 km lange Strecke des Transportes, erhält man eine Vorstellung von der Bedeutung, die der Grabkult für die Etrusker hatte.

Gran Tumulo del Diavolino. Er liegt unweit nördlich der Pietrera am Ende der fahrbaren Via Etrusca, in der Zone ›Diavolino‹, aus der das kleinere Grab des gleichen Typus im Garten des Museums von Florenz stammt. Verfänglicherweise heißen beide Diavolino. Wir wenden uns dem Gran Tumulo zu, der seines Umfanges wegen auch Cucumella genannt wurde. Er befindet sich auf dem Pozzo all'Abate. Der Einsturz der Kuppel legte, wie in Populonia, die quadratische Kammer mit ihren imponierenden Eckzwickeln frei. Auch hier wurden Wände und Kuppel in hergeschlepptem Sandstein (Sassofortino) gemauert. Und auch hier gab es einen Pfeiler in der Mitte der Kammer. Man wird vielleicht fragen, was denn Besonderes an diesem halbzerstörten Grabe sei. Es ist die von keinen Ergänzungen beeinträchtigte Originalität der verbliebenen Anlage. Überblickt man von der Mauer des Dromos oder der Kammer das Ganze, hat man einen unmittelbaren Eindruck von der architektonischen Gesinnung und dem technischen Können der Etrusker. Wie ein großartiges Monument aus der ersten Hochkultur Italiens liegt das Hügelgrab Diavolino in der wildschönen, einsamen Landschaft.

Um schließlich vom Reichtum und damit auch von der Bedeutung Vetulònias eine Vorstellung zu bekommen, seien aus der großen Zahl der Gräber die Fundkomplexe von nur zwei Fossa-Gräbern herausgegriffen. Vorauszuschicken ist, daß außer dem uns bekannten Typus des Kammergrabes hier die ›Steinkreisgräber‹ *(circoli)* sehr verbreitet waren. Bei ihnen war die Fossa (Bestattungsgrube) von einem Kreis von Steinen, die in den Boden gesetzt wurden, umgeben. Der Kreis hatte einen Durchmesser von 15–30 Metern. Er beschützte den umgrenzten Bezirk mit dem Fossagrab in seiner Mitte. Aus der Erweiterung der Fossa soll sich die Grabkammer und aus dem Steinkreis die umstrittenere Basis für den Tumulus entwickelt haben. Die unten genannten Funde im Museum von Florenz stammen aus Steinkreisgräbern, von denen nicht mehr viel zu sehen ist.

Der *Circolo di Bes* liegt rechts der Straße nach Vetulònia, etwa 2 km unterhalb des Dorfes, an der Abzweigung zur Via Etrusca. Außer unbedeutenderen Beigaben wurden hier granulierter und mit Filigran bearbeiteter Goldschmuck (Abb. 27), bronzene Dreifüße und ein Deckel mit Tierfiguren (Äffchen, Pferde, Enten) in Bronze gefunden. Ausgrabung 1890.

Tomba del Duce. Sie befindet sich in einer Gruppe von Steinkreisgräbern auf dem Poggio all'Bello, etwa 600 m südwestlich der Pietrera. Durch ihren reichen Bestand an Bronzen aus dem Ende des 8. und des 7. Jh. v. Chr. wurde sie berühmt. Von ihnen seien genannt: eine kleine (23 cm lange), mit Tieren vollbeladene Barke in Bronze; eine Kassette oder Urne, die mit einem prachtvollen, orientalisierend getriebenen Silberblech beschlagen ist; ferner Urnen, Kandelaber, Gefäße mit schönen gegossenen Griffen und Henkeln, ›Baumständer‹, Dreifußbecken, Kultschalen, Räuchergefäße, Fibeln u. a. Aus Silber wurden eine phönizische Tasse und eine Kanne gefunden. Hervorragend modellierte und gravierte Impasto- und Bucchero-Gefäße sind noch zu erwähnen. Das Grab wurde 1886 entdeckt.

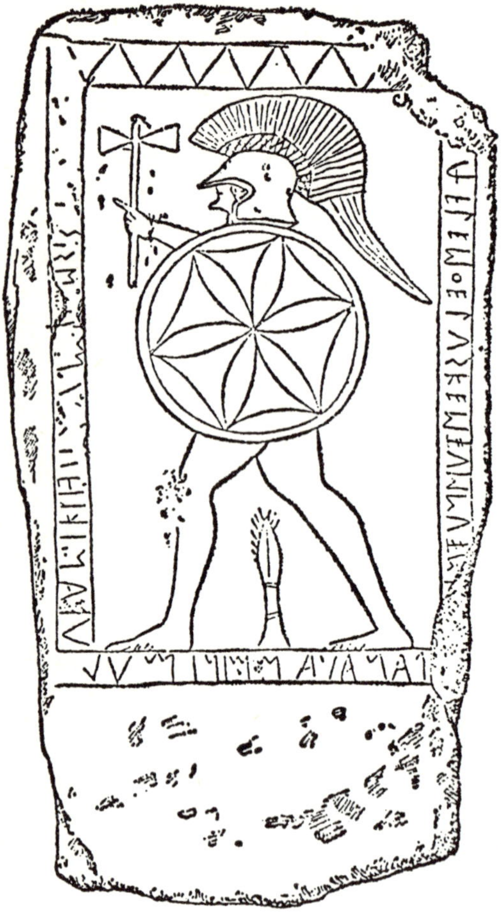

Stele des Aule Feluske, 7. Jh. v. Chr., aus der Tomba del Guerriero in Vetulònia. Heute im Museo Archeologico Nazionale, Florenz

Diese Stichproben aus der hohen künstlerischen Kultur Vetulònias möchte ich mit einem Hinweis auf die einzigartige Kriegerstele des Aule Feluske (7. Jh. v. Chr.) im Museum von Florenz abschließen. Behelmt, die Doppelaxt in der erhobenen Rechten und den großen Rundschild am linken Arm, ist der etruskische Krieger in den Stein graviert.

Angesichts der erwähnten Stücke scheint es angebracht, das kunsthandwerkliche Schaffen in Vetulònia und seine Bedeutung besonders hervorzuheben. Die Arbeiten wurden in erstklassigen Werkstätten der Stadt hergestellt. Vor allem die hervorragenden Goldschmiedearbeiten (Abb. 27) waren weit herum begehrt. Sie und die Bronzegegenstände standen den gleichzeitigen Produkten südetruskischer Städte – Tarquinia,

Cerveteri – nicht nach. Für die Erforschung des Totenkultes und der frühen (750–600 v. Chr.) Kultur der Etrusker sind die Gräber Vetulònias von höchster Bedeutung, konnten sie doch meist intakt untersucht werden.

Zum Grabkult gehören auch die seltsam eindrücklichen, symbolhaften Grabzeichen, die kegel- und scheibenförmigen Cippi, die skulptierten Grabplatten und die bereits erwähnten Schildsteine, von denen schöne Beispiele sich im Museum von Florenz befinden.

Es ist rätselhaft, daß der Niedergang der bedeutenden Stadt mit ihrer Kultur schon im 6. Jh. v. Chr. begann. Auf der Liste der etruskischen Städte, die Scipio für den zweiten Punischen Krieg Kontributionen zu leisten hatten, ist Vetulònia nicht aufgeführt. Das benachbarte Roselle hatte Holz und Getreide zu liefern. Im Kampf der Etrusker gegen Sulla wurde Vetulònia verwüstet.

Von Vetulònia fahren wir nach *Grosseto* (29 km) und gelangen der Bahnlinie entlang in die Stadt. An der Ecke des links abzweigenden Viale Matteotti gehen wir in das einheimische Ristorante Da Beppe all'Ombrone (Nr. 69), gegenüber dem sehr gut geführten kleineren Hotel S. Giorgio (ohne Restaurant). Ist für den Wagen irgendein Service fällig, kommt das 2 km südlich der Stadt gelegene Motel AGIP in Frage, in dem man ebenfalls gut aufgehoben ist. Eine weitere Möglichkeit für den Aufenthalt bietet die Marina di Grosseto. Das Hotel Mediterraneo liegt an einem schönen Badestrand.

Roselle (Rusellae). Wer sich für Ausgrabungen in Etrurien interessiert, wird den 9 km langen lohnenden Ausflug nach Roselle nicht unterlassen. Von Grosseto fährt man zu den Bagni di Roselle, in der Richtung Batignano etwa 4 km weiter zum Wegweiser ›Rovine di Roselle‹. Begegnet man zufällig der Besitzerin des Landes, wird sie schimpfend erklären, es sei ein Privatweg, was uns nicht anzufechten braucht. Vorbei an einem Bauernhaus im ebenen Land und der römischen Badewanne mit Geranien neben ihm nähern wir uns dem sich breit machenden, 317 m hohen Poggio Moscona. Der Weg steigt im Walde an, wird rauher und enger. Vorsichtige streben zu Fuß dem nördlich vom Moscona liegenden Roselle (117 m) zu.

Tief im Graben links des Weges entdeckt man etwa ein vereinzeltes, bescheidenes Kammergrab. An der Halde rechts, oben am Plateaurande, erscheint in Lichtungen die gewaltige, zyklopische Mauer, ein Wahrzeichen der alten Stadt (Abb. 29). Es handelt sich dabei aber nicht um die Stadtmauer, sondern um einen Wall oder eine Stützmauer zur Verhütung des Absturzes des Plateaurandes. Dieser gewaltigen Mauerwehr entlang, etwa einer Landschildkröte folgend, kommt man zu einem Durchgang (›Tor‹) auf die Hochfläche. Gemächlich schlendern wir, im Blick von der Höhe des blaue Meer, zwischen Bodenwellen und Ausgrabungen über das weite Areal der etruskischen Stadt (Abb. 30).

Bisher waren es Nekropolen und Gräber mit ihren Beigaben, die erforscht wurden. Wie aber haben die Etrusker gewohnt, gelebt? Schon erwähnt wurde Marzabotto als

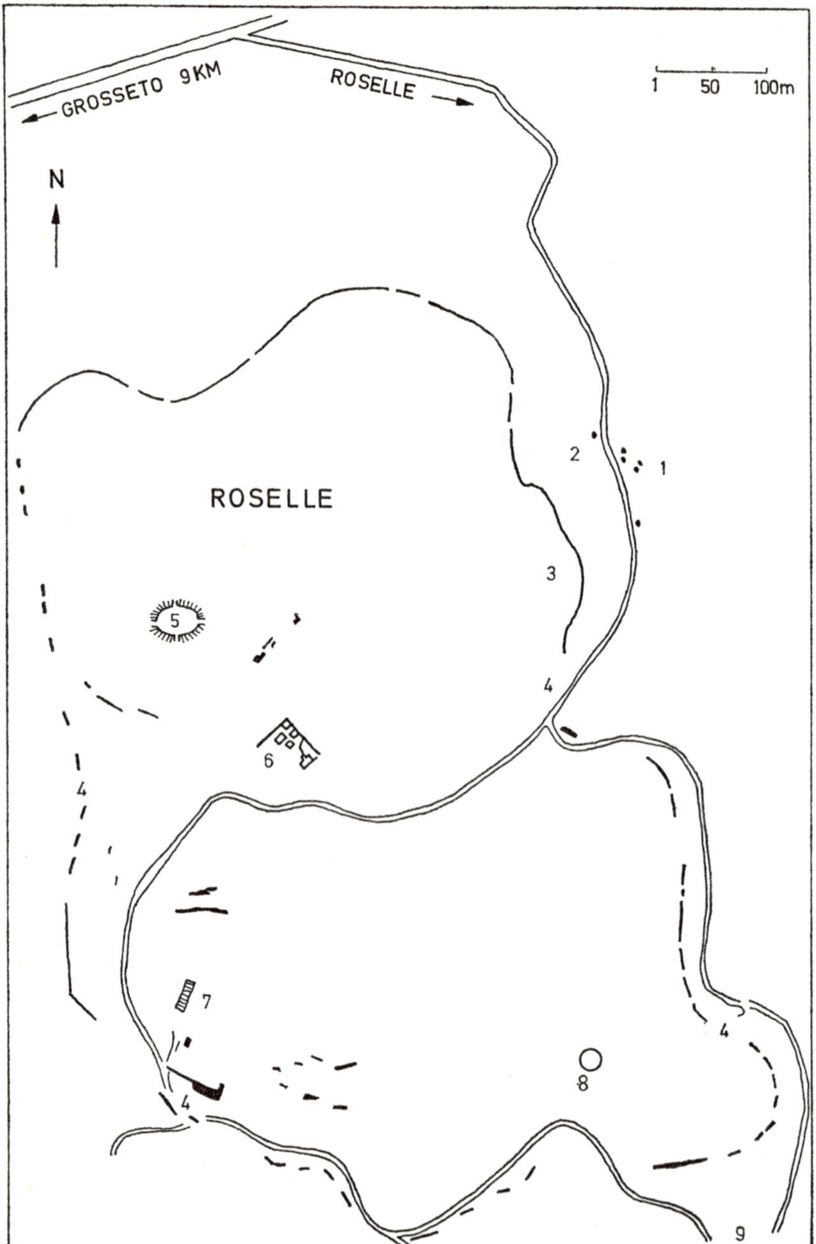

Ausgrabungen von Roselle. 1 Gräber 2 Etruskischer Mauerwall 3 Gräberreste 4 Tor 5 Amphitheater 6 Römische Villa 7 Römische Zisterne 8 Mittelalterlicher Turm 9 Gräber. (Nach: Aldo Mazzolai, Roselle e il suo territerio, 1960)

einzige ausgegrabene Stadt der Etrusker. In Vulci, wo die reichen Gräber seit über hundert Jahren durchsucht wurden, hat man erst etwa vor einem Jahrzehnt die Ausgrabung der Stadt in Angriff genommen.

Im Frühjahr 1959 setzte die erfahrene Archäologin Clelia Laviosa vom Museum in Florenz den Spaten zur Ausgrabung von Roselle an. Einer Stadt, deren Nekropole nicht bekannt ist und über der der Schutt des römischen und frühmittelalterlichen Roselle lagert. Der weithin bekannte Etruskologe R. Bianchi Bandinelli meinte, Roselle sei der einzige Ort, der darüber Auskunft geben könne, was eine etruskische Stadt war. Vielleicht bringt ihre Freilegung auch eine Aufhellung in das Dunkel, das über den Beziehungen zwischen Vetulònia und Roselle und dem frühen Untergang von Vetulònia liegt.

Die jährlichen Ausgrabungen haben bisher Trakte der etruskischen Stadtmauer, Tore, Grundrisse von Häusern, Straßen, Kanälen u. a. freigelegt. Das jedermann in die Augen fallende Amphitheater ist schon früher gesäubert worden. Die Ausgräber fanden viele Fragmente von Terrakotten, bemalten Vasen, Buccheri und, außer Kleinbronzen, nahezu intakte lebensgroße römische Marmorstatuen. Eine beschränkte Auswahl der interessantesten Funde ist in das archäologische Museum von Grosseto gekommen (Via Mazzini 28).

Es wird ein Ereignis sein, wenn das vom tiefen Schutt befreite etruskische Roselle wieder im Lichte liegt. Unter Augustus erhielt es noch eine Veteranenkolonie und im 5. Jh. einen Bischofssitz, der 1138 wegen der Entvölkerung nach Grosseto verlegt wurde.

8. Route

Grosseto – Magliano – Talamone – Cosa – Ansedonia – Orbetello (96 km)

Grosseto, Museo Civico (archäologisches Museum). Bevor wir uns von Grosseto verabschieden, besuchen wir das für die Provinz repräsentative Museo Civico im Liceo, Via Mazzini 36.

Die Sammlung besteht vornehmlich aus sehr interessanten spät-villanovianischen und etruskischen Funden aus dem Val d'Albegna (Poggio Buco, Pitigliano), Vetulònia und der übrigen Zone. Wie in kleinstädtischen Institutionen öfter, sind auch hier der Stolz und die Begeisterung der Bürger für ihr Museum mit Recht spürbar. Als neue Vitrinen für das Museum aus Mailand ankamen, freute sich nicht nur das Personal, Leute von der Straße kamen, um sie zu bewundern. Später, 1962, erlebte ich die große Bestürzung der Stadtbewohner, als nachts aus einer Vitrine das Prunkstück der Sammlung, eine orientalisierende *collana aurea* (goldene, granulierte Halskette) aus Vetulònia gestohlen wurde. Der unersetzliche Verlust schien jeden Bürger persönlich anzugehen. In diesem Zusammenhang ist auch an die ausgezeichnete Ausstellung ›L'Età del Ferro nella Etruria Marittima‹ zu erinnern, welche die Stadt 1965 veranstaltete und für die die Bevölkerung das lebhafteste Interesse zeigte. Schönste charakteristische Werke vom Poggio Buco, von Saturnia, Pitigliano, Castro, Vetulònia, Roselle, der Insel Giglio u. a. waren zusammengekommen. Höchst willkommen waren Gegenstände aus dem Bestand des Museums von Pitigliano (9.–8. Jh. v. Chr.), die dort seit Jahrzehnten magaziniert sind.

Magliano in Toscana (Heba). Etwa 6 km südlich von Grosseto zweigt die Straße nach Magliano von der Via Aurelia links ab. Bald mündet sie in ein enges Tälchen und steigt an undurchdringlichem Gebübsch vorbei auf die weite, angebaute Hochfläche. Eine große Ruhe und alle Reize des südlichen Binnenlandes breiten sich aus. Auf einem der höchsten Hügel erscheint das mittelalterliche Magliano, eingezäunt von einer noch gut erhaltenen Stadtmauer mit aufwendigem Eingangstor. Bäuerliche Kleinhandwerker arbeiten in den Gassen. Ihre Hammerschläge hallen wie Rufe aus den Mauern.

Mit der verträumten, alten Ortschaft sind zwei Dinge verknüpft, die ihr einen wenn auch bescheidenen Platz in der Geschichte der Etrusker sichern. Vorab ist es der wichtige Fund einer runden Bleiplatte, auf der beidseits eine etruskische Inschrift von 70 Wörtern, spiralförmig von den Kanten nach innen laufend, eingeritzt ist. Nur Namen von Gottheiten und Angaben für Totenopfer konnten bisher entziffert werden. Für die etruskischen Sprachforscher ist die Platte, die sich im Museum von Florenz befindet, von großer Bedeutung.

Außer diesem wichtigen Dokument ist es die mit viel Wahrscheinlichkeit angenommene Übersiedlung der etruskischen Einwohner des reichen Marsiliana d'Albegna nach Magliano, die an die Stadt erinnert. Für den Untergang von Marsiliana d'Albegna um 600 v. Chr. hat man keine Erklärung. Mit ihm wird nicht nur der Auszug der Bewohner, sondern auch die Gründung von Magliano in Zusammenhang gebracht.

Etwa 2 km südöstlich der Ortschaft erhebt sich isoliert im Land, wie in einer Malerei der Romantik, die eindrucksvolle oktogonale Kuppelruine der romanischen Kirche S. Bruzio. In der gleichen Distanz von ihr im Osten liegt ein bescheidenes etruskisches Gräberfeld, in dem sich die *Grotta dipinta* aus dem 5. Jh. v. Chr. befindet. Zerstört ist ihre Malerei. Auch der schlechte Zustand der Kammer lohnt es nicht, sie eigens aufzusuchen. Der Entgelt liegt in S. Bruzio und in der Landschaft.

Von Magliano fahren wir über Berg und Tal zur Küste nach Talamone und Orbetello. Ist uns eine Kürzung der Strecke nach Orbetello um 25 km lieber als der Besuch von Talamone, verlassen wir Magliano südwärts und fahren direkt zur Staatsstraße Nr. 74 im Val d'Albegna (11 km), die bei Albinia in die Via Aurelia mündet. In einer Viertelstunde sind wir dann in Orbetello.

Talamone (Tlamu, Telamon). Die etruskische, später römische Stadt Telamon lag östlich vom heutigen Talamone am Flusse Osa zwischen den Höhenzügen des Bengodi und

Talamonaccio. Von ihr ist kaum etwas zu sehen, obwohl die Stadt Tempel und einen wichtigen Hafen hatte. In einer berühmten Schlacht wurden hier 225 v. Chr. die eingefallenen keltischen Gallier von den Römern mit etruskischer Hilfe geschlagen. Für den entscheidenden Sieg dankten sie mit dem Bau eines Tempels auf dem Talamonaccio. Tiberius, aus Gallien zurückkehrend, ging hier an Land. Und auch Sulla, von Afrika kommend, stieg hier aus. Im Zuge der Unterwerfung der etruskischen Städte zerstörte er dann 82 v. Chr. Telamon. Im Mittelalter erlangte der Hafen für Siena größte Bedeutung.

Im Jahre 1888 und in den letzten Jahrzehnten durchgeführte Grabungen (v. Vacano) erbrachten außer baulichen Grundmauern Fragmente etruskischer Tempel-Terrakotten aus dem 6.–5. Jh. v. Chr., Exvotos von Waffen und landwirtschaftlichen Geräten. Die Terrakotta-Stücke konnten zum ursprünglichen Giebelschmuck des Tempels zusammengefügt werden. Zusammen mit den andern Funden war er bis zur Überschwemmung des Arno 1966 im Saal 23 des Archäologischen Museums von Florenz ausgestellt.

Wie in einer böcklinschen Meerlandschaft liegt das heutige kleine Dorf Talamone am Rande einer engen Hochfläche auf senkrecht aus dem Meer steigenden, zackigen Felsen.

Cosa-Ansedonia. Bevor wir uns in Orbetello weiter umsehen, unternehmen wir den kurzen, lohnenden Ausflug nach Cosa-Ansedonia. Leider ist die schöne Verbindung vom Ufer des Monte Argentario über den Tòmbolo di Féniglia geschlossen. Wir fahren deshalb auf die Via Aurelia zurück, kommen in südlicher Richtung, nach 3,5 km, zur Abzweigung rechts nach Ansedonia. An neuen Ferienvillen und an dunkler Macchia vorbei erreichen wir auf der Höhe die schimmernden antiken Stadtruinen von Cosa.

Vor den Ausgrabungen der Amerikaner seit 1948 galt Cosa für etruskisch. Heute weiß man, daß es die Ruinen einer römischen Kolonie sind. Besonders beeindruckend sind die 1,5 km lange Ringmauer mit ihren vorstehenden Wehrkuben aus sauber zugehauenen, geglätteten polygonalen Blöcken (Abb. 32), das Forum mit der Tempelanlage und die Thermen. Nach der Einnahme der mächtigen Stadt Vulci durch die Römer (273 v. Chr.), zu dessen Territorium Cosa gehörte, gründeten sie hier eine Kolonie, die sich in der Folge zu einem wichtigen strategischen Platz gegen die Etrusker und nördliche Eindringlinge entwickelte. Nach 87 v. Chr. wurde Cosa ein selbständiges Munizipium. Seine Blütezeit dauerte bis ans Ende des 3. Jh. n. Chr., als es von den Westgoten unter Alarich zerstört wurde.

Lieblich spielt das Licht auf den glatten Flächen der Mauern im samtenen, dichten Grün des wilden Gebüsches; der Blick schweift über den Spiegel des Meeres und der Lagunen beidseits Orbetellos zur sanften Linie des Monte Argentario.

Die Rückfahrt vom hochgelegenen Ruinenareal führt an der Schachfigur des Sarazenenturmes San Biagio am äußersten Rande der steil zum Meer abstürzenden Felsen vorbei. Unweit davon gähnt die Öffnung des tiefen Felsenspaltes, der sogenannten

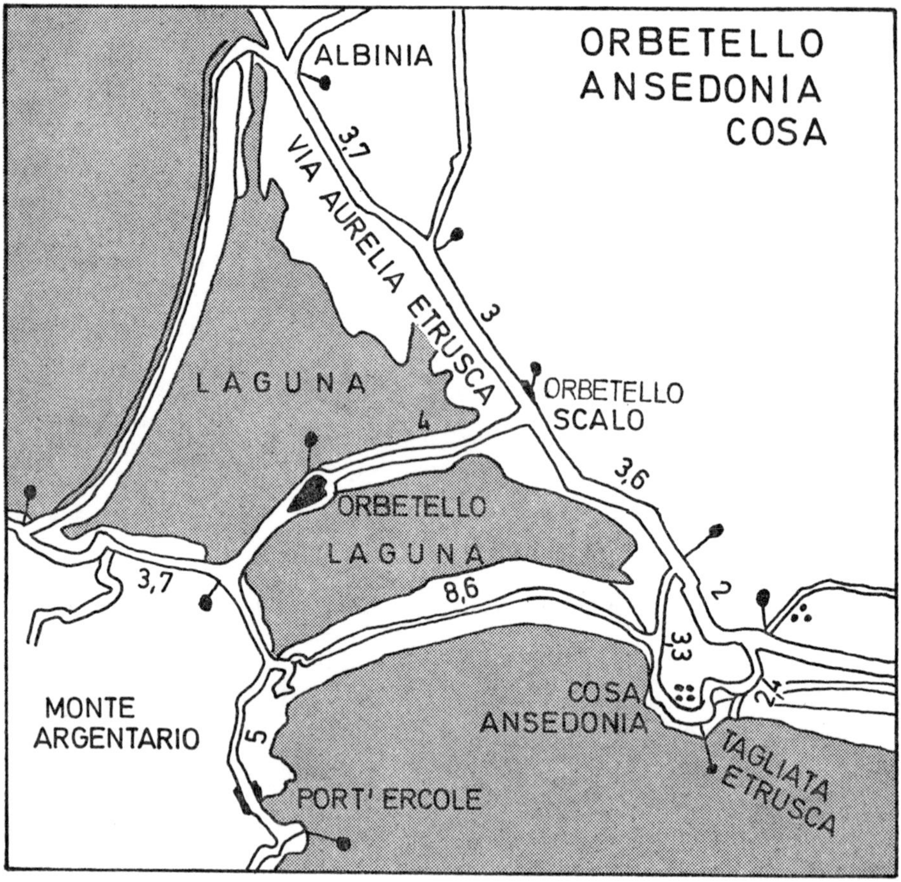

Wegekarte von Orbetello, Ansedonia, Cosa

Tagliata Etrusca (Abb. 31). Sie gehörte zum umfänglichen System der Regulierung der Entwässerung des flachen Hinterlandes und zur Verhütung einer Versumpfung des Burano-Sees am Meer, wofür ein Abflußkanal gebaut wurde. Mit einer Felsbarriere im Meer und kluger Berechnung der Strömung des Wassers wurde eine Verstopfung seiner Mündung bis heute verhindert.

Vom Sarazenenturm steigt die Straße zum Strand von Ansedonia hinunter. In den Felsen führt eine schmale Öffnung in einen langen Spalt, den Spacco della Regina. Er erweckt eine eigenartige Feierlichkeit. Da eine bestimmte Funktion nicht ersichtlich ist, scheint die im Volksmund überlieferte Meinung, es handle sich um ein Felsenheiligtum, nicht abwegig zu sein.

Von Ansedonia kehren wir auf der Via Aurelia nach Orbetello zurück.

Orbetello. Am Westrand des Städtchens, beim Damm nach Porto Santo Stefano, ist ein schöner Trakt der etruskischen Polygonalmauern erhalten, die den Platz auf drei Seiten an der Lagune schützten. Sie sind älter (4.–3. Jh. v. Chr.) als die Mauern von Cosa und dürfen als wichtigstes antikes Denkmal, das Orbetello besitzt, nicht übersehen werden.

Unweit davon befindet sich das Museo Etrusco-Romano, das frühere Antiquarium, im Palazzo Pretorio. Es hat nicht die Bedeutung des Museums von Grosseto. Aus bescheidenen privaten Kollektionen und einzelnen Schenkungen entstand es 1923. Die kleine Sammlung enthält interessante, für die lokale Situation bemerkenswerte Funde aus der nächsten Umgebung, aus Vulci, Cosa und Talamone.

Von der Stadt ist noch zu berichten, daß sie seit Ende des 7. Jh. v. Chr. bewohnt und sicher etruskisch war. Ihre ursprüngliche Lage haben einige Forscher am Fuß des Hügels von Cosa, im heutigen Ansedonia, lokalisiert. Auf der Landzunge von der Via Aurelia nach Orbetello wurden Gräber aus dem 7.–3. Jh. v. Chr. gefunden.

9. Route

Orbetello – Val d'Albegna – Saturnia – Poggio Buco – Pitigliano (83 km)

Zwei abgelegene, nur durch längere Fußwanderungen zu erreichende Nekropolen (Saturnia und Poggio Buco) haben wir auf dem Programm. Ratsam ist es deshalb, Orbetello oder Ansedonia rechtzeitig zu verlassen. Auf der Via Aurelia fahren wir nordwärts bis Albinia (8 km), wo wir die Bahnlinie rechts überqueren und auf der Straße Nr. 74 bis nach Pitigliano kommen.

Marsiliana d'Albegna. Nach kurzer Fahrt in der Ebene sind wir in der Nähe des 120 m hohen, bewaldeten Poggio von Marsiliana, von dessen Gipfel das Signal des Kastell-Turmes aus den Bäumen ragt. Am Fuße des Hügels, nahe am Sträßchen rechts, das zum Schloß hinaufführt, war ein wichtiges, reiches Gräberfeld, die *Banditella.* Allein hier wurden 109 Steinkreisgräber mit Fosse vom Typus, wie wir ihn von Vetulònia her kennen, und Tumuli mit kleinen Kammern ausgegraben. Fürst Tommaso Corsini, der Besitzer des Landes, führte in enger Zusammenarbeit mit dem Archäologen Antonio Minto die systematischen Ausgrabungen in den Jahren 1908–1916 durch und setzte sie 1919, nach dem Kriege, fort. Ihm und der gründlichen Publikation von Minto ist es zu danken, daß wir heute eine klare Vorstellung von den Nekropolen und der Kultur in Marsiliana haben. Denn die Gräber wurden später eingeebnet. Nichts mehr von ihnen ist zu sehen. Die zahlreichen Funde kamen durch den Fürsten Corsini nach Florenz ins Museum. Die Nekropole wurde zu einer ehrwürdigen Gedächtnisstätte.

Ohne die Stadt zu kennen – vermutlich war sie auf dem Burghügel –, wissen wir, daß sie in der orientalisierenden Epoche eine hohe Blüte hatte und daß sie schon gegen Ende des 7. Jh. v. Chr. (s. Magliano, S. 64) untergegangen ist, vermutlich durch kriegerische Ereignisse. Nicht zu erklären ist der Reichtum der Stadt, welcher ihr erlaubte, kostbarsten granulierten Goldschmuck, getriebene silberne Gefäße, wunderbare Elfenbeinschnitzereien in Mengen den Toten in ihre letzte Behausung mitzugeben. Dazu kamen noch zahllose gegossene und getriebene Bronzen, Ketten, Schnallen, Schilde, Waffen, Becken, Trensen, Prunkwagen, Vasen, Dreifüße, phantastische Henkel, Räuchergeräte u. a. Einige Stücke aus Eisen (ein Leichenbett) und natürlich eine große Zahl von modellierten und geritzten Impasto-Gefäßen ergänzen das Bild vom kunsthandwerklichen Reichtum aus der Frühzeit der Etrusker, den die untergegangenen Gräber der Banditella enthielten.

Aus der Fülle der Grabbeigaben darf ich die wahrhaft fürstliche *Corsini-Goldfibel* hervorheben (Abb. 11). Über den Bügel und den Schaft dieses Meisterwerkes der Goldschmiedekunst spazieren etwa fünfundzwanzig granulierte Entchen. Die Fibel wurde in einem Fossa-Grab mit Steinkreis gefunden. Auch das berühmte Schreibtäfelchen in Elfenbein mit sehr frühem, eingraviertem etruskischem Alphabet von 26 Buchstaben wurde in einem Fossa-Grab mit Steinkreis, im *Circolo degli Avori*, gefunden.

Die Gräber der Banditella lassen auf enge Beziehungen Marsilianas zu Vetulònia schließen. Hier wie dort traten großartige und kostbare Grabbeigaben in Steinkreisgräbern zutage. Und in beiden Städten kamen dieselben Schätze, Spitzenwerke in Gold und Bronze, ans Licht, die in den Werkstätten Vetulònias hergestellt wurden. Die Kammergräber in Marsiliana waren in den weichen Boden eingetieft. Sie stammen aus dem Anfang des 6. Jh. v. Chr., einer Zeit, in der der Niedergang der Stadt schon begonnen hatte.

Weitere Gräbergruppen oder Nekropolen, die aber an Bedeutung die Banditella nicht erreichen, liegen in den Hügeln östlich und südöstlich von Marsiliana und auch in der Ebene vor dem Poggio di Marsiliana.

Auf der Straße nach Pitigliano, etwa 300 m weiter, sehen wir in der Ebene an der Nordseite des Hügels ein weißblinkendes Bauernhaus der ›Ente Maremma‹ auf einem kreisrunden Podium. Es erweckt den Eindruck, an der Stelle eines abgetragenen Tumulus zu stehen.

Saturnia. Die Ebene geht ansteigend in hügeliges Land über. Das stattliche Manciano, das in einem langweiligen Ring neuer Häuser einen charaktervollen mittelalterlichen Kern birgt, liegt bereits 300 m ü. M. Nach seiner Umfahrung biegen wir links in die Straße nach *Saturnia* ein. Das alte Etruskerstädtchen liegt genau nördlich von Manciano. Kurz vor seiner Anhöhe, rechts der Straße, liegen die modernisierten ›Bagni di Saturnia‹. Dem heißen, schwefligen Wasser der kleinen Bäche, welche die nahen Felder durchfließen, entsteigen weiße Dämpfe.

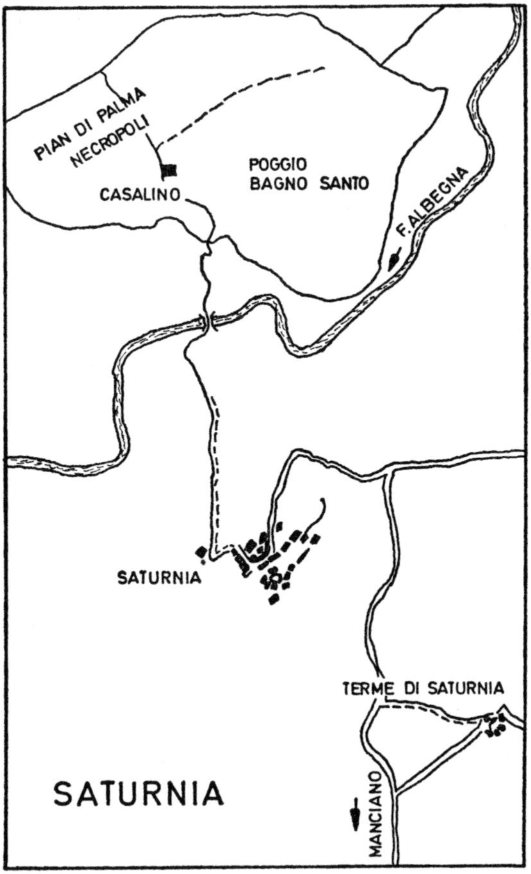

Wegekarte von Saturnia und der Nekropole Pian di Palma

Für die Wanderung zur *Nekropole Pian di Palma* und ihre Besichtigung benötigen wir etwas mehr als 2 Stunden. Den Wagen lassen wir in Saturnia. Vom Städtchen gehen wir den steinigen und steilen Fußweg zum Graben der Albegna hinunter. Jenseits des Flüßchens steigen wir in nördlicher Richtung auf die weite Hochfläche des Pian di Palma hinauf, wo wir, wiederum weiter nördlich, zum Podere di Casalino kommen. Der Bauer gibt uns die Lage der Gräber an. Nachher sollen wir bei ihm einkehren.

In Saturnia sind wir am Übergang zweier geologischer Formationen. Die Region des Tuffes mit Felsengräbern, der wir als letztem Ausläufer in Sovana begegnen werden, geht hier in Inseln des Travertins über. Der Hügel von Saturnia links der Albegna, und die Hochfläche von Pian di Palma rechts von ihr bestehen aus Travertin. Dieser Stein erlaubt weder das Aushauen von Kammern noch das vorkragende Mauern von

Gewölben. Die Etrusker kamen unter diesen Voraussetzungen im 6.–5. Jh. v. Chr. zu Lösungen, die einen eigenen Grabtypus darstellen.

Es sind zwei Arten von Grabbauten, die auf dem Vorkommen der Travertinschichten basieren. Für die Kammerwände der einen wurden große Travertinplatten senkrecht über der Erde aufgestellt. Auch für die Eindeckung wurden Platten verwendet. Kreisrund um die Kammern wurde eine nach oben sich verjüngende Mauer errichtet, auf der der Erdhügel (Tumulus) aufgeschüttet wurde. Wo es die Bodenverhältnisse erlaubten, wurden die plattenumstellten Kammern mehr als zur Hälfte in den Boden eingelassen.

Beim anderen, ebenfalls ausgesprochen lokalen Grabtyp, wurden die Kammern zwischen der dünnen Travertinschicht an der Erdoberfläche und der bis zu etwa zwei Meter tiefer liegenden unteren Travertinlage, die mit Mergelerde gefüllt ist, ausgehöhlt. Die obere Travertinschicht bildete die Decke der Kammern. Darüber wurde der Tumulus errichtet. Diese Erdhügel, von denen nichts mehr zu sehen ist, wurden wohl wie anderwärts aus landwirtschaftlichen Gründen eingeebnet. Auch die meisten der Plattenkammern sind eingestürzt. Wo sie noch bestehen, sind sie von wilden, dichten Büschen überwuchert, die im Herbst wie rotglühende, mächtige Gebilde im Felde stehen. Über der Hochfläche sind noch viele klägliche Reste von Plattenkonstruktionen zerstreut. Wie abgeworfene Stücke von Steinplatten stecken sie in der Erde.

Eigentümlich wäre, wenn es nicht auch hier Pozzo- und Fossa-Gräber aus der späten Villanova-Zeit gegeben hätte. Auffallend sind die bikonischen Aschenurnen mit einem kopfartigen Deckelaufsatz. Die Funde – lokale Impastogefäße, Buccheri und einige attische Schalen – sind verhältnismäßig bescheiden. Die Stadt konnte demnach nicht reich gewesen sein. Bemerkenswert sind die sogenannten Stelen in Form der Bekrönung von Würfelgräbern, die hier, wo es keine Würfelgräber gibt, gefunden wurden (600 v. Chr.). Es wird vermutet, sie seien für den Abschluß der Tumuli verwendet worden.

Zur Ergänzung des Besuches vom Pian di Palma ist eine Besichtigung der etruskisch reichen, leider ungepflegten Sammlung an Funden aus der Umgebung im Schloß zu empfehlen. Zu ihren interessantesten und auch seltensten Stücken gehört das Tonrelief vom Tempel des noch zu besuchenden Poggio Buco. Die Bewilligung zum Besuch der Sammlung ist durch das Hotel der Thermen zu erwirken. Der Wunsch sollte vor Antritt des Ausfluges auf den Pian di Palma vorgebracht werden.

Ein Gang durch das stille Städtchen bringt uns zu den Diagonalblöcken der Porta Romana und vielleicht auch zur imposanten Polygonalmauer (Abb. 33). Saturnia gehörte zum Gebiet des Stadtstaates Vulci, der es nach 280 v. Chr. an Rom abtreten mußte.

Poggio Buco (Statonia?). Der etwa zwei Stunden beanspruchende Abstecher zu dieser Nekropole kann auch von Pitigliano aus in der nächsten Route erfolgen. Unternehmen wir ihn von Saturnia aus, fahren wir nach Manciano zurück und in der Richtung nach Pitigliano etwa 9 km weiter zur Brücke über die Fiora. Wir begeben uns auf das linke

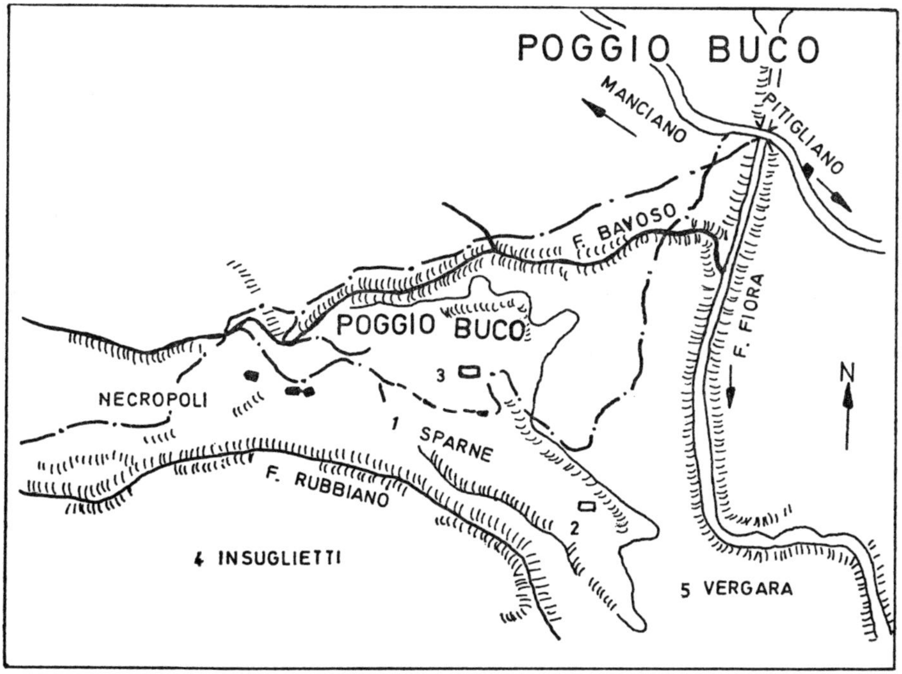

Wegekarte von Poggio Buco. 1 Das etruskische Zentrum 2 Zitadelle. Spuren einer mittelalterlichen Kirche 3 Tempel. Funde etruskischer Terrakotten (7.–6. Jh. v. Chr.) und etruskisch-römischer Keramik (3.–1. Jh. v. Chr.) 4 Gräber 5 Gräber

Ufer des Flusses. Am Beginn des nur für Karren befahrbaren Feldweges läßt man den Wagen stehen. Nach einer Wanderung von etwa 20 Minuten, dem Bach im Walde entlang, überquert man den Graben. In kurzem Anstieg kommt man auf den Poggio Buco, wo das antike Statonia vermutet wird. Eine sichere Lokalisierung dieser kleinen Stadt ist allerdings noch nicht gelungen. Aufgrund der neuen Ausgrabungen in *Castro* (bei Ischia di Castro) mehren sich die Stimmen, die in Castro das antike Statonia sehen.

Auf drei Seiten ist der Stadtberg des Poggio Buco von Flüssen, der Fiora im Tal, dem Rubbiano und Bavoso im südlichen und nördlichen Graben am Hügel, umgeben. Kleinere Gruppen von Gräbern wurden an den Hängen im Osten und Süden entdeckt. Die eigentliche Nekropole mit Kammergräbern liegt im Westen des Plateaus gegenüber der antiken Stadt, im Areal Le Sparne. Die äußere und innere Gestaltung dieser Gräber ist einfach. Eine ausgehauene Balkendecke in der Grabkammer ist eine Ausnahme. Der Amerikaner Matteucig, der den Poggio Buco erforschte, verfaßte darüber eine gründliche Publikation (s. Literaturhinweise).

Den verhältnismäßig wenigen Funden zufolge müssen die Gräber schon früh ausgeraubt worden sein. Bedeutend sind einige, unter Saturnia schon erwähnte Reliefplatten in Terrakotta vom Tempel in Le Sparne, dem Zentrum der Stadt, von dem nur noch der Standort bekannt ist. Das Relief in Kopenhagen, ein Ausschnitt aus einem Tierfries orientalisierenden Charakters (6. Jh. v. Chr.), stellt Greifen und Hirsche dar. Außer Votiv-Terrakotten wurden sehr markante Impasto-Gefäße lokaler Produktion (Abb. 35), frühe Buccheri und bemalte geometrische Keramik (Abb. 36) gefunden, die in den Museen von Grosseto und Florenz besonders gut vertreten sind. Die wenigen korinthischen Schalen stammen wohl von Vulci.

Die Blütezeit der Stadt fiel in die archaische Phase des 7.–6. Jh. v. Chr. Im 5.–4. Jh. v. Chr. scheinen die Bewohner sie verlassen zu haben. Gegen die zweite Hälfte des 3. Jh. v. Chr. sollen sich infolge der römischen Besetzung wieder neue Ansiedler eingefunden haben. Auf die urtümliche landschaftliche Eigenart und Schönheit des einsamen Poggio Buco hinzuweisen, ist, auch wenn ich mich wiederhole, angezeigt. Die als Cantina dienende Grabkammer unter dem hohen, weißen Haus am Zugang zum Plateau sei besonders erwähnt (Abb. 34). Der gutmütige Bauer war heiter wie sein besonntes Land. Plaudernd wurden wir in den kühlen Tuffkeller zu einem Glase Wein eingeladen, der dem Wein in Saturnia sehr ähnlich ist, trüb, erfrischend und fruchtig wie eben gesammelte Waldbeeren.

Pitigliano (Caletra). Im Albergo-Ristorante Guastini an der Piazza Petruccioli finden wir eine einfache, saubere Unterkunft und auch eine gute Küche. Das Haus hat einen echten lokalen Stil. Die Lage der charakteristisch etruskisch angelegten Stadt auf einem hohen Felsrücken, der von tiefen Fossi umgeben ist, ist ungewöhnlich beeindruckend. Außer diesem Stadtbild treffen wir zwar kaum etwas Etruskisches an. Die Sammlung des Museo Civico, die einen guten Ruf hat und nach der ich seit vielen Jahren frage, konnte bisher nicht besichtigt werden. Sie soll besonders wichtige frühe Funde aus der umliegenden Region enthalten, primitive Impasto-Töpfereien, die uns heute in ihrem Handwerk und ihren köstlichen Einfällen besonders ansprechen.

Das Leben dieser bäuerlichen Kleinstadt, das die Gassen zwischen Häusermauern, Toren, Brunnen, Festungs- und Palazzobauten erfüllt, wird dennoch viel Genuß bereiten. Am mittelalterlichen, durch keine Denkmalpflege frisierten Aspekt der Altstadt mit ihren halbdunklen, engen Sträßchen und steilen Stufen muß man Gefallen finden. Da und dort am Rande der Stadt oder von den hohen Arkaden der Zufahrt aus öffnet sich eine herrliche Sicht über das von hellem Licht und scharfen Schatten überspielte Land.

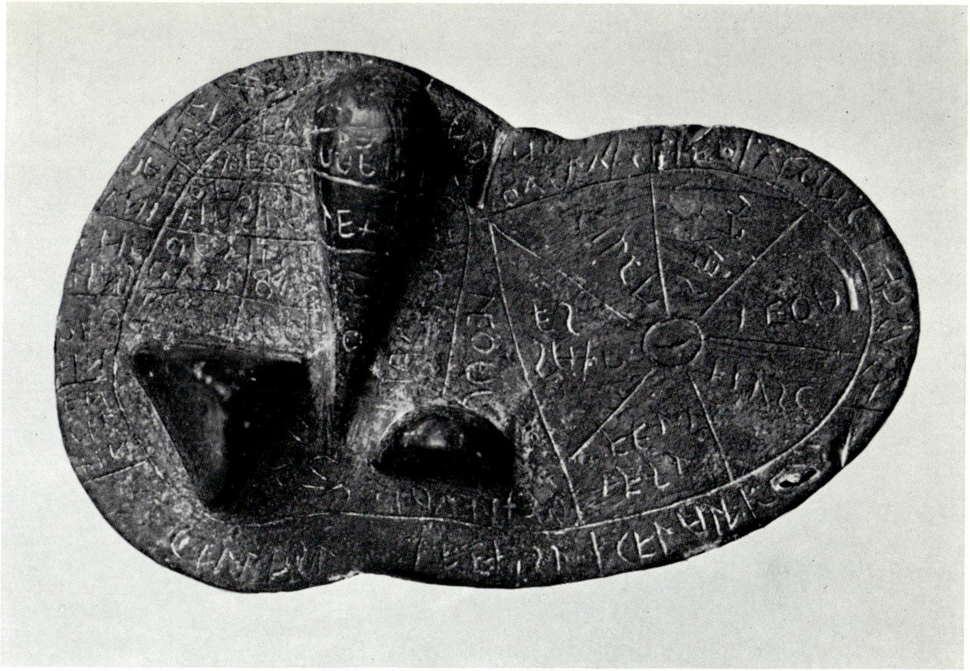

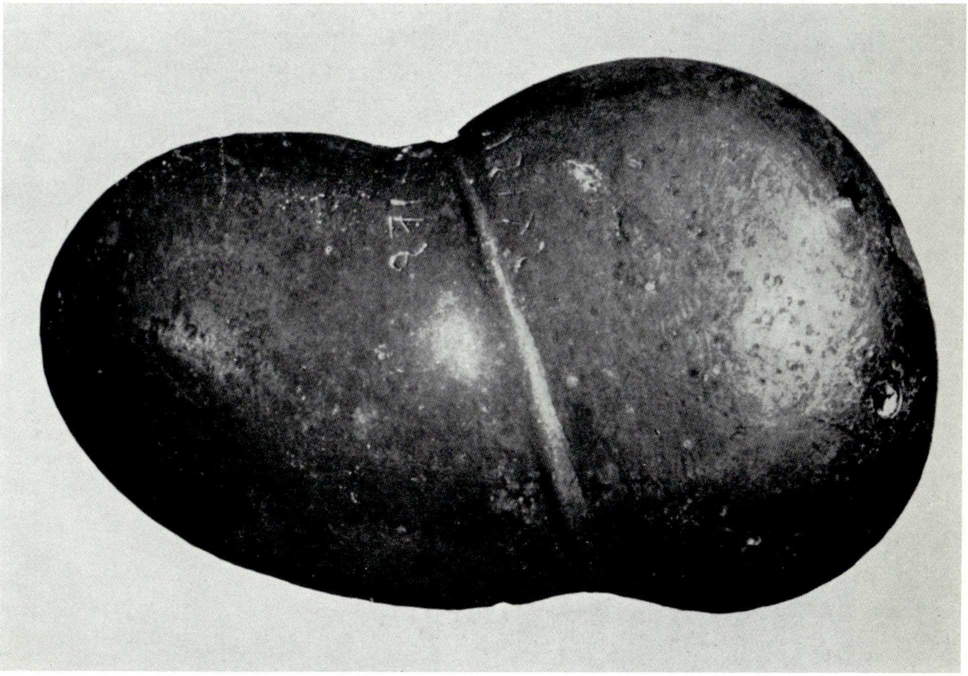

1, 2 PIACENZA Bronzeleber, Modell der Leber eines Opfertieres. Aus ihr deutete der Haruspex die Zukunft und den Willen der Götter. Auf der Vorderseite (oben) das Himmelsgewölbe mit den Bereichen der Götter. Museo Civico

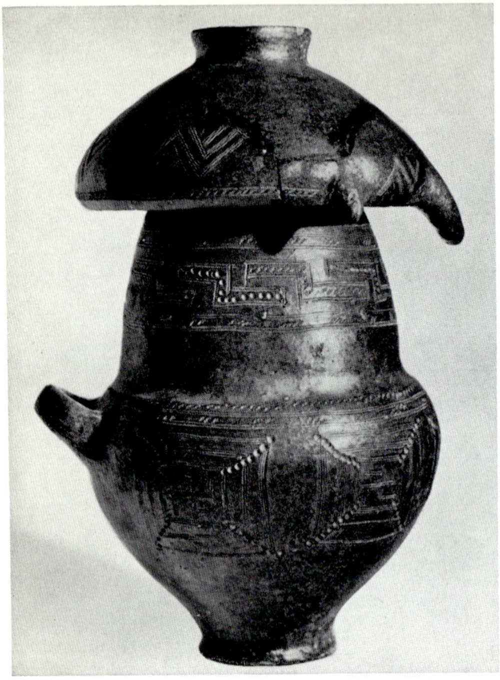

3 BOLOGNA Villanova-Urne aus dem 8. Jh. v. Chr. Höhe 33 cm, schwärzliches Impasto. Der Deckel, eine Trinkschale, stammt von einer früheren Urne

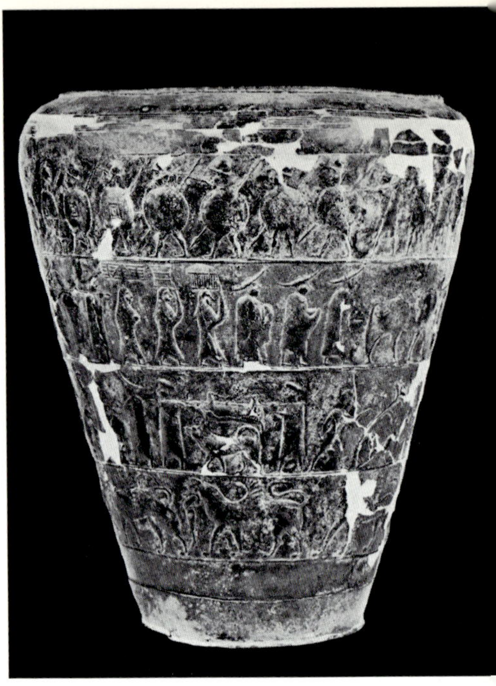

4 BOLOGNA Situla aus dem 5. Jh. v. Chr. Abb. 3 u. 4 Museo Civico

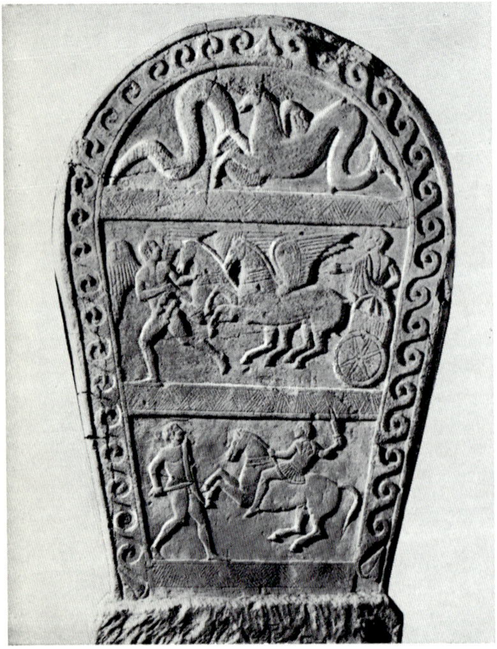

5 BOLOGNA Grabstele, 6. bis Mitte 4. Jh. v. Chr. Fahrt des Verstorbenen in die Unterwelt und Kampf zwischen Gallier und Etrusker

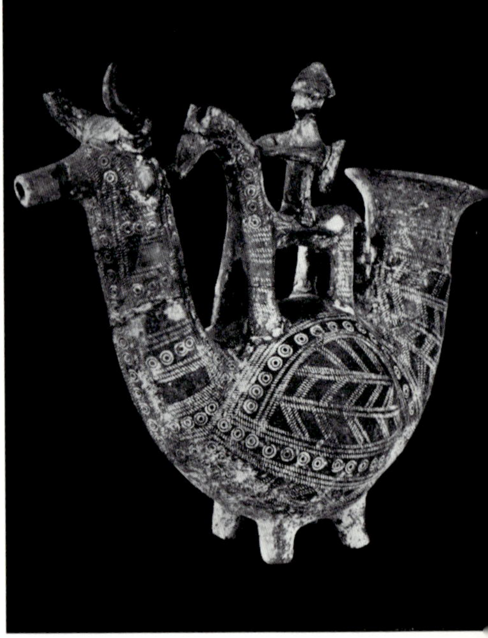

6 BOLOGNA ›Askos Benacci‹, Vase in Form eines Tiere Aus einer Nekropole der Eisenzeit. Abb. 5 u. 6: Muse Civico

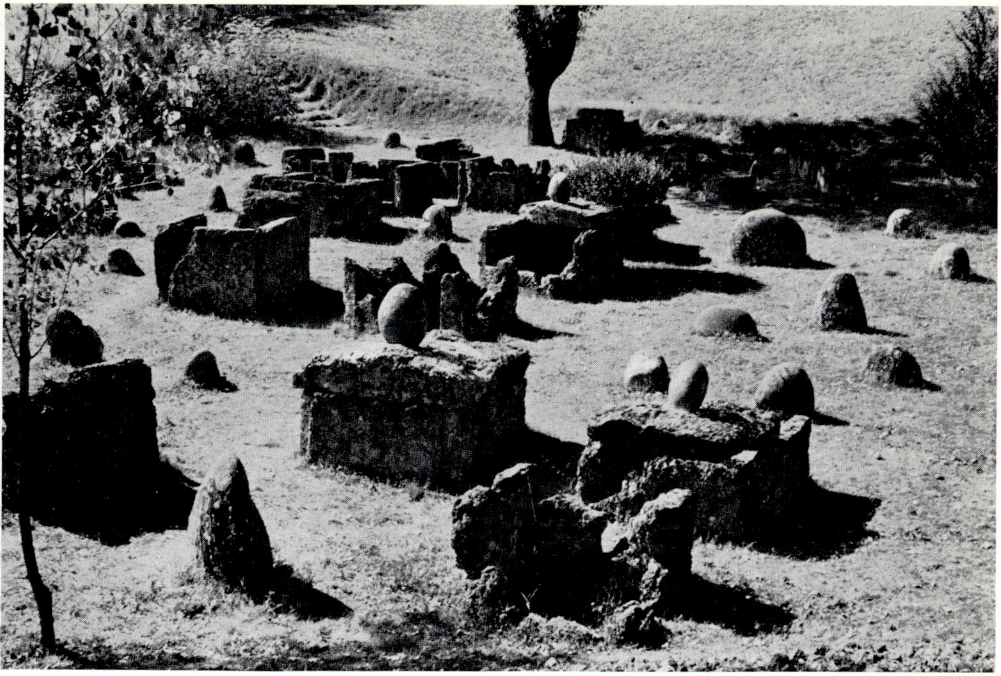

7 MARZABOTTO Cippi und Kistengräber der Nekropole Est

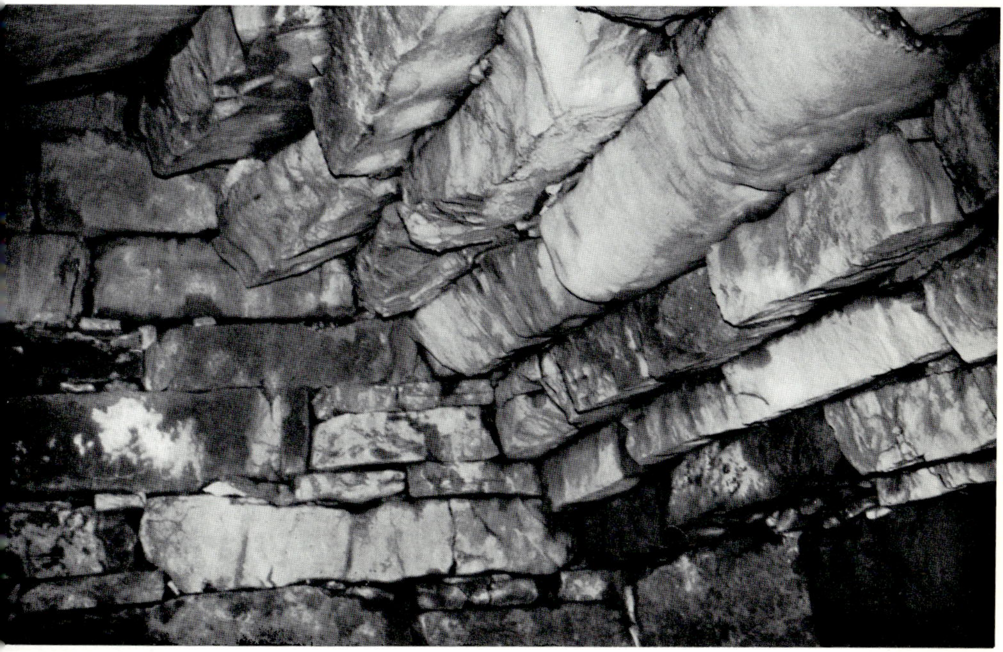

MONTE CALVARIO Decke eines Kammergrabes

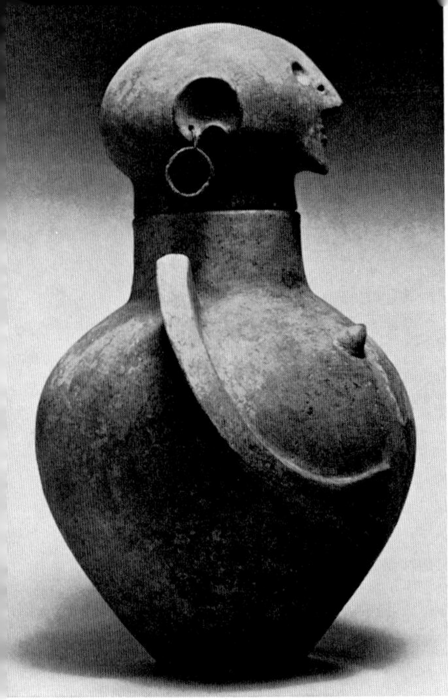

9 FLORENZ Kanope, Aschenurne aus Impasto in der Form einer Frau. 6. Jh. v. Chr. Aus Chiusi

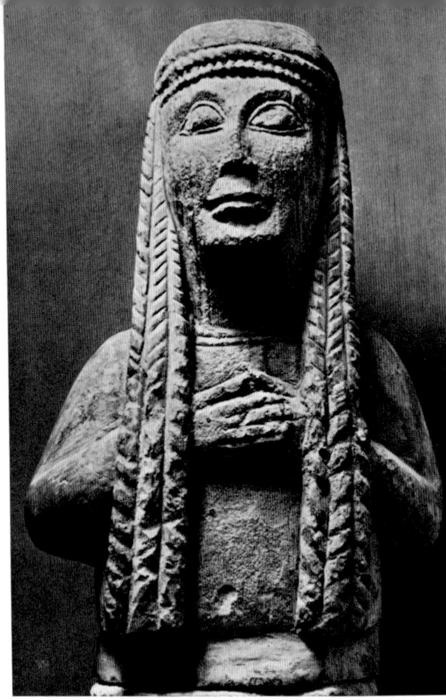

10 FLORENZ Weibliche Büste aus Sandstein. Mitte bzw. zweite Hälfte des 6. Jh. v. Chr. Aus Chiusi

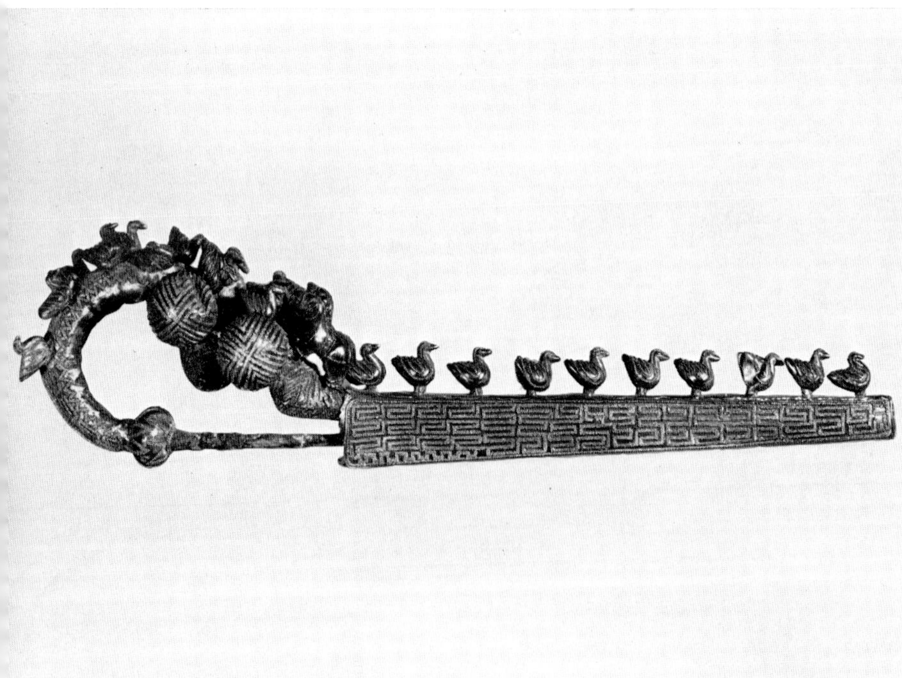

11 FLORENZ Granulierte Goldfibel mit Tierchen, sog. Corsini-Fibel. Aus Marsiliana d'Albegna. Abb. 9–11 Museo Archeologico, Florenz

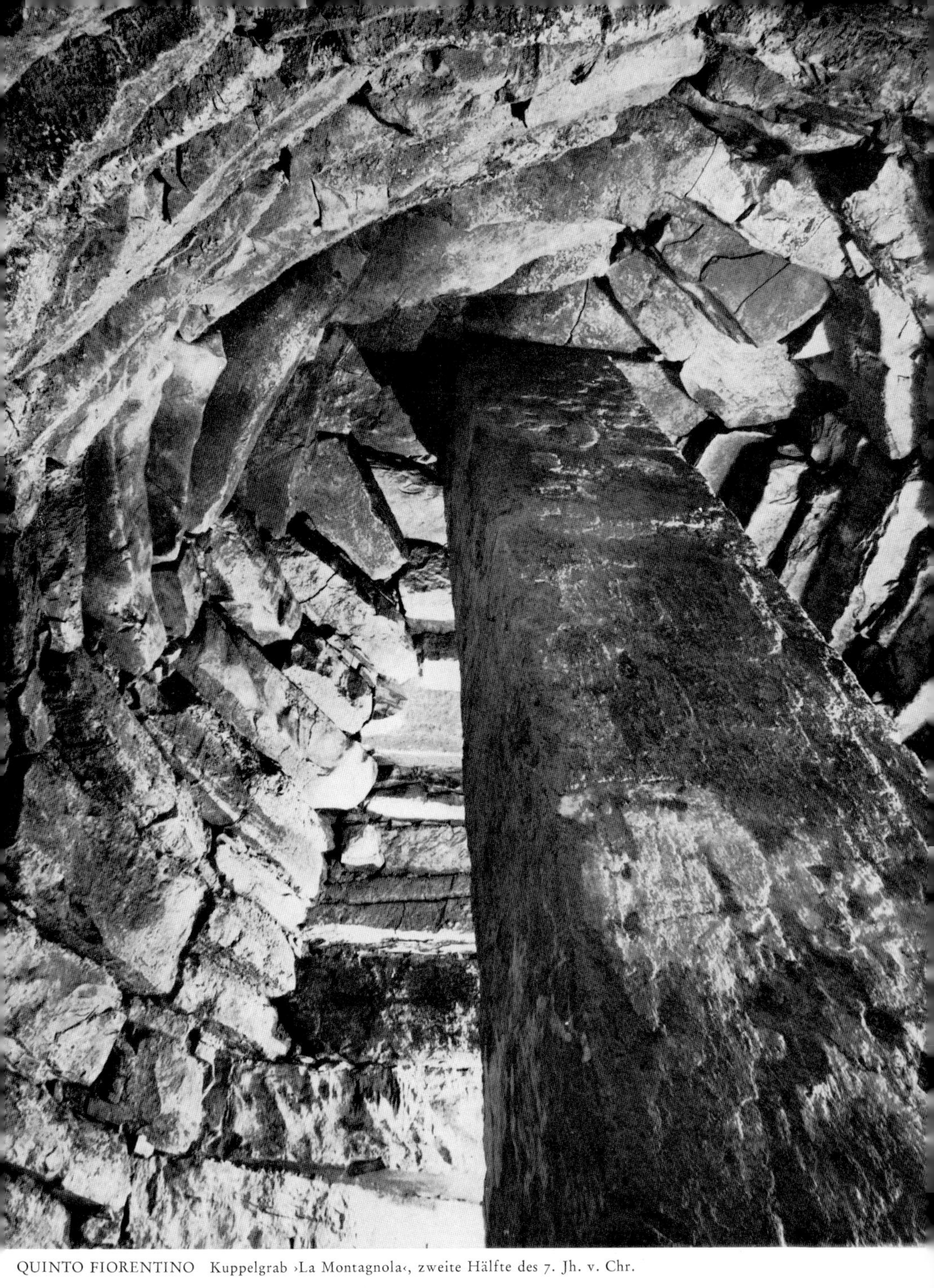

QUINTO FIORENTINO Kuppelgrab ›La Montagnola‹, zweite Hälfte des 7. Jh. v. Chr.

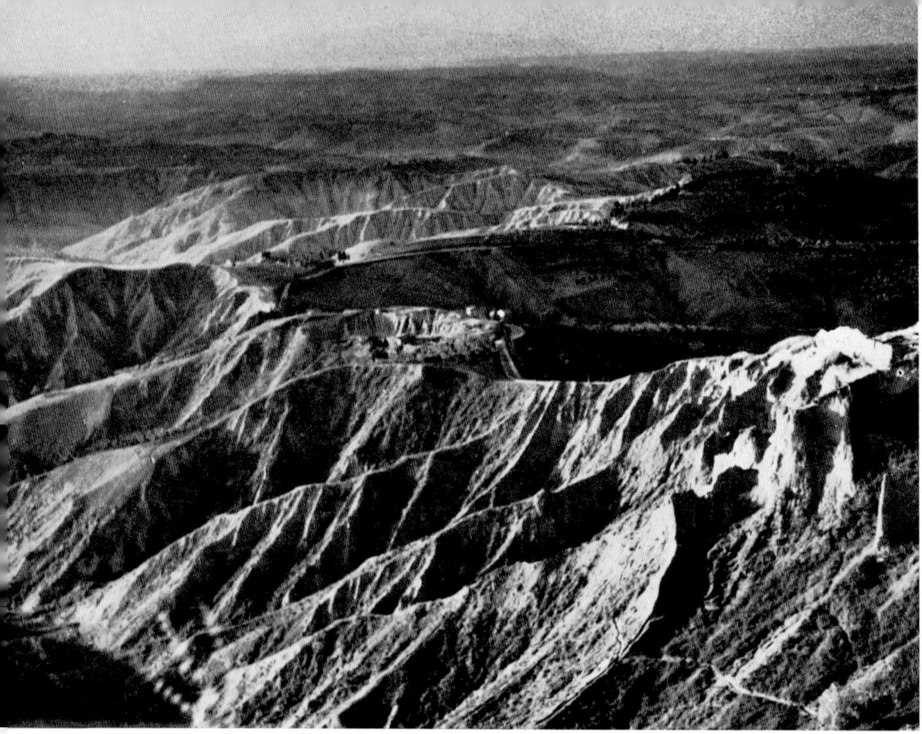

13 VOLTERRA Le Balze. Hier sind ganze Nekropolen abgerutscht

14 VOLTERRA Inneres der Tomba Inghirami, rekonstruiert, heute im Museo Archeologico, Florenz

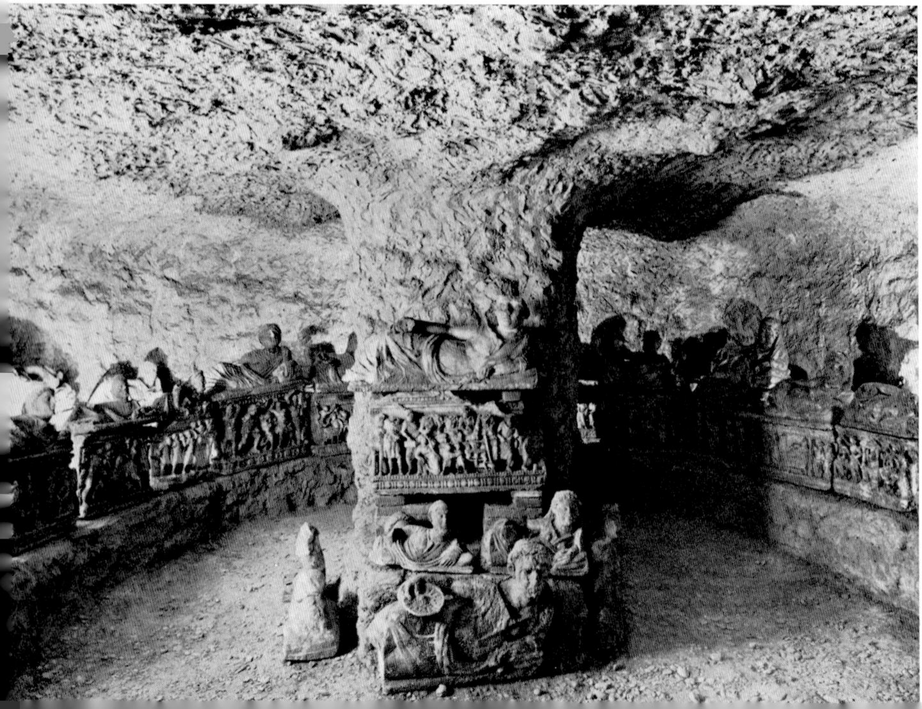

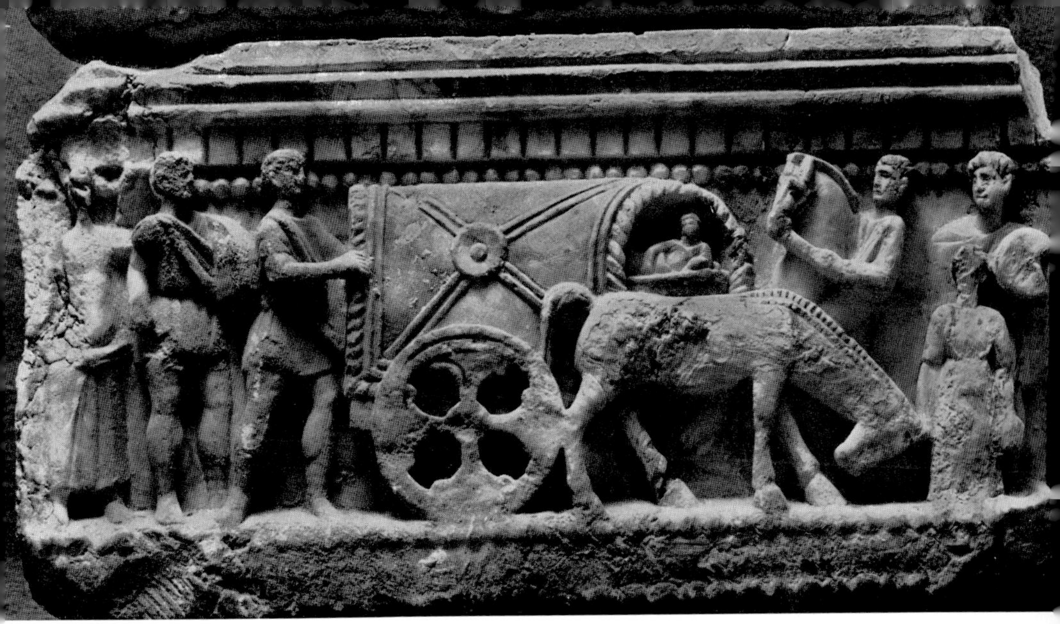

VOLTERRA Alabasterurne. Reise in die Unterwelt mit Planwagen, den ein Maultier zieht

VOLTERRA Porta all' Arco aus dem 2. Jh. v. Chr.

VOLTERRA Kalkstein-Stele des Aule Tite vom Ende des 6. Jh. v. Chr.

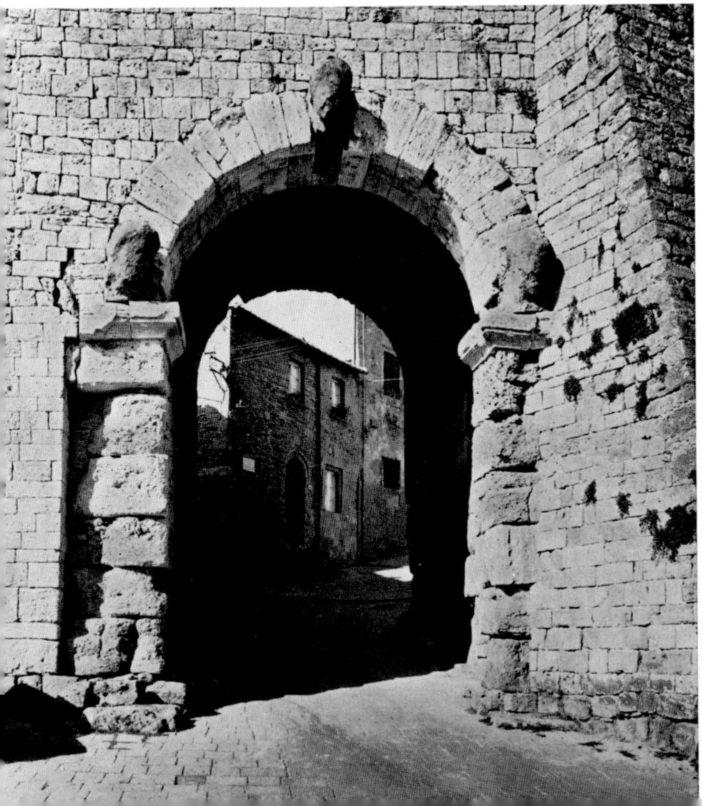

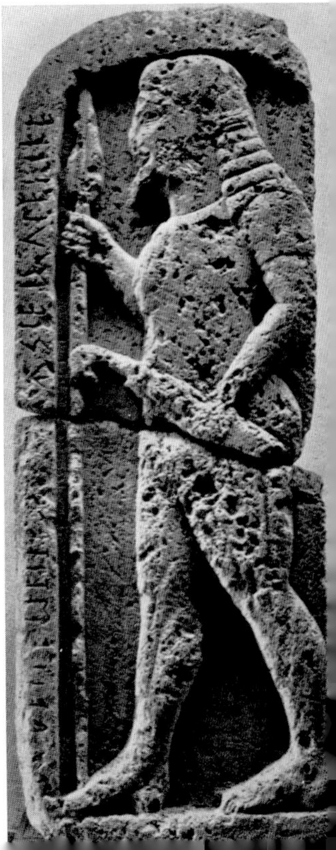

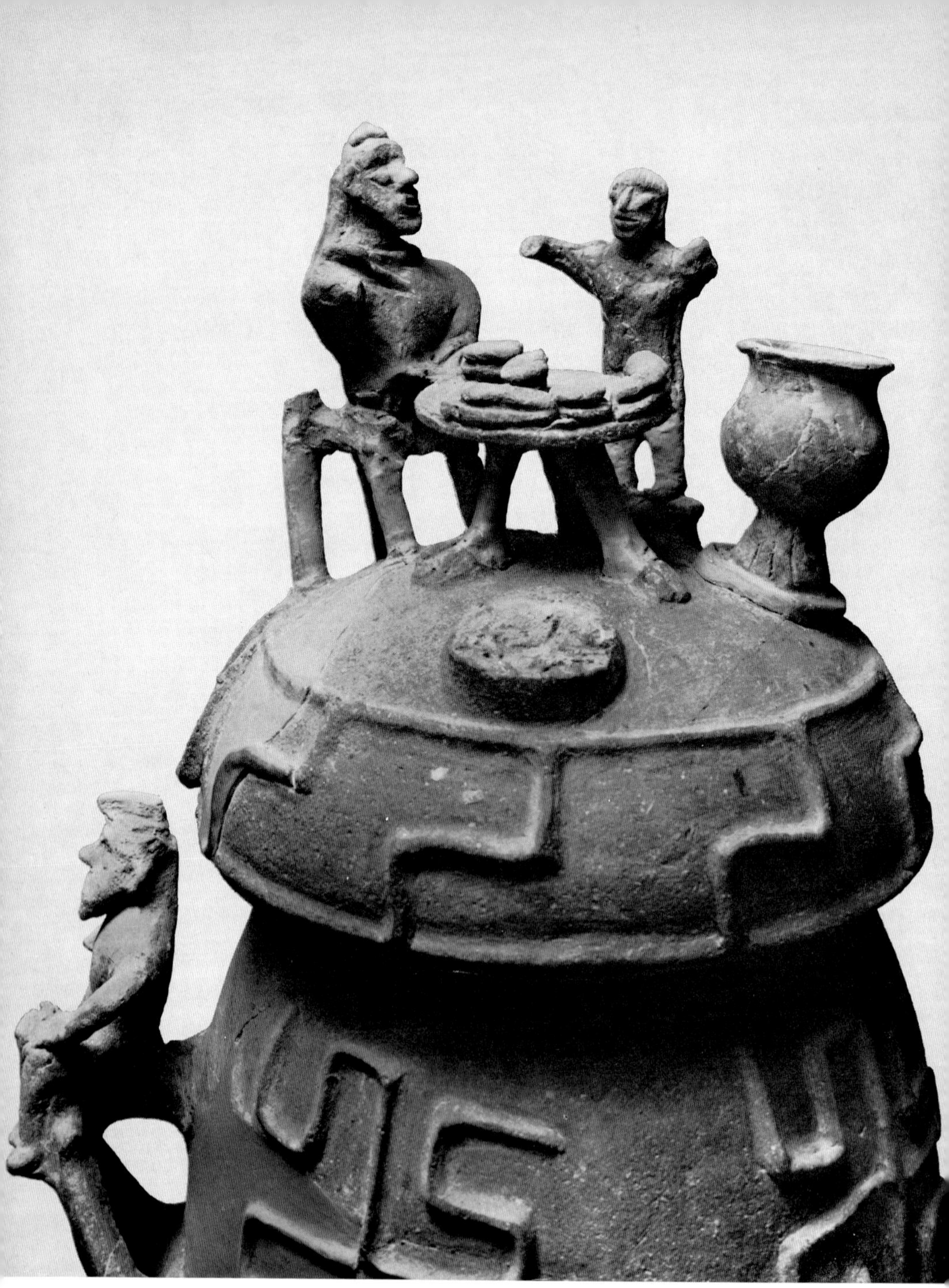

18 MONTESCUDAIO Deckel einer Aschenurne mit Bankett-Szene aus Terrakotta, Beginn des 7. Jh. v. Chr. Museum Volterra

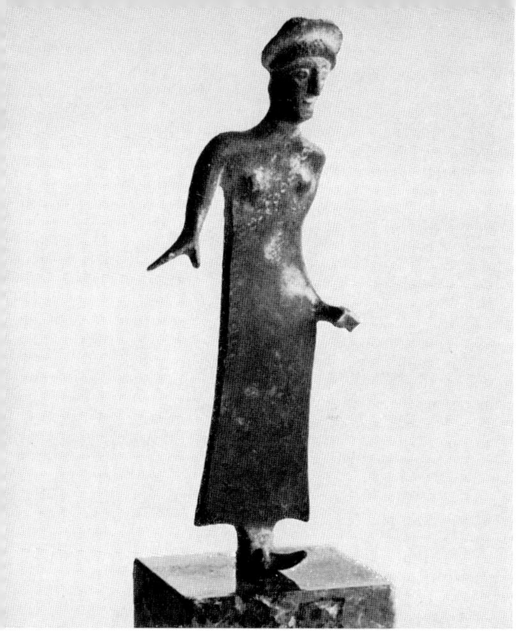

9 Umgebung von SIENA Bronzestatuette aus dem 6. bis 5. Jh. v. Chr. Höhe 12,5 cm. Privatbesitz, Basel

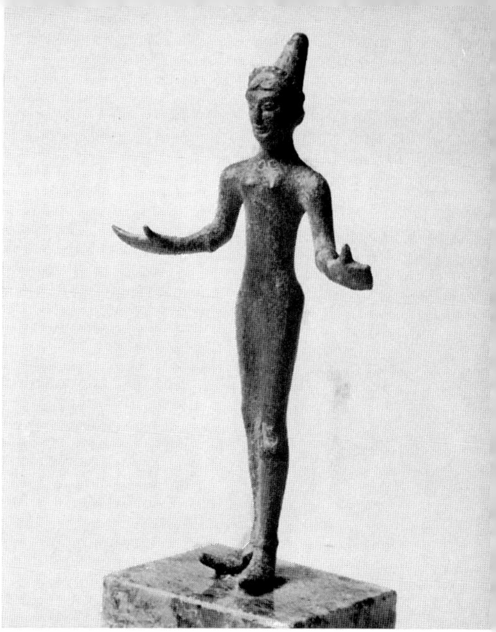

20 FIESOLE Bronzestatuette einer Adorantin, um 500 v. Chr. Höhe 10 cm. Privatbesitz, Basel

1 POPULONIA Tumulus eines Rundgrabes am Golf von Baratti

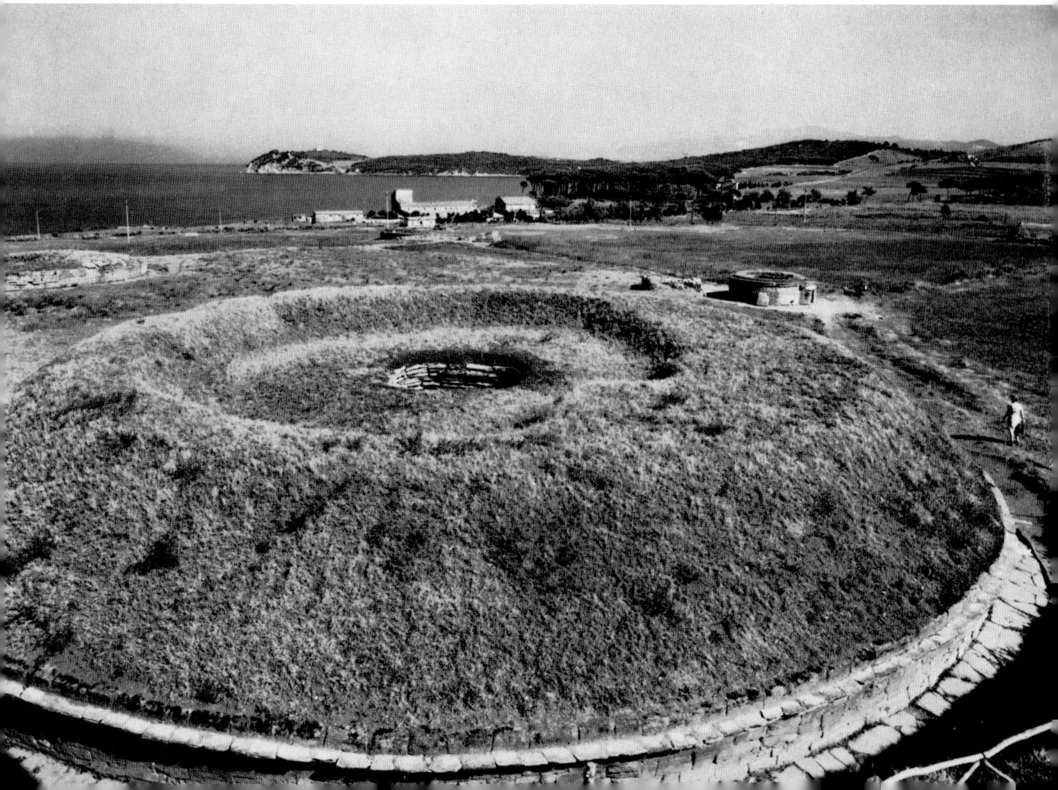

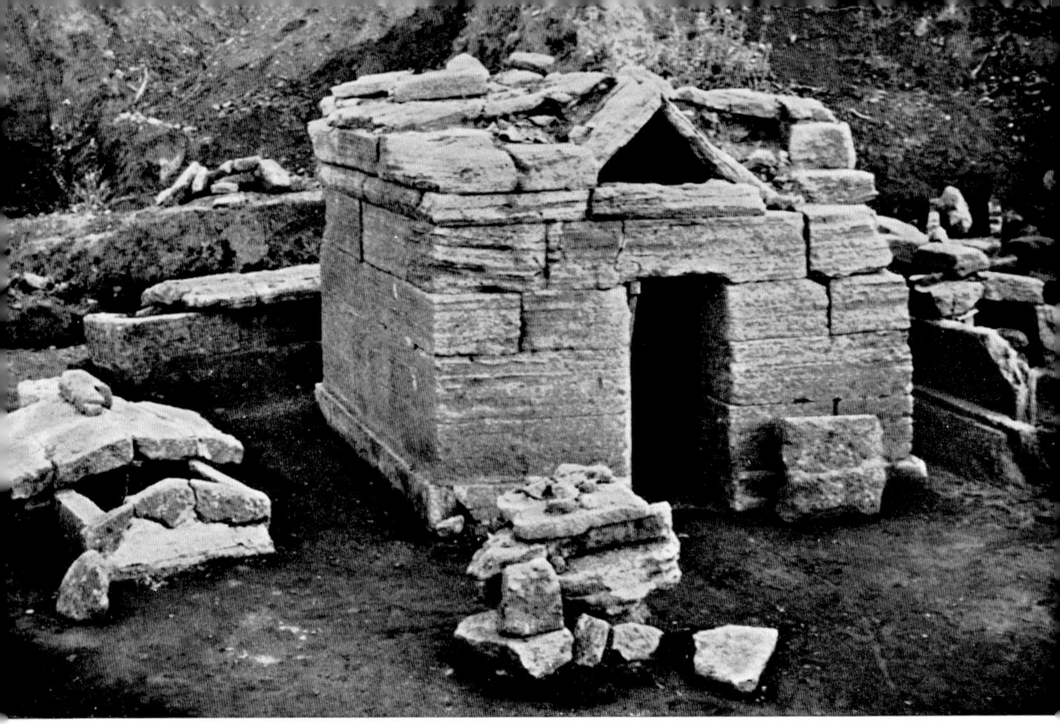

22 POPULONIA Aedikula-Grab. Links ein Kastengrab (Cassone)

23 POPULONIA Totenbetten in einer Grabkammer

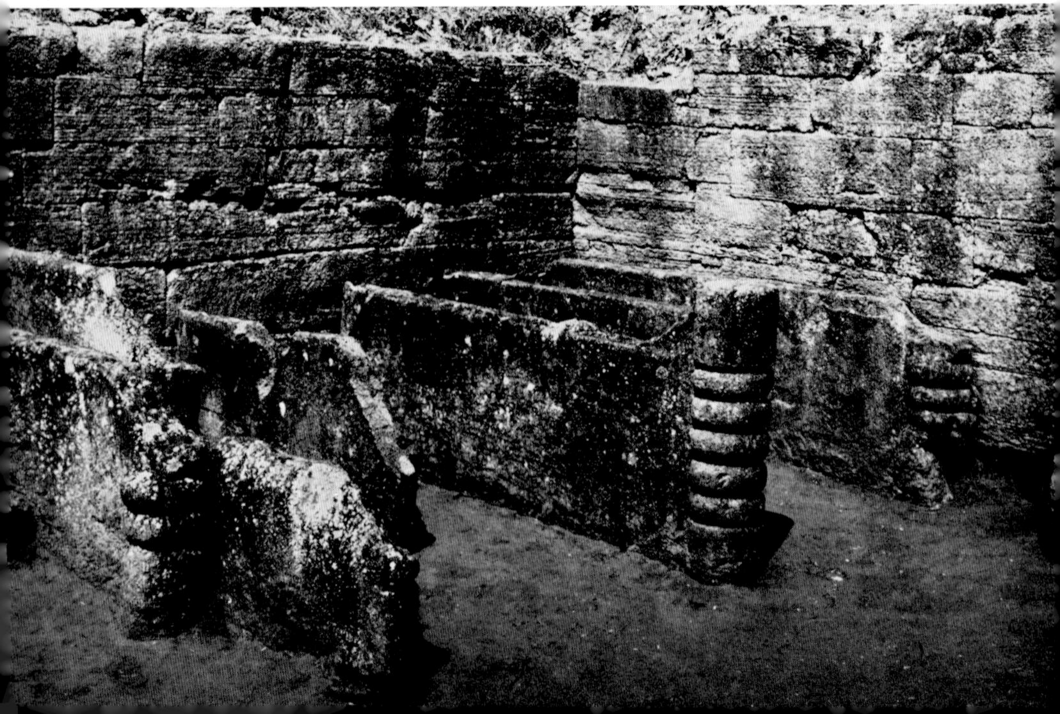

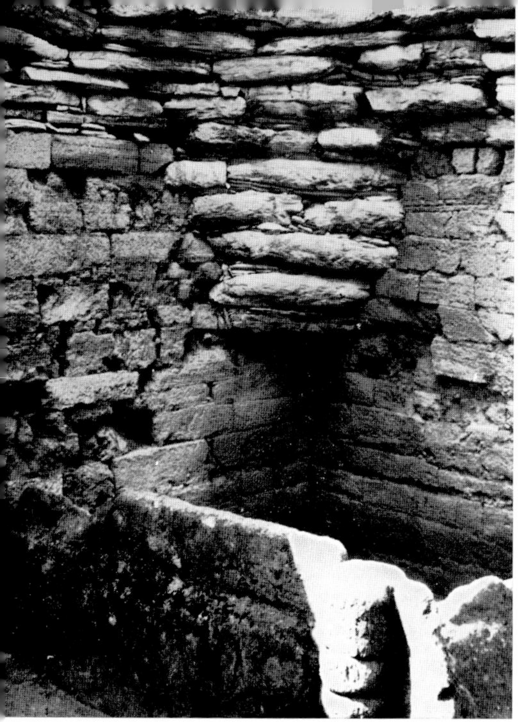

4 POPULONIA Von den Ecken der quadratischen Kammer leiten Pendentifs zum Kreisrund der Kuppel über. Darunter Totenbetten (s. Abb. 23)

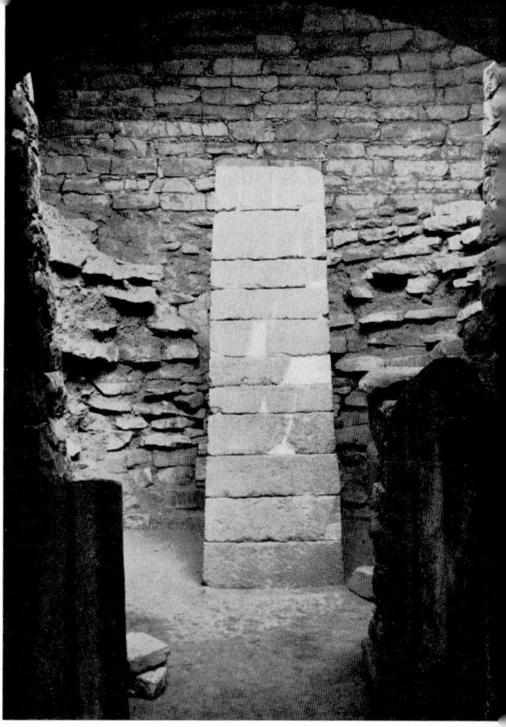

25 VETULONIA Tomba della Pietrera

6 VETULONIA Zugang zur Tomba della Pietrera

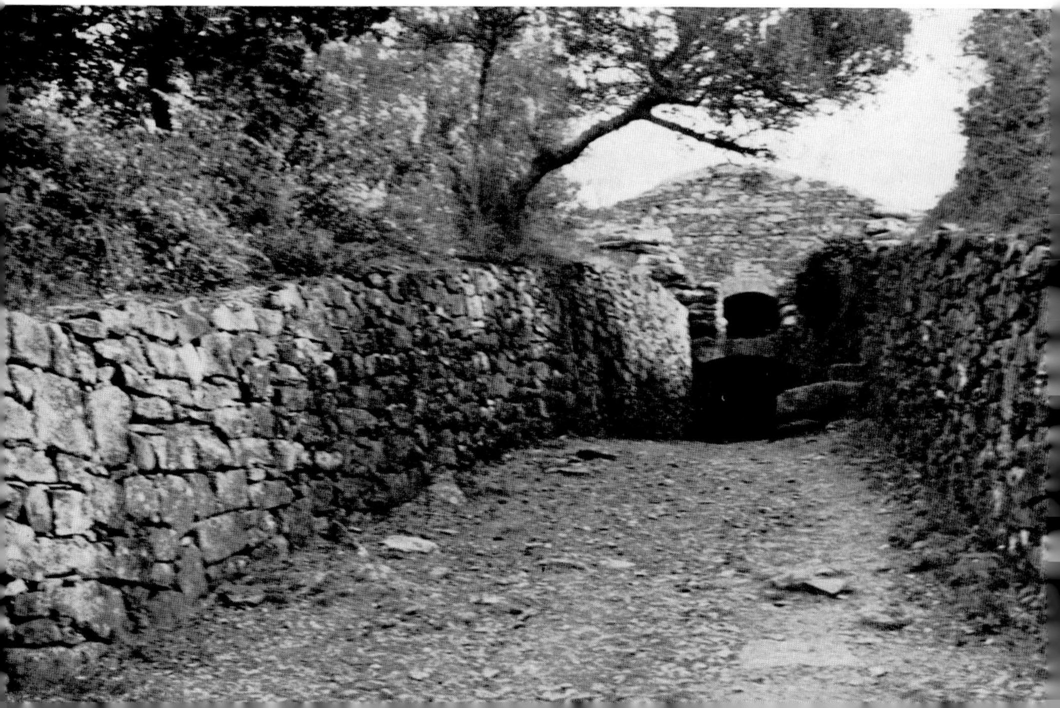

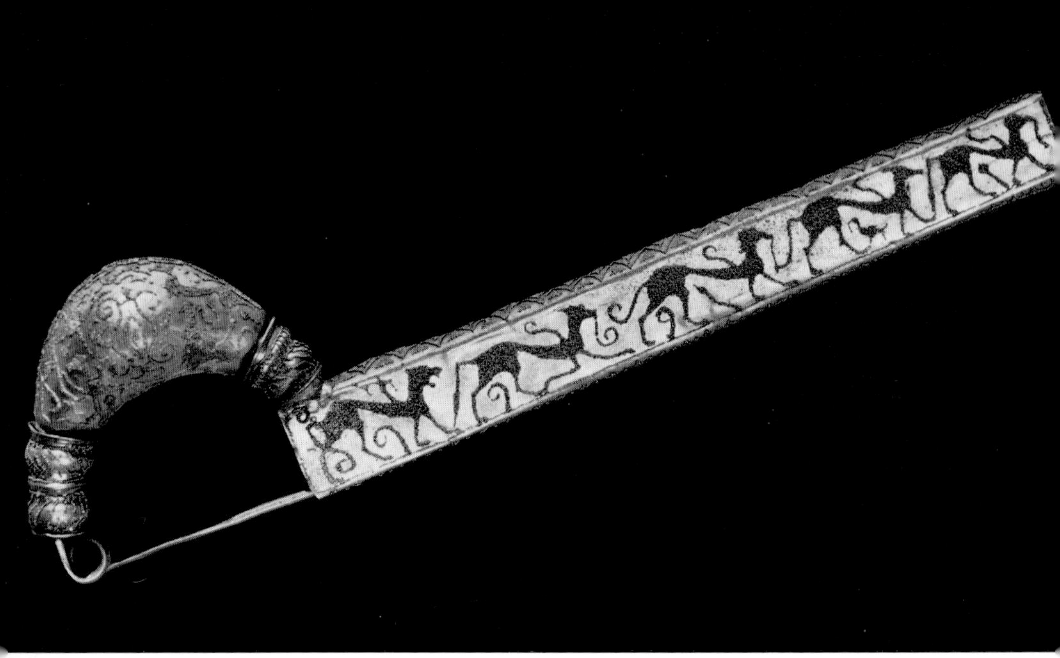

27 VETULONIA Goldfibel mit Staubgranulation aus dem 7. Jh. v. Chr. Museo Archeologico, Florenz

28 VETULONIA Deckstein eines Grabes aus dem 7. Jh. v. Chr. Museo Archeologico, Florenz

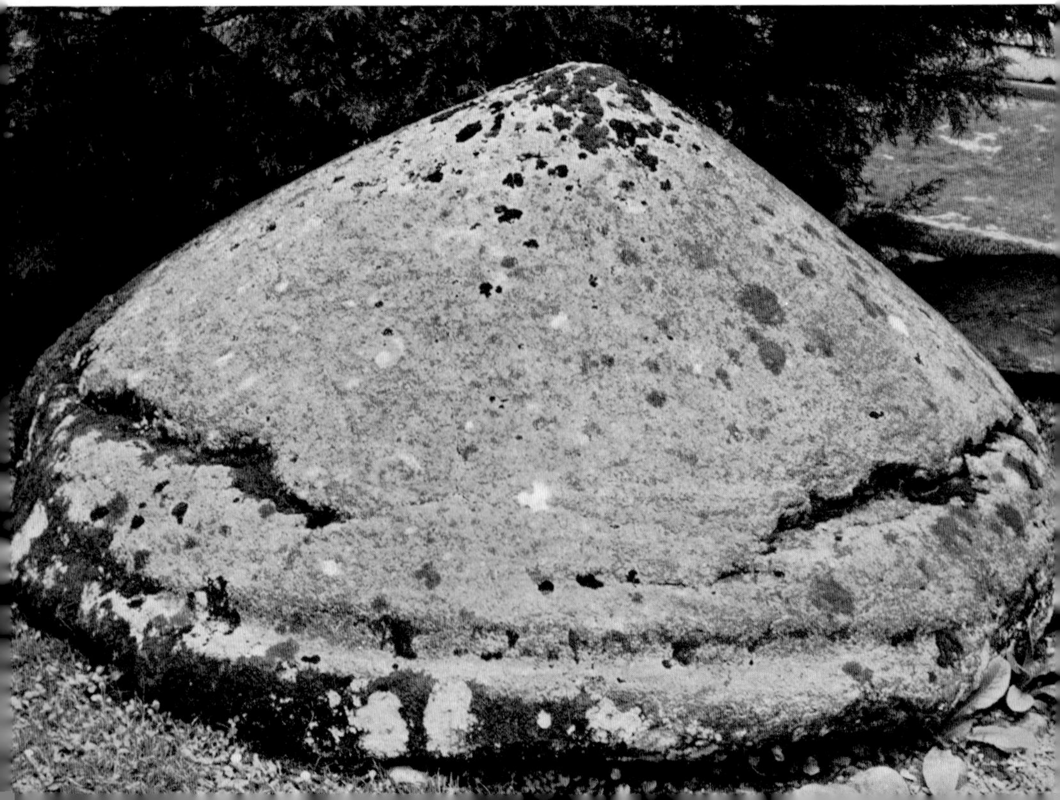

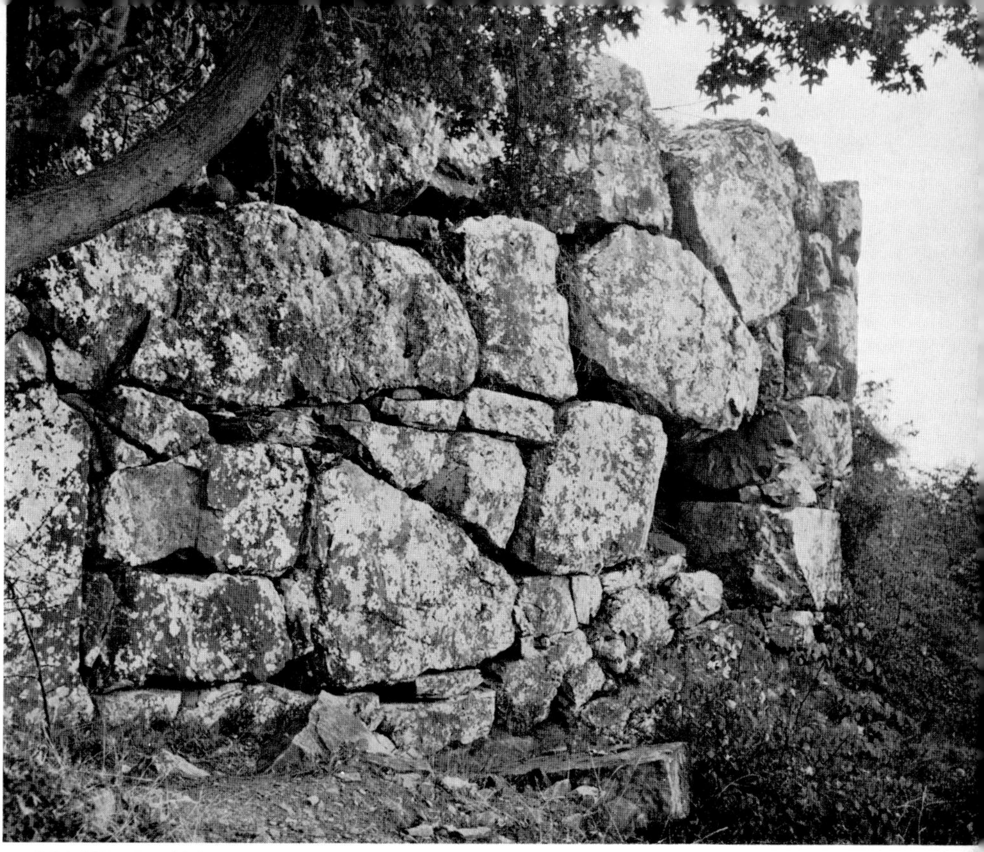

29 ROSELLE Etruskische Rampenmauer

30 ROSELLE Ausgrabungen (1968)

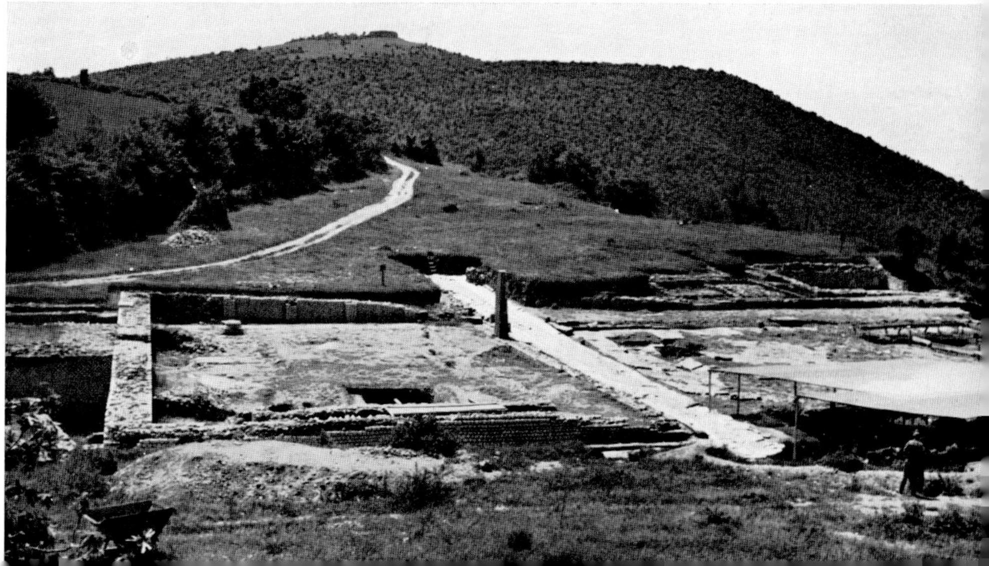

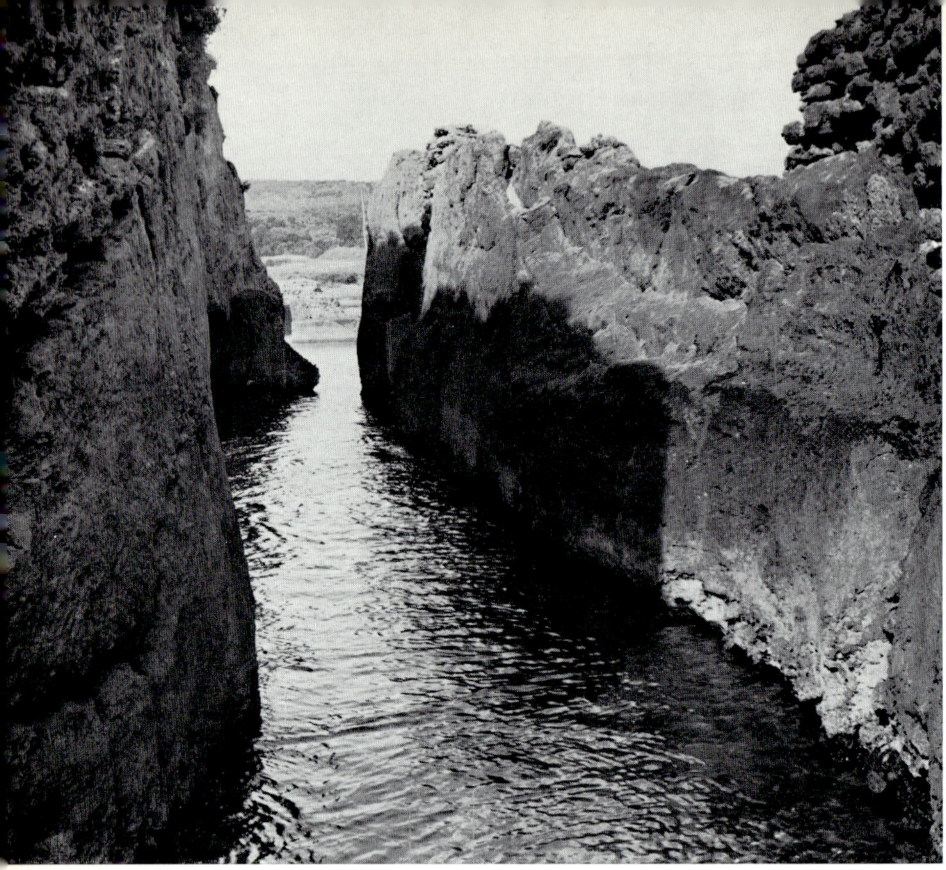

31 ANSEDONIA ›La Tagliata‹, Barriere und Mündung des Kanals

32 COSA bei Ansedonia, Stadtmauer

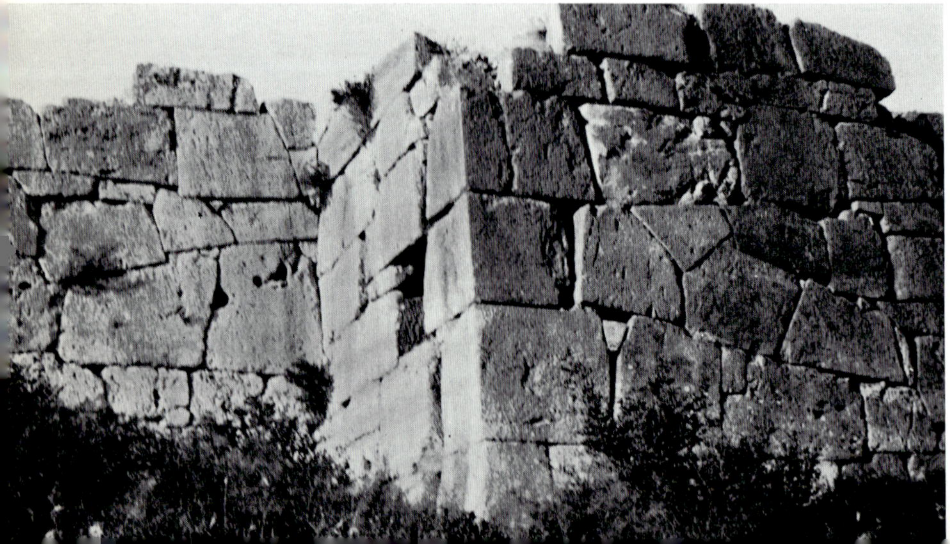

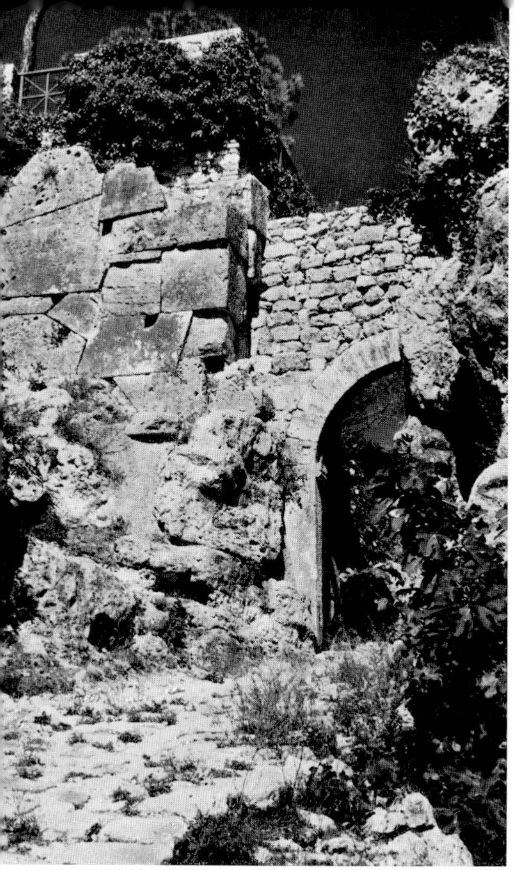

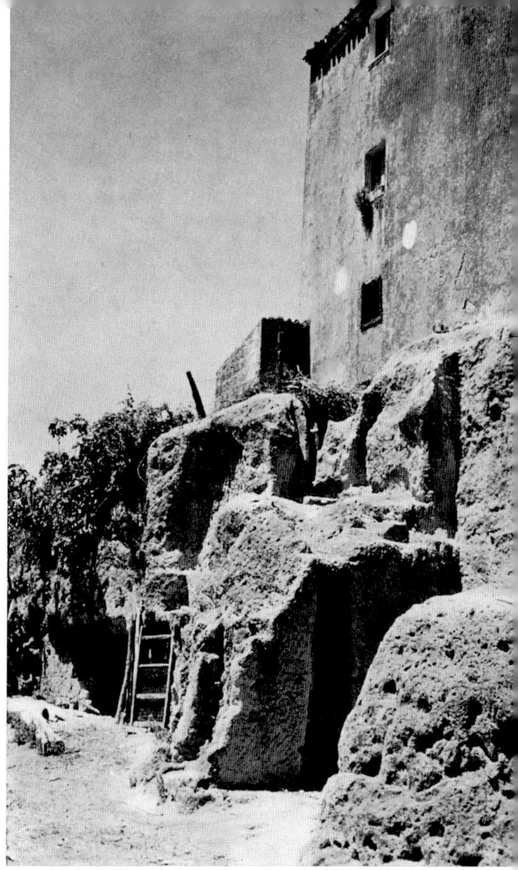

3 SATURNIA Etruskische Polygonalmauer mit Porta Romana

34 POGGIO BUCO Bauernhaus über einem Kammergrab

5 POGGIO BUCO Eingeritzter Tierfries auf einem Impastogefäß des 7. Jh. v. Chr. Privatbesitz, Basel

36 POGGIO BUCO Amphora des 7. Jh. v. Chr. mit geometrischer Darstellung. Privatbesitz, Basel

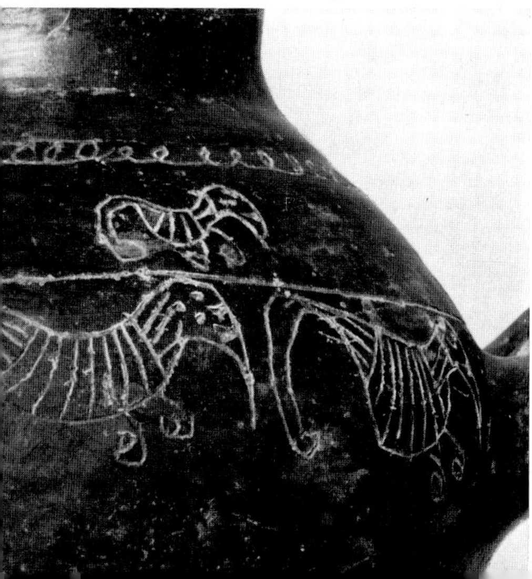

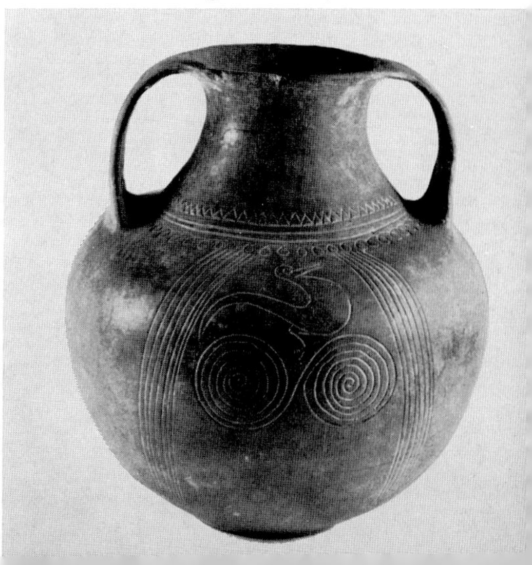

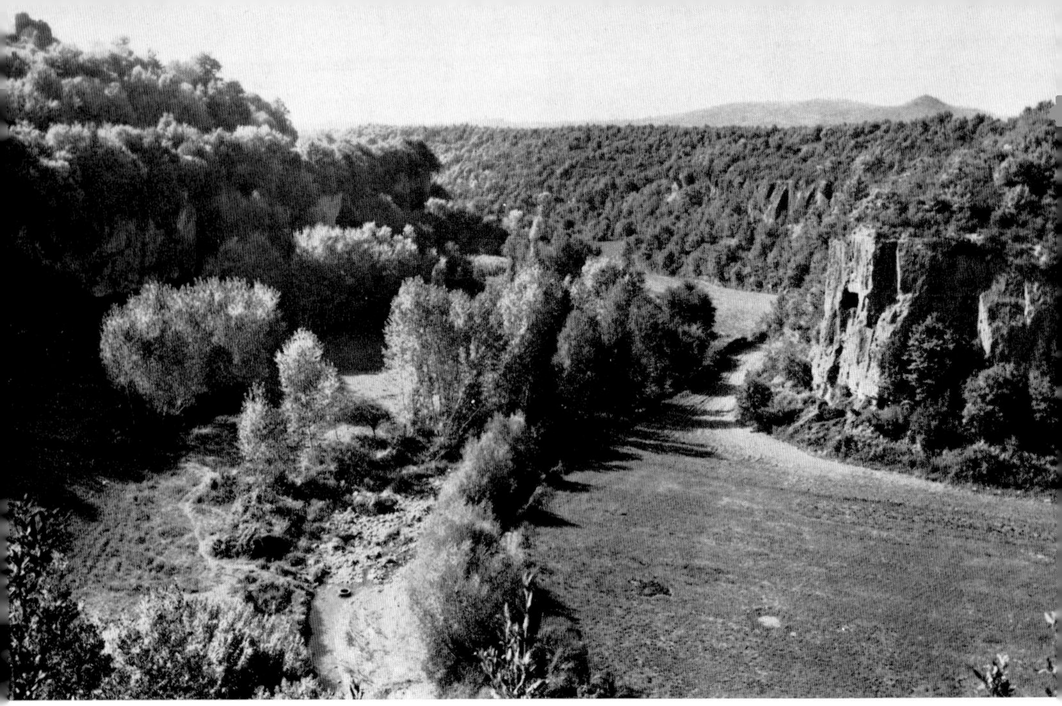

37 Bei SOVANA

38 SOVANA Tomba Pola

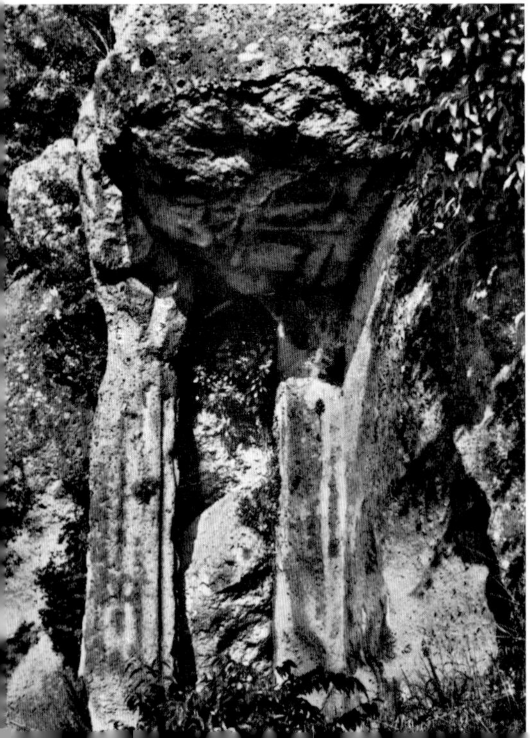

39 SOVANA Tomba della Sirena

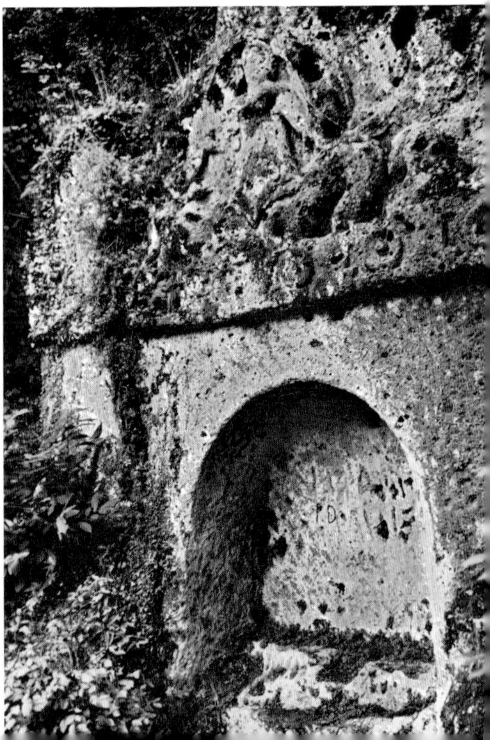

10. Route

Pitigliano – Sovana – Castro – Ischia di Castro – Montalto di Castro (68 km)

Sovana (Suana). Für den Ausflug von Pitigliano nach Sovana (5 km) begeben wir uns auf die Straße nach Manciano, biegen an der felsigen Südflanke des Städtchens rechts in die neue Straße ein, die zum Fosso der Lente hinunter führt. Auf der abschüssigen Halde rechts gibt es Nischen, Kleintierställe, Weinstöcke und üppiges Gemüse. Über den abgetreppten Gärten wachsen die glatten Felsen mit den sie krönenden Häusern senkrecht in die Höhe. Auf dem Plateau der andern Seite des Grabens liegt Sovana.

An der Einfahrt von Sovana, das seit vielen Jahrhunderten dem Verfall überlassen ist, steht, wie ein urzeitliches Fabelwesen, die bizarre Silhouette der Burgruine Aldobrandeschi. Über die menschenleere Piazza Maggiore mit dem wappengeschmückten Palazzo Pretorio (13. Jh.) und der Kirche S. Maria (9.–10. Jh.) mit sehenswertem Tabernakel kommt man in die Hauptstraße, die zum Dom am Ende der Ortschaft führt. Fast isoliert beschließt das altertümliche Bauwerk aus dem 8. Jh. mit phantastischen Portalreliefs aus der frühesten Romanik die gedrängte Gruppe ärmlicher Häuser. Wer um das aufwendige Leben und die Macht der Herren im mittelalterlichen Sovana weiß, und wer sich die um anderthalb Jahrtausende ältere etruskische Kultur vorstellt, welche hier blühte, der hat in den ruinenhaften Überbleibseln dieser Herrlichkeiten und in der Dürftigkeit der heutigen Ortschaft ein eindrückliches Bild vom »Sic transit ...« in der Geschichte.

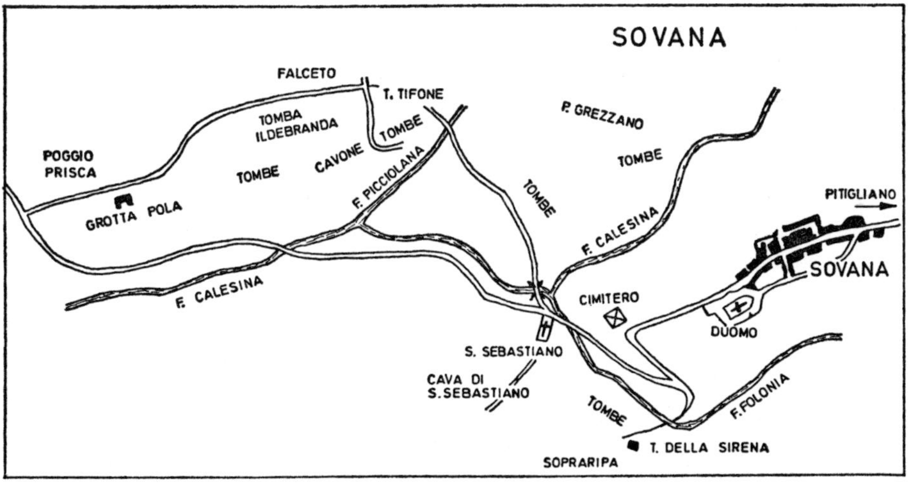

Wegekarte der Nekropolen von Sovana

Beim ersten Besuch in Sovana kannte ich weder die Lage der Nekropolen noch den Bericht von Dennis über die Entdeckung der Gräber durch seinen Reisegefährten Ainsley in der Mitte des letzten Jahrhunderts. In der leeren Straße der Ortschaft erblickte ich den Pfarrer. Auf mein Anliegen rief er mit Kommandostimme, die Hände in der Soutane, eine Hauswand hinauf: »Ferruccio!« Der kam, weiß bespritzt von Kalk. Er schritt, eine Karbidlampe schwingend, rüstig voran, am Dom vorbei zur Wegkurve beim Friedhof, wo man über die grüne Talfläche hinweg eine prächtige Übersicht auf die langgezogene Tuffrippe der Nekropolen hat. Von Osten nach Westen zieht sie sich etwa 2,5 km weit, in einer Tiefe von 1 km über dem Flußlauf der Calesina hin, anders gesagt, von der *Tomba del Tifone* im Osten bis zur *Grotta Pola* am westlichen Ende. Am Wege, links in der Felswand, bemerken wir seltsame, eiförmige Vertiefungen. Sie sind als angeschnittene Hälften von Reservebehältern bezeichnet worden. Über dem Ausgang des Straßentunnels ist ein römisches Kolumbarium. Solche Kolumbarien für kleine Aschenurnen sind da und dort anzutreffen. Ob es ab und zu nicht auch wirkliche Taubenschläge waren, ist, soviel ich weiß, bis heute nicht abgeklärt worden.

Gegenüber, auf der andern Seite des Fosso Folonia, sehen wir im dicht bewaldeten Abhang das bekannteste Grab von Sovana, die *Tomba della Sirena* (Abb. 39). Ein gelber Wegweiser macht auf sie aufmerksam. Durch grünes Dickicht, Stauden und Geschlinge steigen wir zu diesem späten Aedikulagrab (3. Jh. v. Chr.) hinauf. Wie alle monumentalen Tuffgräber in Sovana hat es unter der Witterung, der Verwurzelung und den Überwucherungen stark gelitten. Das Hochrelief über der großen, offenen Nische wirkt geheimnisvoll. Die von der Skylla gewürgten zwei Jünglinge sind kaum mehr zu erkennen. Trotzdem ist die Sirena eines der repräsentativen Gräber dieses Typus in Sovana.

Wir kehren zu unserem Weg zurück, gehen am Kirchlein S. Sebastiano vorbei, dem Fosso Folonia entlang zur *Grotta Pola,* am Westende der Nekropole (Abb. 38). Das Grab gehört zum Typus der sogenannten Tempelgräber. Säulenreihen in der Fassade oder an den seitlichen Wänden und andere Elemente, die an einen Tempel erinnern, haben zu dieser Bezeichnung geführt. Am Plateaurande des Poggio Prisca ist die Grotta Pola mitsamt ihrer imposanten Reihe von acht kannelierten Säulen, mit Blattkapitellen, die eine überhängende Kasettendecke stützten, aus dem anstehenden Tuff-Felsen gehauen worden. Nur noch die letzte Säule links aus der Reihe ist verwittert erhalten geblieben.

Ein Dromos führt in die unterirdische, an die 20 m lange Grabkammer. Etwa 700 m weiter östlich von der Grotta Pola befindet sich in der Tuffrippe das interessanteste, wichtigste Grab der Nekropole, die *Tomba a Tempio Ildebranda.* Auf der letzten Strecke Weges zu ihr kommt man an vielen Würfel- und einfachen Kammergräbern vorbei. Enttäuschend zerstört trifft man die Ildebranda an. Auf dem Podium – einem wichtigen Element dieser Architektur –, das den rechteckig vortretenden Körper des Males einrahmt, standen auf drei Seiten, wie bei einem Umgang, zwölf aus dem Tuff gehauene Säulen. Sie stützten den flachen, horizontalen Abschluß mit drei übereinanderliegenden Friesen, die mit skulptierten und bemalten Tier- und Pflanzen-Reliefs geschmückt waren. Von den Säulen steht nur noch eine am Ende der linken Seitenwand. Außer den zum Podium hinauf führenden Treppen, dem Dromos und der Totenkammer war das Monument mit einer 5 mm dicken Stuckschicht überzogen.

Die Säulen mit den Kapitellen, die Friesreliefs und Kasettendecken sind abgestürzt. Bei den Ausgrabungen wurde eine große Menge von Fragmenten davon gefunden. Sie kamen ins Museum von Florenz. Diesen wenigen Angaben ist vielleicht zu entnehmen, daß die Architektur des Grabmals einen tempelartigen, sakralen Charakter hatte, und daß es sich um ein bedeutendes hellenistisches Werk der Kunst aus der Spätzeit der Etrusker handelt (um 200 v. Chr.).

Unter der Mitte des Säulenpodiums führt der Dromos in eine verhältnismäßig kleine Grabkammer mit flacher Satteldecke. Sie war für die Aufnahme einer einzigen Leiche bestimmt, die an der Stirnseite der Kammer beigesetzt wurde.

An den Felsen mit vielen Gräbern des etruskischen Schluchtweges ›Cavone‹ vorbei – eine noch tiefere Schlucht ist die Cava di S. Bastiano oberhalb des Kirchleins S. Sebastiano – führt der Weg zum letzten Grab, das wir besuchen, zur *Tomba del Tifone*. Es ist ein Aedikulagrab, wie die Tomba della Sirena am oberen Rande der Tuffbänder im Osten der Nekropole. Leider ist auch diese Anlage stark zerstört. Eine große Nische mit drei Kassetten in der Decke wird von einer hellenistischen Portalarchitektur umrahmt. Zum oberen Abschluß mit einem skulptierten Stirnrelief führt an der rechten Seitenwand eine Treppe. Bianchi Bandinelli hält es für das schönste Aedikulagrab der Nekropole von Sovana.

Die Gräber waren, wie es scheint, bei ihrer Entdeckung bereits ausgeraubt. Denn die Funde, die zur Hauptsache in das Museum von Florenz gekommen sind, sind außer den plastischen Fragmenten der Tomba Ildebranda eher spärlich. Außer hellenistischen Terrakotten, Exvotos, sind sehr schöne Gefäße, Vasen, Foculi in Impasto, Buccheri und einige Bronzen aus Cassa- oder Fossa-Gräbern des 7. Jh. v. Chr. zu erwähnen.

Sovana nahm an der kulturellen Blüte, die im Val d'Albegna bis Ende des 6. Jh. v. Chr. dauerte, teil. Um die Mitte des 3. Jh. v. Chr. erlebte es unter römisch-hellenistischen Einflüssen einen neuen Aufschwung. Trotz der römischen Eroberung zu einer Zeit, als Volterra, Chiusi und Perugia in Kunst und Schrift schon romanisiert waren, verwendete es die etruskische Schrift weiter.

Castro. Für die Fahrt nach Castro kehren wir nach Pitigliano zurück. Etwa einen halben Kilometer unterhalb des Städtchens biegen wir ostwärts in die schmalere Straße nach Valentano ein. Sie führt in eine abseitige, stille Landschaft, beim Hügel von Castro sogar in ein urwaldähnliches, wildes Gebiet. Nach knappen vierzehn Kilometern kommen wir an der Abzweigung rechts nach Manciano vorbei. 300 m weiter, kurz vor der Casa Cantoniera, zweigt unser Feldweg nach Castro ab. Er wird bald rauh und holprig. Nach einem halben Kilometer ist ein Graben zu überqueren, hinter dem sich

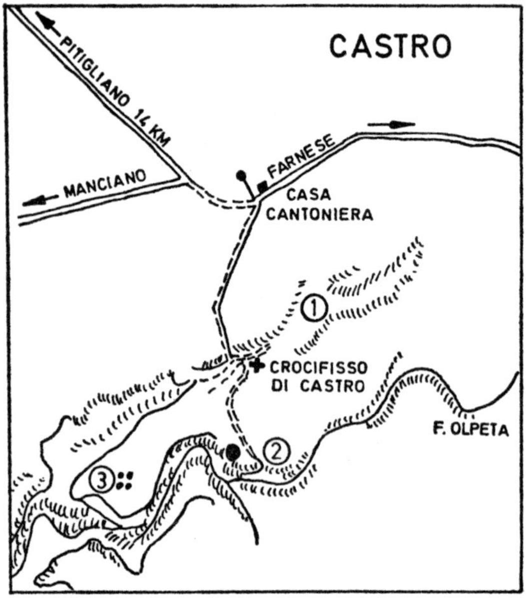

Wegekarte der Umgebung von Castro.

1 Gräber
2 Grab des Bronzewagens
3 Ruinen von Castro

eine grüne Flur auftut, auf der die Wallfahrtskirche Crocefisso di Castro steht. Unsern Wagen lassen wir dort.

Südöstlich, gegenüber der Kirche, erhebt sich der riesige, dicht überwachsene Hügel mit dem Plateau (Abb. 41), auf dem die bedeutende etruskische Stadt und, seit 1537, die nachherige Hauptstadt des Herzogtumes Castro lagen. Ihre vollständige Zerstörung 1649 unter Papst Innozenz X. ist auf die Ermordung des letzten Bischofs von Castro zurückzuführen. Der farnesische Herzog von Castro war mit seiner Wahl nicht einverstanden. Durch gedungene Mörder ließ er ihn auf dem Wege von Rom nach Castro umbringen. Seither ist das verwüstete Areal der Stadt mit den fragmentarischen Resten der Bauten dem gänzlichen Verfall und wilder Überwucherung überlassen. Eine Säule trägt die Inschrift: QUI FU CASTRO.

Im Gebiet des Oberlaufes der Fiora, des Hinterlandes von Vulci, wo eine Anzahl frühetruskische (8.–6. Jh. v. Chr.) Orte (Poggio Buco, Pitigliano, Ischia di Castro) liegen, soll sich auch Statonia befunden haben. Eine aus der alten Literatur bekannte, bedeutendere Stadt, deren Standort man bis heute nicht mit Sicherheit kennt. Der amerikanische Archäologe G. Matteucig, der den Poggio Buco gründlich erforschte, ist in seinem Buch ›Poggio Buco‹ (1951) der Überzeugung, daß Statonia sich auf ihm befunden habe. Neuere Ausgrabungen und ihre Ergebnisse in Castro scheinen heute auch für eine Lokalisierung von Statonia in Castro zu sprechen.

Um die zehn Jahre sind es her, seit ich mit Turiddo Lotti von Ischia di Castro die von ihm angeregte Ausgrabung der Kammergräber dell'Acqua, della Bizza und delle

Trave – wie er sie nannte – besichtigen konnte. Einige Jahre später wurden in der Zone aeneolithische (spätsteinzeitliche) Höhlen entdeckt. Die Soprintendenza von Rom unternahm 1963 Sondierungen. Sind doch in den Fossi, den Tuff-Felsen des Stadtrückens und den umliegenden überwachsenen Hügeln noch zahllose Gräber verborgen. Das belgische Zentrum für italisch-etruskische Forschungen in Rom übernahm in der Folge die weiteren Ausgrabungen. Ihm waren bedeutsame Erfolge beschieden. Am bewaldeten Abhang nahe der Kirche wurden 1964 ein in den Tuff gehauener, gut erhaltener Altar und eine Anzahl großartige Tierskulpturen, Löwen, Widder, Hippokampen und Sphingen, wohl Wächter der Grabeingänge, entdeckt. Es sind prachtvolle Werke der etruskischen Bildhauerei, Verwandte der berühmten Tierfiguren von Vulci (Castro gehörte zum Territorium Vulci). Nach ihnen muß es in Castro vorzügliche Werkstätten gegeben haben. Zwei der Skulpturen befinden sich im Antiquarium Comunale in Ischia di Castro.

Einen weiteren, noch sensationelleren Erfolg hatten die Belgier im Oktober 1967. Die seit vier Jahren konsequent durchgeführten Grabungen führten zur Entdeckung eines zweirädrigen Streit- oder Prunkwagens, einer ›Biga‹ in Bronze aus dem 6. Jh. v. Chr. Im 4 m tief in den Tuff gehauenen Eingang zur Grabkammer fanden sie die Knochen von zwei Pferden und in der Vorkammer den mit Treibarbeit geschmückten Bronzewagen. Das Grab liegt etwa 6 km westlich von Farnese im Tal der Olpeta, die den Stadthügel umfließt (Fundort des Grabes, s. Plan).

Große, sehr schöne figürlich getriebene Teile von einem Prunkwagen, die in Castel S. Mariano gefunden wurden, kamen in die Museen von München und Perugia. Der großartigste Prunkwagen, der mit seiner meisterlichen, reichen Treibarbeit alle bisher gefundenen überragt, ist im Metropolitan Museum von New York. Entdeckt wurde er 1902 in Monte Leone di Spoleto. Wie von andern bedeutsameren Werken etruskischer Kunst wurde auch von ihm angenommen, er stamme aus Griechenland. Heute ist man der Auffassung, diese Bronzewagen seien in Etrurien hergestellt worden. Beim hohen Stand des etruskischen Bronzehandwerks ist das eigentlich naheliegend. Übrigens wurden auch in Populonia und anderswo Fragmente von solchen Wagen gefunden.

Die von den Belgiern entdeckte Biga befindet sich z. Z. im Istituto Centrale del Restauro in Rom. Eine äußerst heikle Reinigung und Konservierung ist an ihr vorzunehmen. Angefügt sei noch, daß es der erste Wagen ist, an dem die eisernen Räder von 60 cm Durchmesser und ein Teil der Deichsel vorhanden sind. Mit dem Deichselstück hat er eine Länge von 4 m. Am Schutzschild des Vorderteiles befindet sich eine sehr schöne, getriebene Palmette. An den Seiten sind über der Wandung mit zwei nackten Figuren die Stützlehnen. Zusammen mit den hervorragenden Tierskulpturen ist dieser Wagen ein Beweis für die Bedeutung und Blüte des etruskischen Castro im 6.–5. Jh. v. Chr.

Ischia di Castro. Die dichtbewaldeten Hügel von Castro verlassend, kommen wir durch eine wunderbare Landschaft zum Oberlauf der Olpeta. In großen, hohen Gehegen am Wege weiden majestätische, gehörnte Tiere der Maremmarasse – sie soll auf die Etrusker zurückgehen. Leider werden sie zunehmend durch die Traktoren ersetzt.

In Ischia di Castro, der Heimat von Turiddo Lotti, der sich um die Erforschung von Castro anerkannte Verdienste erworben hat, suchen wir das von ihm gegründete Antiquarium Comunale auf. Man hat dort noch mit der Einrichtung zu tun. Die bäuerliche Ortschaft verfügt nur über beschränkte Mittel für derartige Aufgaben. Höchst willkommen ist es aber, daß sie mit ihrem Unternehmen Gelegenheit gibt, charakteristische Grabbeigaben aus Castro und seiner Umgebung hier zu sehen. Außer den schon erwähnten großartigen Tierskulpturen aus Castro, den Prunkstücken des Antiquariums, enthält es eine Sammlung sehr interessanter Vasen und Gefäße in Impasto, Bucchero, Terrakotta aus verschiedenen Zeitabschnitten.

Wer Castro mit einem kundigen Führer besichtigen möchte, wende sich an den sympathischen Signor Turiddo Lotti in Ischia di Castro. Und wer über Nacht bleiben möchte, findet im kleinen Albergo Ducato Unterkunft.

Canino. Von Ischia di Castro, Valentano abschneidend, über Canino nach Montalto di Castro sind es etwa 40 km. In Canino sollte man einen kurzen Halt machen. Mit seinem Namen ist der Beginn der ausgedehnten Raubgrabungen in Vulci verbunden.

In der Kirche von Canino befindet sich das Mausoleum der Familie von Lucien Bonaparte (1775–1840). Der weiße Marmor der klassizistischen, allegorischen Figuren und Reliefs der Grabmäler wurde in den letzten Jahren gereinigt und die Kirche renoviert. Nach Gsell-Fehr in Meyers Reiseführer ›Rom und Mittelitalien‹, 1871, ließ die Familie das Grabmal von dem kaum mehr bekannten Florentiner Bildhauer Pampaleni ausführen. Der ältere Bruder von Lucien, Napoleon Bonaparte, wünschte ihn etwa nach Paris zurück. Er zog jedoch das ruhigere Leben als Fürst des ländlichen Canino vor. Auf seinem großen Landbesitz in Vulci begann er 1828 mit den in die Geschichte eingegangenen Ausgrabungen. Tausende von griechischen Vasen und etruskischen Grabbeigaben gelangten durch ihn und den aufkommenden Kunsthandel in die großen Museen Europas und in private Sammlungen. Bei einem Empfang am vatikanischen Hof trug die Fürstin von Canino ausschließlich etruskischen Goldschmuck, der von der römischen Aristokratie begehrlich angestaunt wurde. Etruskisches wurde Mode. Die vornehme Gesellschaft suchte auf ihren Gütern nach etruskischem Gold.

Von Canino kommen wir bei Montalto di Castro auf die Via Aurelia. Die Ortschaft liegt rechts, und unweit (1,5 km) links ist das Motel AGIP, in dem wir unser Nachtquartier beziehen.

Der morgige Ausflug nach Vulci, einer der reichsten Städte Süd-Etruriens im 6. und 5. Jh. v. Chr., ist anhand unseres Planes und des Textes unschwer zu machen. Für die Besichtigung einzelner Gräber wende man sich an einen Custoden im Castello von Vulci.

Wer Interesse für eine typische Küche der Maremma hat, fahre vom Castello etwa 8 km nordöstlich zur Trattoria ›Da Isola‹ in der Nähe der neuen Straße nach Ischia di Castro, località ›Roggi‹.

11. Route

Montalto di Castro – Vulci – Tuscania – Viterbo (95 km)

Nordwärts, Richtung Grosseto, verlassen wir Montalto di Castro. Einen halben Kilometer außerhalb des Städtchens überqueren wir die Fiora, und nach einem weiteren halben Kilometer sind wir an der rechts abzweigenden, asphaltierten Feldstraße nach Vulci. Etwa 9 km sind es bis zur neuen Brücke über die Fiora in Vulci, von der aus wir einen pittoresken Blick auf das schwärzliche, miniaturhafte Kastell und den hohen Bogen der antiken Brücke haben (Abb. 42).

Die Straße, auf der wir soeben nach Vulci gekommen sind, beeindruckt all jene, die sie vor wenigen Jahren noch in undurchdringlichen Staubwolken befahren hatten. Schön ist es heute, durch das braune Land zu fahren. In weiten Abständen leuchten die bekannten weißen Bauernhäuschen der Ente Maremma auf. Hinter den Hügelzügen rechts verbirgt sich der Flußlauf der Fiora. Im Bergland des Monte Amiata (1735 m) entspringend, durchfließt sie die etruskischen Territorien von Vulci mit den Kleinstädten Pitigliano, Sovana, Poggio Buco, Castro und das weite Gebiet der Stadt mit ihren großen Nekropolen.

Der Ausgangspunkt für die Streifereien durch die Nekropolen und das Areal der etruskischen Stadt Vulci ist das mittelalterliche Castello an der Fiora. Im 11. Jh. war hier ein Kloster der Zisterzienser, eine Abbadia. Kastell und Brücke werden deshalb Castello dell'Abbadia oder Ponte dell'Abbadia genannt. Von der Plattform des Turmes hat man eine wunderbare Sicht über das umliegende Land. Der berühmte Etruskologe Pallottino nannte es eine der schönsten Landschaften Italiens. Für das neue Museum im Kastell werden die Ausstellungsräume denen im Schloß von Cerveteri ähnlich eingerichtet. Bis zum Abschluß dieser Instandsetzungsarbeiten ist aus der reichen Sammlung von Werken aus Vulci im provisorischen Antiquarium des Hofes eine Auswahl ausgestellt. Sie enthält sehr schöne Impastoware der Villanova-Kultur, bedeutende griechische Vasen, ausgewählte Buccheri, bemalte etruskische Töpfereien, späte, plastische Votive in Terrakotta von neueren Ausgrabungen, Bronzen u. a. Die bedeutenden Gefäße (6. Jh. v. Chr.) aus dem 1957 durch Zufall entdeckten großen Komplex der Tomba Panatenaica sind von besonderem Interesse.

Ponte dell'Abbadia. Die erstaunlich kühne Brücke der Abbadia zieht die Aufmerksamkeit aller Besucher auf sich (Abb. 42). Mächtige, aufgemauerte Pfeiler, die im felsigen Flußbett verankert sind, stützen den 30 m hohen, 20 m weit gespannten Bogen. Grausilberner Fels, blank gescheuertes Gestein und dunkelwucherndes Gebüsch, aus dem allerhand farbige Blüten leuchten, erscheinen zusammen mit der Architektur der kleinen Burg wie eine organisch gewachsene Einheit. Gebaut oder rekonstruiert wurde das monumentale Werk um 90 v. Chr., zur Zeit, als Vulci das römische Munizipalstatut

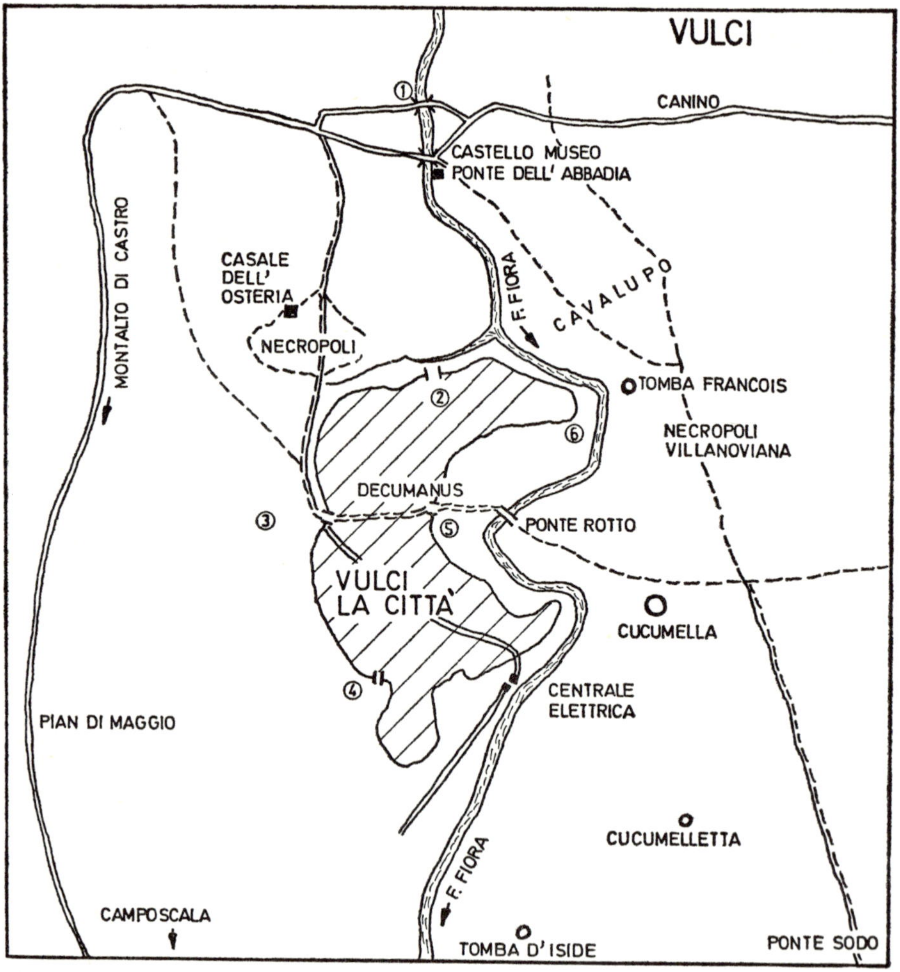

Wegekarte der Umgebung von Vulci. 1 Neue Brücke 2 Nordtor 3 Westtor 4 Südtor 5 Osttor 6 Akropolis

erhielt. Die Basen gehen vermutlich auf die etruskische Zeit zurück. Das schwefel- und kalkhaltige Wasser aus den Bergen um Canino hatten die Römer über die nördliche Brüstung der Brücke geleitet. Von ihm kommen die rätselhaften, phantastischen Versinterungen, die wie riesige Eiszapfen vom hohen Brückenbogen herunterhängen. Im kleinen, ummauerten Hof des Castello sind vielerlei etruskische Skulpturfragmente, unter ihnen interessante Cippi und auch zwei prachtvolle Stierköpfe ausgestellt (vgl.

Abb. 44). Vermutlich sind sie inzwischen ins Museum des Castello gekommen. Vor Jahren hatte ich sie als Stützen eines schweren Steinsarkophages in der Tomba dei Tori an der Fiora in situ gesehen. Grabräubern gelang der Abtransport dieser Skulpturblöcke aus der mit Steinkisten, Sarkophagen kreuz und quer verstellten Grabkammer. Von einem Aufseher wurden sie unterwegs auf der Flucht ertappt.

Ein Gang südlich vom Castello, linksseits der Fiora durch die großen Nekropolen bis zum Ponte Rotto wird uns einen starken, charakteristischen Eindruck von Vulci vermitteln. Es ist der Boden, der seit den Ausgrabungen Lucien Bonapartes auf der Suche nach Schätzen in den Gräbern unaufhörlich durchwühlt wurde.

Mit einem der Aufseher besprechen wir den Rundgang und die Besichtigung einiger Gräber. Außer den Berühmtheiten der *Tomba François* und der *Cucumella* nennen wir vielleicht eine bescheidenere *Tomba a Cassone,* den für die Blütezeit Vulcis charakteristischen Grabtypus (6.–5. Jh. v. Chr.). Die Grabzellen gruppieren sich hier um einen zentralen Vorraum, der mit ihnen durch Zugänge verbunden ist.

Zu den monumentalen Kammergräbern gehört die reiche Anlage der *Tomba Tutes* (5. Jh. v. Chr.) in der Nähe der Fiora und die interessante *Tomba del Sol e della Luna* (um 600 v. Chr.). Sie hat eine Kammer mit skulptierter Fächerdecke, wie sie in Etrurien nur noch in S. Giuliano bei Barbarano Romano (Tomba Cima), auf dem Monte Abetone bei Cerveteri (Tomba Campana) und auf der Banditaccia in Cerveteri (Tomba dei Leoni dipinti) vorkommt. Auffallend ist bei den Tuffgräbern die vielfältige Gestaltung der Kammerdecken, die von der flachen Balkendecke, den Kassetten bis zum Satteldach wechseln. Nimmt man etwa die kannelierten Wandpilaster der Tomba Cima dazu, bekommt man den Eindruck, daß den Etruskern zu einer bestimmten Zeit die phantasiereiche Innengestaltung der Räume wichtig war. Gewiß darf in diesem Zusammenhang auch an ihre Wohnkultur gedacht werden.

Vor 15 Jahren war das Land der Nekropolen Vulcis noch ein dürrer, harter, von grauen Disteln überwucherter Boden. Elementare Gewitter brachten jeweils winzige Partikel von griechischen Vasen und auch Münzen an den Tag. Die kluge Amelioration der Ente Maremma verwandelte es in ein tuffbraunes, fruchtbares Ackerland. Ich selbst sah, wie bei diesen Arbeiten ein schweres Ungetüm von einer Ackermaschine mit seinen hohen Hinterrädern in die Decke eines Kammergrabes einbrach. Die Kammer war bereits ausgeraubt.

Tomba François. Die weltbekannte Tomba wurde 1857 von Alessandro François entdeckt (Abb. 43). Sie liegt auf der höchsten Erhebung der Zone an der Fiora. Ihren Ruhm verdankt sie den Wandmalereien, die leider nicht mehr im Grabe sind. Fürst Torlonia, der damalige Besitzer des Landes, ließ sie 1862 bis auf kleine Farbreste an Profilen ablösen und in sein Museum in Rom bringen. Die monumentale Anlage macht auch ohne die Fresken einen starken räumlichen Eindruck. Der 20 m lange Dromos führt zu den 8 m tief liegenden acht Kammern, die kranzartig um einen großen Mittelraum angeordnet sind (5. Jh. v. Chr.). Lange nach dem Bau des Grabes und erst

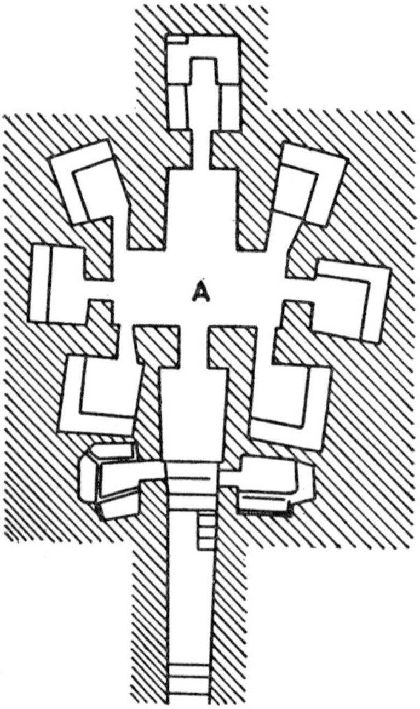

Grundriß der Tomba François in Vulci.
A: Zentraler Raum mit Wandbildern aus der etruskischen Geschichte, die abgenommen wurden und sich jetzt im Museum Torlonia in Rom befinden

nach der Unterwerfung Vulcis durch die Römer (280 v. Chr.) wurden der zentrale Raum und einzelne Seitenkammern für die etruskische Familie Satie (oder Saties) ausgemalt (2.–1. Jh. v. Chr.).

Erzählerisch, in der späthellenistischen Manier der Tomba del Tifone in Tarquinia, sind Szenen aus der griechischen Sagenwelt und aus der Geschichte der Etrusker dargestellt. Die etruskische Episode aus dem Ende des 6. Jh. v. Chr. handelt von der blutigen, revolutionären Auflehnung der adligen Brüder Caile und Aule Vibbena (oder Vipina) mit Hilfe des kriegerischen Anführers Macstrna (Mastarna), der den in Gefangenschaft geratenen Caile befreite. Macstrna wird mit dem römischen König Servius Tullius identifiziert, der den Tarquiniern nach ihrem Sturz in Rom folgte. Das Grab enthielt 25 Bestattungen. Die überaus reichen Beigaben an Goldschmuck, Bronzen, griechischer und etruskischer Keramik kamen durch den römischen Kunsthandel nach Paris (Louvre), London, Brüssel und in andere öffentliche und private Sammlungen.

Die *Cucumella.* Auf der Höhe des Ponte Rotto können wir die Wanderung der Fiora entlang unterbrechen und zum Besuch dieser einzigartigen, monumentalen Ruine in den links abzweigenden Fußweg einschwenken (1 km). Sehr viel weniger Zeit beanspricht der Weg vom Castello zur Cucumella und wieder zurück mit dem Wagen (3,5 km).

Die Cucumella (nach Vacano Weiterbildung des lateinischen *cacumen* = Gipfel, Dach) ist das größte Grabmonument ganz Etruriens. Sie ist ein durch Erdaufhäufung geschaffener künstlicher Berg mit einem Durchmesser von 150 m. Von Schatzgräbern verwirrend angelegte Stollen und Gänge sowie Aushöhlungen, die zur Untersuchung des Hügels dienten, dazu Anhäufungen des Schuttes von den Grabungen haben die ursprüngliche Cucumella verunstaltet. Wagt man sich in einen der Gänge, umschwirren einen große Fledermäuse.

Der Hügel ist Grab und Monument. Er liegt in der Flucht des Decumanus, der Ost-West-Straße der Stadt, die sich gegenüber auf dem rechtsufrigen Plateau der Fiora befand. Von seiner einstigen Größe und Schönheit sind nur geringe Reste erhalten geblieben, ein Stück des Sockelringes aus Stand- und Deckplatten, auf dem, wie angenommen wird, die prachtvollen Löwen, Sphingen, Kentauren, Hippokampen und andere Skulpturen standen, welche die Toten vor bösen Mächten beschützten. Aus dem Geröll und Schutt des Grabberges kamen diese Meisterwerke der etruskischen Bildhauerei (6.–5. Jh. v. Chr.) in die Museen von Rom (Villa Giulia) und Florenz (Abb. 45, 48).

Zu den wenigen erhaltenen Resten gehört außer einem kurzen Stück des Sockels die stark zerstörte, größere Grabanlage, die im Einschnitt an der Südflanke der Cucumella zu überblicken ist. Zu einem ungefähr quadratischen Boden eines ehemaligen Raumes führten auf drei Seiten Stufen. In diesem Raum, der als Vorhalle diente, waren in der Achse und auf beiden Seiten die Zugänge zu kleineren Grabkammern. Erinnern wir uns der oben erwähnten Cassone-Gräber, haben wir ihren Typus hier in größeren Ausmaßen. Vielleicht, die Architektur des Vorraumes legt den Gedanken nahe, wurden in ihm rituelle Totenfeiern abgehalten.

Tomba d'Iside. Etwa 2 km südlich der Tomba François, in der südlichsten Nekropole Poledrara, befindet sich die 1839 geöffnete Tomba d'Iside (7. Jh. v. Chr.). Sie besteht aus einem Vorraum und drei Kammern. Nicht um sie zu besuchen, sondern allein wegen ihrer berühmten ägyptischen und orientalisierenden Beigaben sei sie hier erwähnt. Außer einem Skarabäus mit dem Monogramm des ägyptischen Königs Psammatich (631–610 v. Chr.) enthielt sie die Seltenheit einer in Bronzeblech getriebenen, weiblichen Figur mit einem Vogel in der rechten Hand (600 v. Chr., im Britischen Museum, London). Die vorgriechische Technik der Bronzebearbeitung weist nach Kreta. Mit gravierten und bemalten Straußeneiern ist sie wohl durch den phönizischen Handel nach Vulci gekommen.

Von den Villanova-Nekropolen mit ihren Brandgräbern (Pozzi) ist auch hier nichts mehr zu sehen. Wurden sie doch gegen Ende des 19. Jh. durchsucht und verschüttet.

Der Guida wird uns noch zu einzelnen Gräbern, die wir erwähnten, führen. Er kann über sie nach den ausgezeichneten Instruktionen der Soprintendenza mancherlei

Wissenswertes mitteilen. Nach der ausgiebigen Wanderung zu den Gräbern kehren wir zum Castello zurück. Über die Betonbrücke kommen wir auf die rechte Seite der Fiora, in den Weg unserer Herfahrt von Montalto di Castro. Wir schwenken etwa einen halben Kilometer weiter in den fahrbaren Feldweg links ein. Er führt parallel zum Flußbett der Fiora direkt nach Süden zu den Ausgrabungen im Gebiet der etruskischen Stadt. Man stelle sich dabei nicht ein Pompeji vor. Die Ausgrabungen wurden mit der Freilegung der Verbindungsstraße der Stadt mit ihren Nekropolen jenseits der Fiora begonnen. Etwa nach einem halben Kilometer Fahrt auf dem Feldweg sehen wir rechts die Casale dell'Osteria. Isoliert steht sie in einer Nekropole. Etwas weiter, immer nach Süden, an einer vereinzelten römischen Ziegelruine vorbei, gelangen wir zu einer Abzweigung links, nach Osten. Es ist die Stelle des ehemaligen West-Tores der Stadt, der Straße (›Decumanus‹), welche sie mit den linksufrigen Nekropolen verband. Zu Fuß gehen wir auf ihr eine Viertelstunde weiter, kommen zu den neueren Ausgrabungen der Soprintendenza, sehen die freigelegte, gepflasterte römische Straße und eine Abzweigung, die zur Porta Nord führt. Freizulegen ist noch der Weg zur etruskischen Akropolis. Tempelmodelle, viele Kindervotive in Terrakotta, Fundamentreste von Toren, Tempeln und Thermen wurden hier gefunden. In einem Villanova-Pozzo entdeckte man die sehr schöne sardinische Bronzestatuette eines adorierenden Kriegers (Villa Giulia).

Durch das südlich von Vulci liegende Gebiet mit seinen Nekropolen (Pian di Maggio, Guinza Grande, Campo Scala) fahren wir nach Montalto di Castro zurück. Keine Hügelgräber wie in Populonia oder Cerveteri, keine weithin sichtbaren Monumente wie in den Felsen-Nekropolen erheben sich über dem Boden des etruskischen Vulci. Es ist die große Zahl der Totenkammern in der Erde, und es sind die in alle wichtigen Museen und Sammlungen der Welt zerstreuten Kunstwerke aus den Gräbern, die uns von seiner Größe und Bedeutung Kunde geben. In archaischer Zeit war Vulci ein berühmtes Zentrum der Bronzeindustrie. Seine gegossenen Dreifüße, Kandelaber, Räucherständer mit figürlichem Schmuck, die Statuetten und Treibarbeiten in Bronzeblech sind heute noch begehrte Sammelobjekte (Abb. 46).

Mit Recht hebt Luisa Banti hervor, daß auch die keramischen Werkstätten von Vulci eine zentrale Bedeutung hatten. Waren sie doch in der Zeit der Blüte der Stadt (6.–5. Jh. v. Chr.) ein Mittelpunkt dieser Produktion in Etrurien. Im 5. Jh. bestand in der Stadt sogar eine Art Schule des Micali-Malers für schwarzfigurige Vasen, die freilich den früheren Steinskulpturen und Werken in Bronze nicht gleichzusetzen sind.

Unserem summarischen Bericht über das große Vulci sei noch ein Wort über seinen politischen Niedergang angefügt. Weite Gebiete, den Küstenstreifen von Montalto di Castro bis Talamone, im Landesinnern Canino, Ischia di Castro, Castro, Pitigliano, Sovana, Saturnia, Poggio Buco, Magliano u. a., mußte die Stadt nach dem Krieg 280 v. Chr. an Rom abtreten. Der restliche Staat blieb wohl autonom, wurde aber verpflichtet, mit Rom ein Bündnis abzuschließen. Wie schon bemerkt, erhielt Vulci nach 87 v. Chr. das Munizipalstatut.

Von Montalto di Castro fahren wir auf kürzestem Wege – über Tuscania – nach Viterbo (49 km). Von der Via Aurelia schwenken wir in die Straße Nr. 312 nach Canino ein. Schon nach 2 km zweigen wir rechts in die Straße nach Tuscania ab, überqueren den Arrone und sind in 20 Minuten an den alten Tuffmauern von Tuscania.

Tuscania (Tuscana. Seit dem Mittelalter bis 1911 Toscanella). Von unserem Standort vor der Stadtmauer zweigen rechtwinklig, ein kurzes Stück parallel, zwei Straßen nach Süden ab. Die eine führt auf dem Plateau zum Kirchlein Madonna dell'Olivo (1500 m weit), in dessen Nähe sich die bekannte Tomba della Regina und weitere, kürzlich entdeckte Gräber befinden, die zweite, eine breite Regionalstraße, führt nach Viterbo. Am Fuße des Stadthügels kommen wir zur Abzweigung zu den beiden großartigen romanischen Basiliken S. Maria Maggiore und S. Pietro sowie zum Museum (Abb. 49).

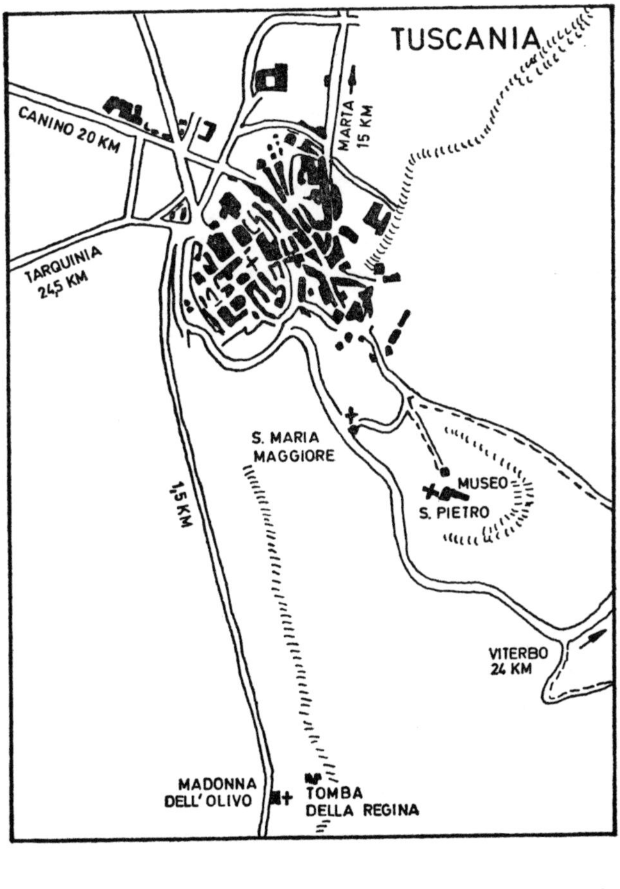

Wegekarte der Umgebung von Tuscania

Zunächst suchen wir die Gräber auf. Vom Kirchlein Madonna dell'Olivo am Plateaurand (Taschenlampe mitnehmen!) steigen wir den östlichen Hang etwa 150 m hinunter zur *Tomba della Regina.* Fußstapfen zeigen ab und zu die Richtung an. Die höhlenartige Öffnung des Einganges zum Grab und der bis vor kurzem etwas schwierige, steile Abstieg zu den Totenkammern im Erdinnern, ist durch Verbesserungen heute leicht geworden. Die Tomba della Regina, nach lokaler Tradition ›Grotta‹ oder ›Labirinto‹ genannt, ist ein gestützter, zentraler Raum, von dem in alle Richtungen *26 cunicoli* (unterirdische Gänge) ausgehen.

Systematische Grabungen im Bereich des Tuffbandes der Tomba della Regina führten zur Entdeckung einer Serie von Gräbern. Unter ihnen, 1967, die Anlage der Familie Curunas mit zwölf ausgezeichnet erhaltenen Steinsarkophagen. Auf ihren Deckeln liegen in der bekannten Lässigkeit plastische Grabfiguren. Die Wände der Sarkophage sind z. T. mit schönen Reliefs geschmückt (Ende 4. – Anfang 3. Jh. v. Chr.). Vergleicht man sie mit den besten Steinsarkophagen in Tarquinia, ist eine gewisse provinzielle Haltung nicht zu übersehen. Acht von diesen Sarkophagen sind im Erdgeschoß des Museums von Tuscania, im alten Palazzo Episcopale (neben S. Pietro), ausgestellt (Abb. 50).

Unter dem Sarkophag, in der Mitte der Grabanlage Curunas, stießen die Ausgräber seltsamerweise im Kies auf einen Hort von Bronzen: Kessel, Platten, Vasen, Helm- und Fußbeschläge für Möbel. Der Fund ist ebenfalls im Museum zu sehen.

Ein weiteres bedeutendes Grab mit zehn Sarkophagen wurde 1970 freigelegt. Nach den sehr eindrücklich skulptierten Deckelfiguren wird es ins 6. Jh. v. Chr. datiert. Diese Zuweisung ist insofern von erheblicher Bedeutung, als bisher das etruskische Tuscania für eine sehr späte Gründung (4.–3. Jh. v. Chr.) gehalten wurde.

Aus den Kammergräbern der Umgebung von Tuscania (u. a. Località Castelluzza Peschiera, 3 km an der Straße nach Marta) kamen eine Menge Buccheri, Vasen, Tonsarkophage und Bronzen in die Museen. Auch der schon erwähnte, prachtvolle Grablöwe (aus dem Val Vidone) im Museum von Florenz und die viel diskutierten Zahlenwürfel (im Cabinet des Médailles et Antiques) stammen aus diesen Nekropolen. An den Flächen der Würfel sind sechs Zahlen in kurzen etruskischen Worten angegeben. Ihre Reihenfolge kennt man nicht, d. h., man weiß nicht, welches die Zahl eins oder sechs ist.

Viele bedeutendere Städte als Tuscania sind schon zur Zeit der Etrusker untergegangen. Tuscania lebte in einem unverfälscht mittelalterlichen Rahmen mit seinen einzigartigen romanischen Basiliken, S. Pietro und S. Maria Maggiore, weiter. Am eindrücklichen frühromanischen Fassadenwerk von S. Pietro sind seltsam anmutende Beziehungen zur Kunst der Etrusker zu sehen (Abb. 51). Frontal, in voller Größe treten zwei Stiere aus der Fassade mit Köpfen wie in der Tomba dei Rilievi in Cerveteri oder der Tomba dei Tori in Vulci. Beidseits der großen Rose stürzen etruskischen Fabelwesen ähnliche Drachen herab, und rechts neben dem Stier befindet sich ein dreigesichtiger Dämon mit aufflammenden Haaren und einer Schlange in den Armen. Neben dem Stier links wurde ein etruskisches Original, das Relief eines Tänzers, eingelassen. Näher sind wir hier den Etruskern als den Propheten und Heiligen an gotischen Domfassaden. Kaum überraschend ist es deshalb, auf der Spitalmauer und auf der Brüstung des Platzes davor späte liegende Figuren von etruskischen Steinsarkophagen anzutreffen.

Unterhalb des Hügels von S. Pietro liegt S. Maria Maggiore, die zweite großartige Basilika. Außer ihren bedeutenden romanischen Skulpturen macht das monumentale Fresko der Apsis, eine frühe Darstellung des Jüngsten Gerichtes, einen starken Eindruck. Überhaupt scheint sich in Tuscania die Liebe zur Malerei bis in das 14. und 15. Jh. fortgesetzt zu haben. Erstaunlich viele meisterliche Werke sind in den Kirchen dieser Kleinstadt. Im Dom (Andrea di Bartolo 1389–1428), in S. Agostino und in S. Lorenzo (Balletta 1430–1476), um nur diese Künstler zu erwähnen. Ihre Tafeln gehören zur hervorragenden Malerei der Zeit und des Landes.

Diese notizenhaften Eindrücke vom unversehrten Tuscania glaubte ich einflechten zu sollen. Am 6. Februar 1971, abends, erlitt die Stadt durch ein Erdbeben unersetzliche Verluste und empfindlichste Schäden. Die auch für Italien einzigartige Basilika San Pietro (7.–12. Jh.) hat die Apsis mit dem byzantinisch-romanischen Fresko (um 1100) verloren. Über dem Ciborium des Hochaltars sieht man durch die eingebrochene Halbkuppel des Chores ins Freie. An der zweiten Basilika, Santa Maria Maggiore, hat sich die Fassade von der Mauer gelöst, und das Fresko – eine frühe Darstellung des Jüngsten Gerichtes (14. Jh.) – erlitt schwere Schäden.

In den Straßen und Gassen sind verfallene Brunnen, verstellen Balken und Stützen die Hauswände, das originale Bild der mittelalterlichen Stadt verändernd. Die Mauern des Museums im alten Bischofspalast scheinen der Erschütterung widerstanden zu haben. Der Innenausbau aber mit den Vitrinen ist eingestürzt. Einzig das kellerartige Erdgeschoß mit den vielen Sarkophagen ist erhalten geblieben. Und auch die Einwohner der Stadt hatten ihre Opfer zu bringen: 25 Tote, 104 Verwundete und 4000 Obdachlose.

Durch kühle, dichte Wälder fahrend, im Wechsel mit Äckern und Weiden, nähern wir uns Viterbo, am Fuße der Monti Cimini, unserem Standort für einige Tage.

12. Route

Viterbo (Stadt) – Castel d'Asso – Norchia – Viterbo (61 km)

Der Besprechung dieser Route seien einige Ausführungen über die Provinzhauptstadt Viterbo vorangestellt, von der aus wir die Exkursionen in die Nekropolen der Region unternehmen. Bei ungünstigem Wetter oder auch nur, um die täglichen Autofahrten zu unterbrechen, ist ein Gang durch die Stadt der Päpste und der Romanik, die einst Mittelpunkt der Weltgeschichte war, faszinierend und, wenn wir auf die Stimme der alten Tuffmauern hören, auch von lebendigem Interesse.

Viterbo. Obwohl sicher etruskischen Ursprungs, war die Stadt selber nie ein Zentrum dieses Volkes. Wenige Funde auf dem Domhügel bezeugen lediglich die Anwesenheit der Etrusker auf heutigem Stadtboden. Es heißt auch, das schöne Bucchero-Hähnchen im Metropolitan-Museum von New York mit dem sogenannten etruskischen Alphabet von Viterbo, einem der ältesten (Ende 7. – Anfang 6. Jh. v. Chr.), stamme aus Viterbo. Kleinere Nekropolen, Grotten und Gräber liegen in der nahen Umgebung der Stadt. Die Funde, die für eine gewisse Dichte der Besiedelung der Zone sprechen, sind im Museo Civico, das zu besuchen angelegentlichst empfohlen sei.

Unter den wundersamen Kleinstädten Italiens, die alle ein bedeutsames Kunstwerk oder eine ruhmreiche Stätte geschichtlichen Geschehens aufzuweisen haben, in denen das Leben seit dem mittelalterlichen Feudalismus bis zum Motorenlärm und den spiegelnden Bars unserer Tage ununterbrochen pulsierte, ist Viterbo eine der charakteristischsten. Die im 11.–13. Jh. erbauten Stadtmauern umgrenzen immer noch das Weichbild der alten Stadt. In ihrem Ring drängen sich immer noch die Kirchen, Paläste, Wohnbauten, Handwerksbuden und geschickt modernisierten Kaufläden. Wo gibt es ein Quartier wie S. Pellegrino, dessen Häuser über romanischen Gewölben aus dem 13.–14. Jh. heute wie je bewohnt sind und wo kein Mensch daran denkt, aus ihnen eine museale Sehenswürdigkeit zu machen?

Die alten Stadtplaner haben die dichte Bebauung großartig aufgelockert. Aussparungen von kleineren und größeren Plätzen mit schönen Brunnen sind über die ganze Stadt verteilt. Gedrungene romanische oder spätere schlankhohe Türme stechen wie orientierende Akzente aus dem Häusergewirr. Die modernen Bebauungszonen wurden außerhalb der alten Stadt angelegt. Wie aber konnte sich das Stadtbild des 14.–16. Jh. intakt in unsere Zeit hinüberretten? Zunächst dank einer klugen, natürlichen Denkmalpflege, deren Ziel nicht in einer äußerlichen Imitation des Alten, Vorhergewesenen bestand. Die schweren Bombardierungsschäden des letzten Weltkrieges wurden unter Beiziehung neuer technischer Mittel behoben. Aber auch der internationale Tourismus – gewiß nicht absichtlich – leistet seinen Beitrag zur Erhaltung des alten Stadtbildes, indem er Viterbo umfährt. Es gibt hier keine Luxushotels, keine Nachtlokale, die von Reiseagenturen angepriesen werden können. Nur veraltete, in die Provinz verirrte Filme sind zu sehen. Dafür gibt es die vergnügliche Schau des allabendlichen ›Corso‹ (in der Hauptstraße Corso Italia) mit jungen Frauen, die vom Sprichwort zusammen mit den schönsten Brunnen der Stadt genannt werden.

Im 13. Jh. war Viterbo die Residenz von mehreren Päpsten. Durch ein Konzil und eine Anzahl oft turbulenter Papstwahlen wurde es in der ganzen mittelalterlichen Welt bekannt. Vernehmlich erinnern der unscheinbare Palazzo Papale, der große Konklave-Saal – vier Päpste wurden in ihm gewählt –, die grazile Loggia (1267) und

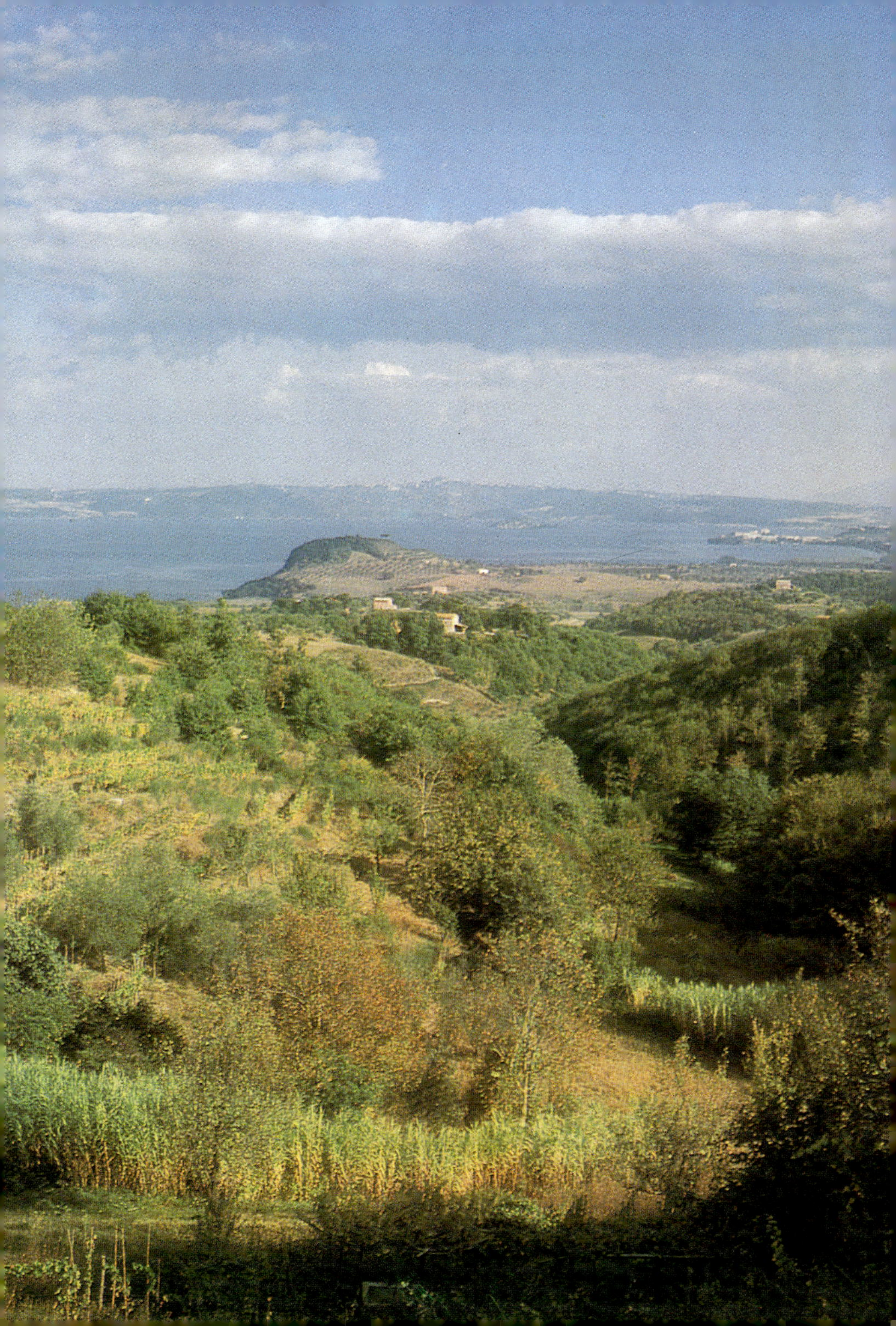

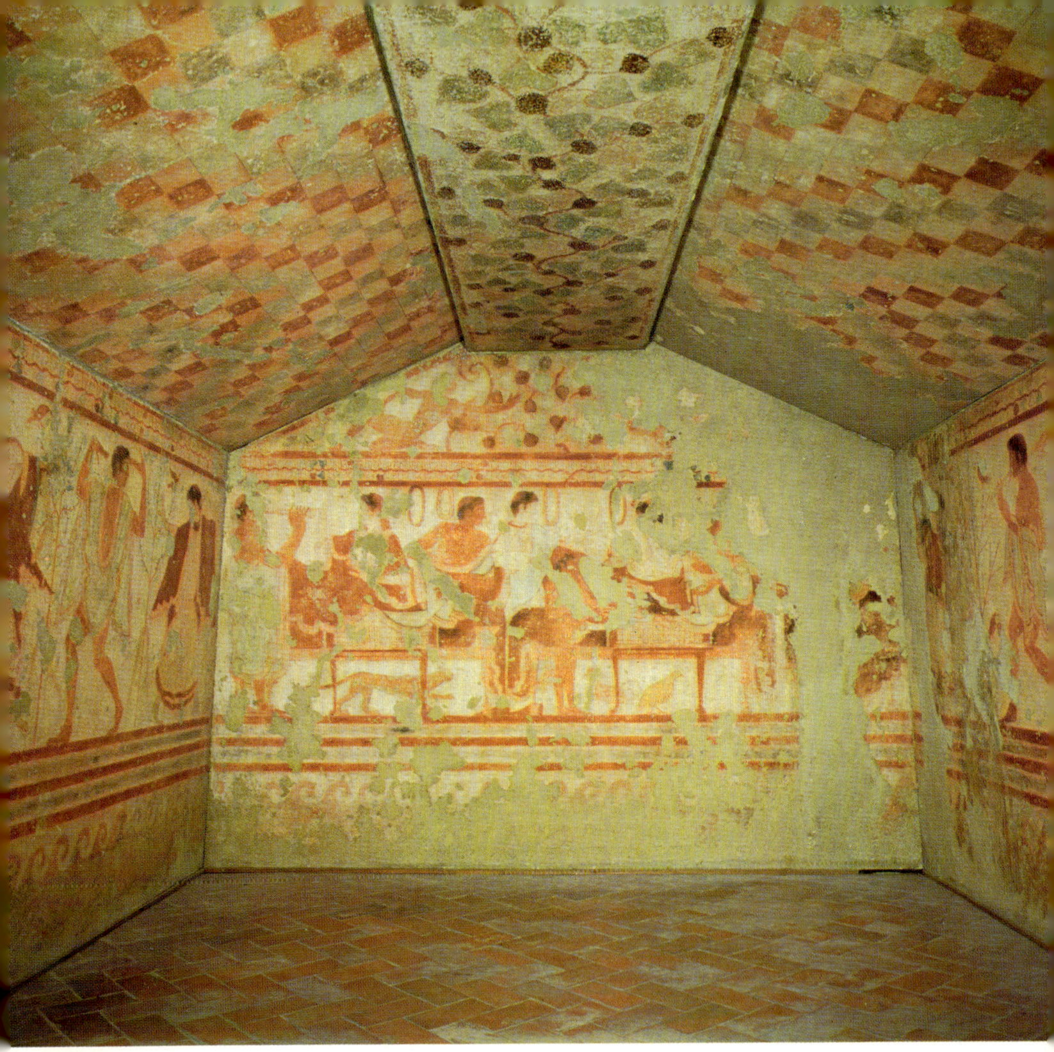

II Blick in die Tomba del Triclinio, um 470 v. Chr. Museum Tarquinia

III Tanzendes Paar über Delphinen, aus der Tomba delle Leonesse, um 470 v. Chr. Museum Tarquini

IV Terrakotta-Kopf des Hermes, Firstschmuck vom Heiligtum von Portonaccio, Veji. Ende 6. Jh. v. Ch
Villa Giulia, Rom

▷▷

◁

I Bolsena-See. Die bewaldete Kuppe in der Mitte des Bildes ist der Hügel von Bisenzio, jenseits des Sees die Hüg
von Bolsena

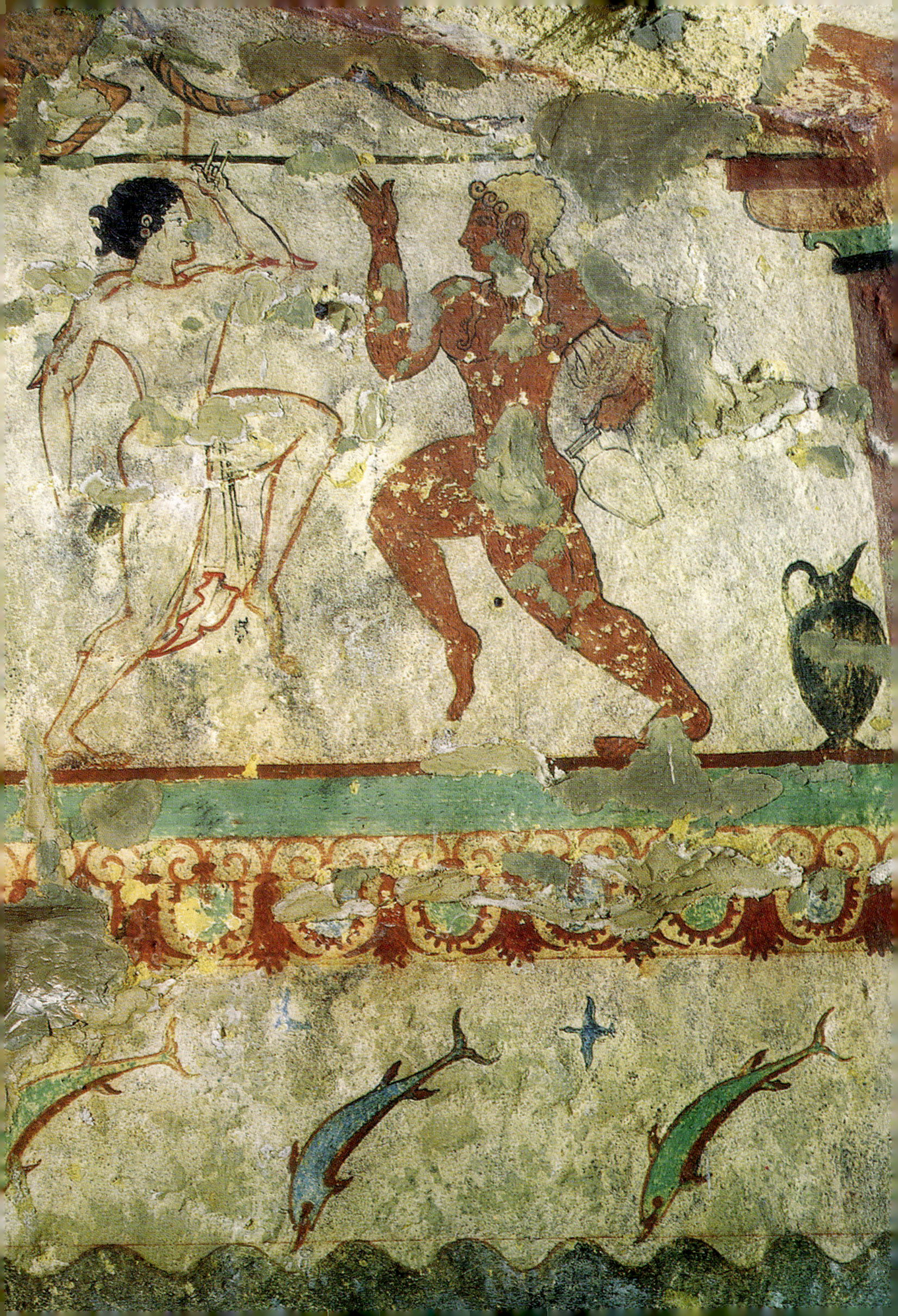

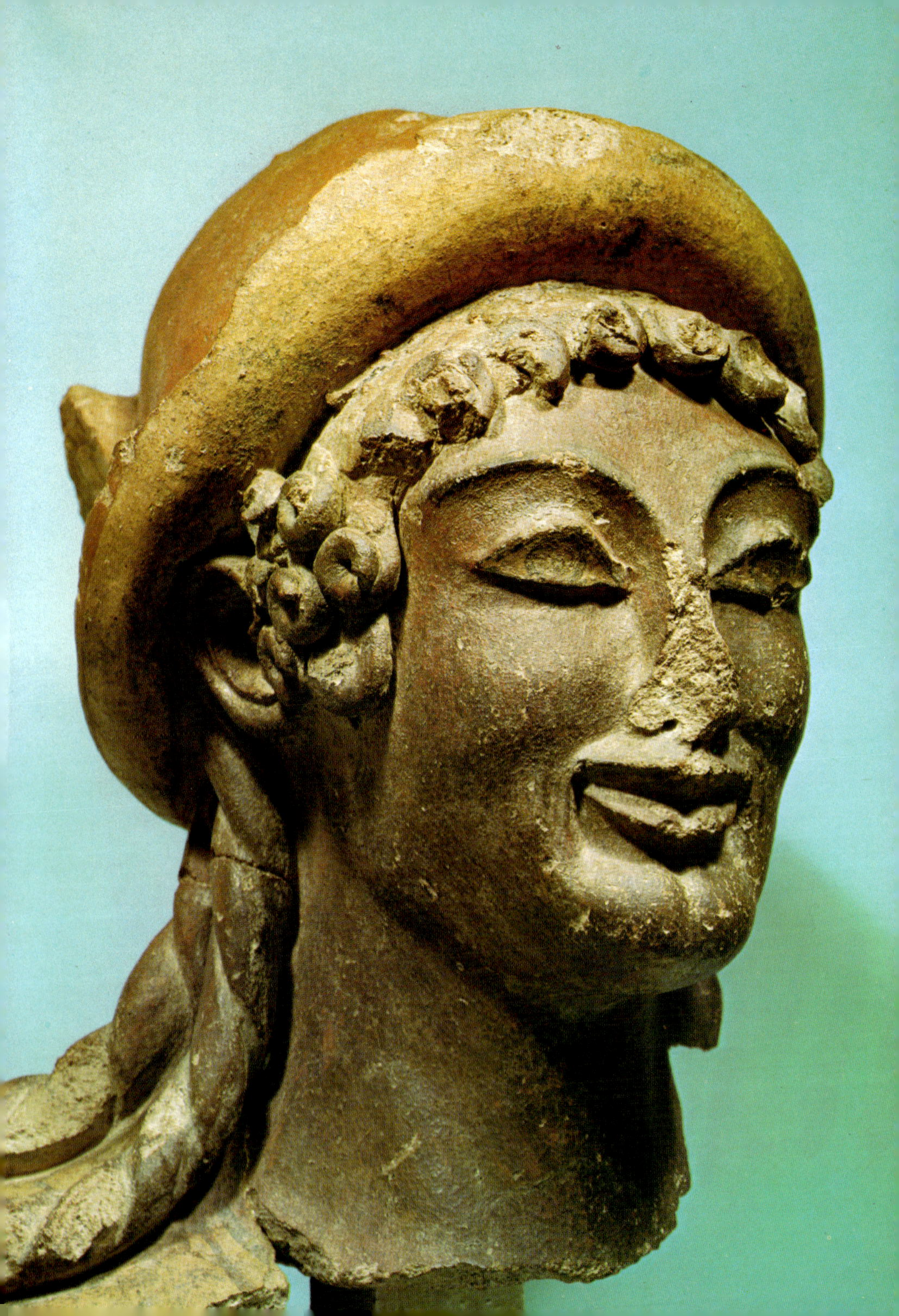

der Dom an der Piazza S. Lorenzo daran. Nach dem Tode des Franzosen Clemens IV. (1265–1268), der die Stadt nie verlassen hatte, kam es zur längsten Sedisvakanz in der Papstgeschichte. Erst drei Jahre nach seinem Tode und erst, nachdem die Viterbesen die achtzehn Kardinäle, die nicht einig wurden, eingesperrt hatten – durch eine Öffnung im Dach ließen sie ihnen gekürzte Rationen von Lebensmitteln zukommen –, wurde 1271 Gregor X. zum Papst gewählt. Stürmisch war die Wahl von Martin IV. im Dom (1281–1285). Die Viterbesen drangen in das Konklave ein und arrestierten zwei Kardinäle. Sie wurden exkommuniziert. Die Päpste mieden 86 Jahre lang die Stadt. Der geschichtliche Niedergang Viterbos war eingetreten.

Vom Domplatz (Piazza S. Lorenzo) aus treten wir einen Rundgang durch die Stadt an. Mit wenigen Ausnahmen beschränken wir uns auf eine kurze Angabe der Sehenswürdigkeiten und Straßen. Durch die Via S. Lorenzo gehen wir vom Domplatz zur reizvollen kleinen Piazza della Morte mit einem der vielen alten Brunnen Viterbos in ihrer Mitte. Wir benützen die Via S. Pellegrino, die in das bereits erwähnte mittelalterliche Quartier S. Pellegrino führt, wo wir durch die Via del Cardinale La Fontaine zur Piazza S. Maria Nuova kommen. Es befindet sich dort S. Maria Nuova, eine der interessantesten romanischen Kirchen der Stadt (12. Jh.) mit hervorragenden Malereien. Von ihrer Außenkanzel predigte 1266 Thomas von Aquin dem Volk.

Ein schmales Sträßchen führt zum nahen Platz Il Gesù an der Via S. Lorenzo (Abb. 52). Die einfache Fassade der kleinen Kirche (11. Jh.), auf deren Dachschrägen Tiere wie auf dem Rand eines etruskischen Beckens sitzen, der gedrungene Turm ›Borgognone‹ und alte Häuser mit Freitreppen bilden die Szenerie, in der sich vormittags das laute, bunte Getümmel des Marktes abspielt. Am 14. März 1272 traten Guido und Simone jun., die Söhne des Simone Monteforte von Viterbo, in die Kirche, um ihren Vater zu rächen. Er war auf Veranlassung der königlichen Familie von England ermordet worden. Heinrich von Cornwall, ein Vetter von König Eduard I., war auf der Rückreise von einem Kreuzzug in der Kirche. Während der Messe wurde er vom jungen Monteforte erdolcht. In einer goldenen Schale wurde das Herz Heinrichs an der Themse in London zur Verehrung aufgestellt. »... Vor Gottes Angesicht durchbohrt' er das Herz, das an der Themse man verehrt.« (Dante, Inf. XII, 118–120).

Wir begeben uns auf den nahen, weiten Platz del Plebiscito mit den nüchternen Fassaden des Palazzo Comunale und der Prefettura; das Gebäude mit hohem, schmalem Turm in der Platzecke war der Palazzo des Podestà. Hinter dem offenen Durchgang in der Mitte des Palazzo Comunale befindet sich eine reizvolle, kleine Terrasse mit Fragmenten von verwitterten etruskischen Sarkophagen. Über den Fosso hat man einen schönen Blick auf das gegenüberliegende Plateau mit der Kuppelarchitektur der SS. Trinità. Auf den lapidaren Innentreppen des Palastes sind bemerkenswerte etruskische Steinsarkophage mit sehr schönen liegenden Figuren auf dem Deckel und mit ornamental gestalteten Seitenreliefs aufgestellt.

Im näheren Umkreis haben wir in der Via Saffi die bekannte Casa Poscia mit breiter Freitreppe, eines der schönsten alten Häuser der Stadt (14. Jh.). Am Ende der Via Cavour, auf der Piazza Fontana Grande, treffen wir das Schaustück der Stadt, ihren größten und ältesten Brunnen. Mit wenigen Schritten sind wir bei der Porta Romana, neben der sich die vorbildlich renovierte romanische Kirche S. Sisto befindet (9.–12. Jh.).

In der nördlichen Zone der Stadt, bei der repräsentativen Porta Fiorentina in der Ringmauer, breitet sich der größte Platz der Stadt aus, die Piazza della Rocca. An ihr liegt das wuchtige Schloß ›La Rocca‹, an dem vier Päpste, 1354 bis 1534, gebaut haben. Unweit der Piazza liegt die sympathische romanische Basilika S. Francesco (1236). Sie hat 1944 empfindliche Bombenschäden erlitten. Auch sie sind mit Geschick und feinem Empfinden behoben worden. Die Päpste Clemens IV. († 1268) und Hadrian V. († 1276) sind hier beigesetzt. Ihre Grabmäler wirken, wenn man an spätere denkt, eher bescheiden.

Museo Civico. Es befindet sich außerhalb der Stadtmauer, gegenüber der unscheinbaren Porta della Verità, neben der Kirche S. Maria della Verità.

Erst nach dem letzten Weltkrieg kamen die städtischen Sammlungen – die archäologische Abteilung befindet sich im Erdgeschoß – in den zweckmäßig eingerichteten Räumen und dem lichten, schönen Kreuzgang des ehemaligen Klosters zur Ausstellung. Vorher waren sie in der anstoßenden Kirche magaziniert. Der kleine Führer, der eine zuverlässige Beschreibung der Werke mit Angabe ihrer Herkunft (von G. Foti) enthält, ist empfehlenswert. Foti ist auch die instruktive, chronologische Anordnung der Sammlung und ihre geschmackvolle Aufstellung zu verdanken. Uns interessieren die Vitrinen mit den charakteristischen Werken der etruskischen Frühkultur besonders.

Im gedämpften Licht unter den Gewölben des quadratischen Kreuzganges (13.–14. Jh.) dämmern etwa zwanzig späte Steinsarkophage (3.–1. Jh. v. Chr.) mit den bekannten liegenden Deckelfiguren. Sie stammen aus Gräbern der Umgebung Viterbos, Musarna, Norchia, Férento u. a. Da und dort stehen Cippi, Grablöwen, Inschriften u. a. Den Grablöwen mit abgebrochenem Kopf beim Eingang, eine ausgesprochen plastisch empfundene Tierfigur, hatte ich vor Jahren noch in Blera neben Reben im Felde gesehen.

Vom Kreuzgang kommt man zum Kernstück der etruskischen Abteilung im langen, sehr schönen Saal I, wohl das Refektorium des einstigen Klosters. Zwei Reihen von Vitrinen auf Steinsockeln in Augenhöhe erlauben eine allseitige Betrachtung der ausgestellten Gegenstände. Es sind vor allem die interessanten Funde, welche die Ausgrabungen der Jahre 1929–1931 in Bisenzio (Visentium) am Bolsena-See erbrachten, welche das Museum über die Ebene des Provinziellen hinausheben. Die Funde stammen aus Pozzo- und Fossagräbern des 8.–7. Jh. v. Chr. Besondere Beachtung verdienen die großen Impastogefäße und auch die Bronzen. Die weitere Entwicklung in Etrurien ist mit ausgesuchten Buccheri, bemalten etruskischen und faliskischen Vasen und mit späten Terrakotta-Sarkophagen vertreten. Kaum anderswo wird man in solcher Konzentration und charakteristischer Auswahl den Übergang von der Villanova-Kultur in die etruskische Welt vor Augen haben.

Im Obergeschoß des Museums befindet sich die Pinakothek. Die populäre, großformatige Pietà von Sebastiano del Piombo (1485–1547) ist der Ruhm der Abteilung.

Der viel zu wenig bekannte Maler Lorenzo da Viterbo (1437 [?]–1476) und seine großartigen Fresken in der Kapelle Mazzatosta der Kirche S. Maria della Verità neben dem Museum dürfen nicht übergangen werden. Es sind Meisterwerke der italienischen Malerei des 15. Jh. Wie seine ruhmreichen Kollegen Benozzo Gozzoli und Ghirlandajo stellte er in den Figuren seiner Kompositionen – besonders greifbar im Fresko *Sposalizio* – Menschen seiner Zeit, den Stifter Nardo Mazzatosta, den Chronisten della Tuccia und, wie man glaubt, sich selber dar. Aber nicht darin liegt seine schöpferische Kraft. Verglichen mit den Ruhmreichen seiner Zeit, spricht uns seine frische Herbheit, sein souveräner Verzicht auf farbige Raffiniertheiten unmittelbar an.

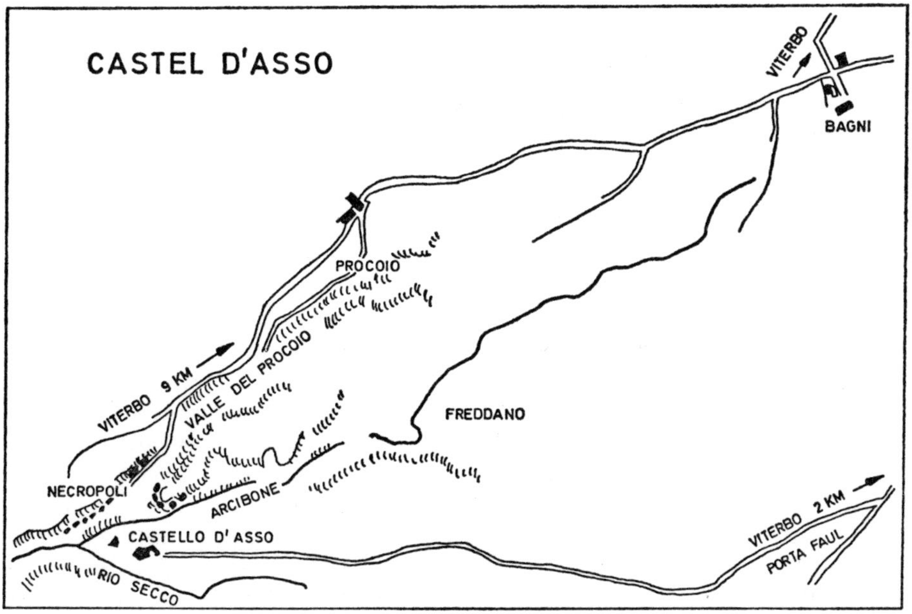

Wegekarte der Nekropole Castel d'Asso

Castel d'Asso. Zwei Wege führen zur Nekropole, der eine, den ich vorschlage, wird heute meist benützt. Es ist der fahrbare Feldweg, der bei den Bagni (Thermen) beginnt. Er führt bis zu den Fassaden der Felsengräber.

Für den zweiten Weg verlassen wir die Stadt im Süden durch die Porta del Carmine. Die Landschaft, durch die der Weg zum *Castello* führt, ist wunderbar. Die Schloßruine liegt auf der Plateauhöhe über dem Zusammenfluß zweier Bäche, gegenüber der Nekropole. Den Wagen lassen wir bei der Ruine zurück und steigen über den kümmerlichen Fußweg, der mit bloßen Stapfen abwechselt, in den Fosso hinab, wo der Bach zu überqueren ist, da die Gräber, die im Blickfeld sind, jenseits von ihm liegen.

Wir schlagen vor, von der Porta Fiorentina in die Straße nach Tuscania zu fahren. Nach 3 km (Wegweiser) schwenken wir links zu den Bagni ab. Einer Kaserne entlang kommen wir am Ende des Gebäudes links auf einen grau-weißlichen harten Boden mit Wegspuren, auf denen man ohne Schwierigkeit mit dem Wagen zur Thermalquelle Bulicame kommt, wo die Stadt im Mittelalter ihre Sünderinnen (Dirnen) ansiedelte. Dante schildert in seinen Gesängen den Quellkrater (Inf. XIV, 79–81):

Quale del Bulicame esce il ruscello,
Che parton poi tra lor le peccatrici,
Tal per la rena giù sen giva quello.

Wie aus dem Bulicame ein Bächlein fließt,
das unter sich die Sünderinnen teilen,
so strömt dieses durch den Sand dahin.
(Deutsch von Wartburg)

Eine schweflige Luft liegt über dem Weg zur Quelle, neben der eine Stele mit Dantes Versen steht. Der Krater hat einen Durchmesser von 6–8 m. Sein Rand ist von Schwefel überkrustet. Das hervorquellende Wasser, in dem Bäuerinnen ihre Eier kochen, hat eine Wärme bis zu 65°. Viele heiße Quellen gibt es in der nahen Umgebung. Sie füllen mit ihrem Heilwasser das große, von hohen Bäumen umsäumte Schwimmbad der Badeanstalt. Vor dem Eingang rechts (gelber Wegweiser) ist in der dichten Laubwand eine Öffnung: der Weg zur Felsennekropole *Castel d'Asso*. Ein weites, welliges Plateau tut sich auf. Sein Rand am Fosso links wird durch dunkles Gebüsch und hellgraues Gestein begrenzt. Auf halber Strecke begegnen wir rechts einer bäuerlichen kleinen Osteria mit Steintischen vor dem Haus. Am Ende der weiteren Weghälfte liegt links ein Gehöft, an dem vorbei wir dem Fosso zu fahren. Die auftauchende Ruine des Castello auf dem Plateau jenseits des Grabens gibt die Richtung an. Zwischen Tuff und Stauden geht es abwärts zu einer Lichtung in der Talsohle des Rio Secco. Wir befinden uns mitten in der Nekropole. Ein hohes, bis an den Rand des Plateaus reichendes Tuffband mit Halbwürfel- und Fassadengräbern zieht sich westwärts in die Länge. Aus chaotischen Abstürzen und wilder Vegetation ragen die monumentalen Grabmäler mit dem großen Symbol eines skulptierten Türrahmens, ab und zu mit Inschriften an ihrer Front, auf (Abb. 53). ›Porta dorica‹ hat Vitruv diese symbolhafte Türe genannt. Treffender wird sie heute als ›Porta finta‹ (Scheintür) bezeichnet. Ihnen gegenüber wälzt sich, wie ein urzeitliches Ungetüm, zwischen zwei Gräben ein Tuffrücken vor. An seinen Wänden sind die Reliefkonturen der ›Porta finta‹, in der auch das Symbol des Durchganges ins Jenseits, in das Reich der Toten, gesehen wird, besonders schön erhalten.

Es mag einem widersprüchlich erscheinen, die Besuche der Felsennekropolen ausgerechnet mit einer der späten zu beginnen. Es ist jedoch nicht möglich, die topographische Lage der Nekropole mit ihrer Chronologie unter einen Hut zu bringen. Für unsere Belange ist es auch nicht von entscheidender Bedeutung.

Ein durch die Nekropole wandernder italienischer Priester fragte nach dem Sinn, der Bedeutung der ihm fremdartigen Grabmäler. Eine Frage, die sich bei allem Wissen um die Etrusker und ihre Religion auf ihren Friedhöfen immer wieder stellt und letztlich nicht eindeutig beantwortet werden kann. Allein das eindrückliche Symbol der ›Porta dorica‹, das auch auf Cippi und in der Grabmalerei vorkommt (Tomba degli Auguri, Tarquinia), war für die Etrusker sicherlich nicht nur ein dekorativ schmückendes Element. Offensichtlich hatte es einen jenseitigen Sinn. Irgendwo im ›Uli der Knecht‹ sagt Jeremias Gotthelf: »... Da geht man auch so einem Tor entgegen und weiß nicht, was dahinter ist, und dahinter kann Seligkeit sein oder die Hölle. Und wenn man schon mehr oder minder glaubt, es sei die Hölle oder die Seligkeit, die einem wartet, so weiß man doch nicht, wie die Seligkeit ist und wie die Hölle ist, und beide sind sicher viel anders, als man glaubt ...«.

Daß das Tor auch für die Etrusker – wie für andere alte Völker – einen entscheidenden Durchgang, Übergang bedeutete, ist wohl anzunehmen. Welch weitere Vorstellungen sie damit verbanden, ist mit Sicherheit kaum zu ergründen. Die Forschung hält sich deshalb an greifbarere Gegebenheiten, etwa an die geologischen Voraussetzungen der Felsengräber, ihre regionale Verbreitung (Gebiet südwestlich von Viterbo), ihre Typen und ihre Chronologie.

Die Felsengräber. In einer malerischen, vom Tourismus heute noch unberührten Landschaft, in der das Wasser in verwirrenden Verästelungen tiefe Schluchten und enge Täler in den Tuff geschnitten hat, in der die goldbraunen Felswände um die Hochflächen der Ortschaften und die Abhänge der Hügel zum Aushauen von Nischen und Kammern einluden, entstanden die Felsengräber und ihr hauptsächlicher Typus, das Würfelgrab.

Man weiß, daß die Felsengräber bis in das Ende der Bronzezeit zurückreichen und daß die Blütezeit der monumentalen Fassaden der auf weite Sicht konzipierten Grabwürfel in die Zeit um 500 v. Chr. fällt. Sie wurden in der Spätzeit wieder vereinzelt aufgegriffen. Nach diesen wenigen allgemeinen Bemerkungen zu den Felsengräbern sehen wir uns in Castel d'Asso noch etwas näher um. Vor den mächtigen Denkmälern mit dem Symbol der ›Porta finta‹ auf der Fassadenfläche ist es seltsam, zu erfahren, daß man Castel d'Asso erst 1818 entdeckte. Aber auch die andern Felsennekropolen im Gebiet von Viterbo wurden erst spät, im Anfang des 19. Jh., bemerkt. Castel d'Asso mit seinen etwa dreißig Gräbern ist die kleinste von ihnen. Sie hat einen intimen, einheitlichen Charakter. Nach der Architektur ihrer Gräber und den wenigen Funden wurde sie in der Spätzeit (4.–3. Jh. v. Chr., vielleicht noch später) angelegt.

Charakteristisch für die Gräber in Castel d'Asso ist der Typus der ›tomba a sottofacciata‹, d. h., die Totenkammer ist nicht im, sondern *unter* dem mächtigen Grabmal

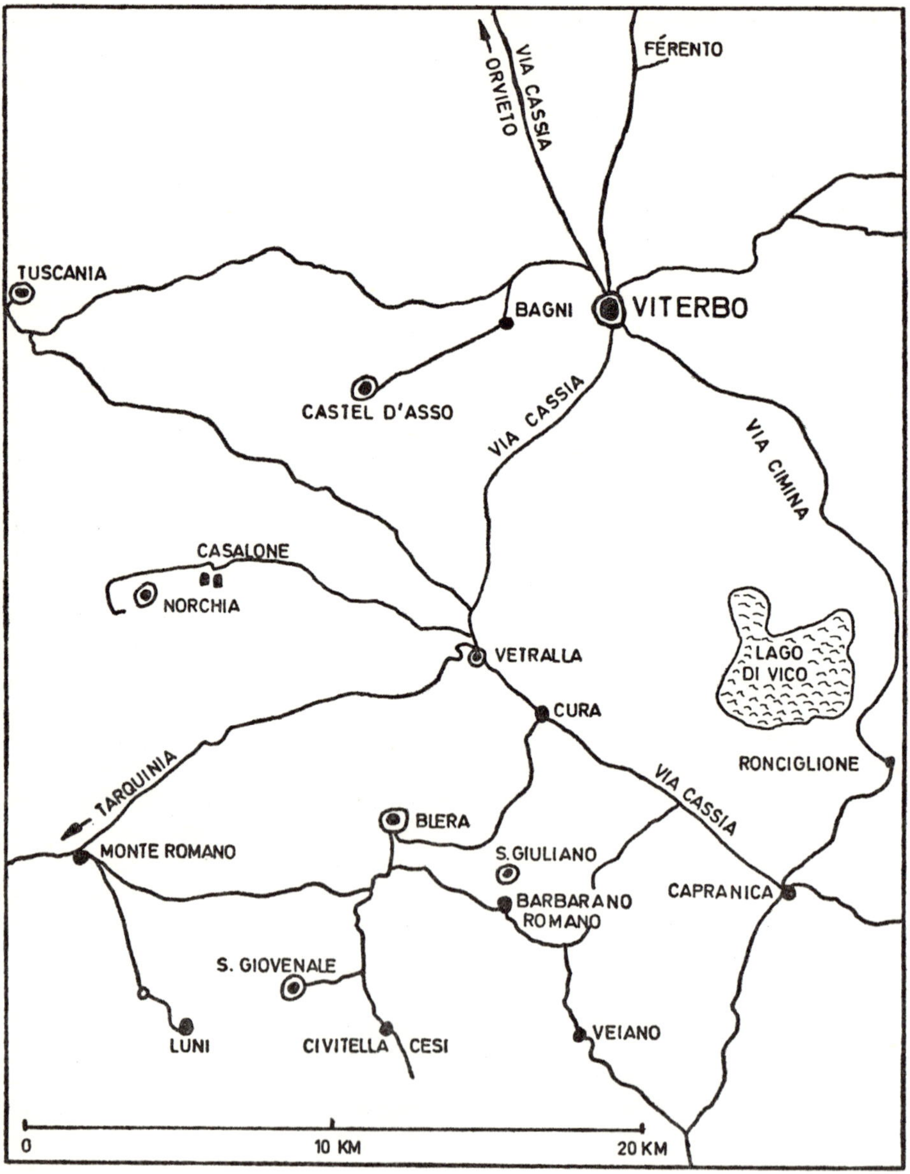

Wegekarte der Umgebung von Viterbo mit der Lage der Felsengräber

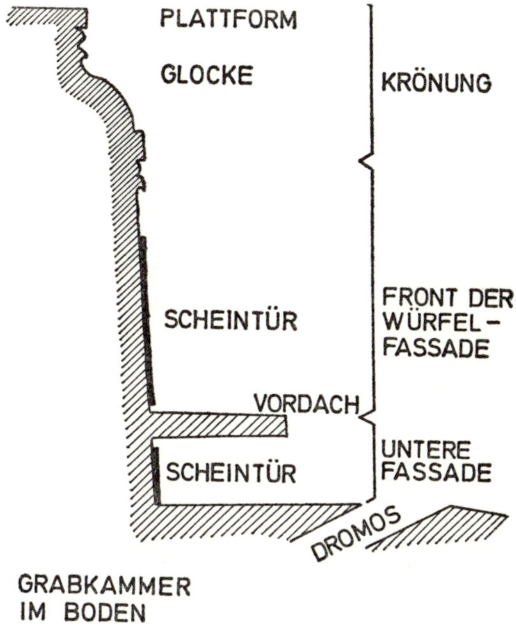

Castel d'Asso. Schnitt eines Würfelgrabes a sottofacciata

im Boden. Interessanter ist der architektonische Aufbau des Monuments (s. Skizze). Beginnen wir, wie die etruskischen Steinmetzen, mit dem profilierten oberen Abschluß eines Würfels, der sogenannten Glocke, auf der wie auf einer Konsole ein flaches Podium liegt. Sein Sinn wurde verschieden gedeutet. Da etwa zwischen den Würfeln – nicht allein hier – ausgehauene Treppen hinaufführen, ist wohl denen beizustimmen, die annehmen, daß darauf Totenfeiern abgehalten wurden. Die Glocke leitet zur großen frontalen Fläche des Würfels mit einer konturierten Scheintüre, der ›Porta finta‹ über. Am Fuße dieses Architekturteiles stößt über einem niederen Raum eine Art Vordach (hier baldachinartig, meist stark verwittert) aus der Fläche (Abb. 53, 54). In der Flucht der Hauptfassade ist eine zweite kleine ›Porta finta‹. Sollten durch diese Scheintüren Grabräuber irregeführt werden? Man sagt es, doch ist es kaum glaubwürdig. In einem gewissen Abstand vor dem Massiv des Würfels ist ein Loch in der Erde, der Eingang zum Bestattungsraum tief unter dem Würfel.

Im Gegensatz zum Grabmonument über der Erde, das mit aller Sorgfalt und mit großem Aufwand ausgeführt wurde, sind die Totenkammern der Spätzeit auffallend nachlässig ausgehauen worden. Das ist kaum allein mit wirtschaftlichen Gründen zu erklären. Wie M. Demus in ihrer Grabarchitektur zeigt (s. Literaturhinweise), kommen hier Wandlungen zum Ausdruck, die seit der Frühzeit der Etrusker in ihrem Leben und ihrer Kultur zu verfolgen sind.

Die Gräber in Castel d'Asso haben in den über zweitausend Jahren ihres Bestehens teilweise stark gelitten. Große Blöcke sind von den Tuffwänden abgestürzt. Der untere Teil der Würfelfassaden mit dem ausgehauenen, vorstehenden ›Baldachin‹ oder Vordach und die kleine ›Porta finta‹ darunter waren der Zerbröckelung durch das Wetter und einer wilden Überwucherung und Verwurzelung ausgesetzt. Früh schon wurde der offene Graben des Dromos im Boden von Erde und Gestein gefüllt. Eine umsichtige Säuberung in letzter Zeit befreite die Monumente und Wege zu ihnen vom angesammelten Unrat. Ohne Beeinträchtigung können sie heute besichtigt werden.

Wir fahren zurück nach Viterbo und auf der Via Cassia weiter nach Vetralla (12,5 km). Etwa 100 m vor Vetralla, das auf einem langgestreckten Tuffrücken vor uns liegt, merken wir uns die Abzweigung rechts in eine Häusergruppe. Es ist der Weg zur bedeutenden Nekropole *Norchia*.

Bevor wir ihn einschlagen, empfehlen wir im Ristorante Francesco Paolelli in Vetralla, Via Roma 15, die Mittagsrast. Der Padrone Francesco wird den Gästen, die für den Besuch von Norchia einen Führer wünschen, mit dem Geometer Giuseppe Fabbri bekannt machen, einem Mann, der die Region ausgezeichnet kennt. Bevor wir aufbrechen, erkundigen wir uns, ob Schießübungen der Artillerie in Norchia stattfinden, dann wäre ein Besuch der Nekropole ausgeschlossen.

Vetralla ist ein urtümliches Städtchen. Der Platz mit zwei schönen Brunnen aus dem 18. Jh. und den eleganten Fassaden des Palazzo Comunale und des Domes ist sehr reizvoll. Im Dom, der bei Abwesenheit des Pfarrers geschlossen ist, befindet sich ein bedeutendes romanisches Tafelbild, *Madonna adorante,* aus dem Anfang des 12. Jh. Noch bedeutender ist die frühe Kirche S. Francesco (11. Jh.) an der östlichen Einfahrt. Schließlich sei auch der Töpfer erwähnt, der unweit unseres Ristorante seine dunkle Werkstatt hat. Wie ein ganz später etruskischer Grabraum ist sie in den Tuff gehöhlt.

Norchia (Orcle). Von Vetralla bis zur Nekropole Norchia sind es etwa 10 km. Wir kehren zur eben erwähnten Abzweigung von der Via Cassia vor Vetralla zurück und fahren links durch die bäuerlichen Häuserzeilen weiter. Bei den letzten Häusern biegt rechts eine schmale Straße in den Fossatella ein, die zum *Poggio Montano* führt – er wird in der Fachliteratur unter Vetralla genannt –, wo 1903 eine kleine Schwesternekropole von Bisenzio aus der späten Villanova-Zeit entdeckt wurde. Die charakteristischen, nicht allzu gewichtigen Funde kamen in das Museum von Viterbo. Bald waren wir in der Schönheit des stillen, fruchtbaren Landes. Hatten wir uns verirrt? Die Nekropole war nicht zu finden. Im stattlichen Bauernhof in der Nähe des vermutlichen Poggio Montano wußte man nichts von Gräbern. Die Nekropole ist offensichtlich schon seit Jahrzehnten im Schoß der Erde versunken.

Durch weite Olivenfelder und unabsehbares Korn fahren wir westwärts auf den Gutshof ›Casalone‹ mit einem großen Silo zu. Er liegt am Rande des Plateaus über dem Fosso Acqualta, an dessen Tuffwänden sich die berühmten Tempelgräber von

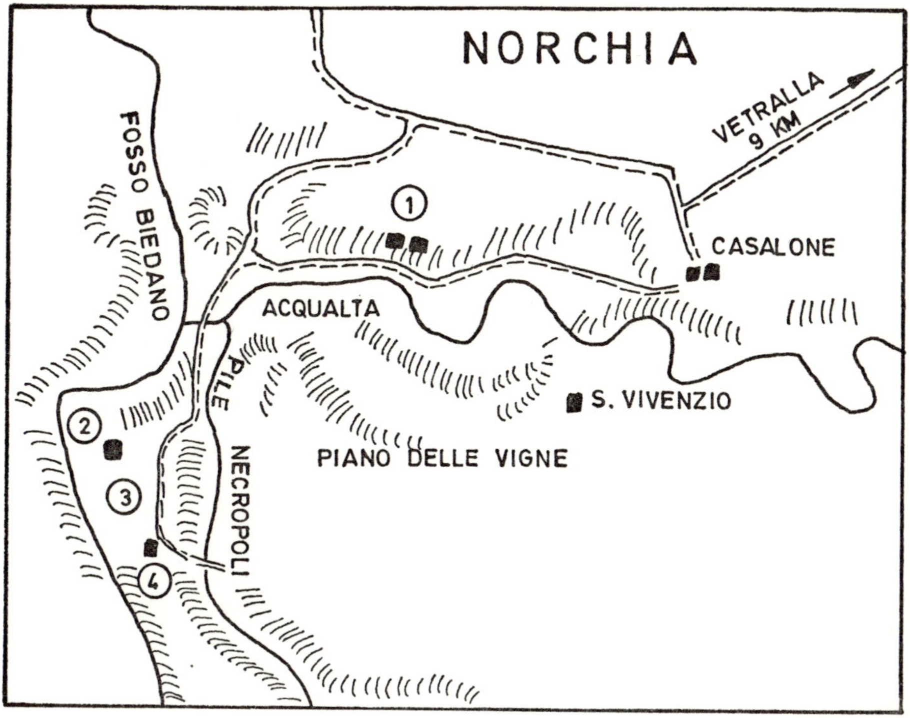

Wegekarte der Nekropole Norchia. 1 Tempelgräber 2 S. Pietro 3 Areal der alten Stadt 4 Castello

Norchia befinden. Wie eine überraschende Erscheinung treten aus den Felskulissen und dem durch abgestürzte Felsbrocken coupierten Gelände die Giebel der zwei einzigartigen monumentalen Gräber hervor. Einzigartig, weil sie in der etruskischen Grabarchitektur die alleinigen Beispiele dieses Typus sind. Eindrücklich kontrastieren sie zur anschließenden Reihe betont einfacher Würfelfassaden, deren flache Fronten nur den Schmuck von zwei linealen eingehauenen Leisten haben. Zwischen ihnen führt eine schmale Tufftreppe steil hinauf zur Hochfläche über dem Massiv der Grabmäler (Abb. 55).

Die Halb- und Scheinwürfel gehören zu dem in Norchia verbreitetsten Typus der ›Tomba a sottofacciata‹ (Grabraum unter dem Würfel im Boden), wie wir ihn in Castel d'Asso sahen. Die beiden Tempelgräber, die großartigsten Monumente der Nekropole, haben schwere Schäden erlitten. Ihre ursprüngliche Architektur ist bis zur Unverständlichkeit verunstaltet. Auffallen werden zunächst die über einer gähnenden Leere vorstehenden, schweren Giebelpartien und der Absturz der linken Giebelhälfte vom größeren Tempelgrabe links. Um eine Vorstellung von der ursprünglichen Fassade zu bekommen, muß man wissen, daß das Gebälk mit den darüber liegenden Giebeln nach dem Schema des griechischen Anten-Tempels von der Verlängerung seiner Seitenwände (Anten) und von je zwei Pfeilern und Säulen zwischen ihnen gestützt waren. Gleichzeitig schlossen, vielmehr komplettierten diese aus dem Felsen gehauenen Stützen die Fassade des Monumentes. Bis auf wenige Spuren oder Reste auf dem Boden sind sie weggefallen. Die Pronaos-Wand links war mit einem figurenreichen, aus dem Tuff skulptierten Relief geschmückt. George Dennis zeichnete für das Kapitel Norchia in seinem Buch ›Cities and Cemeteries of Etruria‹ um 1845 herum die Tempelgräber. Ein Zug von Kriegern und andern Figuren bewegt sich der Wandmitte zu. Wenn Dennis in seiner Zeichnung wohl auch die Phantasie walten ließ, müssen damals von den bemalten Reliefs noch viele Reste vorhanden gewesen sein. Auf der sehr zerstörten Wand unter der Abbruchstelle der linken Giebelhälfte sind noch Konturen von zwei stehenden Figuren zu sehen, die offenbar zur Gesamtkomposition der Wandgestaltung gehörten. Die figurenreichen Hochreliefs in den Giebeln haben durch das Wetter und eindringendes Wurzelwerk so stark gelitten, daß trotz vieler Versuche eine sichere Deutung der Darstellungen bisher nicht gelungen ist. Das Relief der abgebrochenen linken Giebelhälfte kam ins Museum von Florenz.

Die Tempelgräber sind aus der hellenistischen Zeit, dem 3. oder 2. Jh. v. Chr., der Zeit des rasch fortschreitenden Niederganges der Etrusker. Es sind eigentlich eher weithin sichtbare Denkmäler als Gräber. Roh, höhlenartig, tief im felsigen Boden wurde der Bestattungsraum unter dem Denkmal ausgehauen. Der Grabraum links enthält zwei Sarkophage und an den beiden Längswänden je eine Reihe aus dem Felsen wie offene Truhen gemeißelte Särge für etwa fünfunddreißig eng zusammengerückte Bestattungen.

Die alte Stadt. Auf unserem Pfad, dem Lauf der Acqualta entlang, kehren wir zurück. Jenseits der flachen Talsohle sehen wir den Bergrücken, auf dem das etruskische, das römische und mittelalterliche Norchia lagen. Beim Zusammenfluß der Acqualta und des Pile überqueren wir den Bach und steigen auf einem in den Felsen gehauenen Fußweg bergan. Wir begegnen einem mittelalterlichen Tor und erreichen in Kürze das höher gelegene Plateau mit den eindrucksvollen Ruinen der frühromanischen Kirche S. Pietro und der 1435 zerstörten Burg. Dem Blick tut sich das grandiose Panorama über das Tal des Biedano an der westlichen Flanke des Hügels und auf die Hochfläche Pian delle Vigne jenseits des Fosso Pile im Osten auf. Gegenüber, an der rechten Uferhalde des Pile, überblicken wir die älteste, der Stadt nächstgelegene etruskische Nekropole (5. Jh. v. Chr.). Unter dem Rande des Plateaus erstreckt sie sich mit ihren Halb- und Scheinwürfelgräbern *a sottofacciata* entlang dem Flußlauf des Pile. Eines dieser Gräber hat ein ausnehmend gut erhaltenes Vordach. Im Gegensatz zu den baldachinartig geschweiften Vordächern in Castel d'Asso tritt es hier straff im Winkel aus der Fassade, den Eindruck besonderer Solidität erweckend. Ein Beispiel auch für die allgemeine Vorliebe der Etrusker zu lokalen formalen Abwandlungen.

In der Zone der südlichen Nekropole, wo sich der seltsame Scheinwürfel mit drei verwitterten Köpfen über der ›Porta finta‹ befindet *(Tomba a tre teste)*, der auf einem abschüssigen Fußweg zu erreichen ist, sind auch Reste der etruskischen Stadtmauer erhalten. Vergleiche oder Hinweise auf die drei Köpfe des Stadttores von Volterra oder auf den Kopf an der Porta Giove in Falleri, die etwa mit diesen drei Köpfen gemacht werden, erscheinen mir fragwürdig.

Noch unter dem starken Eindruck der urtümlichen Landschaft, der Ruinen auf dem Plateau der alten Stadt und der hellenistischen Monumente, kehren wir auf der Via Cassia in unser Standquartier Viterbo zurück.

13. Route

Viterbo – Blera – Barbarano Romano – S. Giuliano – Viterbo (62 km)

Auf der Via Cassia, unserer täglichen Ausfallstraße von Viterbo, fahren wir an Vetralla vorbei nach Cura. Kurz nach der Einfahrt in die Ortschaft steht rechts der Wegweiser nach Blera, das bis 1953 Bieda hieß.

La Tomba delle Colonne. Ungefähr halbwegs nach Blera, 5,5 km von Cura, liegt isoliert, etwa 300 m links von der Straße im Felde, im späteren Frühjahr mitten im Korn, ein sehr schönes Kammergrab mit imponierendem, 18 m langem Dromos. Zwei sauber kannelierte Säulen mit Wulstkapitellen stützen die skulptierte Balkendecke. Sie teilen den Raum in zwei Kammern mit drei Leichenbetten. Nach den vielen späten Gräbern *a sotto facciata* mit nachlässig ausgehauenen Toten-Kavernen im Boden, denen wir in Castel d'Asso und Norchia begegnet sind, wirkt der Bestattungsraum dieses Kammergrabes wie ein Auftakt zu den bedeutenden Felsengräbern in Blera, besonders in S. Giuliano. Die Anlage, erst um 1958 entdeckt, wurde in ›Rinascimento etrusco, Roma 1960‹ publiziert. Der Verfasser, Giuseppe Fabbri, bezeichnete es mit Recht als »ein schönes Beispiel der etruskischen Grabarchitektur«.

Blera (früher Bieda). Ebenerdig auf dem Plateau zwischen Tuffmauern an der Straße, die Weingärten und üppige Gemüsepflanzungen einhegen, kommen wir in das alte Blera. Den Wagen lassen wir vor der Einfahrt in der Straße stehen.

Wie fast alle mittleren etruskischen Zentren liegt die Ortschaft auf einem langen Tuffrücken, der von schluchtartigen Bachläufen, dem Biedano im Westen und dem Rio Canale im Osten, umflossen wird. Die schwärzlichen Tuffhäuser aus dem 15. und 16. Jh. drängen sich im birnförmigen Areal. Axial durchschneidet sie die Via Roma, die Hauptstraße vor der Einfahrt bis ans nördliche Ende des Plateaus. Zahlreiche enge Gassen

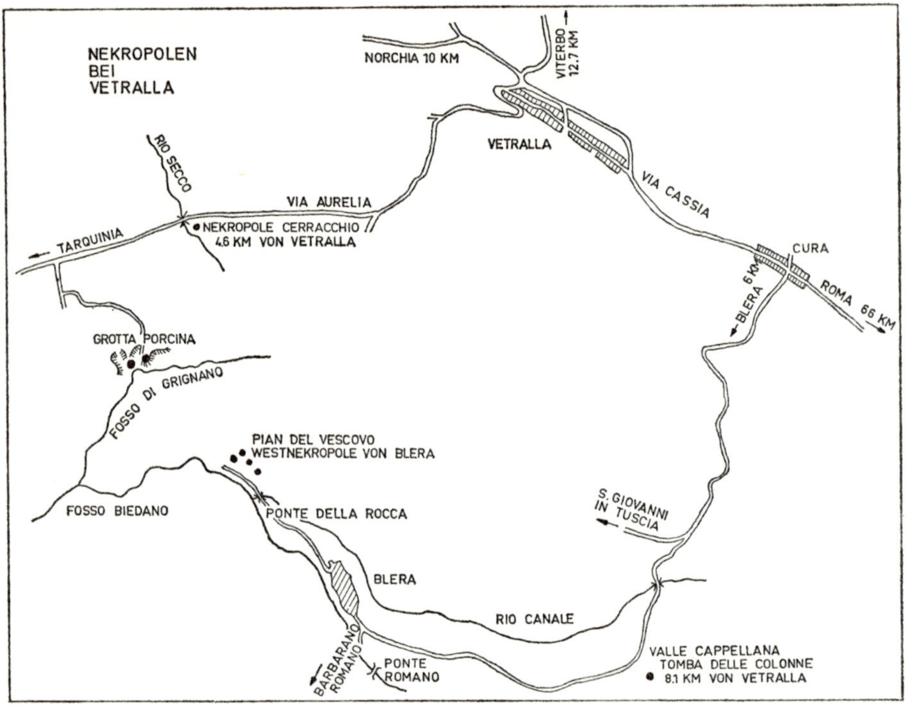

Wegekarte der Nekropolen bei Vetralla

zweigen von hier rechts und links ab. Die Via Roma findet einen ihrem Namen würdigen Abschluß. Wie von einer Aussichtsterrasse hat man einen zauberhaften Blick über den Lauf des Biedano, der von dichter Vegetation und Tuffelsen umrahmt wird. Die Schönheit der Aussicht wird nur noch von der majestätischeren in Barbarano Romano überboten.

An der Gabelung des Weges, der zum Fosso Biedano hinunter führt, steht, ohne Richtungsangabe, die Tafel ›Necropoli Etrusca‹. Rechts oder links? Wir schlagen den Weg nach rechts ein, halten uns an den Flußlauf des Biedano und kommen an Cuniculi und Nischen vorbei zur römischen Brücke della Rocca am Zusammenfluß des Rio Canale und Fosso Biedano. Gegenüber, am Hang der Westnekropole über dem Biedano, ist das leicht auffindbare *Hausgrab*. Ein schmaler Weg führt zu ihm hinauf. Es ist ein Grabtypus, der, wohl wegen der Felsformation, nur hier und nur dieses eine Mal vorkommt. Die interessantesten Gräber befinden sich in den ausgedehnten Nekropolen im Norden und Westen von Blera. Das Gelände ist trotz einzelner Pfade unübersichtlich, steil, mit Bäumen und Macchia überwachsen. Ohne Ortskenntnis und ohne Führer ist es schwierig, sich in beschränkter Zeit zurechtzufinden.

Die Route des Tages gilt in erster Linie der Felsengräber-Nekropole S. Giuliano bei Barbarano Romano. In Blera halten wir uns nur auf, um die 15. Route, den Besuch der Nekropole, vorzubereiten, d. h. einen Führer dafür zu finden. Im Caffè am Platze erkundigt man sich nach einem Guida. Sollten die Bemühungen ergebnislos verlaufen, fahre man auf der großen Betonbrücke über den Biedano nach Barbarano Romano weiter. Der Custode der Nekropole von S. Giuliano wird Rat wissen oder auf unserer Blera-Route selber mitkommen.

Barbarano Romano. Schön wie der wohlklingende Name ist die Einfahrt von Barbarano Romano (Abb. 56). Ein abgetreppter zylindrischer Turm erhebt sich zwischen den hohen, anstoßenden Stadtmauern. Wie ein aus der Mode gekommenes Hütchen sitzt ohne jeglichen Zusammenhang ein Uhrkasten auf dem massigen Turm. Vor dem Tor links ist seit wenigen Jahren eine Trattoria eröffnet worden. Sie wurde zu einer Art Treffpunkt. Dort fragen wir nach dem Custoden Cocchio Filippo.

Nekropole S. Giuliano. Wir fahren von der Trattoria durch die stattliche Allee bis zum Friedhof zurück, wo ein gelber Wegweiser die Abzweigung zur Nekropole S. Giuliano anzeigt. Vor wenigen Jahren mußte man noch den steinigen, groben Weg, die *mulatteria,* der Stadtmauer entlang in den Fosso hinuntergehen. Nun ist eine zur Hälfte sogar asphaltierte Straße angelegt worden, die bis zu den Fußwegen der ausgedehnten Nekropole führt.

Bevor wir so weit sind, sehen wir von der Straße aus rechts auf dem mäßig ansteigenden Gelände S. Antonio wie zerstreut ausgespreitete Leintücher, gesammelte Häufchen von weißen Steinbrocken. Es ist die kleine, vor einigen Jahren ausgegrabene Villanova-Nekropole *Chiusa Cima* aus dem 8. Jh. v. Chr., in der die Pozzi und Fosse mit diesen Steinen geschützt wurden. Sie enthielten die bekannten bikonischen Aschenurnen, Impasto-Gefäße, Bronzen, Gürtel und Kammhelm und einige Geräte in Eisen.

Ein Motorrad zeigt die Anwesenheit des Custoden in der Nekropole an. Wir stellen unsern Wagen im Feld neben der Straße in den Schatten eines Baumes. Der beigegebene Plan soll bei der allgemeinen Orientierung im bewaldeten, zerklüfteten, von Felsen und Fossi durchzogenen Gebiet behilflich sein. Er kam mit Hilfe der Einheimischen nach wiederholten Korrekturen zustande. In einem weiten Halbkreis gruppieren sich Nekropolen und Gräber um den Plateauhügel S. Giuliano mit den Ruinen der alten Kirche und der Rocca. Am Rande der Hochfläche hat man ein prachtvolles Panorama der Gräberlandschaft mit den großartigen Tomben della Regina, del Cervo in der Würfelreihe und mit der Serie schwarzer Eingänge zu den Portikus-Gräbern.

Der Custode wird uns zunächst die Berühmtheiten der Nekropole, die Tomba Cima und die Tomba della Regina zeigen. Wer für die weiteren Gräber Interesse zeigt, den wird er vorher zu den unweit am Fuße der Rocca liegenden Würfelgräbern Costa und Rosi führen.

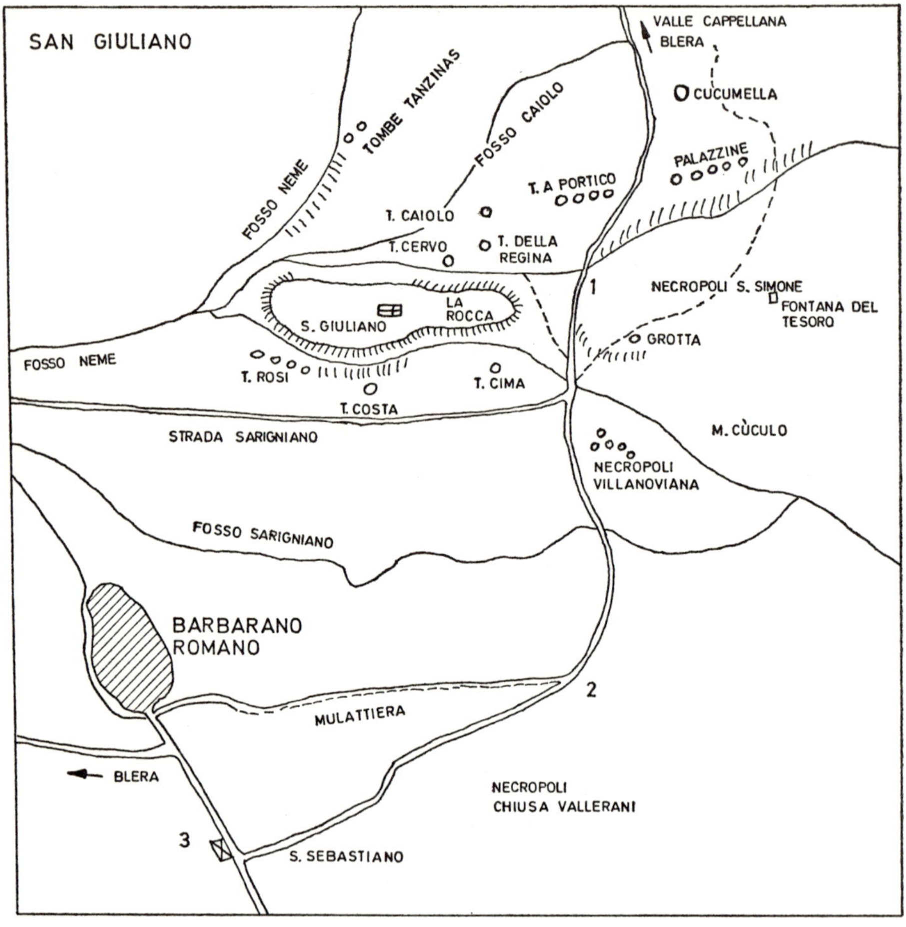

Wegekarte der Nekropole San Giuliano bei Barbarano Romano. 1 Straße im Bau 2 Straße zur Nekropole 3 Friedhof

Tomba Rosi (5. Jh. v. Chr.). Das Äußere des Grabes ist nahezu zerstört. Die Gestaltung seiner Räume ist von großem Ernst und typisch für den etruskischen Totenkult der Zeit. Eine große rechteckige Vorhalle mit je einem repräsentativen Leichenlager an den Schmalseiten liegt vor dem Trakt von drei Totenzellen, die durch umrahmte Türen zugänglich sind. Vier Fenster stellen eine weitere Verbindung der Vorhalle mit den kleinen Kammern dar. Erstmals auf unserer Fahrt taucht die Frage auf, ob eine solche räumliche Anordnung mit den Wohnungen der Etrusker zu tun hatte.

Tomba Costa. Etwa 200 m östlich kommen wir zur Tomba Costa. Die axial ausgehauene, mit dem Türrelief eingefaßte Pforte führt in einen großen Mittelraum mit einer schrägen Decke, einem Firstbalken und einer ›Porta finta‹ an der Stirnwand. In den Seitenwänden rechts und links befinden sich die Eingänge zu den beiden Grabkammern (4. Jh. v. Chr.).

Tomba Cima. Nordöstlich in der Nähe liegt die bekannte Tomba Cima (6. Jh. v. Chr.), ein repräsentatives Tumulusgrab, dessen Erdhügel mit der Krepis erst wieder durch ihre Freilegung in den letzten Jahren in Erscheinung getreten ist. In seinem Kern befand sich der reiche Komplex von ursprünglich sieben Kammern. Die Gestaltung des Innern ist für S. Giuliano, das mit reichen Küstenzentren wie Cerveteri nicht zu vergleichen ist, ein erstaunlich aufwendiges Werk. Außer der kassettenartigen Balkendecke des Zentralraumes begegnen wir im peripheren Längsraum einer Sattel- und einer Fächerdecke, wie sie nur in Vulci und Cerveteri vorkommen. Zu diesen reich skulptierten Elementen kommen noch kannelierte Pilaster an den Kammerwänden (Abb. 57). Einflüsse des mächtigen etruskischen Kulturzentrums Cerveteri sind unverkennbar.

Tomba della Regina. Durch eine wunderbar wilde Landschaft, Fels, Wald, Bäche und Gräben, wie man sie für ein romantisches Bühnenbild nicht zu erfinden wüßte, kommen wir zur Tomba della Regina (5. Jh. v. Chr.). Jenseits einer Lichtung liegt vor uns die märchenhafte Erscheinung des imposanten Würfelgrabes della Regina (Abb. 59). Im Rahmen überhängenden grünen Laubes kommt der goldbraune, ungeheure Tuffblock des Würfels mit den zwei frontalen Toren der Grabkammern zu großartiger Wirkung. Waren es in der Tomba Cima die kunsthandwerklich skulpierten Innenräume, die unsere Bewunderung erweckten, ist es hier der souverän mit dem Meißel aus dem Felsen geholte Kubus und seine optisch frappant richtige Setzung an der Tuffwand, die einen unvergeßlichen Eindruck hinterlassen.

Tomba del Cervo. Ein paar hundert Schritte weiter sind wir beim Würfel der Tomba del Cervo. Ein Hirsch und ein Hund, von denen man nicht recht weiß, ob sie ursprünglich sind, sind in die Fläche der rechten Seitenwand eingekerbt (Abb. 62). Vom Hirsch hat das Grab seinen Namen. Eine schöne Scheintür ist in die Mitte des Würfels eingehauen, unter dem die geräumige Totenkammer liegt. Beidseits führen Treppen auf die Höhe des Massivs. Nicht deswegen aber ist dieses Grab besonders zu erwähnen, sondern wegen des Oberteils des Würfels, der als einzige Ausnahme von der Felswand gelöst als frei stehendes Massiv ausgehauen wurde. Von Erde und Wildwuchs wurde der Abstand aufgefüllt. Der untere Teil ist wie alle sogenannten Würfelgräber mit dem Felsen verbunden und gehört wie sie zum Typus der Halbwürfel.

Tumulus del Caiolo. Nördlich der Tomba della Regina liegt der stark mitgenommene Tumulus del Caiolo. Seine ganz aus dem Felsen gehauenen, intakten beiden Kammern, die, verglichen mit der entwickelteren Tomba Cima, einen elementareren Charakter haben, sind bemerkenswert. Ein größerer Vorraum mit flacher Balkendecke ist durch eine Schranke von vier Pfeilern vom rückwärtigen Grabraum getrennt (Abb. 58). In diesem Raum mit Satteldecke befindet sich an den Seitenwänden je ein Totenlager. Vom Tumulus ist noch ein Rest von der aus dem Tuff gemeißelten Krepis zu erkennen.

Palazzine. Vom Tumulus del Caiolo sind es etwa 400 m zu den Palazzine (Abb. 60). Nimmt man die Zone um die Tomba della Regina dazu, haben wir hier eine lange Serie von Gräbern verschiedener Typen. Im Abschnitt der Palazzine wird uns der langgestreckte Würfel mit seinen drei Türen zu den drei Kammern von der gedrückt schweren profilierten Krönung auffallen.

Portikusgräber. Südlich des Fosso Caiolo, zwischen der Tomba Caiolo und den Palazzine, sind die bis zur Unkenntlichkeit zerstörten Tomben a Portico von S. Giuliano. Nur aus Rekonstruktionen ist zu ersehen, daß über der üblich gerahmten Eingangstür zur Grabkammer im oberen Teil der schmalen Fassade ein kleiner Raum ausgehauen wurde, in dessen Mitte an der Front ein Pfeiler stand. Dieser Grabtypus stammt aus der Spätzeit.

Cucumella. Nördlich der Palazzine, das Plateau Caiolo dominierend, liegt ein beinahe völlig zerstörtes ehrwürdiges Grabmonument: die Cucumella. Name und Zustand erinnern an den berühmten Grabberg in Vulci. Wie dort von der vorkragenden Einwölbung einer Kammer nur noch Reste erhalten sind, so auch hier. Doch sind die Blöcke nur zur Hälfte abgeschrägt (s. Abb. 7, M. Demus, etruskische Grabarchitektur). Im Herbst 1960 untersuchte das Schwedische Institut in Rom den Tumulus neuerdings, besonders in architektonischer Hinsicht. Festgestellt wurde, daß der Grundriß mit zwei Räumen und einem kleinen Vestibul dem archaischen Haus in San Giovenale entspricht und daß der Bau ein hervorragendes Beispiel für die vorkragende Technik der Etrusker im späten 6. Jh. v. Chr. ist.

Ohne eine zeitliche oder typologische Abfolge einhalten zu wollen, versuchte ich mit wenigen Worten auf einige interessante Gräber hinzuweisen, die sich beim Durchwandern der vielfältigen und reichen Nekropole am Wege befinden. Gräber, die für Spezialisten von Interesse sind, wie etwa die Hypogäen der Nekropole Vallerani, glaubte ich übergehen zu dürfen. Hingegen seien noch einige Bemerkungen allgemeiner Art beigefügt.

Spät, erst am Anfang unseres Jahrhunderts, wurden weitere Kreise auf S. Giuliano aufmerksam. Zunächst durch Ausgrabungen des Dilettanten Luigi Danielli-Rossi (1870 bis 1909), Viterbo, der sich, wie wir bereits hörten, leidenschaftlich für die Erforschung seiner engeren Heimat einsetzte (s. 12. Route). Dann beschrieb Gino Rosi, 1925 in seinem Buch über die Felsengräber Etruriens die Nekropole. Wiederum ein Viterbese, Augustus Gargana veröffentlichte einige Jahre später, 1931, eine eingehende Monographie über S. Giuliano.

Die Gräber gehören in engeren Zusammenhang mit denen von Blera und Cerveteri. Starke Einflüsse der nahen etruskischen Großstadt Cerveteri sind in Technik und Gestaltung nicht zu übersehen. Die Datierung der Gräber bot Schwierigkeiten, weil sie mit verschwindenden Ausnahmen (Tomba Cima) ausgeraubt angetroffen wurden. Die frühesten Würfelgräber werden in das Ende des 7. Jh. v. Chr., die Tumuli um 600 v. Chr. angesetzt. Wie in Blera begann der Niedergang von S. Giuliano schon im 5. Jh. v. Chr.

Barbarano Romano. Wir kehren zur Mittagsrast in die Trattoria des mittelalterlichen Städtchens zurück. Mit unserm Custoden verabreden wir einen Ausflug nach Blera (15. Route). Nach dem bekömmlichen Mahl ergeht man sich noch etwas im charaktervollen Städtchen. Vom uralten Haus, den von Generationen hinterlassenen rustikalen Möbeln, dem pechschwarzen Kamin in der Wand und dem Wein von Giuseppe zu erzählen, würde zu weit führen. Barbarano Romano ist Blera wie einem weniger robusten Bruder ähnlich. Seine Haltung ist ursprünglicher, ohne Mißklang. In den abgewetzten Außentreppen ist keine Stufe mit Marmor ersetzt worden. In seinen Gassen trippeln die beladenen Esel mit ihren Jungen an der Seite. Viel häufiger ist noch das helle Hufgeklingel der Maultiere im Knarren und Ächzen der schweren Karren als Motorengeratter von Lastwagen.

An einem zierlichen kleinen Platz mit blau geschleifter Madonnenstatue an einer Hausecke ist das Municipio, in dem das Antiquarium Comunale anfangs der fünfziger Jahre eingerichtet wurde. In alten Schränken waren viele interessante Funde aus der Umgebung untergebracht. Einige einfache frühe Goldfibeln, Bronzen, Buccheri, besonders schön bemalte Impasto-Vasen und auch faliskisch-etruskische Keramik. In der Mitte des mäßig großen Raumes stand ein hölzernes Rednerpult mit einem aufgeschlagenen Buch für die Besucher. Erste und einzige Eintragung war die von König Gustav Adolf von Schweden. Diese sympathische Sammlung wurde 1964 nahezu vollständig ausgeraubt. Natürlich war es mit der Bewachung nicht zum besten bestellt. Das seltsame Feldbett, das ich seither im Museum von Tolfa angetroffen habe, auf dem der Custode die Nächte verbringen muß, wurde mir verständlicher.

Kurz ist der Weg zu den letzten Häusern am Rande des Tuffplateaus. Man fühlt sich am Ende der Welt, überschaut von der Höhe den Lauf des Biedano im schönsten Fosso, den das Wasser in den vulkanischen Boden gegraben hat. Über die hohe Brücke des Biedano treten wir die Rückfahrt nach Viterbo an. Vom jenseitigen Ufer des Fosso aus hat man die immer wieder faszinierende Sicht auf das Würfelgemäuer der Häuser über dem Gewirr von Nischen, Kleintierställen, Löchern und grünen Büschen in der braunen Wand des Tuffrückens (Abb. 56).

14. Route

Viterbo – Sutri – Nepi – Civita Castellana – Falerii Novi – Viterbo (96 km)

Capranica. In einer halben Stunde erreichen wir diese alte Kleinstadt, die ein etruskisches Zentrum gewesen sein soll. Den Wagen lassen wir unter den Bäumen des Platzes vor dem Tor des Städchens stehen, das ebenfalls auf einem Tuffrücken liegt und von einer durchgehenden Straße – wie in Blera – in zwei Hälften geteilt wird. Wie in der Illustration eines romantischen Märchenbuches nisten die Häuser auf der Kuppe glatter Felswände.

Das Städtchen durchquerend, kommen wir zu phantastischen romanischen Reliefs am Tor des Spitals, zur hohen Fassade des Domes, zu prall gefüllten Kaufläden und buntverglasten Cafés, welche die Straße säumen. Zwischen ihnen wird man auf stattliche Wohnhäuser und palastartige Bauten mit skulptierten Portalen und schönen Beschlägen aufmerksam. Man versteht, daß der Conte Orso di Anguillare 1341 Petrarca nach Caprànica eingeladen hatte.

Am kleinen Platz gegen das Ende der Straße liegt die nicht sonderlich interessante Kirche S. Maria. Auf dem letzten Altar des linken Seitenschiffes befindet sich eine romanische Tafel des *S. Salvatore* der Scuola Romana (Anfang 13. Jh.). Sakral wie eine Ikone, hieratisch erstrahlt sie aus dem modernen Kitsch, in den sie der Unverstand unserer Zeit eingebettet hat. Allein dieses herrlichen Werkes christlicher Kunst wegen, das Caprànica durch Jahrhunderte gehütet hat, sollte das Städtchen nicht umfahren werden.

Sutri (Sutrium). Nur fünf Kilometer sind es bis zum Tuffberg von Sutri. Wieder haben wir eine etruskische Stadtanlage vor uns, deren Häusergruppen auf dem gesicherten Rücken eines Tuffhügels lagen. Die heutige Silhouette des Städtchens wird durch den mächtigen romanischen Campanile des Domes aus dem Jahre 1207 bestimmt, eines Baus, der im 18. und 19. Jh. eingreifend umgestaltet wurde; auf sein kostbarstes Werk sei hingewiesen. Es ist eine auf Goldgrund gemalte wunderbare Tafel *Cristo benedicente* der Scuola Romana aus dem Anfang des 13. Jh. Bemerkenswert und auch pittoresk ist die Porta Vecchia, in der etruskische und römische Elemente eingemauert wurden. Im Palazzo Comunale an der reizenden Piazza mit schönem Brunnen befindet sich eine kleine Sammlung von römischen Inschriften und etruskischen Fragmenten.

Die wichtigsten etruskischen Sehenswürdigkeiten liegen der Stadt gegenüber im mäßig hohen Tuffband des Hügelzuges entlang der Via Cassia. Am Fuße des Stadtberges zweigt von der Via Cassia ein Weglein ab, das zur Villa Savorelli und den Ruinen des sogenannten Kastells Karls d. Gr. (14. Jh.) hinaufführt. Unterwegs werden wir einen Gärtner oder Pförtner antreffen, der uns die Kapelle *Madonna del Parto*

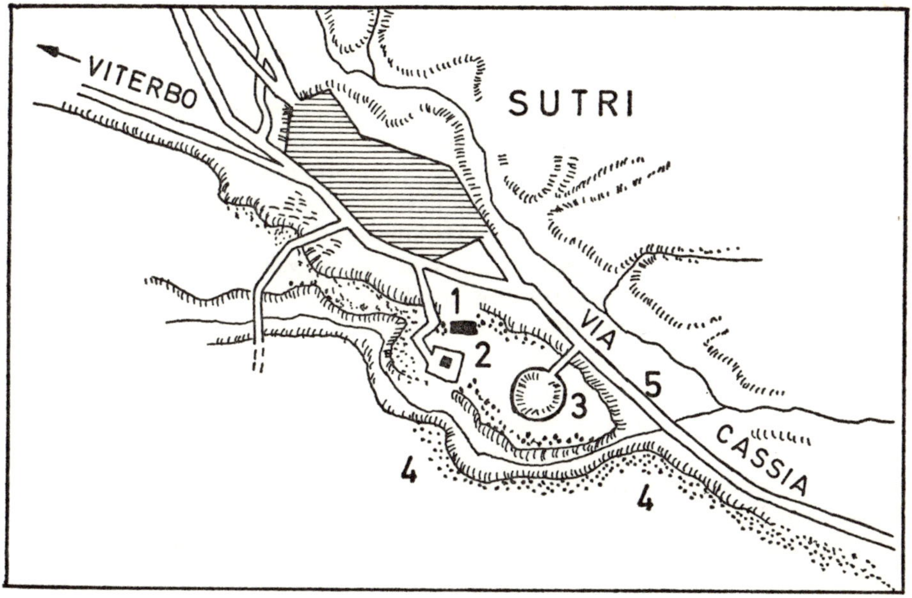

Plan von Sutri. 1 Madonna del Parto 2 Villa Savorelli 3 Amphitheater 4 Nekropolen 5 Nischengräber an der Via Cassia

öffnet (Abb. 64). Diese Kapelle, ursprünglich ein großes etruskisches Kammergrab, in der die Madonna als Helferin bei Geburten verehrt wird, ist mehr Kuriosität als interessantes Denkmal. Unter den Römern wurde hier ein Mithras-Kult eingerichtet. Später wurde es zu einem dreischiffigen Oratorium mit gewölbeartiger Decke und einem mit Fresken geschmückten Vorraum umgestaltet. Nach den Malereien zu schließen, die leider sehr zerstört sind, muß es schon früh dem christlichen Kult gedient haben.

Etwas weiter südlich, von der Straße aus sichtbar, kommen wir zum wichtigsten, 1835 ausgegrabenen Denkmal in Sutri, zum römischen Amphitheater. Es soll in der Zeit des Augustus entstanden sein. Da es vollständig – Sitzreihen, Nischen (Logen?) in regulärer Distanz – aus dem Tuff gehauen ist, denkt man an die Mitwirkung etruskischer Handwerker, welche mit der Bearbeitung des Tuffs vertraut waren. Schon im 4. Jh. v. Chr. war eine römische Kolonie in Sutri, und 87 v. Chr. erhielt die Stadt, zusammen mit Nepi, das römische Bürgerrecht.

Wiederum auf der Via Cassia, weiter südlich, erblicken wir in der Wand des Felsstreifens rechts reihenweise eingehauene, nischenartige Kavernen, über denen Giebel und Bogen wie Symbole eingeritzt sind. Sogar von der Straße aus sieht man Bänke für Bestattungen oder für die Aufstellung von Aschenurnen. Viele dieser Grabstätten wurden gleichzeitig für Bestattung und für Aschenurnen benützt. Der nicht eindeutige, da und dort durch Veränderungen entstellte Charakter der Nischen läßt auf eine spätere Benützung durch die Römer schließen.

Sutri hatte in der Antike und im Mittelalter eine recht bewegte Geschichte. Zunächst waren es die Römer, die die Stadt selten zur Ruhe kommen ließen. Im Mittelalter – seit dem 5. Jh. war Sutri Bischofssitz – bis ins 15. Jh. waren es die Langobarden, zahlreiche Päpste, das Konzil von 1046, das sich mit drei Päpsten zu befassen hatte, Kaiser Barbarossa und Friedrich II. sowie andere Machthaber, die in Sutri Geschichte machten. Auch nur in Stichworten davon zu reden, würde viel zu weit führen. Halten wir uns an die Geschehnisse, die mit den Etruskern zusammenhängen.

Für Etrurien war Sutri eine für seine Verteidigung wichtige Stadt. Es sicherte im Süden den Zugang über die gefürchteten Monti Cimini zum Kernland der Etrusker. Im Jahre 391 v. Chr. gelang den Römern die Einnahme von Sutri. Die Etrusker eroberten zwei Jahre später die Stadt wieder zurück. Furius Camillus aber entriß sie noch am selben Tage vor der Dunkelheit wieder den Etruskern. Daher das altrömische Sprichwort »ire Sutrium« für die leichte, rasche Erledigung einer Angelegenheit. Den Römern stand der Weg durch die Wälder der Monti Cimini nach Inner-Etrurien nun offen. Bis dahin galt er für unpassierbar.

Für die Römer waren Sutri und Nepi die Eingangspforten nach Etrurien. Obwohl zum faliskischen Territorium gehörend, hatten die Etrusker die Grenzkastelle der beiden Städte in der Hand. Die Falisker mit ihrer Hauptstadt Falerii (Civita Castellana) standen kulturell und politisch, besonders in den Auseinandersetzungen mit Rom, den Etruskern nahe. Im Abschnitt über Civita Castellana werden wir auf die Falisker noch zu sprechen kommen.

Viele Sagen und Legenden werden von Sutri erzählt. Halben Weges nach Caprànica zweigt ein Pfad ab, der zur *Grotta d'Orlando*, einem etruskischen Grab, führt. Eine Schwester Karls d. Gr. soll aus Furcht vor dem Zorn ihres Bruders heimlich mit ihrem Geliebten in der Grotte gelebt haben. Sie gebar einen Sohn, Rottolando. Auf der Rückkehr von der Kaiserkrönung in Rom hielt sich Karl d. Gr. in Sutri auf. Mehrmals schlich der Knabe Rottolando an die Tafel des Kaisers, stahl Eßwaren für die darbende Mutter in der Höhle. Erwischt, riß er sich vom Kaiser los und lief davon. Man fand ihn in der Höhle bei der Schwester des Kaisers. Es kam zur Versöhnung. Der Knabe hieß fortan Roland und wurde zum Senator von Rom ernannt.

Nepi (Nepet). Hinter der Stadt Sutri verlassen wir die Via Cassia, schwenken links in die etwas schmalere Straße ein, die ostwärts nach Nepi führt. Wie soeben erwähnt, gehörte Nepi wie Sutri zum Gebiet der Falisker. Von seiner Verbundenheit mit den Etruskern zeugen einige Grabfunde in der Umgebung der Stadt und auch ein Stück ihrer Mauer. Zu den Sehenswürdigkeiten zählen die pittoresken Schluchten, die gewaltigen Wehrbauten der Rocca, der imposante Aquädukt, der Wasserfall unter einer alten Mühle und die spielerische barocke Fassade des Palazzo Comunale (18. Jh.).

Nur zwei bis drei Kilometer außerhalb Nepi liegt auf dem Plateau der Weiler *Castel S. Elia* und unter ihm in einem wunderbaren Fosso mit üppiger Vegetation und senkrechten Tuffbändern die frühromanische Abteikirche S. Elia (Abb. 65). Der hl. Benedikt gründete hier, vermutlich um 520, an der Stelle des Tempels der Diana Nepesina ein kleines Kloster, das im 8.–11. Jh. erweitert wurde. Dazu wurden auch Säulen des römischen Tempels verwendet. Und wie an der Fassade von S. Pietro in Tuscania das etruskische Relief eines Tänzers eingemauert wurde, setzte man hier ein Relief der Diana (9. Jh.) in die Brüstung der Kanzel ein.

Die Fassade der Basilika Sant'Anastasio (11.–12. Jh.) ist altertümlich einfach. Beidseits des Mittelportales befinden sich zwei etwas verwitterte Widderköpfe. Sie erinnern an die Köpfe der etruskischen Porta all'Arco in Volterra. Die Bogen der Seitenportale sind mit phantastischen flachen Reliefs in weißem Marmor geschmückt, Ranken, die sich mit stacheligem Blätterwerk, Blumen und Trauben verschlingen, durch den Mund eines menschlichen Kopfes dringen und im Rachen eines Löwen verschwinden. Das Werk aber, das uns in den abgelegenen Fosso von S. Elia lockte, ist der größte erhaltene Zyklus romanischer Wandmalerei in Latium, ein Meisterwerk erster Ordnung aus dem Ende des 11. Jh. In frischer Kraft und Schönheit strahlt das Fresko in den basilikalen Raum mit offener Balkendecke und der Doppelreihe zartfarbiger, antiker Säulen. In der Apside, die Prozession heiliger Frauen mit goldenen Kronen in der Hand, byzantinisch kostbar gekleidet wie in ravennatischen Mosaiken, wird von einer mächtigen Christusgestalt überragt. Sie ist von Heiligen umgeben. Maria, hieratische Erzengel (Abb. 66) und kleine Lämmer haben in der großfigurigen Komposition ihren Platz. Mit dem monumentalen Werk verbindet sich eine kunsthistorische Rarität. Man kennt die Namen der Maler. Es waren die Brüder Johannes und Stefan und ihr Neffe Nikolaus aus Rom.

Eng am rechten Seitenschiff und am Chor der Kirche liegt der kleine Friedhof des Dorfes. Man erfährt, daß wegen des Besuches der Gräber jeden Sonntag auch die Kirche geöffnet sei. Aus dem Wunder des Fosso von S. Elia treten wir wieder auf die Hochfläche zur Straße nach Civita Castellana.

Der Soracte (oder Soratte), 691 m. Das zeitlos mythische Ungetüm Monte Soracte, das uns unterwegs schon aus weiterer Distanz in seiner Isoliertheit auffällt, scheint nun fast beunruhigend näher gerückt zu sein. Genau 10 km im Osten liegt der zackige Kamm der langen Flanke des Berges in der fruchtbaren Ebene. Nicht verwunderlich, daß um die phantastische Erscheinung, vor der sich das Tal des Tibers, die Monti Cimini, Sabatini, Prenestini, Seen und Meer ausbreiten, Mythen, Sagen und Legenden wuchern wie das undurchdringliche Gesträuch über dem Dromos einer Tomba a Sottofacciata. Wolfshöhlen, tiefe Grotten am Osthang, unheimliche Wolfsgeschichten, Quellenwunder, die Schenkung Roms von Konstantin d. Gr. an Papst Silvester I., Eremiten und Heilige kommen in den Legenden vor. Und wie alle alten Legenden sind sie von einer volkstümlichen Farbigkeit. Rechts auf dem Soracte nistet das Dorf S. Oreste, das bis ins 8. Jh. zurückgeht. Mit Hotels und Restaurants ist es für die Sommerfrische der Römer eingerichtet. Nördlich davon auf dem Kamm liegt das Kirchlein S. Silvestro und der erst 1835 gegründete Convento S. Maria delle Grazie.

Civita Castellana. Rasch nähern wir uns der eigentümlich südlich wirkenden Stadt mit den warmfarbigen Hausfassaden an der großen Piazza und dem schönen Brunnen in seiner Mitte (17. Jh.).

Vor der Stadt liegt links am Wege die – wie die Italiener sagen – »potente Fortezza« oder La Rocca (1494–1503) des Borgia-Papstes Alexander VI., eine bedeutende militärische Architektur der Renaissance. Der kreisrunde Hof ist mit den schönsten Cortili römischer Paläste zu vergleichen. Man hat die Absicht, in der Rocca ein Museum für Keramik und ein Antiquarium für lokale Funde einzurichten.

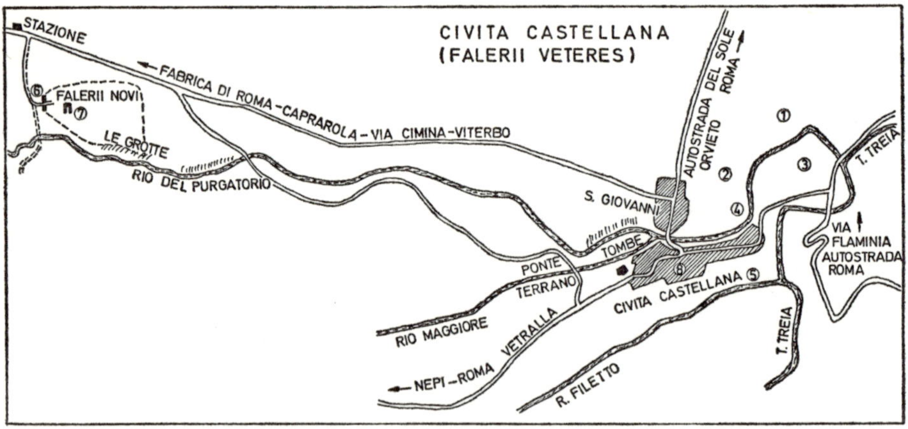

Wegekarte Civita Castellana-Falerii Novi. 1 Tempel von Celle 2 Fosso dei Cappuccini 3 Vignale (zwei Tempel) 4 Sassi Caduti 5 Scasato (Figur des Apollo) 6 Porta Giove 7 S. Maria di Falleri 8 Duomo

Nach der Einfahrt in die Stadt gelangen wir unmittelbar rechts an den Domplatz, auf dem wir den Wagen stehen lassen. An der Längsseite des Platzes erhebt sich die grazile Architektur der Vorhalle *(porticus)* der Domfassade, das wichtigste, vollendetste Werk der kosmatischen Kunst. Es wurde 1210 von Jacopo di Lorenzo und seinem Sohn Cosma ausgeführt. Von den Umrahmungen der Lünetten, Portale und vom Gebälk funkeln und spielen die farbigen Mosaiksteine und Marmorpartikel. Am Hauptportal sind die beiden kleinen Löwen nicht zu übersehen. Zierlich, ja neckisch sind sie im Vergleich zu ihren robusteren, ernsteren lombardischen Brüdern. Das Innere des Domes – es geht ins 12. Jh. zurück – ist enttäuschend. Von seiner letzten Renovation im 18. Jh. – mehrere sind ihr vorausgegangen – erwartet man Besseres.

Die Falisker. Ihr Territorium war praktisch ein Protektorat der mächtigen etruskischen Stadtstaaten Veji und Tarquinia. Kulturell galten sie als eine Provinz Etruriens. Das antike Falerii – seit dem 8. Jh. unserer Zeit Civita Castellana – war die Hauptstadt des faliskischen Territoriums. Sie liegt etwa in der Mitte zwischen Rom und Orte an der Via Flaminia. Das Gebiet des Staates breitete sich im Umriß zwischen dem großen Bogen des Tibers, Lucus Ferroniae bis Orte, den Monti Sabatini und Cimini aus. Es grenzte an die Territorien von Volsinii, Veji und Tarquinia. Eine Anzahl Ortschaften, Vignanello, Orte, Corchiano, Narce, Capena, Scorano u. a., deren Nekropolen ausgegraben wurden, lagen in seinem Bereich. Die Funde, die in der Villa Giulia, Rom, ausgestellt sind, zeugen für ein gehobenes kulturelles Niveau.

Seit 402 v. Chr. versuchten die Römer in mehreren Kriegen, Falerii zu erobern. Erst 241 v. Chr. gelang ihnen die Einnahme der Stadt, die sie zerstörten und deren Bewohner sie 5 km westlich, auf einer schlecht zu verteidigenden Ebene, ansiedelten. Es entstand die römische Stadt *Falerii Novi.* Sie wurde mit einer Ringmauer von mehr als 2 km Länge, mit 50 Türmen und 9 Toren, befestigt. Es ist eine der größten römischen Stadtmauern, die auf uns gekommen ist. Infolge wiederholter Einfälle der Barbaren kehren die Einwohner im 8. Jh. in das verfallene, alte Falerii zurück. Von pittoresken Schluchten und Flüssen umgeben, bot es bessere Möglichkeit der Verteidigung. Mit starken Wehrbauten (Castelli!) wurde es befestigt, deshalb: Civita Castellana. Der antiken Stadt verblieb aber weiterhin der Name Falerii oder Falerii Veteres.

Die Frage nach der Herkunft der Falisker wurde oft diskutiert. Die ältere Theorie setzte sich heute trotz zahlreicher neuer Erkenntnisse und Entgegnungen allgemein durch. Nach ihr gehören die Falisker zu den indoeuropäischen Völkerschaften, den Proto-Latinern, die in der ausgehenden italischen Bronzezeit um 1200 v. Chr. in mehreren Wellen von Nordosten und Norden auf die Halbinsel vordrangen. Diese Bewegung stand zweifellos im Zusammenhang mit der Völkerwanderung, in deren Verlauf die Dorer Griechenland besetzten und Mykene zerstörten, während gleichzeitig andere Gruppen in Kleinasien einfielen und als sogenannte Seevölker bis Ägypten vorstießen. Die Besiedlung Italiens erfolgte wohl später, am Ende der großen Bewegung. Illyrische Elemente sind nachweisbar und Einflüsse aus der Ägäis wahrscheinlich.

All diese Stämme, die sich in den verschiedenen Regionen der Halbinsel niederließen, faßt man unter dem Begriff ›Italiker‹ zusammen. Sie überlagerten die dünne Schicht der Ureinwohner. Die Falisker selbst kamen mit dem Auftreten der Etrusker auf italischem Boden unter den Einfluß ihrer Hochkultur.

Die Falisker sprachen einen lateinischen Dialekt mit umbro-sabellischen und etruskischen Einwirkungen. Sehr früh hatten sie das griechische Alphabet übernommen, das auch von den Etruskern benützt wurde. Im 7. und 6. Jh. v. Chr. führten die Falisker ein reiches und originales kulturelles Leben. Noch im 4. Jh. v. Chr. waren ihre Werkstätten für bemalte Keramik berühmt. Sie gehörten zu den bedeutendsten in Mittelitalien. In einzelnen ihrer Gräber wurden zahlreiche Beigaben in Bronze, Impasto und auch Goldschmuck gefunden. Die phantastisch geformten Impasto-Gefäße,

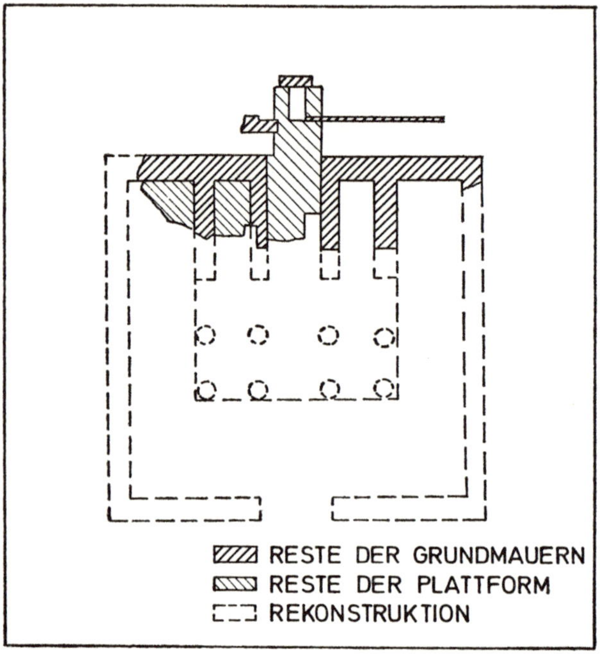

Civita Castellana, Tempel von Celle. (Nach: Notizie degli Scavi, 1887, Pl. II.)

oft in spielerischer Verbindung mit kleinen, lustigen Figürchen aus Falerii und Narce sind besonders zu erwähnen. Auch sie sind in der Villa Giulia in Rom zu sehen.

Eine Vorstellung von der Bedeutung der faliskischen Hauptstadt und ihrer Kultur versuchen wir in Civita Castellana, d. h. Falerii, zu gewinnen. Doch ist bedauerlicherweise im modernen Civita Castellana vom alten Falerii nicht mehr viel zu sehen. Außer den dunklen, höhlenartigen Grabeingängen in den Felsen am nördlichen Flußgraben und in Fallerii Novi sind von den fünf berühmten Tempeln im Umkreis der Stadt nur noch Spuren vorhanden. Einzig auf dem entferntesten *Tempelareal Celle* im Norden blieben von den Grundmauern des Tempels einige Blöcke übrig. Wichtige Terrakotta-Funde wurden dagegen bei den Tempeln gemacht. Das Museum der Villa Giulia in Rom ist der einzige Ort, an dem man einen lebendigen, umfassenden Eindruck von der Kultur aus der Früh- und Spätzeit der Falisker erhalten kann. Nicht nur die großartigen Funde aus Falerii, auch die aus den zerstreuten Ortschaften des faliskischen Landes sind dort hervorragend vertreten. Zu den Hauptakzenten faliskischer Kunst in der Villa Giulia gehören die einzigartige Hausurne aus Bronzeblech (Ende 8.–7. Jh. v. Chr.), die rot und weiß bemalten und geritzten Impasto-Gefäße mit den schönen, geschweiften Griffen, die vom Fuß über die Wandung hinweg den Körper umschließen (7. Jh. v. Chr.). Ferner sind es die figürlichen Tempel-Terrakotten aus dem 5.–1. Jh.

v. Chr., dekorative Bekleidungsplatten der auf dem steinernen Fundament in Holz errichteten Tempelgehäuse und besonders die, wenn auch dem Hellenismus verpflichteten, doch frei modellierten Akrotere und Giebelfiguren. Der griechisch anmutende Apoll vom *Scasato*-Tempel und der eher etruskische Akroter eines großartigen Kriegers von der Contrada *Sassi Caduti*, wo heute alles leer und überwachsen ist, haben Weltberühmtheit erlangt.

Zu Beginn des 4. Jh. v. Chr. erlebten die faliskischen Töpfereien und Terrakotten einen bedeutenden Aufschwung. Die unter dem Einfluß griechischer Vorbilder geschaffenen grobfigurigen Vasen aller Formen fanden weite Verbreitung. Auffallend ist die große Zahl attischer Keramik, die besonders in Falerii gefunden wurde. Ihre Einfuhr erfolgte wohl durch die Etrusker, da die Falisker weder einen Hafen noch eine Handelsschiffahrt besaßen. All diese Spitzenwerke werden wir, inmitten einer Menge weiterer charakteristischer Erzeugnisse der faliskischen Kultur, in der Villa Giulia antreffen.

Falerii Novi. Diese oben erwähnte römische Neugründung liegt etwas mehr als 5 km von Civita Castellana entfernt. Man verläßt die Stadt an ihrer nördlichen Ausfahrt über den Ponte Clementino und zweigt im vorortigen S. Giovanni links (Wegweiser) in die Straße nach Fàbrica di Roma. Kaum 5 km weiter, der Bahnlinie entlang, vor der Haltestation biegt ein gut befahrbarer Feldweg nach Falerii Novi ab. Nach einigen hundert Metern kommen wir an die Porta Giove, die mit dem kleinen weißen Marmorkopf, dem Schlußstein des Portalbogens zwischen den anstoßenden braunen Tuffmauern des Festungsringes, den schnurgeraden Weg zur großartigen Ruine von S. Maria di Falleri öffnet.

Fährt man vor der Porta Giove geradeaus weiter über den Fosso in den nahen Wald, kommt man rechts vom Weg zu grob ausgehauenen, höhlenartigen großen Grabräu-

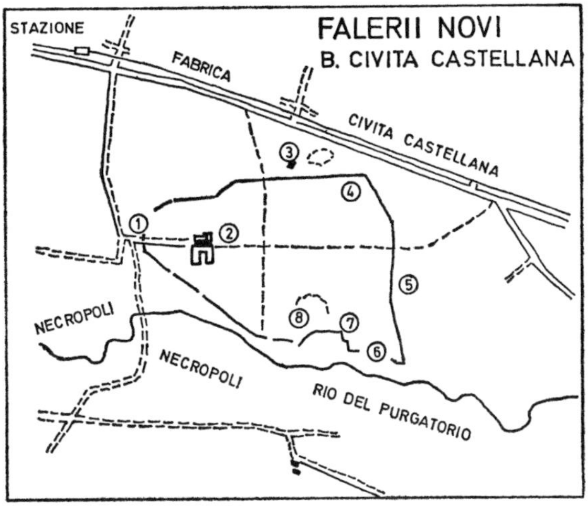

Plan von Falerii Novi bei Civita Castellana. 1 Porta di Giove 2 Ruine von S. Maria 3 Mausoleum, Amphitheater 4 Porta 5 Stadtmauer 6 Le Grotte (Gräber) 7 Porta del bove 8 Theater

men mit Leichenbänken, Podesten und Kolumbarien. Decken und Wände sind ohne jegliche innenarchitektonische Form. Der südlichen Ringmauer von Falerii Novi entlang, links im Tal des Rio del Purgatorio, gibt es hingegen interessante Kammergräber.

Von der einstigen römischen Stadt Falerii Novi existieren nur ihr weites, flaches Areal und die dieses umfassende Schutzmauer mit der restaurierten Porta Giove. Bei den verschiedentlichen Ausgrabungen seit 1821 kamen nur dürftige römische Funde an den Tag: in der Nähe des Südwalles Reste eines großen Theaters, Fragmente von Statuen, Reliefs und Terrakotten, weitere Reste von einem Schwimmbad, einem Forum und einem nicht erklärbaren kleineren Rundbau. Die Stadt hatte schon vor dem 2. Jh. v. Chr. eine eigene Verwaltung mit Praetor und Senat.

S. Maria di Falleri. Nach den aufgezählten römischen Zeugnissen von Falerii Novi macht ein Denkmal aus der christlichen Ära der Stadt einen besonders starken Eindruck. Es ist die phantastische Ruine der dreischiffigen, mit fünf Apsiden abschließenden romanischen Kirche S. Maria di Falleri aus dem 12. Jh. Noch stehen die von römischen Säulen gestützten Bogen und hohen Wände, und noch sind die wohlproportionierten fünf Apsiden mit ihrer einfachen, architektonischen Gliederung an der Außenwand erhalten. Dach und Gewölbe sind 1829 eingestürzt. Es flutet nicht nur das Licht des Himmels in den offenen Raum, auch langes Geäst, blättrige Büsche ragen hinein. Gräser nisten in den Mauerfugen, und weich tritt man auf bemooste Platten des Bodens.

Mit dem Bild der großen, malerischen Ruine verbindet sich Rätselhaftes. Im 8.–9. Jh. begann sich Falerii Novi zu entvölkern. Die Leute kehrten vor den Bedrohungen der Barbaren wieder in das leichter zu verteidigende alte Falerii zurück. Erst 400 Jahre später wurde dieser kirchliche Großbau aus dem Material der verlassenen Stadt errichtet. Durch die freundliche Porta Giove verlassen wir Falerii Novi und damit auch Civita Castellana. Wenig Etruskischem und Faliskischem sind wir hier begegnet. Doch haben wir von der umschluchteten Stadt und ihrem Land den Gewinn einer echten Vorbereitung für die Besichtigung der Sammlung faliskisch-etruskischer Werke in der Villa Giulia in Rom mitgenommen.

Caprarola. Wir begeben uns auf die Straße nach Fàbrica di Roma, auf der wir, je nach Jahreszeit, unzähligen hochbeladenen Zweiräderkarren begegnen. Durch Wein-, Pfirsich-, Kernobst- und vornehmlich Haselnußkulturen gelangen wir über Carbognano nach Caprarola, das langgestreckt an einem sanft ansteigenden Hang liegt. Axial führt die Straße durch die Ortschaft zum grandiosen Palazzo Farnese, einem Meisterwerk des Vignola aus dem 16. Jh. Die szenische Architektur dominiert Ortschaft und Land. Fünfeckig ist der Grundriß und kreisrund der repräsentative Innenhof des fein gegliederten Baues. Die unzähligen Säle, Räume, Treppen und Korridore wurden mit wenigen Ausnahmen von den beiden Brüdern Zuccari mit Fresken ausgemalt. Hinter dem mächtigen Palazzo im prachtvollen Park liegt die graziöse ›Palazzina‹, der Sommersitz des italienischen Staatspräsidenten.

Bergan durch einen kühlen, saftiggrünen Kastanienwald kommen wir auf die Höhe der Via Cimina. Wir blicken von hier aus auf den tiefliegenden, blauen Spiegel des Lago di Vico. Rechts vom Ufer erhebt sich der sanfte Monte Vènere (834 m).

Lago di Vico. Der liebliche Lago di Vico, das Kleinod der mittelitalienischen Kraterseen, erinnert allein noch an das wilde, räuberische Rittergeschlecht der di Vico, die im 13. und 14. Jh. das Land nicht zur Ruhe kommen ließen. Der Familie, deren Herkunft unbekannt ist, kam, nicht immer zur Freude der Päpste, seit dem frühen 12. Jh. erblich das wichtige Amt des Stadtpräfekten von Rom zu. Unter den aristokratischen Familien der Colonna, Orsini, Frangipani und anderen, welche um 1350 Mittelitalien beherrschten, waren die di Vico die kriegerischsten. Ihr Gebiet reichte nahe von Rom und von der Küste mit Civitavecchia bis zu den Monti Cimini, zeitweise bis in die Toscana. Bei manchen Burgruinen in der Nähe etruskischer Städte und Nekropolen stößt man auf den Namen di Vico. Den letzten Stadtpräfekten von Rom aus der Familie, Giaccomo, ließ der Condottieri-Kardinal Vitelleschi 1435 in Soriano hinrichten. Ein italienischer Historiker bezeichnete den Kardinal als »singulare figura d'uomo d'arme più che di chiesa« (mehr Krieger als Mann der Kirche). Nicht die blutigen Kriege des Kardinals, der architektonisch bedeutsame Palast, den er 1436–1439 in seiner Geburtsstadt Tarquinia bauen ließ, in dem das etruskische Museum der Stadt eine vortreffliche Unterkunft gefunden hat, überlieferte seinen Namen der Nachwelt.

Im Frühjahr ist der Höhenweg der Via Cimina, auf dem wir nach Viterbo zurückkehren, in ein goldenes Meer von Ginster gebettet. Die Luft ist erfüllt von seinem Honig. Das letzte Geleit im Abstieg geben uns blühende Akazien.

15. Route

Viterbo – Blera – San Giovenale – Viterbo (66 km)

Blera. Von Blera, das wie Barbarano Romano zwischen zwei Fossi auf einem Tuffplateau liegt, sprachen wir bereits in der 13. Route. Mit dem Führer, den wir dort ausfindig gemacht haben, besuchen wir die Nekropolen. Die wichtigsten mit den interessantesten Gräbern befinden sich nördlich des Städtchens über dem Rio Canale und, entfernter, nordwestlich über dem Biedano und einem von Nordosten kommenden Zufluß. In etruskischer Zeit, als sich die Stadt auf der Zunge des Tuffrückens weiter nach Westen ausdehnte als heute, lag sie der Nekropole näher.

Aus der Menge der Felsengräber, die hier im Schatten dichter Vegetation oder zerklüfteter Tuffabstürze geborgen sind, treten keine großartigen, beherrschenden Grabmonumente hervor, wie die Tempelfassaden in Norchia oder der wunderbare Würfel der Tomba della Regina in S. Giuliano. Von den zahlreichen Tumuli (um 600 v. Chr.), die einst auf dem Plateaurand des Pian del Vescovo (Westnekropole) und der Nord-

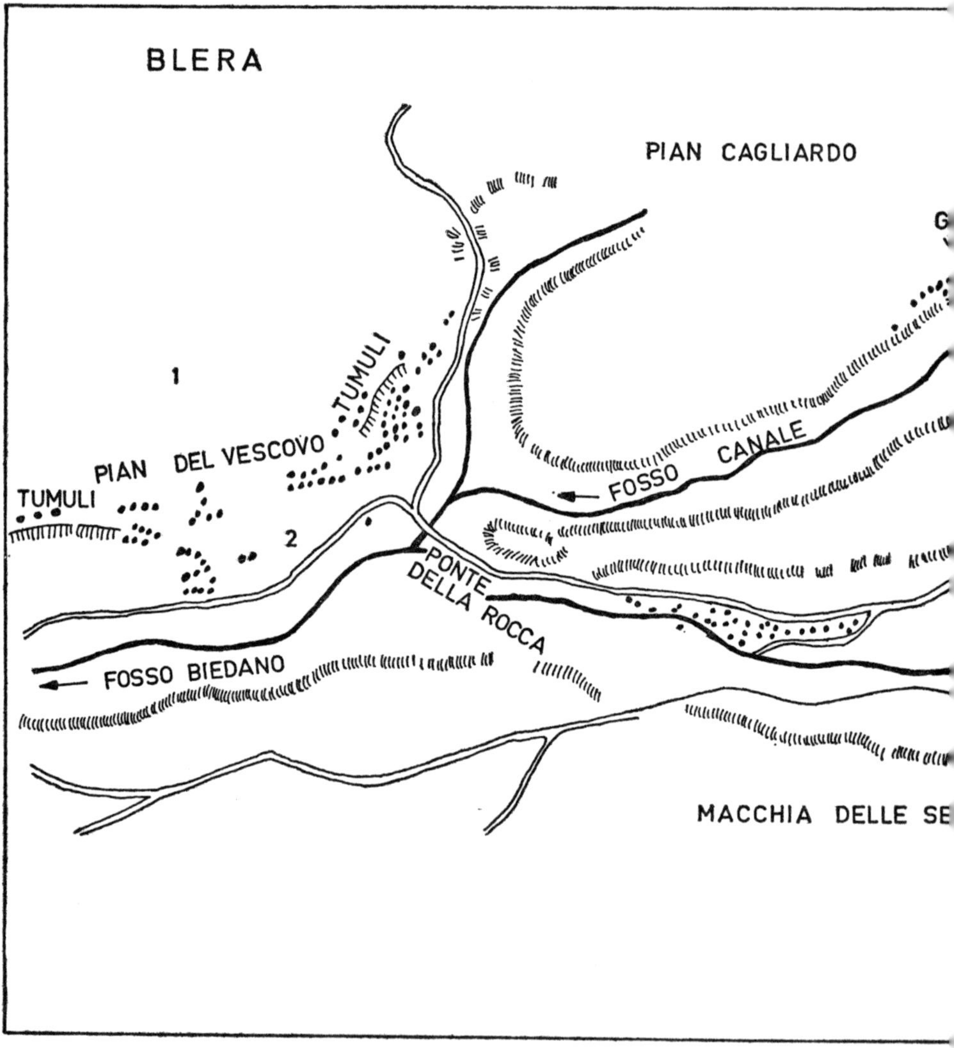

Wegekarte der Nekropolen von Blera. 1 Westnekropole 2 Hausgrab 3 Nordnekropole

ostnekropole über dem Rio Canale silhouettenhaft in Erscheinung traten, ist aus der Entfernung nichts mehr zu sehen. Kreisrund, mit kurzem Dromos, die Totenkammer in der Mitte, und mit einem oft profilierten Sockel, sind sie aus dem Tuff gehauen. Auf dem Sockel war der Erdhügel aufgeschüttet, der im Laufe der Zeiten weggeschwemmt wurde. Von den Tuffelementen des Unterbaues sind nur zerfressene Reste übriggeblie-

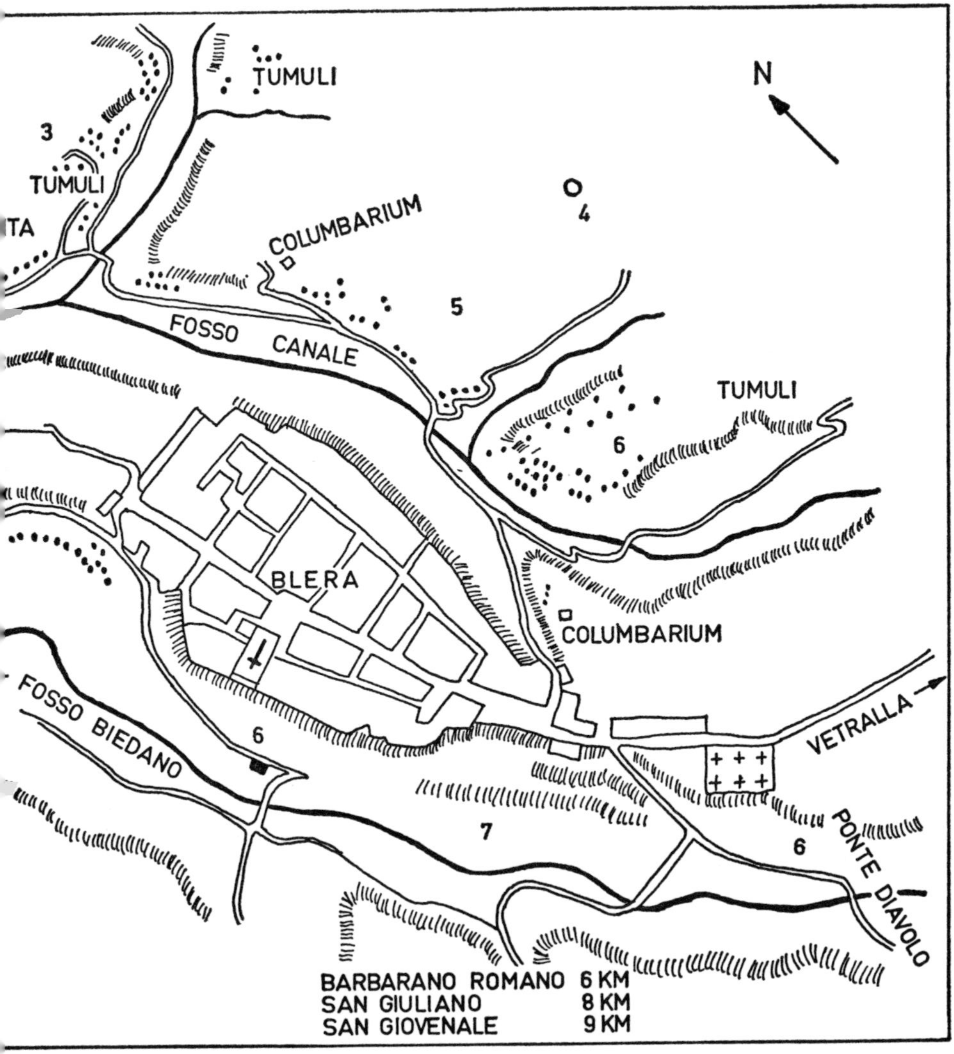

4 Römisches Rundgrab 5 Nordostnekropole 6 Gräber 7 Nischengräber. (Nach: Koch, Mercklin, Weickert: Bieda, Rom 1965)

ben. Wie bei den Portikus-Gräbern in S. Giuliano kann man mit Hilfe der Rekonstruktion ein Bild des Ganzen bekommen. Auch zahlreiche größere und kleinere Felsengräber sind dem Zerstörungsprozeß nicht entgangen.

Die Nekropolen von Blera, das ein wohlhabendes, doch nicht besonders reiches Zentrum der Provinz war, enthielten etwa 2000–3000 Grabstätten und über 10 000 Bestattungen. Vor 50 Jahren waren noch gegen 1000 Felsengräber zu sehen. Wenn Blera trotzdem als provinziell bezeichnet wird, so deshalb, weil seine Grabtypen, ohne Ausbildung einer gehobeneren Architektur, in die Reihe jener von S. Giuliano und auch von S. Giovenale gehören, in deren Kammern keine kostbare griechische Importkeramik gefunden wurde. Der Bedarf an Töpfereien wurde durch die lokale Produktion, auch durch faliskische Vasen, gedeckt, welche auf nachbarliche inneretrurische Beziehungen schließen lassen. In einzelnen Tumuli fand man außer Buccheri sehr schöne bemalte, größere Impasto-Gefäße. Wir werden es unserem Guida überlassen, ob wir zunächst das 16 m lange Hausgrab, die Würfel- und Nischengräber der Westnekropole unter dem Pian del Vescovo und über dem Zufluß des Biedano oder dieselben Grabtypen und Columbarien über dem Rio Canale, nordöstlich von Blera, besuchen. Das schönste, guterhaltene Würfelgrab, die *Grotta dipinta* (4. Jh. v. Chr.), mit Seitentreppe in der Nordnekropole, sollten wir nicht verfehlen (Abb. 68). Eindrucksvoll steht der gedrungene Würfel mit der ›porta dorica‹ an der Front auf einem kleinen Platz des Abhanges. Die Kammer hat eine flache Decke mit Mittelbalken, der durch eine sehr beschädigte Säule gestützt wird. Die Wände waren mit Stuck überzogen. Tuff ist ein schlechter Malgrund. An der Stirnwand über den Totenbänken ist die Bemalung noch stückweise erhalten, ein schwarzes Wellenmuster und unter der Decke ein schwarz-weiß-roter Abschlußstreifen.

Unter den Gräbern, deren Typen sich kaum verändert haben, überwiegen die Würfel (älteste um 600 v. Chr.), die durch die Verschiedenheit des Geländes in Größe und Stellung in ihrer Erscheinung eine gewisse Mannigfaltigkeit haben. Die Tür in der Front des Würfelmassives ist eine wirkliche Öffnung *(porta reale)*, nicht, wie in Castel d'Asso oder Norchia, eine Scheintür (Abb. 67). Durch sie kommt man direkt in die Grabkammer mit den Leichenbänken an den Wänden, auf denen ein skulptierter Halbkreis das Kopflager angibt. An einer Seite des Würfels oder an beiden führen gewöhnlich Treppen zum Podium des Abschlusses hinauf, wo vermutlich Totenfeiern abgehalten wurden. Sicher waren sie ursprünglich für die Herausarbeitung des Würfels aus dem Felsen – von oben nach unten – angelegt. Am Pian del Vescovo, an dem drei Reihen Würfel terrassenartig übereinander angelegt sind, dienten sie auch als Zugang zu den einzelnen Abtreppungen. Hier, am Westende der Nekropole, sind alle Typen der Gräber von Blera vertreten. Würfel mit Seitentreppen, Hausgräber, Nischen und Tumuli am Rande des Plateaus. Vom Biedano bis zu den Tumuli hinauf sind es etwa hundert Meter.

Felsenkanäle. Am Ende der Hauptstraße in Blera, auf dem kleinen Platz, von dem aus man wie von einem Tuffpodium die schöne Aussicht über den Lauf des Biedano durch das fruchtbare Tälchen hat, ertönt bei einem heftigen Fußtritt der Boden dumpf, als ob er unterkellert wäre. Vermutlich stehen wir über einem Teil des ausgedehnten Dränagesystems, von dem heute noch 40–50 offene Kanäle erhalten sind. Die Etrusker hatten den Ruf, Meister für Wasserregulierung, Dränage, Entsumpfung zu sein. In großen Gebieten des vulkanischen Süd-Etruriens wurden umfangreiche Anlagen dieser Art, welche die Römer verfallen ließen, festgestellt. Man erinnere sich an die Entsumpfungen in Rom unter den Tarquiniern oder an die verzweigten Felsenkanäle in Veji. Mit dieser aufwendigen Entwässerung behoben die Etrusker mit Erfolg die Erosion und andauernde Durchnässung des Bodens.

Die unterste (tertiäre) Schicht ist durch unterirdische Abflüsse von Kraterseen mit Wasser angereichert. Auf ihr liegt die Tuffschicht, darüber der Kulturboden, der das Regenwasser aufnimmt. Die überschüssige Feuchtigkeit in der untersten und obersten Schicht wird vom dazwischenliegenden Tuffgestein bis zu dessen Sättigung aufgenommen. Da der Tuff seinen Wassergehalt nicht verdunsten kann, bleibt der Kulturboden der Oberfläche ständig naß. Solange durch die in der Tuffschicht angelegten Kanäle dem Tuff und der Kulturschicht die Nässe entzogen wurde, war das Land trocken, gut zu bebauen und vor fortschreitender Erosion geschützt. Zum Unterhalt und zur Reinigung der Kanäle – Cuniculi – wurden in gewissen Abständen Förderschächte ausgehauen. Nach diesem System der Entwässerung wurde das Wasser in die großen Fossi abgeleitet, und ganze Täler, Hochflächen, Hänge und isoliert besiedelte Hügel dräniert. Auch Blera ist von Cuniculi durchzogen, die sich in der Zisterne auf dem Platz vor der Kirche treffen.

Straßen. In etruskischer Zeit war Blera der Schnittpunkt eines dichten Straßennetzes. Die Via Clodia war vor dem Bau der Via Cassia (171 v. Chr.) die wichtigste Verbindung des Binnenlandes mit Rom. Von Blera führte sie über Norchia nach Tuscania und weiter nordwärts. Mit Vetralla, Castel d'Asso und Viterbo, mit San Giuliano, San Giovenale und den Tolfabergen gegen Süden, mit Sutri und Nepi und schließlich mit Tarquinia, dessen Territorium es angehörte, hatte es Straßenverbindungen. Die Überquerung des Biedano erfolgte über den dreibogigen, 21 m langen Ponte del Diavolo, der zu den pittoresken Sehenswürdigkeiten von Blera gehört. Der Rio Canale wird bei seiner Mündung in den Biedano im Westen vom monumentalen römischen Ponte della Rocca überwölbt.

Blera betrieb von jeher Landwirtschaft. Mit dem Ertrag vom Ackerbau, von Viehzucht, Jagd und Fischfang, vielleicht auch vom Binnenhandel mit eigener Keramik konnte es das Riesenwerk der Felsenkanäle und die Anlagen der großen Nekropolen ausführen. Nach dem Niedergang unter den Römern erlebte Blera in der frühen christlichen Zeit wieder einen Aufschwung. Seit dem 5. Jh. war es Bischofssitz, der im 12. Jh. mit dem von Viterbo vereinigt wurde. Bedeutung erlangte es als Grenzsperre gegen die Langobarden. Im 13. Jh. begegnen wir der feudalen Familie di Vico, die sich 170 Jahre lang mit den Päpsten um den Besitz von Blera stritt.

San Giovenale. Nachmittags unternehmen wir einen Ausflug nach *San Giovenale.* In der Richtung nach Civitella Cesi, etwa 8 km genau südlich von Blera, gelangen wir bald zu einem kurzen Abstieg in eine offene Talmulde. Wenig weiter zweigt rechts,

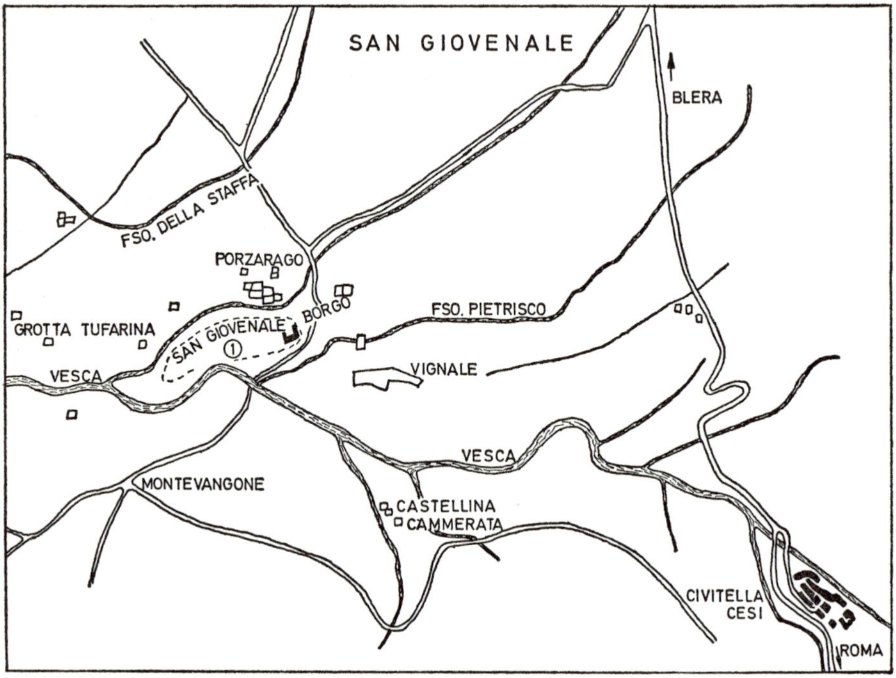

Wegekarte von San Giovenale bei Civitella Cesi. (Nach: Etruscan Culture, Malmö 1962)

nach Westen, ein steiniger, fahrbarer Feldweg ab, der zu den Ausgrabungen und der Schloßruine von San Giovenale führt. Zum letzten Male auf unserer Reise sind wir in der typischen vulkanischen Landschaft des südlichen Etruriens, den Hochflächen auf Tuffelsen, den tief eingefressenen Schluchten und verzweigten Bachläufen. Bald erscheint auch, wie zur Komplettierung des Bildes, auf umwaldeter Höhe die Silhouette der stattlichen Burgruine. Bevor wir am Fuße des Hügels sind, geht unser Sträßchen in einen ansteigenden Fußweg über, der zum langen, schmalen Plateau, einem wichtigen Platz der schwedischen Ausgrabungen, und der Burg hinauf führt.

San Giovenale ist nicht bewohnt. Es gibt keine Ortschaft dieses Namens. Im Innenhof des Schlosses fand man dürftige Reste einer frühen christlichen Kapelle des Märtyrer-Bischofs Juvenal von Narni. Nach ihm wurden wohl der Ort, der 1141 erwähnt wird, und die mächtige Burg (um 1250) genannt. Heute ist der Name San Giovenale mit den erfolgreichen Ausgrabungen, welche das Schwedische Institut in Rom unter der Protektion und mit praktischer Mitarbeit des Königs Gustav Adolf von Schweden seit 1956 unternommen hat, aufs engste verbunden.

Im Mittelalter hatte die Burg als Kontrollstelle der Via Dogana, die von Viterbo an die Küste und nach Tolfa führte, eine gewisse Bedeutung. Wir stoßen hier wieder

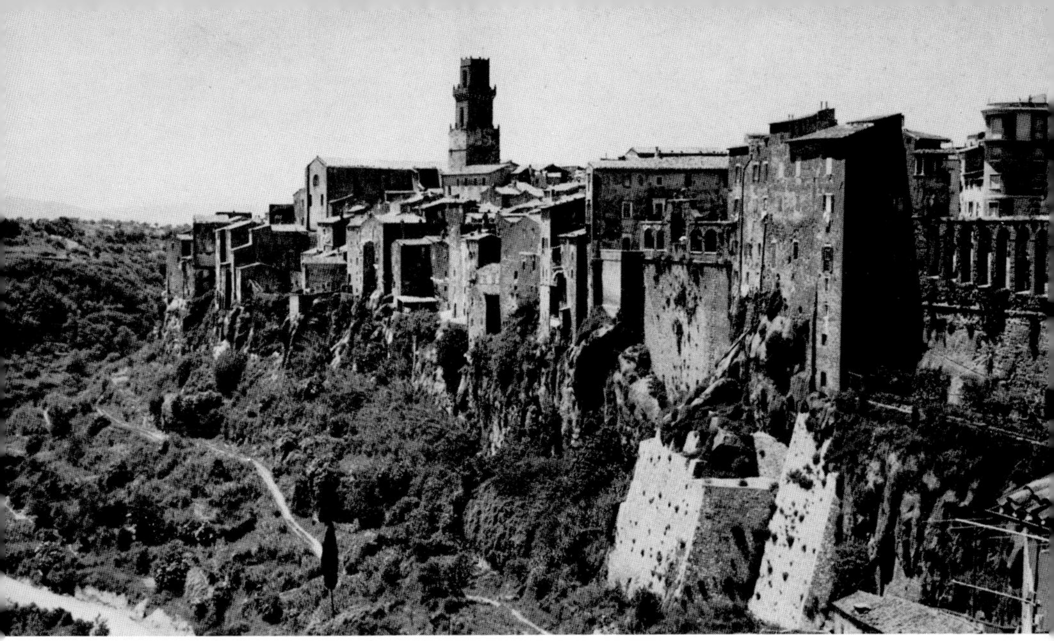

PITIGLIANO Unterhalb der Häuser Straße nach Sovana

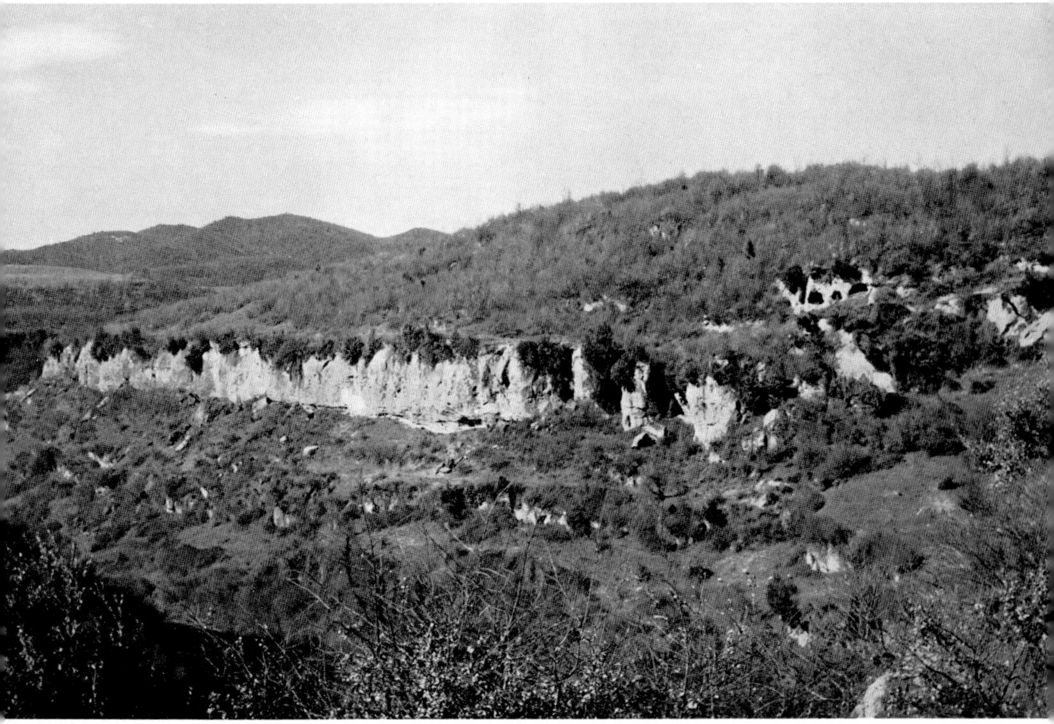

CASTRO Stadthügel

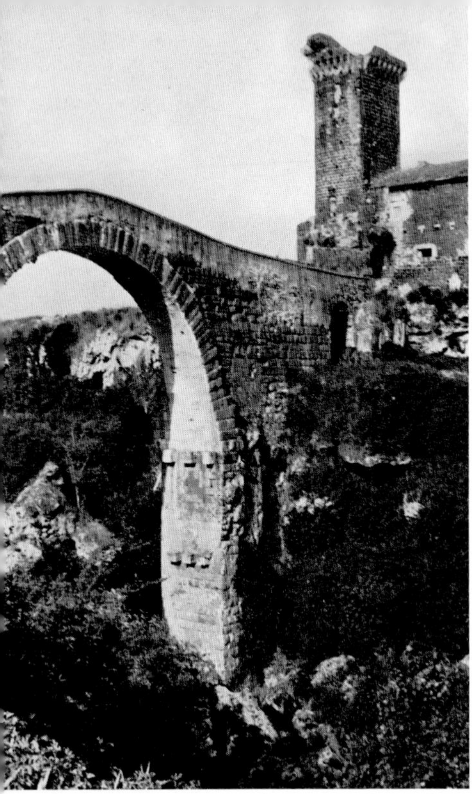

42 VULCI Brücke über die Fiora und Kastell, in dem ein schönes Museum eingerichtet wurde

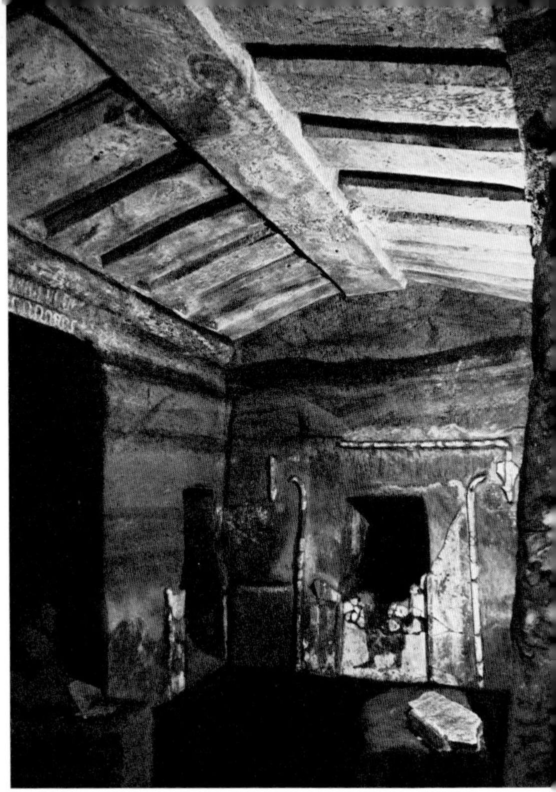

43 VULCI Tomba François in der Nekropole di Ponte Rotto

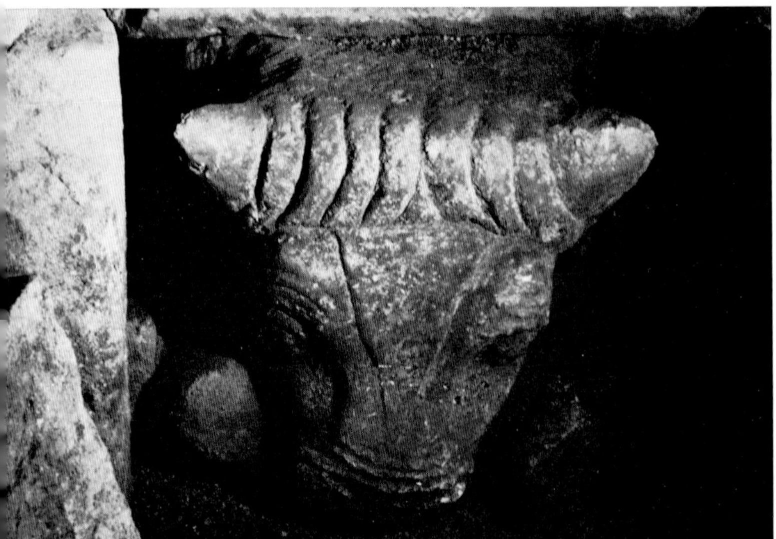

44 VULCI Tomba dei Tori. Einer der beiden Stierköpfe in situ. Von Grabräubern verschleppt, kamen sie später ins Museum des Kastells

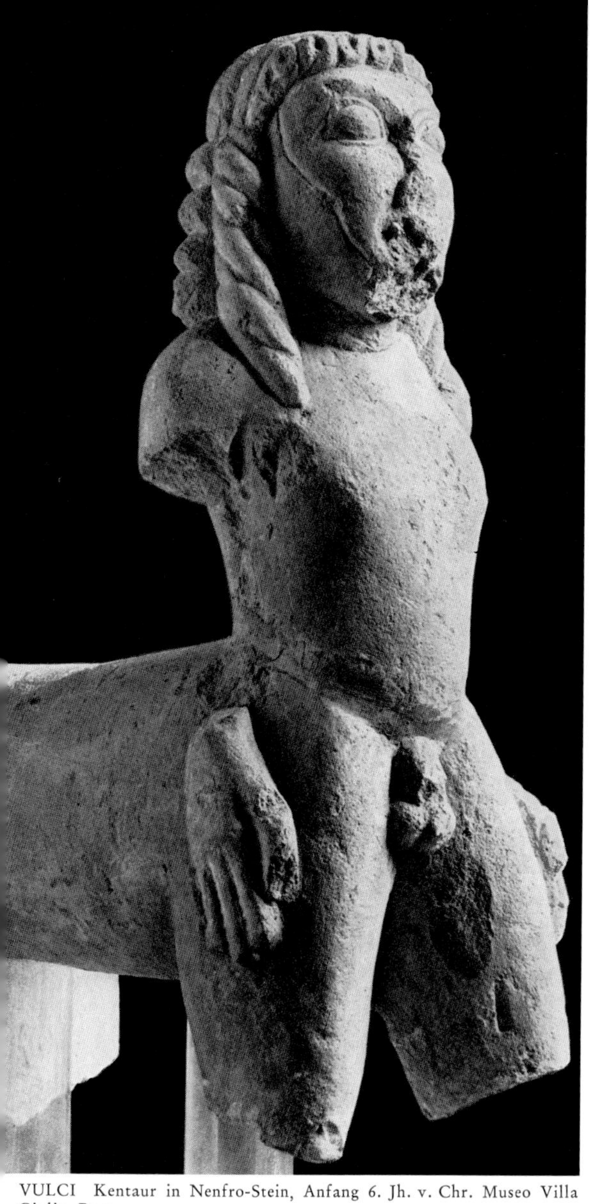

VULCI Kentaur in Nenfro-Stein, Anfang 6. Jh. v. Chr. Museo Villa Giulia, Rom

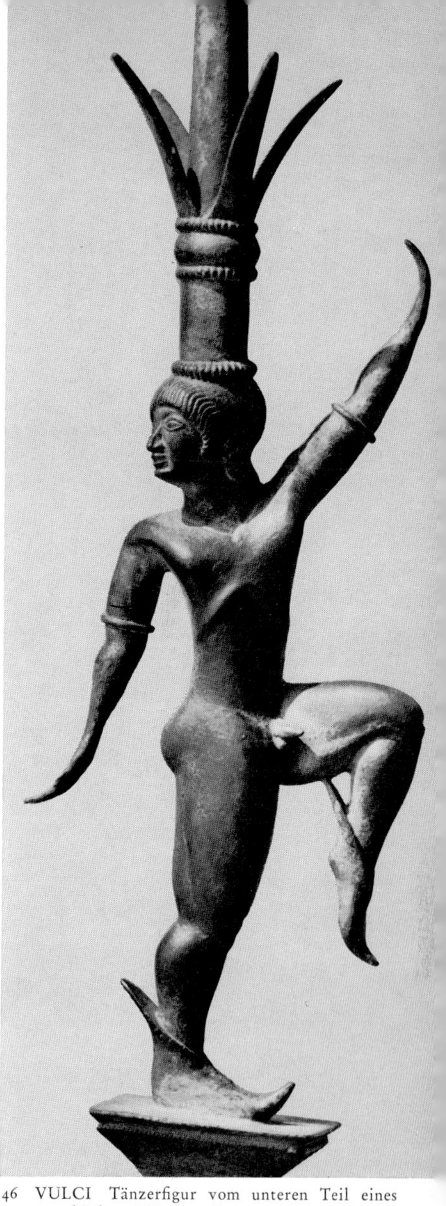

46 VULCI Tänzerfigur vom unteren Teil eines etruskischen Räucherständers; Höhe 36,6 cm, um 490–480 v. Chr. Badisches Landesmuseum, Karlsruhe

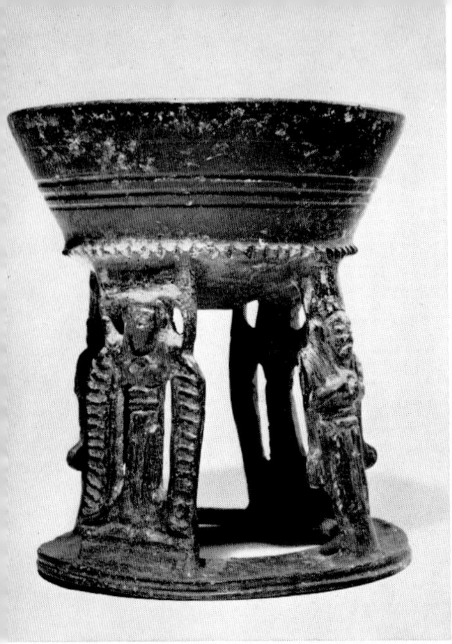

47 VULCI Kelchschale in Bucchero mit Stützfiguren. Beliebte Gattung der orientalisierenden Phase in Südetrurien, 7. Jh. v. Chr. Museo Villa Giulia, Rom

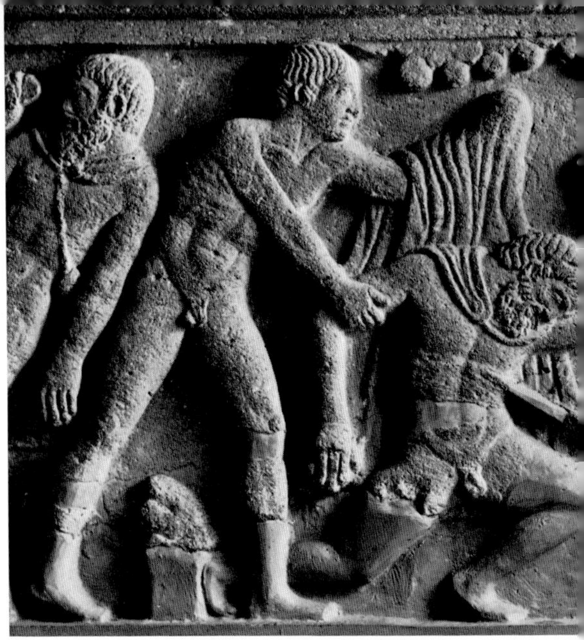

48 VULCI Detail vom Nenfro-Sarkophag, Ende 4. Jh. v. Chr. Museo Villa Giulia, Rom

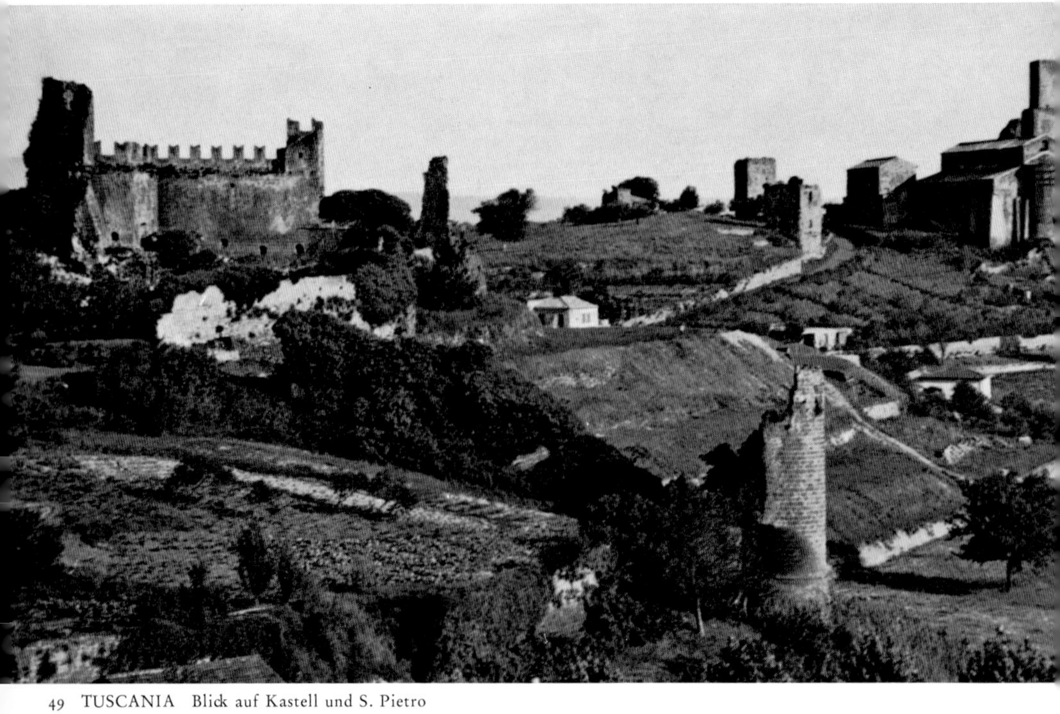

49 TUSCANIA Blick auf Kastell und S. Pietro

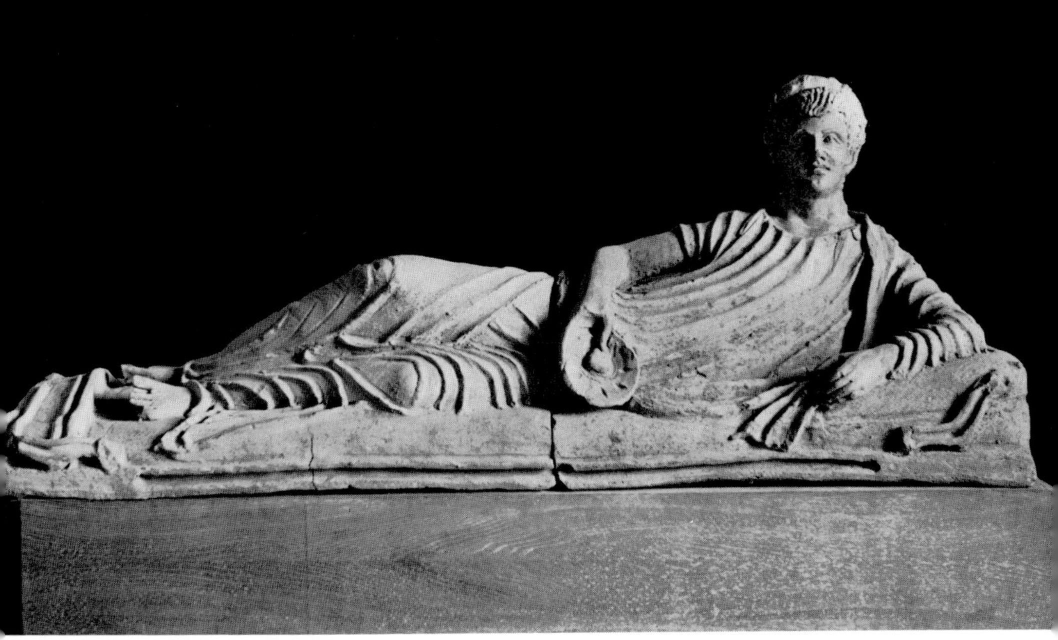

TUSCANIA Deckel eines Terrakotta-Sarkophags, 2.-1. Jh. v. Chr. Museum Tuscania

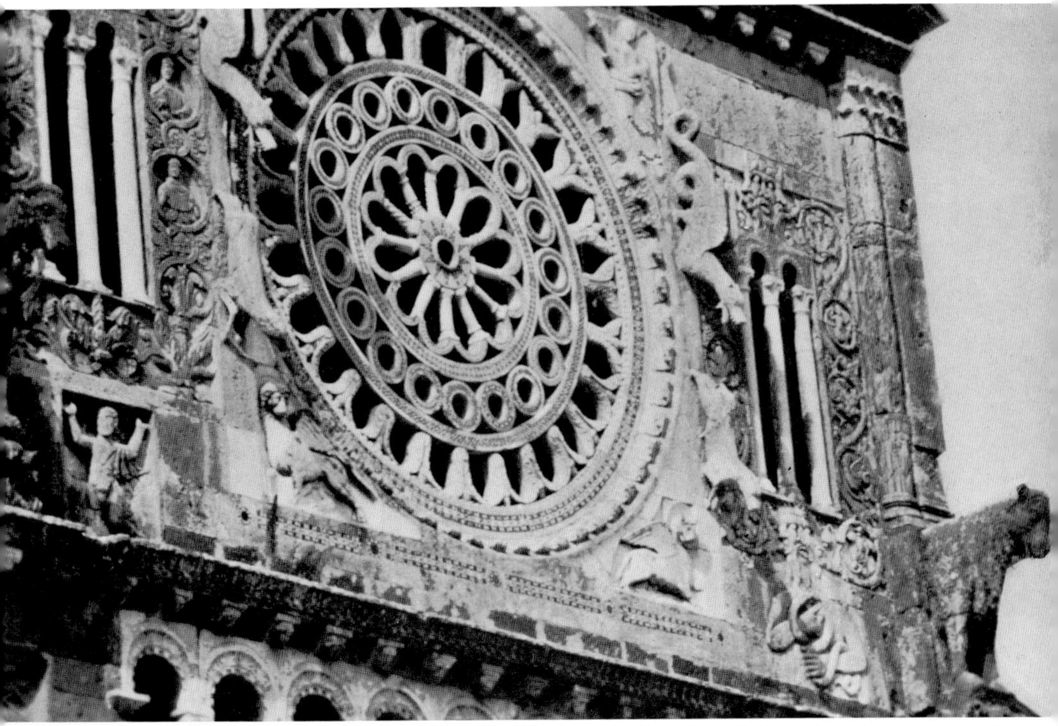

TUSCANIA Fassade von S. Pietro. Links etruskisches Relief eines Tänzers. Rose durch Erdbeben im Februar 1971 zerstört, heute wieder restauriert

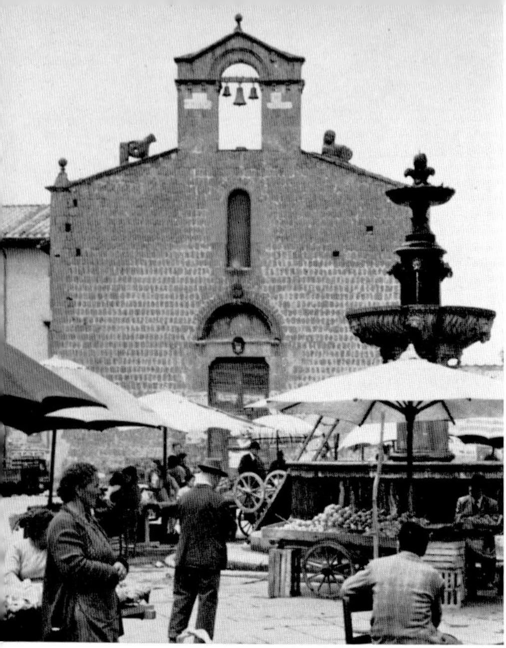

52 VITERBO Markt und Kirche Il Gesù, 11. Jh. Auf den Dachschrägen Tiere wie auf dem Rande eines etruskischen Bronzebeckens

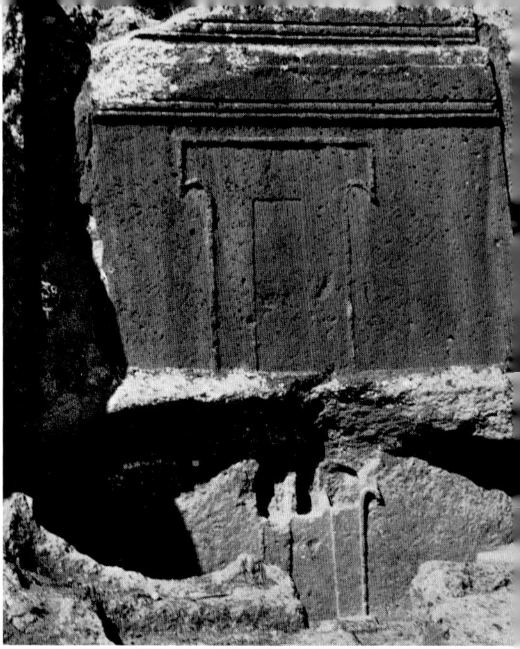

53 CASTEL D'ASSO Würfelgrab mit dem Profil einer große Scheintür an der Fassade. Unter ihr Reste des abgebrochene Vordaches und der kleinen Scheintür, vor der der Gang zu Totenkammer im Boden liegt

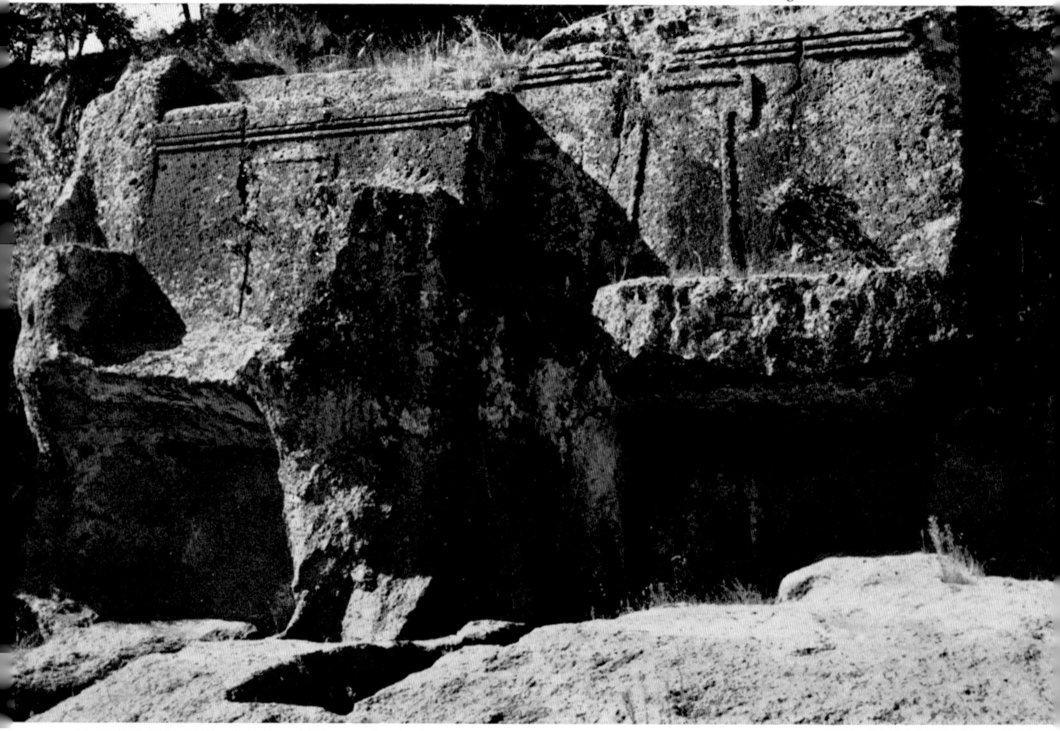

54 CASTEL D'ASSO Scheinwürfel mit Vordach

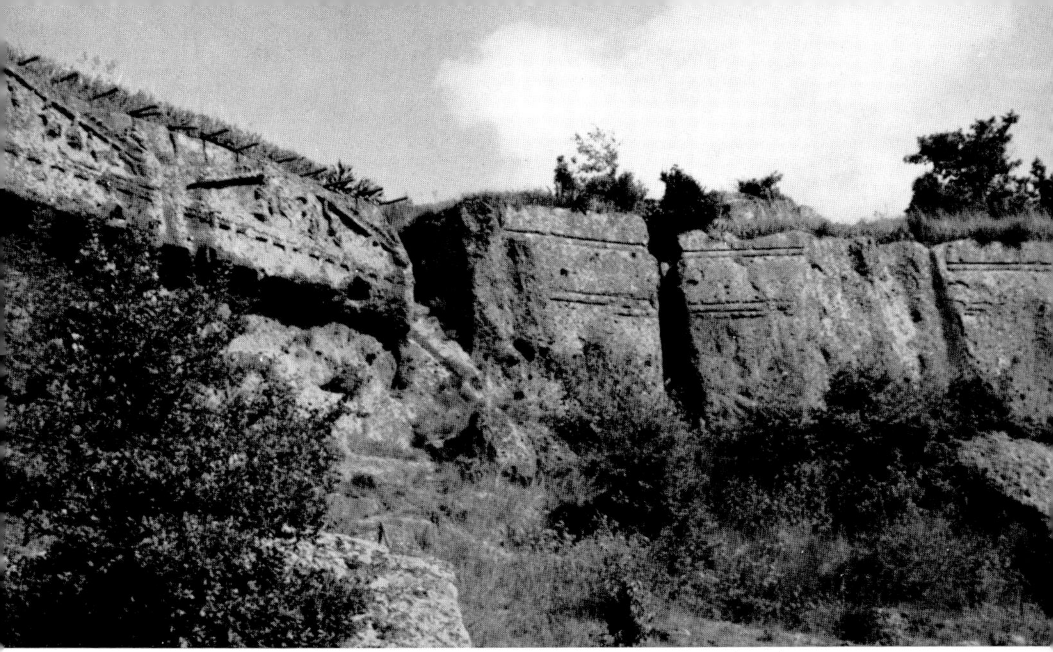

NORCHIA Sog. Tempel- und Würfelgräber. Zwischen den Würfeln Treppen zum Plateau hinauf

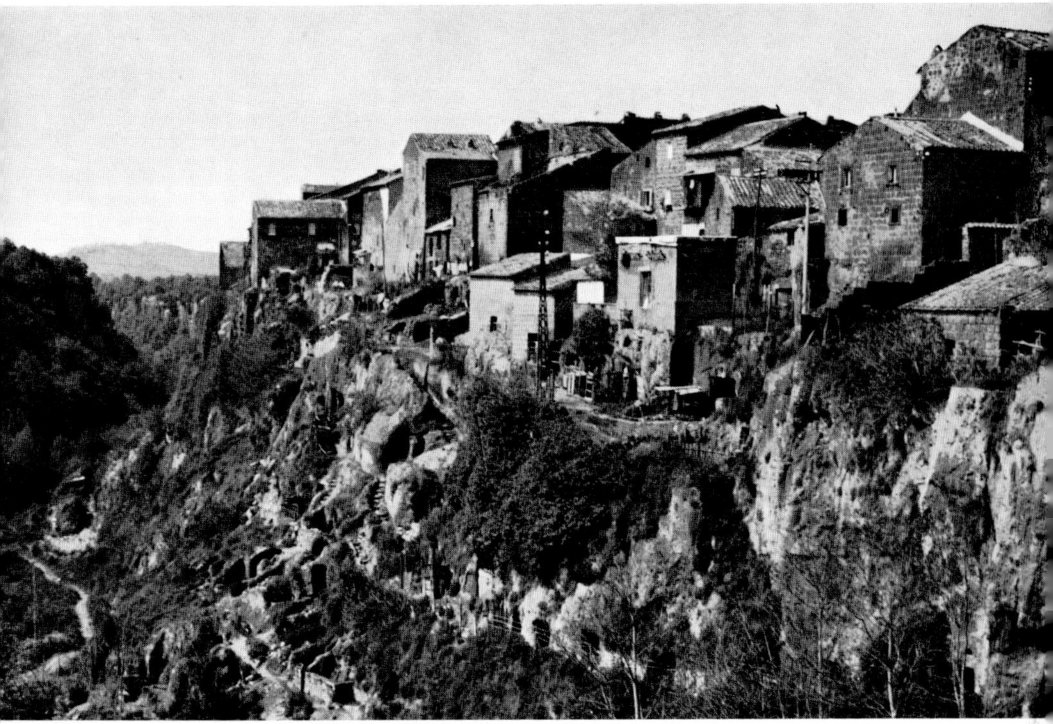

BARBARANO ROMANO Die Ortschaft über dem Fosso Biedano

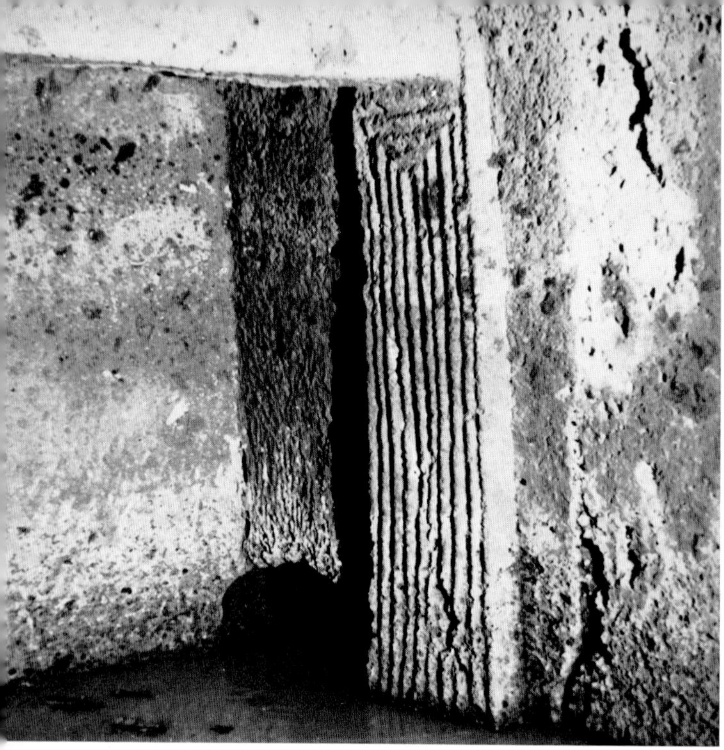

57 SAN GIULIANO bei Barbarar Romano, Tomba Cima, Pilaster i linken Längsraum

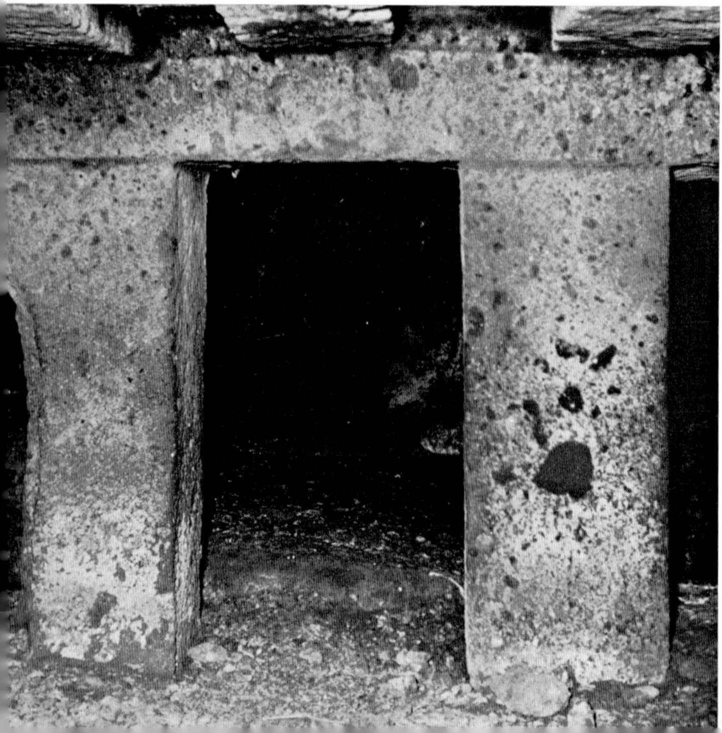

58 SAN GIULIANO Tumulus d Caiolo, Vorhalle

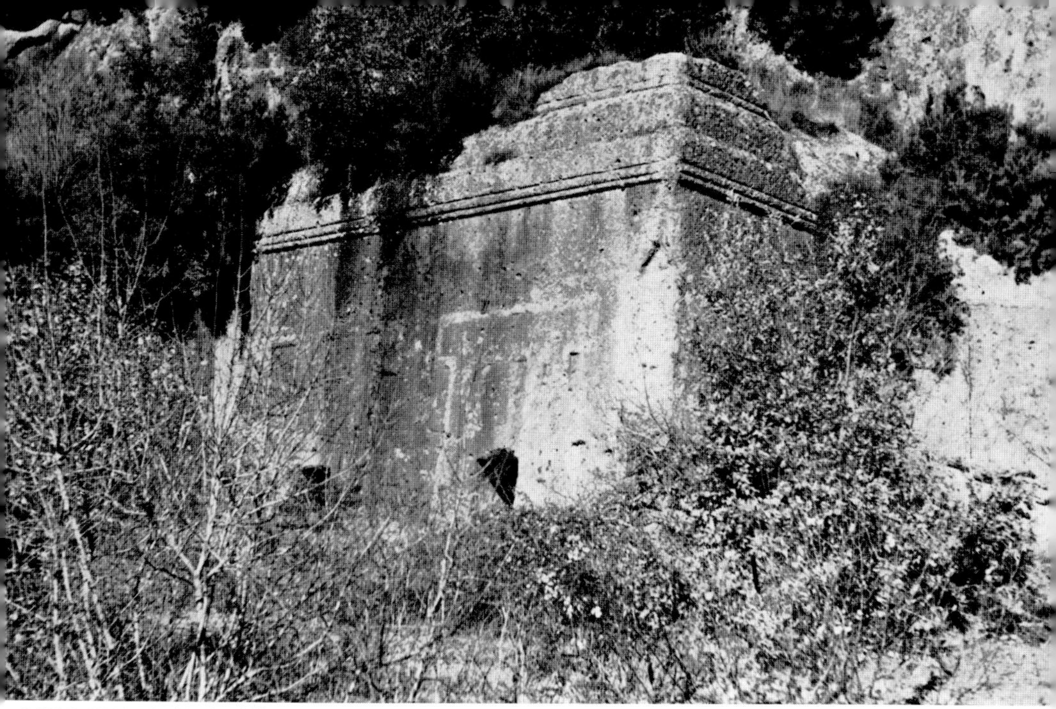

SAN GIULIANO Tomba della Regina. Wie ein Eckstein der ausgedehnten Nekropole tritt das Grabmal majestätisch in Erscheinung. Unvermittelt, ohne vorbereitenden Dromos, führen die Eingänge, umrahmt vom großen Symbol des Türrahmens, ebenerdig in die Totenkammern. Das Monument wird wichtiger als der Kult

SAN GIULIANO Le Palazzine, Halbwürfelgrab mit drei Kammern

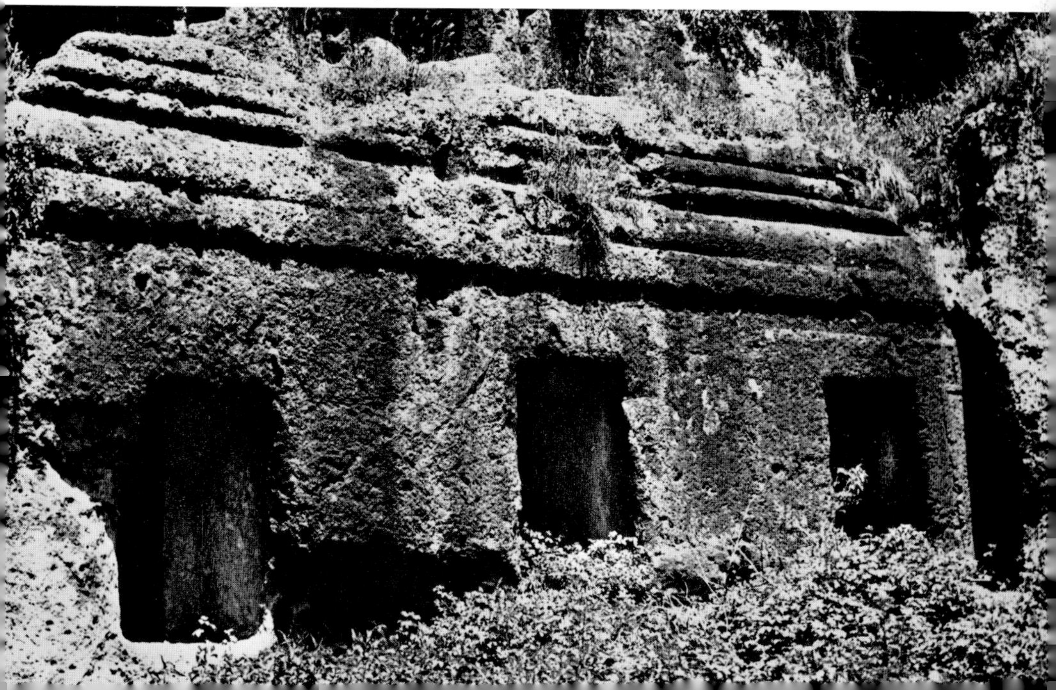

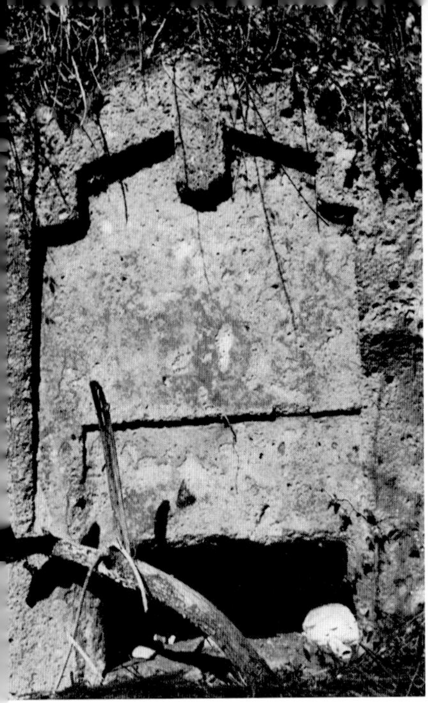

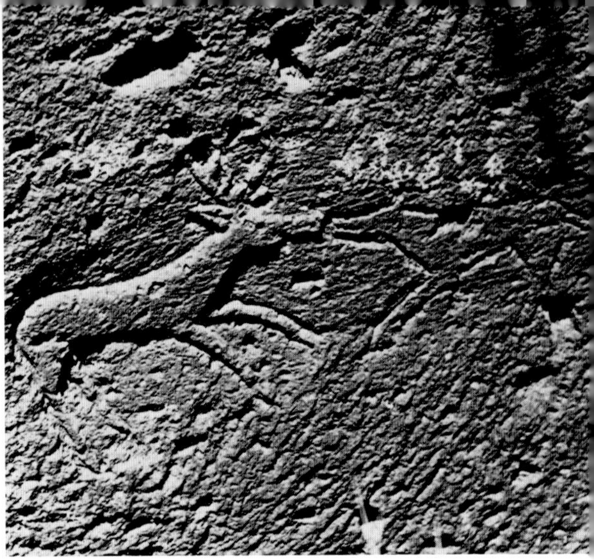

61 SAN GIULIANO Tomba Displuviata

62 SAN GIULIANO Tomba del Cervo, Hirsch und Hund an der Seitenwand des Grabwürfels

63 SAN GIULIANO Neue Ausgrabungen

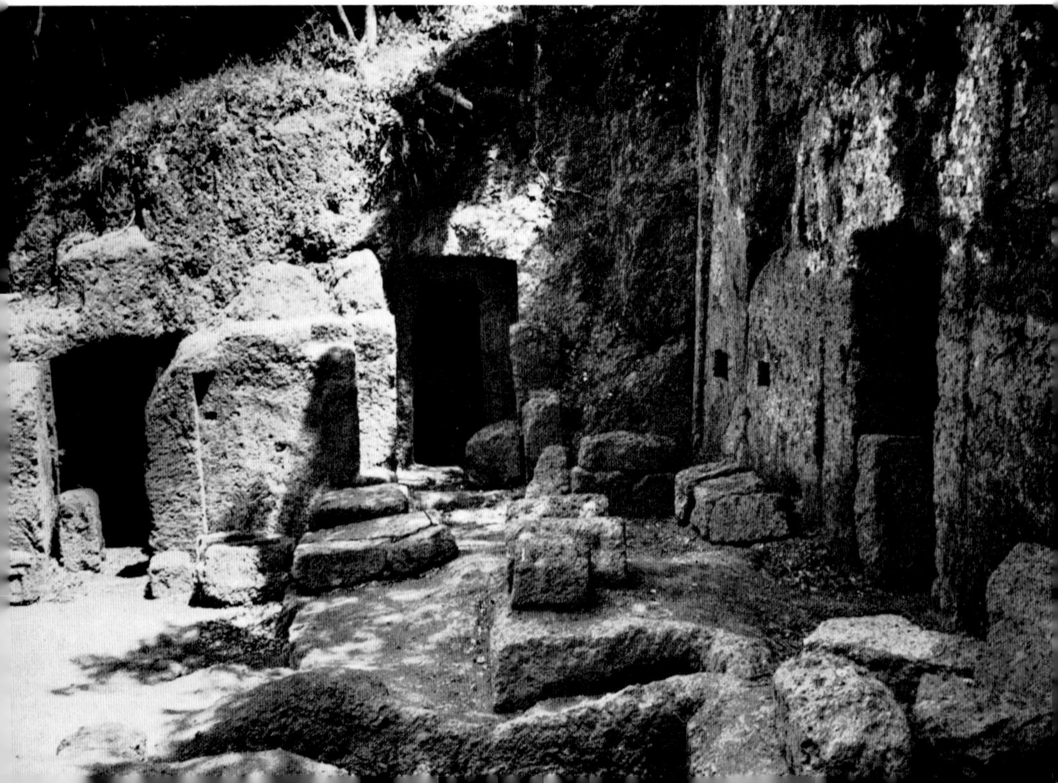

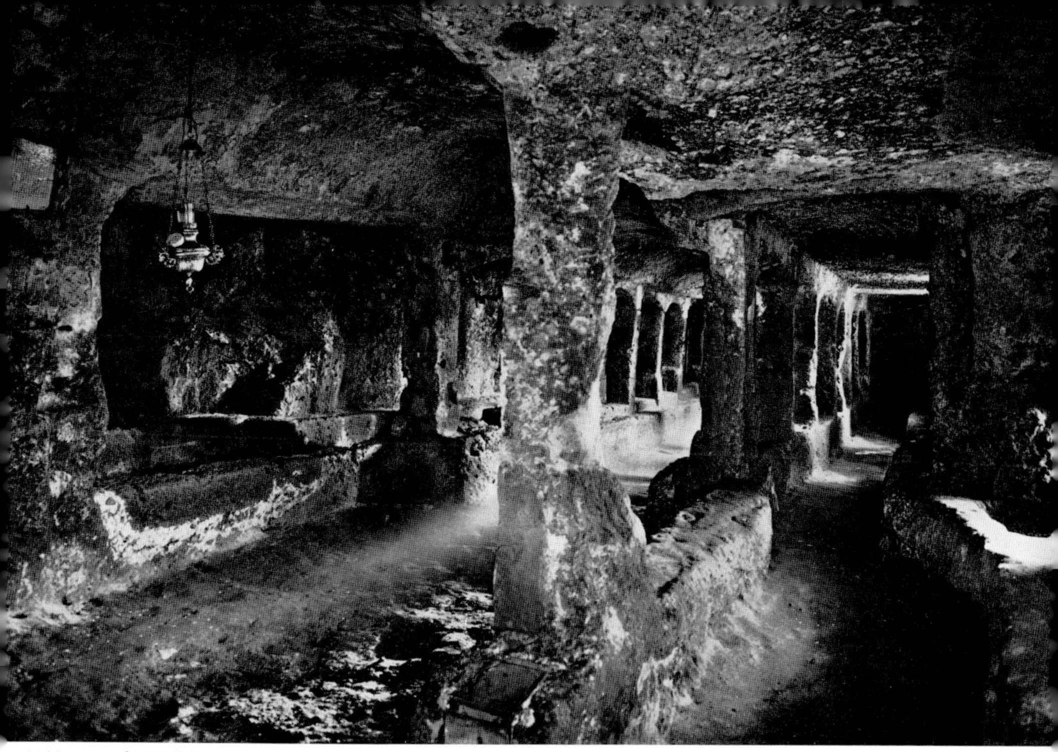

SUTRI Madonna del Parto, zu einer Kapelle umgestaltetes etruskisches Kammergrab

CASTEL S. ELIA Im Fosso die Basilika S. Elia. Neue Straße links am Fuß des Felsens

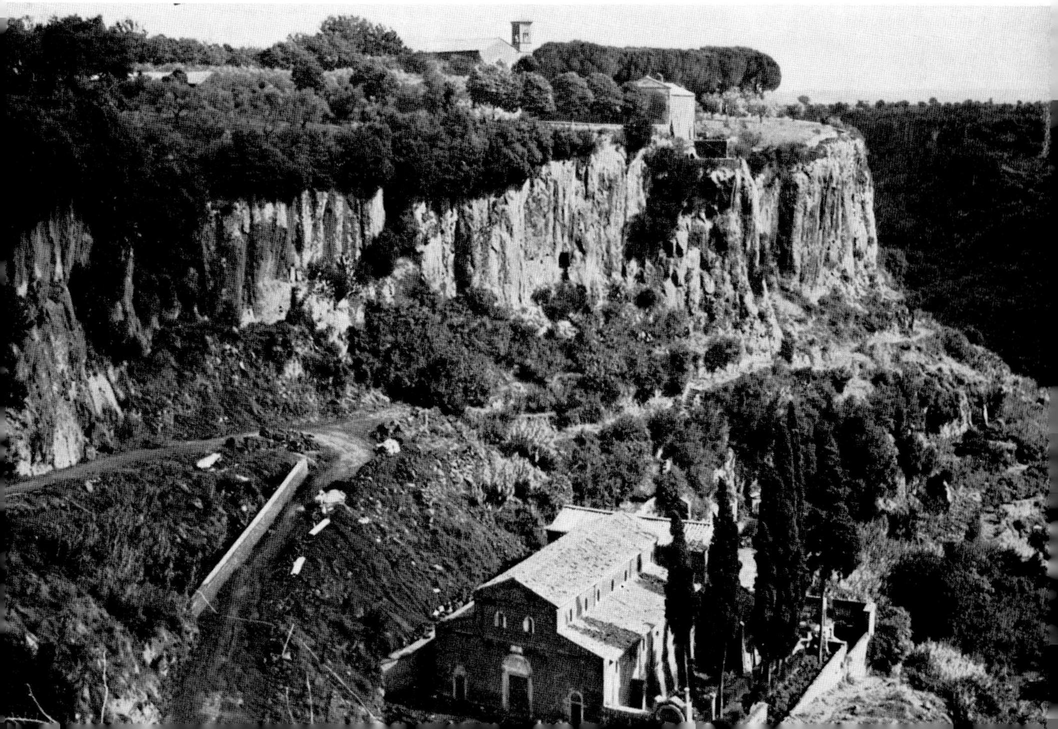

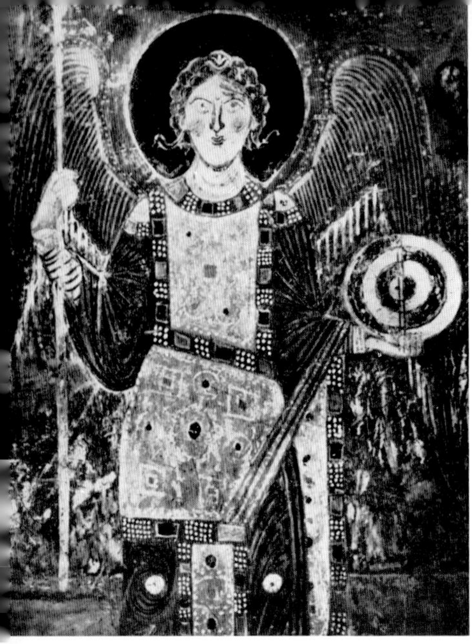

66 CASTEL S. ELIA Engel-Fresko von der Apsis der Basilika, 11. Jh.

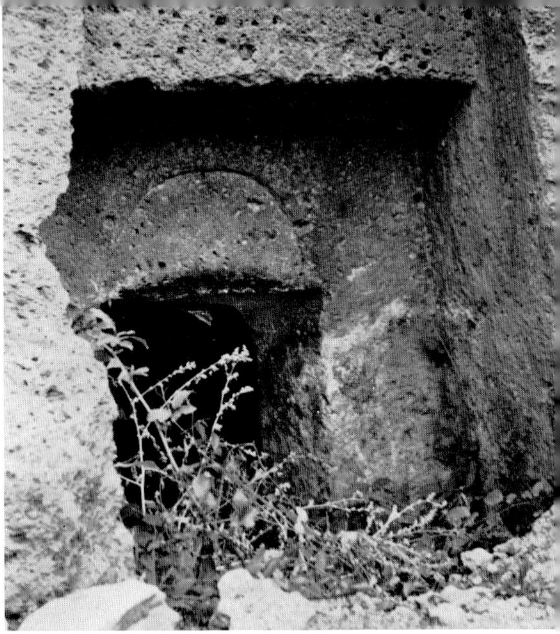

67 BLERA Aus dem Tuff-Felsen gehauener Eingang zu einem einfachen Grab

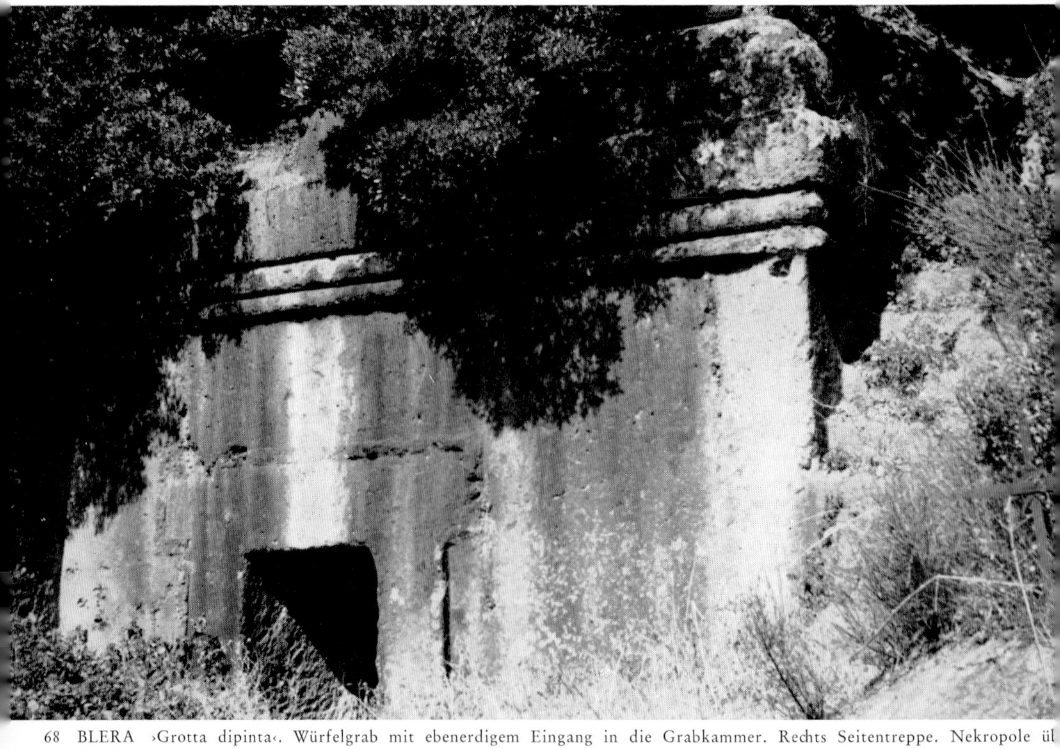

68 BLERA ›Grotta dipinta‹. Würfelgrab mit ebenerdigem Eingang in die Grabkammer. Rechts Seitentreppe. Nekropole ül dem Rio Canale

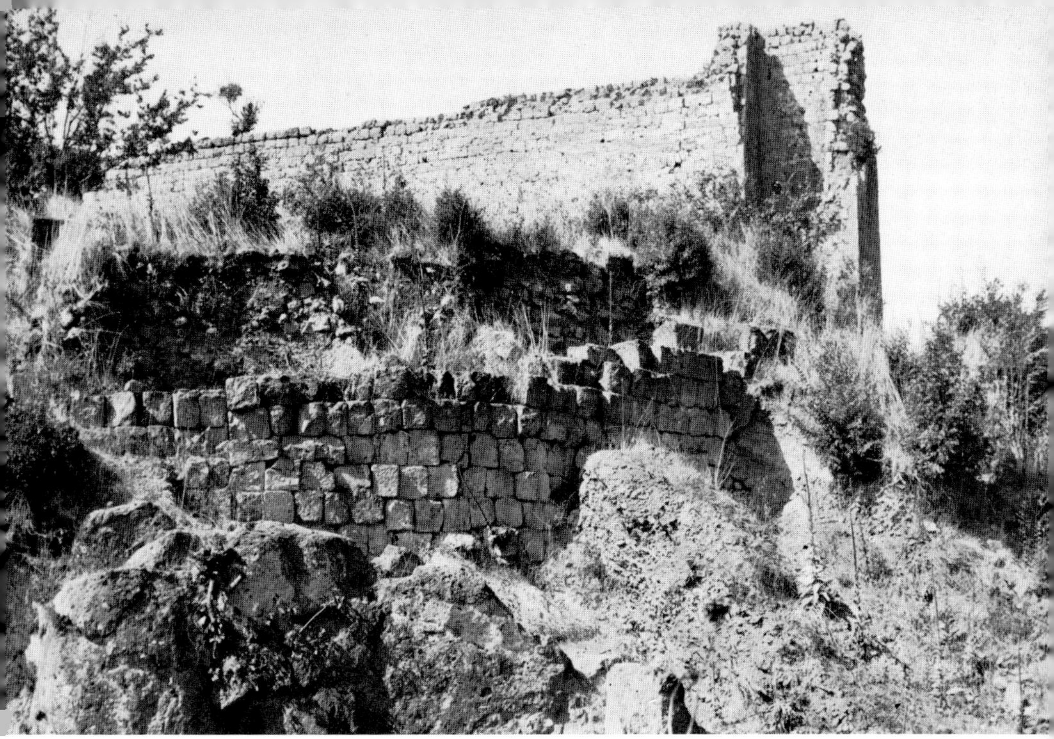

SAN GIOVENALE Etruskische Mauer unter der Burg

SAN GIOVENALE Fundamente von Wohnungen der Villanova-Kultur

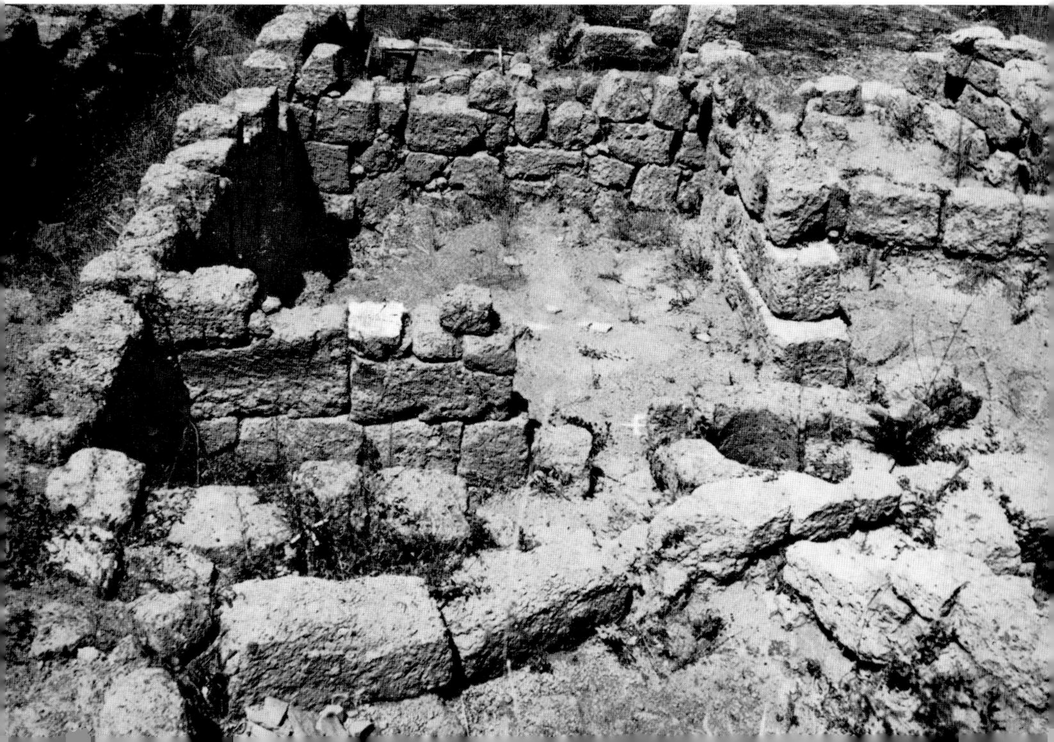

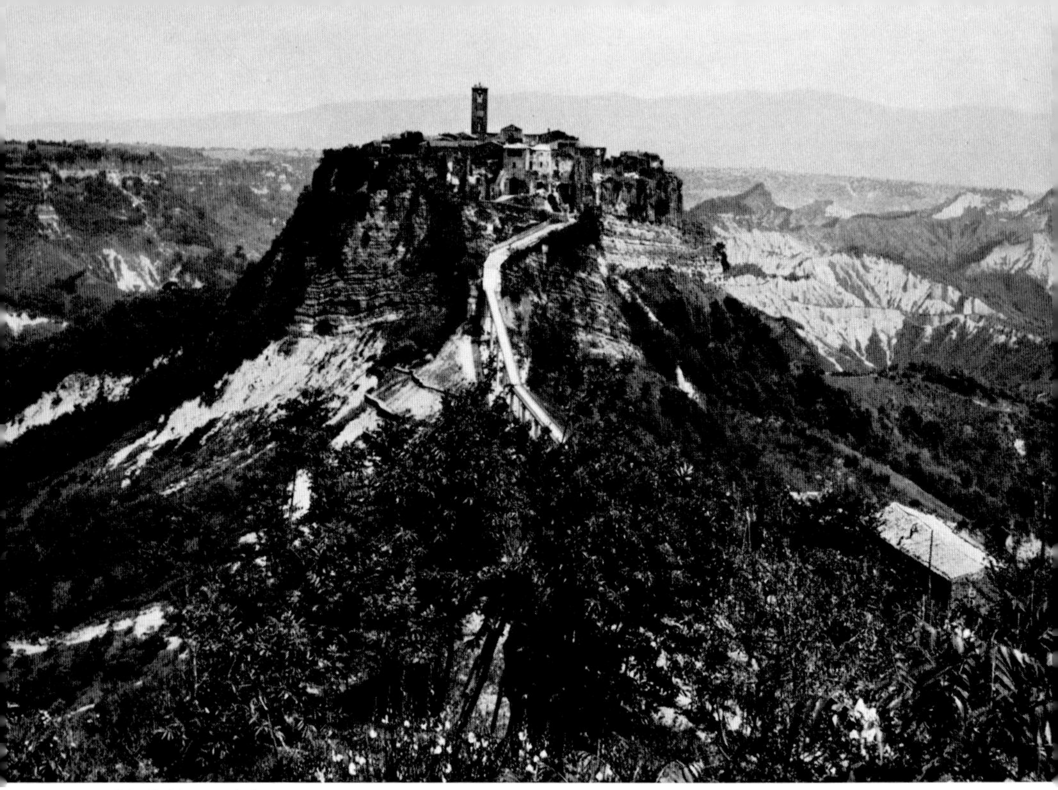

71 CIVITA bei Bagnorégio

72 BISENZIO Blick von Westen auf den Hügel des alten Visentium am Bolsena-See. Rechts Halbinsel mit Capodimonte

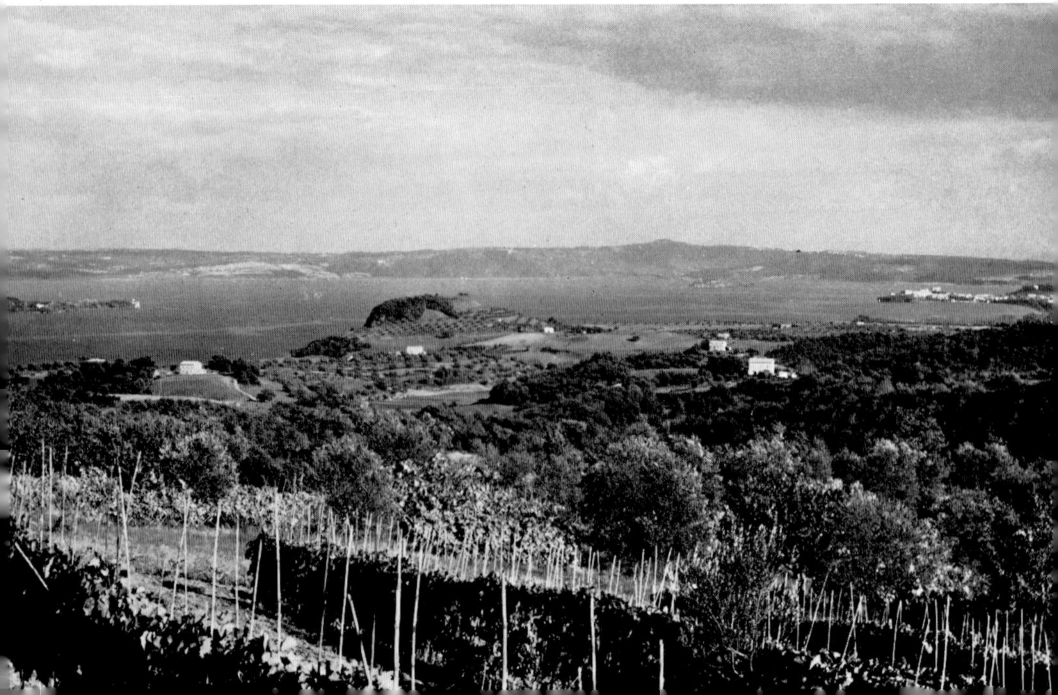

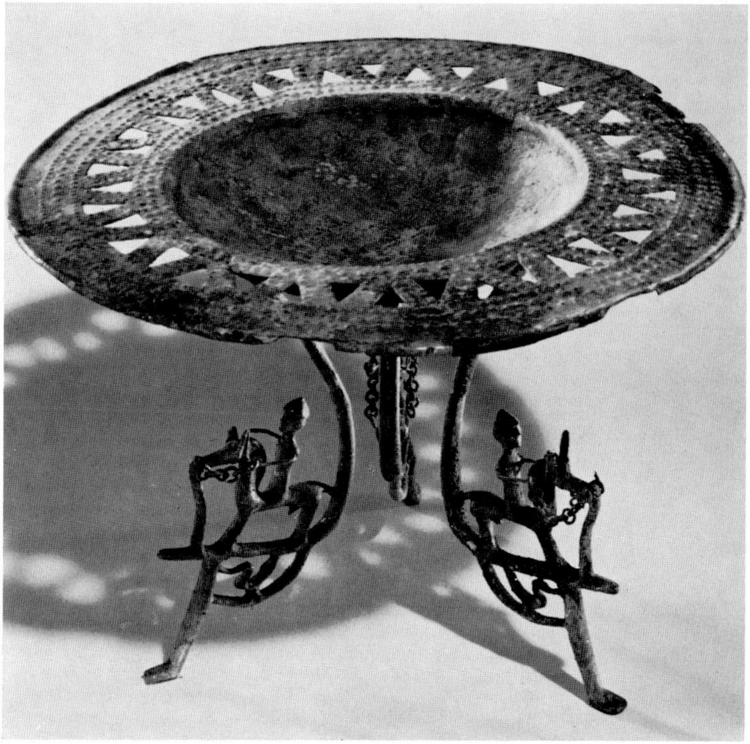

BISENZIO Bronzene Dreifuß-Schale, Villanova-Kultur, 7. Jh. v. Chr. Antikenmuseum Basel

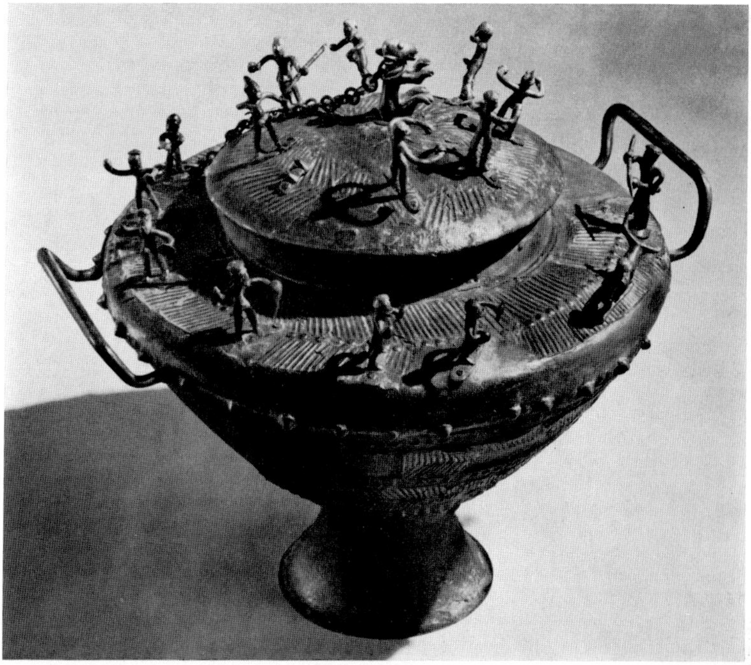

BISENZIO Bronzegefäß (Situla) aus der Nekropole dell'Olmo Bello, 8.–7. Jh. v. Chr.

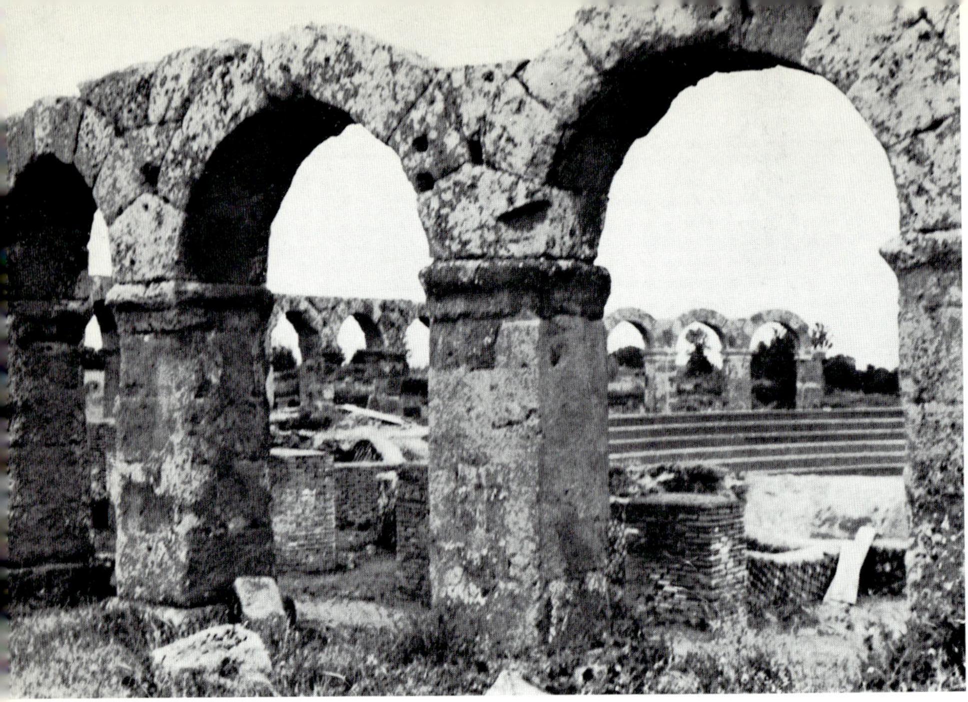

75 FÉRENTO Theater des römischen Ferentium

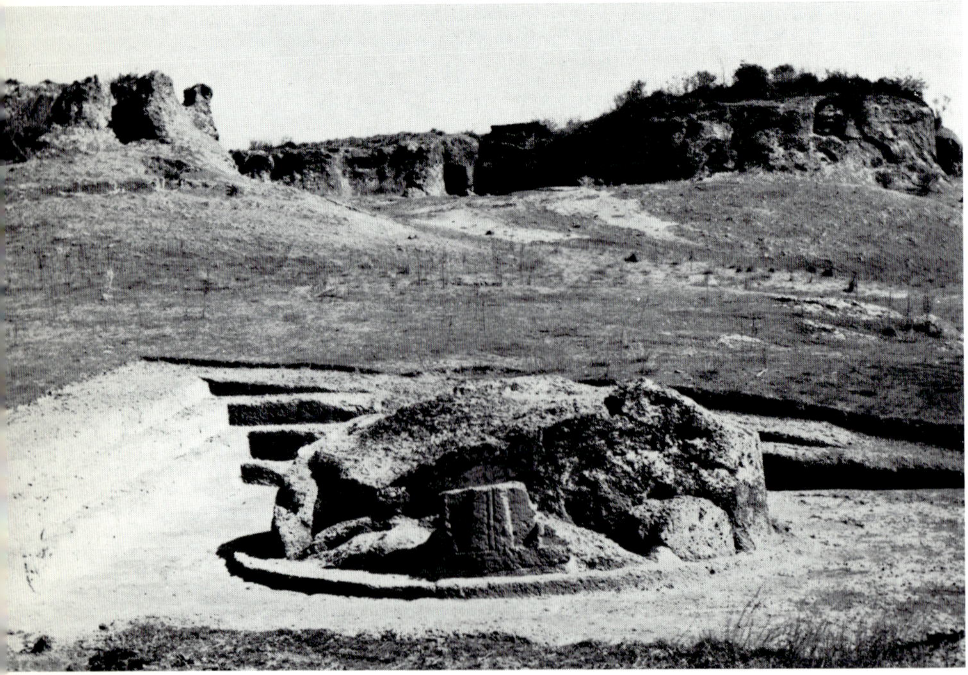

76 GROTTA PORCINA bei Vetralla. In der Mitte der weiten Mulde ein Altar mit Skulpturfragmenten. Im Hintergrund verwitterter großer Tumulus. Die großen Kammern mit ausgehauenen Balkendecken wurden für die Stallung von Großvieh hergerichtet

auf die aristokratische Banditen-Sippe di Vico, von der wir bereits in der 14. Route berichtet haben. Das Haupt der Familie, Pietro III. di Vico, besetzte im 13. Jh. San Giovenale. Es kam zu Auseinandersetzungen mit Papst und Viterbo. Nach der Hinrichtung des letzten römischen Präfekten di Vico 1439 wurden die Güter der Familie unter ihre Feinde verteilt. San Giovenale kam zu Viterbo. Seither ist es still geworden um die Burg.

Das schmale, etwa einen halben Kilometer sich von Osten nach Westen hinziehende Plateau des Hügels ist heute außer den umhegten, z. T. mit Bedachung geschützten wichtigen Ausgrabungsstellen wieder eine Rasenfläche. Wohnplätze, ovale Hütten, Gräber und Töpfereien *vor*etruskischer Kulturen (späte Apenninstufe, 12. Jh. – 800 v. Chr., vorgeschrittene Eisenzeit und Beginn der Villanova-Stufe, Mitte 9.–8. Jh. v. Chr.) wurden auf dem Borgo östlich vom Schloß und auf dem Westplateau gefunden (Abb. 70). Es waren eisenzeitliche Leute der Apenninkultur, die um 1000 v. Chr. vom etwa 6 km östlich gelegenen, älteren Luni a. Mignone gekommen sind. Die ersten Zuwanderer errichteten am Ostende des Plateaus ein Lehm-Pfostendorf.

In der zweiten Hälfte des 8. Jh. v. Chr. entstand am westlichen Ende des Hügels ein weiteres eisenzeitliches Dorf, das sich dann über das ganze Plateau ausbreitete. Hier wurden auch Villanova-Urnen gefunden.

Die Ausgrabungen erbrachten interessante Einblicke in die Wohn- und Lebensweise dieser voretruskischen Siedler, durch die auch der Bestattungsritus der Verbrennung weite Ausbreitung erfuhr. Beziehungen zu den Terremaren (Pfahlbauern) in der Po-Ebene, die Anwesenheit einer späten Apenninkultur (im Westen des Plateaus) und enge Kontakte mit dem nahen Tolfa wurden festgestellt. Ferner bekam man durch die Funde (Tierknochen, irdenes Geschirr, allerhand Geräte und Einrichtungen) ein anschauliches, detailliertes Bild von ihrer Hirtenkultur, ihrer Viehzucht, Land- und Milchwirtschaft. Das Schwedische Institut verfolgte die Erforschung voretruskischer Siedlungen, u. a. in Luni am Mignone und neuestens in Férento weiter.

Knapp vor 600 v. Chr. ließen sich die Etrusker auf der Nordseite des Borgo nieder. Mit ihnen kam eine andere, höhere Kultur ins Land, die einen durchgreifenden Wandel in das Leben der ganzen Region brachte. Gleich nach ihrer Ankunft wurden die Häuser rechteckig auf dem soliden Fundament einer Tuffmauer gebaut. Statt mit Stroh wurden sie mit gebrannten Ziegeln gedeckt. Nach dem Vorbild von Blera und San Giuliano entstanden die Grabkammern in Tumuli und Felsen, die ich an Ort und Stelle beschrieben habe. Außerhalb der Akropolis, typisch für die Etrusker, umgeben sie in einem weiten Kreis den Tuffrücken. Das Schwedische Institut legte gegen fünfunddreißig Kammern, nur einen Teil der vorhandenen Gräber, frei, darunter die *Grotta Tufarina*, nordwestlich vom Hügel, die mit einem großen Inventar von Beigaben völlig intakt angetroffen wurde.

Die ganz aus dem Tuff gehauenen Gräber enthalten oft zwei Kammern mit einer Trennungswand, in die die Verbindungstür mit dem bekannten Rahmen der ›porta dorica‹ und Fenster geschnitten wurden. An den Wänden befinden sich die üblichen

Leichenbänke. Die Decke besteht aus einem Satteldach mit Mittelbalken. Ein oft betont gestalteter Dromos führt zum Eingang der Kammer. Die letzten Gräber stammen aus dem 4.–3. Jh. v. Chr.

Unter den z. T. reichen Beigaben an einheimischer, bemalter Töpferei und an Buccheri von einer feinen Qualität fällt die verhältnismäßig zahlreich vertretene griechische Keramik, korinthische und attische besonders, auf. Dies ist um so merkwürdiger, als in Blera keine griechische Vase und in San Giuliano nur wenige Stücke von dieser wertvollen Importware gefunden wurden. Man weiß allerdings nicht, was den Grabräubern in den genannten Nekropolen in die Hände gefallen ist. An der Nordecke des Plateaus ist noch ein Stück der Befestigungsmauer aus Tuffblöcken sichtbar (Abb. 69). Sie wurde mit großer Wahrscheinlichkeit von den Etruskern errichtet. Vom einstigen Wall um das Plateau ist kaum etwas erhalten geblieben.

Die Etrusker haben den Ort – sein etruskischer Name ist nicht bekannt – um 200 v. Chr. verlassen. Die Römer interessierte er offensichtlich wenig. Kein römisches Haus, nur einige wenige bescheidene Gräber von ihnen wurden gefunden.

In einem verklärten abendlichen Licht fahren wir durch das herrliche Land nach Viterbo zurück.

16. Route

Viterbo – Bolsena – Férento – Bomarzo – Viterbo (110 km)

Montefiascone. Auf der Fahrt von Viterbo durch das freie Land nach Bolsena oder Orvieto wird man immer wieder von der Erscheinung der Domkuppel von Montefiascone überrascht. Im Maß der Annäherung nimmt die Feinheit und Macht dieser edlen Architektur zu. Profile der Rippen, der Laterne bringen Licht und Schatten greifbar nahe. Wie Küken zur Henne drängen die Häuser an den von der Kuppel überwölbten oktogonalen Zentralbau (1519). Und wie auf den Millimeter ausgeklügelt, optisch richtig, steht er an der Flanke des Stadthügels zwischen der weiten Landschaft und den zusammengedrängten Häusern.

Das sehr alte Montefiascone liegt hoch über dem Lago di Bolsena. Man nimmt an, daß es auf die Etrusker oder Falisker zurückgeht. Das immer noch nicht lokalisierte, zentrale etruskische Heiligtum Fanum Voltumnae soll sich hier befunden haben.

Wenige Schritte von der Via Cassia ist es bis zur altertümlichen, architektonisch wichtigen und interessanten Kirche S. Flaviano. Die romanischen Teile des Baues sind, wie viele in der Gegend lombardisch, aus dem Anfang des 12. Jh. Im zweigeschossigen großen Innenraum erwecken die teilweise übermalten Fresken (14. Jh.), besonders aber die expressiven Kapitelle der massigen Säulen in der Unterkirche lebhafte Aufmerksamkeit. Wiederum scheint es durchaus nicht abwegig, bei dieser skulpturalen romanischen Phantastik an etruskische Sarkophagreliefs zu denken, welchen die Steinmetzen im Lande begegnet sind.

Erwähnt sei hier auch die oft erzählte Geschichte vom »Est, Est, Est«, dem berühmten Wein von Monte Fiascone. Ein Prälat aus Augsburg, Johannes Fugger, *»gran amatore di vino«*, sandte auf seiner Reise nach Rom den Diener voraus, um die Orte, in denen er einen guten Wein fand, mit »Est« (Er ist's) zu bezeichnen. Vom Wein in Montefiascone entzückt, schrieb er an die Mauer: »Est, Est, Est«. Der nachfolgende Prälat fand die Beurteilung des Weines richtig. Er trank soviel davon, daß er am Genuß des »Est, Est, Est« starb. In S. Flaviano ist er bestattet. Eine abgetretene Grabplatte erinnert heute noch an diese Episode. Es wird erzählt, früher habe man am Todestage des Prälaten statt Blumen einen Fiasco »Est, Est, Est« auf das Grab gestellt. Se non è vero ...

Heiter ist die Fahrt nach *Bolsena.* In zahlreichen Kurven folgt die Straße dem Ostufer des Sees. Zwischen dichtem Baumbestand hat man freundliche Ausblicke auf den Spiegel des geheimnisvollen Sees (Farbt. I; Abb. 72). Im 3. Jahrhundert wurde Christina, die Tochter des römischen Präfekten von Bolsena, als Christin ertränkt. Eine Kirche eigener Art mit zwei unterschiedlichen Fassaden und einem eckigen Campanile zwischen ihnen erinnert an den Märtyrertod. Wie in einer etruskischen Grabhöhle – es soll eine sein – liegt der Sarkophag eines della Robbia mit den Gebeinen der Heiligen unter der Erde. Darüber im Tageslicht ist, überdacht vom Ciborium, der *Altare del Miracolo.* Während des Lesens der Messe zweifelte ein böhmischer Priester an der Gegenwart Christi in der Hostie; als er sie aber brach, blutete sie. Zum Andenken an dieses Blutwunder hat Urban IV. (1265–1268) das Fronleichnamsfest eingeführt und den Bau des großartigen Domes in Orvieto in Angriff genommen (1295 bis 1700).

Einige hundert Jahre später fand eine andere Frau, die Königin Amalasuntha, Tochter des großen Goten Theoderich (5.–6. Jh.), im silbernen Wasser des stillen Sees den Tod. Auf Befehl ihres Mitregenten Theodat wurde sie bei der Insel Bisentina ertränkt.

Bolsena – Volsinii (Velzna). Wir wenden uns dem antiken Bolsena zu. Vom Uferstreifen des Städtchens aus, hinter dem zierlichen Kastell den hügeligen Hang hinauf, überblicken wir ungefähr die einst ummauerte Zone der etruskischen Stadt, des umstrittenen Volsinii, eines Zentrums der etruskischen Nation. Vor den Ausgrabungen der französischen Schule in Rom unter Prof. R. Bloch in Bolsena 1946 wurde Volsinii allgemein in Orvieto lokalisiert. Die französischen Archäologen waren überzeugt, Volsinii in Bolsena entdeckt zu haben. Neuestens scheint die frühere Annahme wieder an Geltung zu gewinnen (s. Orvieto, S. 242).

Bei Volsinii soll sich das berühmte Heiligtum der Voltumna (Fanum Voltumnae), der Schutzgottheit des etruskischen Zwölferbundes und der Jahreszeiten, befunden

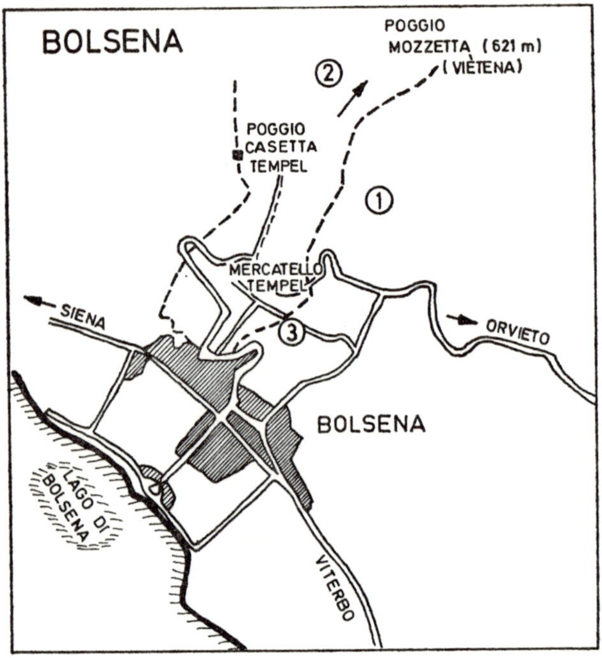

Plan von Bolsena.
1 Stadtmauer
2 Akropolis
3 Mauer

haben. Die doppelgeschlechtliche Gottheit, die von den Römern als Vertumnus übernommen und von den antiken Schriftstellern als Himmelsgott der Etrusker bezeichnet wurde, scheint identisch mit Tinia, dem Höchsten der Götter, der im Bereich des Bolsena-Sees besondere Verehrung genoß. Aus Tinia wurde bei den Römern Jupiter. Tinia wurde oft mit Vertumnus gleichgesetzt, den die antiken Schriftsteller als oberste Gottheit der Etrusker bezeichnen. Im Fanum Voltumnae trafen sich jährlich die Vertreter der zwölf etruskischen Stadtstaaten – ›Völker‹ – zu nationalen Beratungen, Festen, Wettkämpfen und Spielen.

Von der Göttin Nortia weiß man, daß sie in Volsinii einen Tempel hatte, in dem jährlich zur Zählung der Jahre ein Nagel in die Wand geschlagen wurde. Das Heiligtum wurde bei den Ausgrabungen in Bolsena nicht gefunden. Von zwei kleinen Tempelgrundmauern auf der Akropolis und dem Gut Mercatello oberhalb Bolsenas ist nicht bekannt, welchem Kult sie geweiht waren. Unweit über Bolsena, an der Straße nach Orvieto, zeigt ein gelber Wegweiser den Fußweg an, der den Hang hinauf zu den Fundamentmauern der Tempel führt.

Die französischen Ausgrabungen haben die etruskische Akropolis, etwa 1500 m nordöstlich von Bolsena, auf dem 620 m hohen Hügel Mozzetta (Viétena) entdeckt. Im Zuge der mehrjährigen Ausgrabungen konnte auch die doppelt aufgeführte Ringmauer aus dem 4. Jh. v. Chr. festgestellt werden. In einer Länge von etwa 4 km umschloß sie die Hügel und das Plateau des Areals der oberen – etruskischen – und der späteren, unteren – römischen – Stadt. Ein interessantes Stück der Mauer liegt rechts an der Ausfahrtstraße nach Orvieto, kurz vor dem Kastell. Instruktiv wie an einem Modell ist die Mauertechnik abzulesen. Rätselhafte Zeichen der Steinmetze sind in die Fläche der Blöcke eingehauen.

Zum Kult der Schicksalsgöttin Nortia, zum Sinn des von einem höchsten etruskischen Würdenträger vollzogenen Ritus des jährlichen Einschlagens eines Nagels in ihrem Tempel, ist noch kurz die etruskische Säkularlehre zu erwähnen. Nach ihr war jedem Volk eine vorausbestimmte Lebenszeit zubemessen. Die Etrusker wußten, daß ihr Volk 8 oder 10 Säkula (800–1000 Jahre) leben werde. Nun fiel aber die Dauer eines Säkulums nicht mit dem Abschnitt von 100 Jahren zusammen. Es entsprach etwa den Jahren eines langen Menschenlebens oder einer längeren Zeitspanne, war also nicht im voraus zu berechnen. Außerordentliche Ereignisse, Naturerscheinungen oder Lebensabschnitte bedeutender Menschen zeigten das Ende und den Anfang eines Säkulums an. Die Säkularrechnung der Etrusker ist mit diesen paar Worten nur angedeutet. Überraschende geschichtliche Beispiele dafür könnten angeführt werden (s. Vacano, Die Etrusker, S. 46).

Nekropolen. Von den Nekropolen und Gräbern in Bolsena, die bisher unzulänglich untersucht wurden, weiß man wenig. In den sporadisch geöffneten Gräbern, die meist schon ausgeraubt waren, wurden nur verhältnismäßig wenige, unbedeutende Beigaben gefunden. Die Nekropolen liegen außerhalb des Mauerringes in privaten Gütern und Gärten der Umgebung. Früheste Kammergräber sind aus dem 7. Jh. v. Chr. Die meisten bisher bekannten Gräber sind jedoch aus der etruskischen Spätzeit. Die sauber und exakt ausgehauenen Felsengräber haben einen langen Dromos und eine erstaunlich hohe, flach aus dem Tuff gemeißelte Fassade. An der nördlichen Ausfahrt des Städtchens befindet sich in den steilen Felsen rechts über der Straße, beim Garten eines Privathauses, ein ausgezeichnetes Beispiel für diesen Grabtypus. Die freie Aussicht vom Vorplatz des Grabes über den See und das ihn wellig einrahmende Gelände ist unvergleichlich.

Bisenzio (Visentium). Im Anstieg zur Akropolis (Poggio Mozzetta) hinauf oder von der Straße nach Orvieto aus öffnet sich eine faszinierende Sicht über das Kraterbecken des Bolsena-Sees (Abb. 72). Am Westufer, wenig nördlich von Capodimonte, liegt wie ein niederes Tankschiff die Insel Bisentina. Zwischen dem Kegel des Monte Bisenzio und Capodimonte breiten sich fruchtbare Kulturen auf dem flachen Lande aus. Unter ihnen im Boden ist eine gewichtige Reihe von Nekropolen, hoch bedeutsam für die früh-etruskische Kultur. Es sind längs des Ufers die Pozzo- und Fossagräberfelder von Palazzetta (hinter dem Monte Bisenzio), Olmo Bello, von S. Bernardino, Bucacce und Polledrara – Namen (besonders Olmo Bello), denen wir in der Villa Giulia und

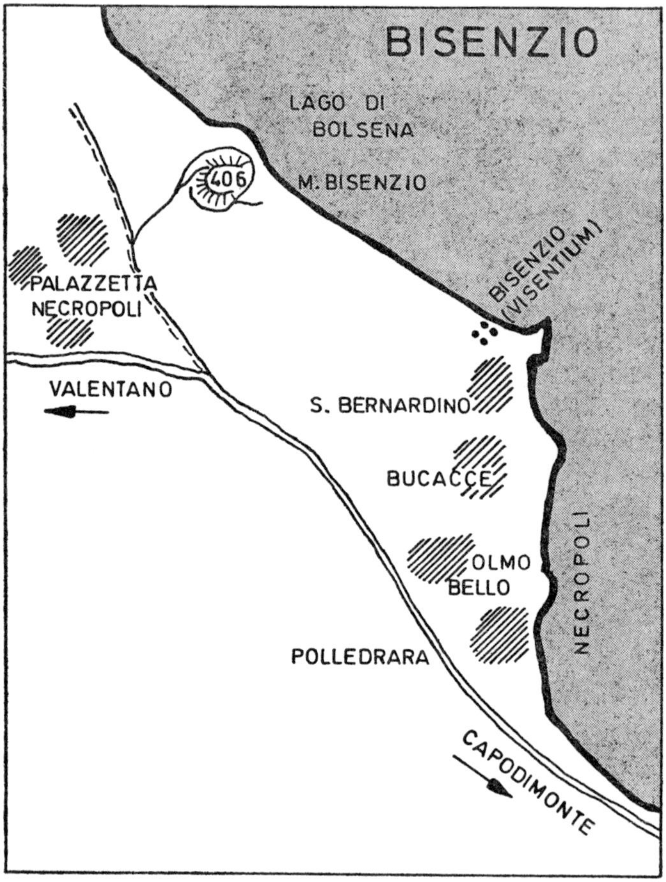

Lage der Nekropolen von Bisenzio am Bolsena-See

im Museo Civico in Viterbo begegnen werden. Nur ihre Lage können wir in der Fernsicht feststellen. Im hügeligen Gelände der Palazzetta und am Monte Bisenzio trifft man noch hier und da eine gähnende Öffnung im Boden, die in ein einfaches, spätes Grabgemach führt, in dessen Eingang eine Schlange sich sonnen mag.

Von den reichen Küstenstädten, besonders von Tarquinia aus, drang die Villanova-Kultur in das Landesinnere vor. Der Flußlauf der Marta, zu dessen Gebiet auch der weniger bedeutende Poggio Montano gehörte, war die direkte Verbindung von Tarquinia mit dem Bolsena-See. Das Museo Civico in Viterbo besitzt eine Sammlung charakteristischer Bronzen und Impasto-Gefäße des 8.–6. Jh. v. Chr. aus Bisenzio. Die bedeutendsten Stücke befinden sich in der Villa Giulia in Rom.

Die wichtigste der fünf Nekropolen war *Olmo Bello*. Großartige Spitzenwerke des früh-etruskischen Kunsthandwerkes, Bronzen mit lustigem kleinfigürlichem Schmuck, bemalte Impasto-Gefäße und phantastisch geformte Buccheri wurden 1929–1931 im Zuge der Ausgrabungen gefunden (Abb. 74). Wenn wir sie in Viterbo und Rom sehen, wird es uns freuen, die Landschaft und den Standort zu kennen, aus der sie stammen.

Bagnorégio. Aus dem lichten Silberdunst des Lago di Bolsena kommen wir auf die genau südlich von Orvieto liegende Höhe von Bagnorégio, einer mittelalterlichen Stadt mit schwarzem Tuffgemäuer, barocken Brunnen und freundlichen Plätzen. Im 6. Jh. war sie schon Bischofssitz. Der heilige Bonaventura (1221–1274), »doctor seraphicus« (Dante, Paradiso XII, 127) wurde hier geboren. In der vorbildlich renovierten romanischen Kirche S. Agostino (11. Jh.) befinden sich unter anderen frühen Bildern bedeutende Tafeln von Giovanni di Paolo (1403–1482), die an den jüngeren, berühmteren Tura im Dom von Ferrara erinnern. Für jedes anspruchsvolle Museum wären sie eine begehrte Bereicherung.

Cívita. Von S. Agostino erreichen wir in wenigen Minuten den Rand des Tuffrückens von Bagnorégio. Wie eine kühne, romantische Erfindung erscheint isoliert in der verschrundeten Landschaft die alte Kleinstadt Cívita auf dem engen Podium eines hellgrauen Kegels (Abb. 71). Aus der Mitte der zusammengedrängten Häuser ragt der schmale Turm der Kirche S. Donato, die vor wenigen Jahren mit Gold, Stuck und gleißenden Farben ›renoviert‹ wurde. Der steile Hügel, auf dem das Städtchen liegt, enthält viel Lehm. Die Zeiten haben ihn durchfeuchtet und seine Wände zunehmend abgeschliffen. Das Plateau wurde enger, die peripheren Häuser stürzten ab, die Einwohner sind geblieben. Noch lebt die würdige Signora Adele in dem seit Jahrhunderten verlassenen Palazzo Vescovile, in dem die Fresken von den Wänden fallen. Aufgeräumt erzählt sie vom Ruhme der Stadt.

Nach allerhand sporadischen Funden zu schließen, lag auf der Kuppe von Cívita eine etruskische Siedlung. Auf dem Rückweg nach Bagnorégio wurden von einem Bauern grobe Buccheri und dürftige Fragmente von figürlichen Terrakotten angeboten. Er habe sie aus einem Grab in seinem Boden. Ein anderer sprach von einem Steinsarkophag, der hier gefunden wurde und der zu kaufen sei.

Férento (Ferentum). An der Ausfahrt von Bagnorégio schwenken wir in die Straße nach Viterbo ein. In einer Viertelstunde sind wir beim gelben Wegweiser, der nach den ›Rovine di Férento‹ zeigt (nicht zu verwechseln mit dem römischen Ferentino südöstlich von Rom). Bald taucht an der Straße, die sich am Plateaurande des Fosso dell'Acqua Rossa hinzieht, die imposante Bogenreihe des römischen Theaters auf (Abb. 75). Der ausgeglichene Rhythmus der Arkaden mit Durchblicken – je nach Jahreszeit – auf

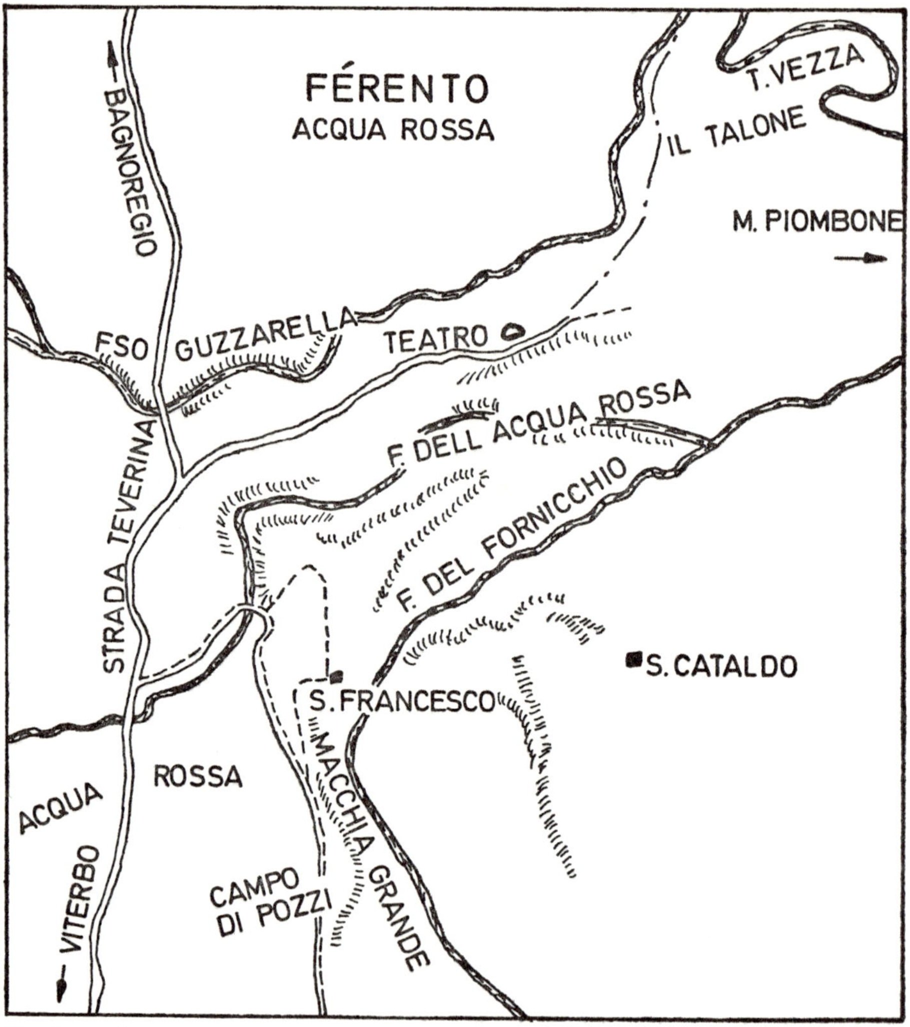

Wegekarte Férento – Acqua Rossa

Stoppelfelder, Schafherden und langhaarige Ziegen umzäunt die Mulde der Sitzreihen. Als Luigi Rossi Danielli 1900 mit seinen Ausgrabungen begann, war sie, nach alten Fotografien, noch aufgefüllt mit Erde.

Im Fossato der prunkvollen römischen Bühnenfassade mit blinden Fenstern, Säulen und Nischen fand Rossi Danielli eine Anzahl heruntergefallener weißer Marmorstatuen, die ins Museum von Florenz kamen. Ein Engländer, Alessandro Hardcastle, nahm mit Prof. Romanelli 1927 verschiedene Säuberungen und Restaurierungen vor (Palästra, Arkarden, Front der Scena interna, Eingangsportale). Seither haben sich die Archäologen wiederholt mit dem Theater befaßt.

Acqua Rossa. Südöstlich vom römischen Férento, jenseits des Grabens Acqua Rossa, liegt die Zone Acqua Rossa (località S. Francesco), in der die schwedische Mission unter dem Protektorat und der praktischen Mitarbeit von König Gustav VI. von Schweden seit 1966 bei San Cataldo, Macchia Grande und Pian dei Pozzi Ausgrabungen vorgenommen hat. Sie sind noch im Gange. Ans Licht kam ein im 6. Jh. v. Chr. blühendes archaisches Zentrum der Etrusker mit Stadt, Akropolis, Tempel, Wohnstätten und umliegenden Nekropolen mit Felsengräbern. Von den interessanten, für die Zeitphase charakteristischen Funden sind besonders die sehr schönen Tempelreliefs in Terrakotta hervorzuheben. Das hauptsächliche Ergebnis der Ausgrabungen besteht aber in der Vermittlung des Bildes vom täglichen Leben der Etrusker, von ihren Häusern, Wohnungen und Gewohnheiten – ein Anliegen, dem die schwedische Mission von jeher ihre besondere Aufmerksamkeit geschenkt hat.

Vielleicht ist hier der Ort, über den bereits erwähnten Luigi Rossi Danielli ein Wort zu sagen. In Viterbo 1870 geboren, hatte er – obwohl Geometer – von jungen Jahren an ein leidenschaftliches Interesse für die frühere Geschichte seiner Vaterstadt und ihrer Region. Die Berührung mit den Etruskern veranlaßte ihn zu mühevollen Ausgrabungen.

Zu einer Zeit, in der sich die zünftigen Archäologen nur beiläufig der etruskischen Kultur annahmen und der Staat die Raubzüge erst 1911 zu überwachen und durch wissenschaftliche Untersuchungen zu ersetzen begann, setzte sich der gewissenhafte Dilettant Rossi bei all seinen Grabungen mit den Fachleuten des Museums von Florenz in Verbindung. Der Ausgrabung des römischen Theaters in Férento folgten jene von Musarna, Castel d'Asso, Poggio Montano bei Vetralla (1903), Norchia und San Giuliano. Schließlich wandte er sich noch den Brandgräbern auf seinem Landbesitz San Francesco bei Acqua Rossa zu.

Natürlich kam bei ihm ein überaus reiches Inventar an villanovianischen Tonwaren und Bronzen, an etruskischen Vasen, Sarkophagen, feinen Buccheri, Bronzen, Goldschmuck u. a. zusammen. Ausgewählte Werke schenkte er dem Museum von Florenz, den Hauptbestand der Sammlung dem Museo Civico in Viterbo. An den Folgen eines Jagdunfalles starb er 1909. Seine Ausgrabungsberichte aus dem Anfang unseres Jahrhunderts mögen heute überholt scheinen. Die Impulse aber, die für die weitere Erforschung der etruskischen Kultur von ihm ausgingen, sind ein kaum registrierbares Verdienst.

In Férento können wir die Route unterbrechen und in kurzer Fahrt (8 km) nach Viterbo gelangen. Freilich müssen wir dann auf eine wunderbare etruskische Landschaft und auf das entzückende Vitorchiano und schließlich auch auf die bekannten ›mostri‹ in Bomarzo verzichten. Halten wir uns an den Routenplan, kommen wir zunächst in die größere Ortschaft Grotte S. Stefano, an deren Peripherie sich ›die Grotten‹ (etruskische Kammergräber) befinden. Viele von ihnen waren 1950 noch bewohnt. Auf den Leichenbänken an den Wänden der Grabkammer lagen alte Matratzen. Es waren die Schlafstellen der Familie. Ein Loch in der Decke diente dem Abzug des Rauches. Heute werden diese aus dem Tuff gehauenen Grabräume als Ställe oder Magazine benützt.

Nordöstlich von Grotte S. Stefano liegt *Sipicciano* (7 km). Rechts von der Straße befindet sich die etruskische Nekropole *Pian della Colonna* mit den beiden oft genannten Gräbern Grotta dipinta und Grotta della Colonna. Auf den Besuch der Nekropole, die nicht von besonderer Bedeutung ist, kann ohne Bedenken verzichtet werden. Meist wird sie unter Bomarzo genannt. Nach den vielen Tuffhügeln und steilwandigen Fossi ist es landschaftlich von besonderem Reiz, in die Nähe des sich weitenden Tales des Tibers zu kommen.

Vitorchiano. Der kurze Landstrich zwischen Grotte S. Stefano und Vitorchiano ist reich an überraschenden Schönheiten. Im schluchtartigen Tälchen erheben sich plötzlich glatte, graue Felswände, auf denen die Häuser von Vitorchiano nisten. Das Städtchen hat einen völlig mittelalterlichen Charakter. Auf der kleinen Piazza fällt ein schöner Brunnen mit einem robusten Stierkopf auf (14. Jh.). Am Sturz der skulptierten Haustüren trifft man in noblen römischen Buchstaben der Antiqua die Abkürzung S.P.Q.R. Sie erinnert an das Bündnis, das Vitorchiano mit Rom gegen die Viterbesen abgeschlossen hatte.

Bomarzo (Polimartium). Auf der Fahrt nach Bomarzo kommen wir bald auf die breite Staatsstraße am Fuße der Cimini-Berge. Sie führt zum malerischen *Orte* an der Strada del Sole. In seiner näheren Umgebung, beim Convento dei Cappuccini, sind einige etruskische Gräber. Nach wenigen Kilometern zweigen wir links nach Bomarzo ab. Wir kommen auf das enge Plätzchen des Felsennestes. Eine wundervolle Aussicht über einen breiten Fosso mit prächtigen Tuff-Felsen tut sich auf. Die Ortschaft mit bescheidenen Häusern, engen Gäßchen und Außentreppen im Schatten des dräuend düsteren Schlosses Orsini hat sich unverfälscht seit dem Mittelalter erhalten. In den Reisebüchern wird seit Jahren von einer etruskischen Sammlung im Palazzo berichtet. Mit einiger Mühe kam ich in die alten Säle. Niemand wollte von einer Sammlung etwas wissen. In Bomarzo sind es die ›mostri‹, die riesigen, seltsamen Parkfiguren, welche den Ruhm des Ortes begründen.

Vom Platz über dem Fosso, wo wir angekommen sind, geht ein abschüssiges Gäßchen ins Tal hinunter zum verwilderten ehemaligen Schloßpark, den ein Orsini dem Bach entlang anlegen ließ. Die phantastischen Skulpturen sind dort auf freiem Rasen und halbversteckt in dichtem Gebüsch zerstreut. Unlängst wurde von der Piazetta im Dorf bis zum Park eine schöne Fahrstraße angelegt. Als ›mostri‹ werden die tollen barocken Einfälle, mythologische Figuren, Götter, Nymphen, eine Riesenschildkröte, ein lebensgroßer Elefant, ein Drache, skurrile Vasen und zahlreiche andere Darstellungen bezeichnet. Auf dem aufgerissenen Mund der Gorgo – oder des ›orco‹ – sind noch die Worte: »Ogni pensiero vol ...« zu lesen. Von italienischen Inschriften an einem Haus im Park sei die folgende übersetzt:

»Du, der Du hier eintrittst,
Frage deinen Geist und sage mir,
Ob solche Wunder die Frucht der Illusion
Oder der Kunst sind.«

Historiker, Archivare, Architekten suchten schon lange die Antwort auf die Frage, wer der Bildhauer dieses ›sacro bosco‹ war, welcher Fürst des 16. Jh. die Idee dazu hatte. Jean Cocteau, Salvador Dali begeisterten sich für den unbekannten Künstler, sahen in ihm einen Vorgänger eigener surrealistischer Ideen.

Wie aber sind diese merkwürdigen Großskulpturen zustande gekommen? Eine Antwort ist um so schwieriger, als sie die unverblümte Geste des Barock, seine dekorative Theatralik haben, im Detail hinwiederum nicht sonderlich überzeugen. Nach der Tradition nahm der Heerführer Paolo Giordano Orsini von der Schlacht von Lepanto (1571) türkische Gefangene mit, welche diese bildhauerischen Werke ausführten. Ihr Geist ist aber so zeitverbunden italienisch, so unöstlich, daß diese Meinung aufgegeben wurde. Heute glaubt man, Inhalt und Motive der rätselhaften plastischen Werke in den Romanen ›Armadis‹ (1560) und ›Floridan‹ von Bernardo Tasso, dem Vater von Torquato, gefunden zu haben.

Die etruskischen Denkmäler, die von Bomarzo aus besucht werden, liegen im Norden der Ortschaft (ca. 12 km), in der Zone Piano della Colonna bei Sipiccano. Wir haben sie oben bereits genannt.

Auf der Rückfahrt nach Viterbo kommen wir in das bäuerliche Bagnáia an den waldigen Ausläufern des Monte Cimino. Vom Hauptplatz mit großem Brunnen, der im Herbst von schwarzen Weinfässern überlagert ist, geht es zur berühmten Villa Lante mit herrlichem Park, vielen Freiplastiken und spielerischen Wasserläufen. Kardinal Giovan Francesco Gambara, Bischof von Viterbo, beauftragte Vignola, den ersten Architekten seiner Zeit, mit der Ausführung dieses seigneuralen Sommersitzes (1566 bis 1578).

17. Route

Viterbo – Grotta Porcina – Luni sul Mignone – Tarquinia – Civitavecchia (78 km)

Der Tag unserer letzten Ausfahrt von Viterbo in das etruskische Land gilt *Tarquinia*, einer der berühmtesten und bedeutendsten Stätten Etruriens. Unterwegs nach Tarquinia, zwischen Vetralla und Monte Romano kommen wir zu drei Wegen, die von unserer Straße (N° 1 – bis) links abzweigend zu etruskischen Wohnplätzen und Nekropolen führen.

Zur ersten kommen wir nach 4,6 km von Vetralla, bei der Brücke über den Rio Secco. Die kleine, bescheidene Nekropole *Cerracchio* liegt in der Nähe der Straße. Ihrer verschiedenen Gräber aus einer längeren Periode wegen (kleine Kammergräber des Typus von Blera und San Giuliano, Loculi für Aschenurnen) verdient sie einen raschen Besuch.

Grotta Porcina. Ungefähr 5 km außerhalb von Vetralla, immer auf der Straße nach Tarquinia, zweigt links ins Land ein fahrbarer Feldweg ab. Er führt zu einem Gutshof mit großer Hühnerfarm, von dem wir links, nach Osten, etwa 2 km weiter fahren. Zu Fuß geht es dann 20 Minuten weiter in die zauberhafte Einsamkeit der Grotta, wo vielleicht der Feldhüter auftaucht. Wir sind in einer riesigen, freien Mulde, umrahmt von Wald und dunklen Tuffbänken (Abb. 76). Sogleich bemerken wir links einen beschädigten, massigen Fels-Tumulus. Er birgt einen erstaunlich großen Grabraum mit repräsentativer skulptierter Kassettendecke. Zwischenwände und Bänke wurden fast gänzlich weggeschlagen. Der hohe Grabraum wurde zu einem Stall für Großvieh zurechtgemacht.

In der Mitte der Mulde, isoliert im Felde, erhebt sich ein monumentaler runder Sockel oder Altar, an dessen Wänden archaische Fragmente von Tierreliefs erhalten sind. Die wenigen Denkmäler in der abgelegenen Landschaft geben eine Vorstellung von der lockeren Besiedelung des Binnenlandes durch die Etrusker.

Luni am Mignone. Der Hügel Luni mit seinem schmalen, etwa 450 m sich von Osten nach Westen hinziehenden Plateau – Pian di Luni – liegt in der wunderbaren Hügellandschaft der Ausläufer der Tolfaberge zwischen den tiefen Gräben des Fosso di Canino und des Torrente Vesca, etwa 4 km genau westlich von S. Giovenale und gegen 5 km südlich von Monte Romano. Am Fuße des Hügels, nahe dem Fosso Canino, ist die alte Station Monte Romano der 1967 aufgehobenen Eisenbahnlinie Civitavecchia – Orte. Ein Maultierpfad *(mulattiero)* hatte sie mit dem Städtchen verbunden. Man kommt also von Monte Romano nur zu Fuß oder mit dem Jeep nach Luni.

Über Luni weiß man das Wesentliche erst seit den Ausgrabungen 1960/1961 des Schwedischen Instituts, die noch nicht abgeschlossen sind. Der Platz war seit der ausgehenden Bronzezeit bis in das Mittelalter (14. Jh.) besiedelt. Pfahllöcher von Hütten wie in S. Giovenale wurden gefunden. Gefäße in feinem Impasto mit eingeritzten Mustern, mit Vogelköpfen und Tiergriffen, bikonische Urnen der Apenninkultur (wie in Tolfa) kamen ans Licht. Auf diese frühen Kulturen folgte die etruskische Hügelstadt, die am Ostende des Plateaus mit Mauern und Wällen befestigt war (um 550 v. Chr.). Ein Stück der Stadtmauer ist erhalten. Ihr Bau wurde vermutlich von Tarquinia infolge der römischen Expansion nach dem Fall Vejis (396 v. Chr.) veranlaßt. Luni gehörte zu dessen Territorium.

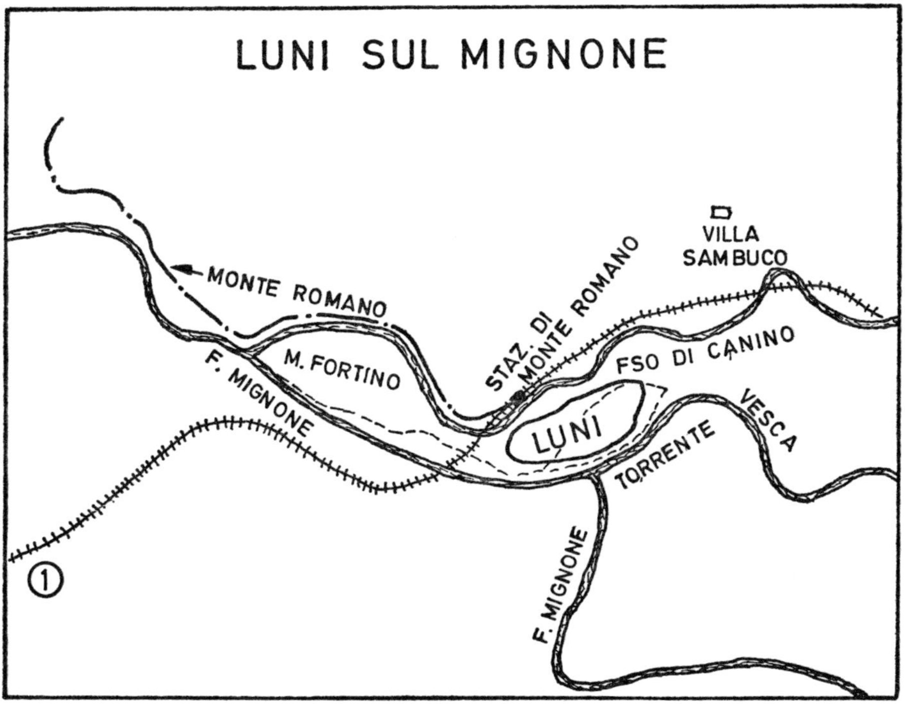

Wegekarte von Luni am Mignone

Ein interessanter, in den Tuff gehöhlter Kultbau wurde auf der westlichen Höhe des Plateaus freigelegt. Man fand Impasto-Gefäße, Buccheri und rotfigurige Vasen.

In der Umgebung von Luni grub das Schwedische Institut noch mehrere Plätze und Gräber aus der Eisenzeit, der etruskischen und römischen Epoche aus, auf dem Monte Fornicchio, östlich von Luni, einen eisenzeitlichen Wohnplatz, in Pontone Spaderna Gräber einer etruskischen Nekropole, in Pianarola ein großes etruskisches Kammergrab (4. Jh. v. Chr.) und nördlich des Canino die römische Anlage eines landwirtschaftlichen Betriebes, die Villa Sambuco.

Tarquinia (Tarchuna, Tarchna), bis 1922 Corneto). Etwa 4 km östlich von Tarquinia, an den ›Secondi Archi‹ des mittelalterlichen Aquäduktes zweigt von der Linkskurve unserer Straße ein schmaler, asphaltierter Weg in das Land ab. Er führt zur Nekropole der Gräber mit den berühmten Wandmalereien auf dem Rücken des Monte Rozzi, der sich bis in die Nähe der modernen Stadt hinzieht. Die Gräber sind abgeschlossen. Nur in Begleitung eines Führers vom Museum können sie von der Stadt aus besichtigt werden. Wir fahren deshalb ins Museum und erkundigen uns an der Kasse nach dem nächsten Besuch der Gräber. Er wird gewöhnlich so angesetzt, daß man mittags wieder zurück ist, vorher das Museum besuchen oder einen Gang durch die Stadt machen kann.

Tarquinia hat eine erstaunliche Anzahl romanische Kirchen, Türme und interessante Bauten. Von den Kirchen ist *S. Maria di Castello* (1121–1208) ein hochbedeutsames Werk ihrer Zeit. Neben dem höchsten der 18 Türme der Stadt liegt sie am Mauerring auf einem Felsen hoch über dem Tal der Marta. Vom Museum aus, in dem man den Schlüssel verlangt, ist sie durch die Via Mazzini direkt zu erreichen. Auf dem Wege kommt man am wiederholt umgebauten Dom vorbei, in dem die Tafel eines *S. Salvatore* der Scuola Romana aus dem 12. Jh. verwahrt wird, ein künstlerisch den etruskischen Grabmalereien ebenbürtiges, um 1700 Jahre späteres Werk. Für die Besichtigung der Stadt sei auch auf ihre alten Viertel hingewiesen. Sie gehören zu den Sehenswürdigkeiten. Wichtiger noch erscheint mir ein Gang durch die Ader der Stadt, den Corso Vittorio Emmanuele über die Piazza Matteotti hinauf zum Podium an ihrem Rande. Von dort hat man einen herrlichen, orientierenden Blick auf die Lage der etruskischen Civita im Gelände (Pian di Civita).

Der Besuch des *Museo Nazionale* im eindrucksvollen Palazzo Vitelleschi aus dem Übergang der Gotik zur Renaissance (1436–1439) kann auch nachmittags, nach dem Besuch der Gräber, erfolgen.

Am Anfang der Geschichte der Etrusker hatte Tarquinia unter ihren Städten eine Vorrangstellung. Die Bildung der politischen, kulturellen und besonders religiösen Struktur der etruskischen ›Völker‹ wurde von Tarquinia aus entscheidend beeinflußt. Nach antiker Überlieferung soll der legendäre Tarchon – daher Tarquinia –, einer der Söhne des lydischen Königs Atis, die Stadt gegründet haben (13.–12. Jh. v. Chr.). Auch der Mythos des Götterknaben Tages, eines greisenhaft aussehenden Kindes, das, einer Ackerfurche entsteigend, die Lehre für Religion und Staat verkündete, gehört in diesen Zusammenhang.

Später, etwa um die Mitte des 7. Jh. v. Chr., soll ein führender Mann aus Korinth, Demaratos, auf der Flucht nach Tarquinia gekommen sein. In seinem Gefolge befanden sich auch drei Künstler. Sein ältester Sohn, Lucumo, soll sich mit der vornehmen Etruskerin Tanaquil verheiratet haben. Mit ihrer Hilfe habe er in Rom die Dynastie der Tarquinier gegründet, die bis in die letzten Jahrzehnte des 6. Jh. v. Chr. bestanden hatte. Lange umstritten war die Anwesenheit der Könige etruskischer Herkunft in Rom. Durch neuere Funde wurde sie aber bestätigt.

Zur legendären frühen Zeitangabe der Gründung Tarquinias ist nachzutragen, daß es wohl eine der ältesten etruskischen Städte war, sein Ursprung aber den Villanova-Nekropolen nach nicht früher als in das 9.–8. Jh. v. Chr. anzusetzen ist. Die Grabbeigaben aus der Frühzeit der Stadt vermitteln ein eindrückliches Bild von deren Macht und Reichtum.

Das etruskische, später römische und frühmittelalterliche Tarquinia lag etwa 3 km nordöstlich vom heutigen auf dem 167 m hohen Plateau Pian di Civita oder Pian della Regina, jetzt kurzweg ›La Civita‹ genannt (Abb. 77, 78). Erst die Ausgrabungen in den

Jahren 1934–1938, die lange Trakte der starken Ringmauer (4. Jh. v. Chr.), ein überraschend großes Fundament eines oder mehrerer Tempel, das bekannte frontale Hochrelief zweier geflügelter Pferde in Terrakotta und unzählige Votive und Buccheri zutage förderten, lieferten den endgültigen Beweis für die Lage der antiken Stadt. Von ihrem beherrschenden Hügel aus regierte sie ihr Territorium, das sich zwischen dem Bolsena-See, dem Lago di Vico, den Cimini-Bergen, den Flußläufen des Arrone, Mignone und dem Tyrrhenischen Meer ausbreitete.

Vermutlich im 7. Jh., infolge der Invasion der Goten, siedelten die Bewohner auf den besser zu verteidigenden Hügel des heutigen Tarquinia über. Bis Ende 1922 trug es den mittelalterlichen Namen Corneto, der in der älteren Literatur noch anzutreffen ist.

Den militärisch und politisch wohl überlegten Eroberungszügen der Römer nach Norden war Tarquinia wie seine Schwesterstädte ausgesetzt. Und wie üblich begann die völlige Unterwerfung zunächst mit einem vierzigjährigen Waffenstillstand (308 v. Chr.), dem nach Ablauf der Frist um den Preis der Abtretung der Küste und der Gebiete von Blera und Tuscania die Bundesgenossenschaft folgte. 181 v. Chr. wurde eine römische Bürgerkolonie nach Graviscae in die Nähe der Stadt verlegt. Tarquinia blieb weiterhin souverän.

Die Gräber. In einem riesigen Halbkreis, der vom Poggio Selcatello über den Monterozzi bis in die Nähe der heutigen Stadt reicht, umgeben die Nekropolen das antike Tarquinia auf dem Pian di Civita. Ihm am nächsten liegen die ältesten Gräber (Pozzi und Fosse) aus der Villanova-Kultur, denen auf dem entfernteren Monterozzi die ersten etruskischen Kammergräber folgen (7. Jh. v. Chr.). Von ihnen ist nichts mehr zu sehen. Viele charakteristische Beigaben aus diesen Gräbern, getriebene Bronzen, Impasto-Gegenstände, geometrische Vasen u. a. sind in einer besonders interessanten Abteilung des Museums zusammengefaßt. Auf die weitere Entwicklung der Kammergräber, die zum mäßig dimensionierten, quadratischen oder rechteckigen Raum mit Wandmalereien führte, kann hier nicht weiter eingegangen werden.

Hingegen sei nachdrücklich, der Konstruktion der Grabräume wegen, auf die beiden offen zugänglichen Hügelgräber in der Doganaccia hingewiesen. Sie liegen ungefähr auf der Höhe des heutigen Friedhofes, etwa 300–400 m unterhalb der Straße nach Viterbo, von wo aus sie im freien Felde zu sehen sind. Ohne Führer kann man sie besichtigen. In der Kammer des besser erhaltenen Hügels erinnert man sich an das berühmte Regolini-Galassi-Grab in Cerveteri. Der untere Teil der Wände ist aus dem Tuff gehauen, der obere aufgemauert und vorkragend, linear eingewölbt, indessen der Raum des anderen Tumulus völlig aus dem Felsen gemeißelt ist. Beide Gräber haben im Scheitel einen mit Platten geschlossenen Schlitz. Diese elementaren Grabräume aus dem späteren 7. Jh. v. Chr. erwecken einen starken Eindruck.

Schon früh versuchten Vulci und Cerveteri, Tarquinia aus seinem Vorrang zu verdrängen und seine Machtstellung zu übernehmen.

Grabmalereien. Nach den flüchtigen Notizen über die Gräber kommen wir in die wunderbare Welt ihrer großen Wandmalereien. Nirgendwo in Etrurien erreichen sie die Höhe wie in Tarquinia. Die Stadt muß das Zentrum einer blühenden Pflege der Malerei gewesen sein, in dem sich die hervorragendsten Künstler niedergelassen hatten. Bisher wurden über 65 Grabkammern mit unterschiedlich erhaltenen Malereien aus der Zeit von 550 bis ca. 150 v. Chr. in den Nekropolen des Monterozzi erschlossen.

Über den Grabkammern erhoben sich die Tumuli im Felde. George Dennis berichtet, in der ersten Hälfte des letzten Jahrhunderts habe es allein auf dem Monterozzi noch mehr als 600 Tumuli gegeben. Ein phantastisches Bild! Heute stehen nur noch die schmalen Überdachungen der Grabeingänge in den Kornfeldern. Unter ihnen führt eine steile, ausgehauene Treppe tief in die Erde zu den überraschend kleinen Kammern mit der strahlenden Malerei an den Wänden.

Ohne auch nur ein einziges Fragment einer originalen griechischen Wandmalerei zu kennen, glaubte man in den lebendigsten Wandbildern Tarquinias, die erfüllt sind von etruskischem Geist, die Mitwirkung eingewanderter Griechen zu sehen. Man versuchte es mit der griechischen Vasenmalerei zu begründen. Nun wurde Ende Juni 1968, südlich der alten Mauern von Paestum, in einem Grab ein Sarkophag mit gut erhaltener, griechischer Innenbemalung entdeckt (490–480 v. Chr.). Unter den figürlichen Darstellungen befindet sich ein *tuffatore,* ein Schwimmer, der mit Kopfsprung ins Wasser stürzt. Das Grab erhielt den Namen ›Tomba del Tuffatore‹. Seither wurden über 150 weitere Malereien freigelegt. Ein epochaler Erfolg der Ausgrabungen in Paestum. Nicht überraschend ist es, daß die Vergleiche mit den etruskischen Malereien bisher keine besonderen Anhaltspunkte für eine praktische Mitwirkung griechischer Maler in den Grabkammern Tarquinias ergeben haben. Die griechischen Fresken in Paestum lassen eher auf Beziehungen zu den traditionellen Grabmalereien in Lukanien schließen.

Monterozzi. Zur festgesetzten Zeit fährt die Besuchergruppe der Nekropole mit dem Führer vom Museum zum östlichen Ende des Monterozzi, zu den ›Secondi Archi‹ des Aquäduktes, wo die Besichtigung der einzelnen Grabkammern beginnt.

Jene, welche die Ausgrabungen auf dem Areal des antiken Tarquinia besuchen möchten, fahren nachher oder anderntags von den ›Secondi Archi‹ einige Bogen des Aquäduktes weiter, wo ein fahrbarer Feldweg links abbiegt.

Von der großen Zahl bemalter Gräber werden wir kaum mehr als acht aufsuchen können. Der mit einem schweren Schlüsselbund versehene Führer führt uns zu den besterhaltenen, bekanntesten Wandmalereien. Besonderen Wünschen kommt er gern entgegen. Die Führer sind von der Soprintendenza ausgezeichnet instruiert. Mit angeborener Eloquenz wissen sie das Motivische zu erklären, mit Vorliebe auf naturalistische Einzelheiten hinzuweisen, und das Jahr der Entstehung der Malerei anzugeben. Sogar in der Tomba dei Tori, wo sie bei Anwesenheit von Damen eine leichte Verlegenheit zu verbergen suchen, verstehen sie es, mit vagen Worten über Symbolisches der Fruchtbarkeit sich elegant aus der Affäre zu ziehen. Wenn ich nun einzelne Wandbilder

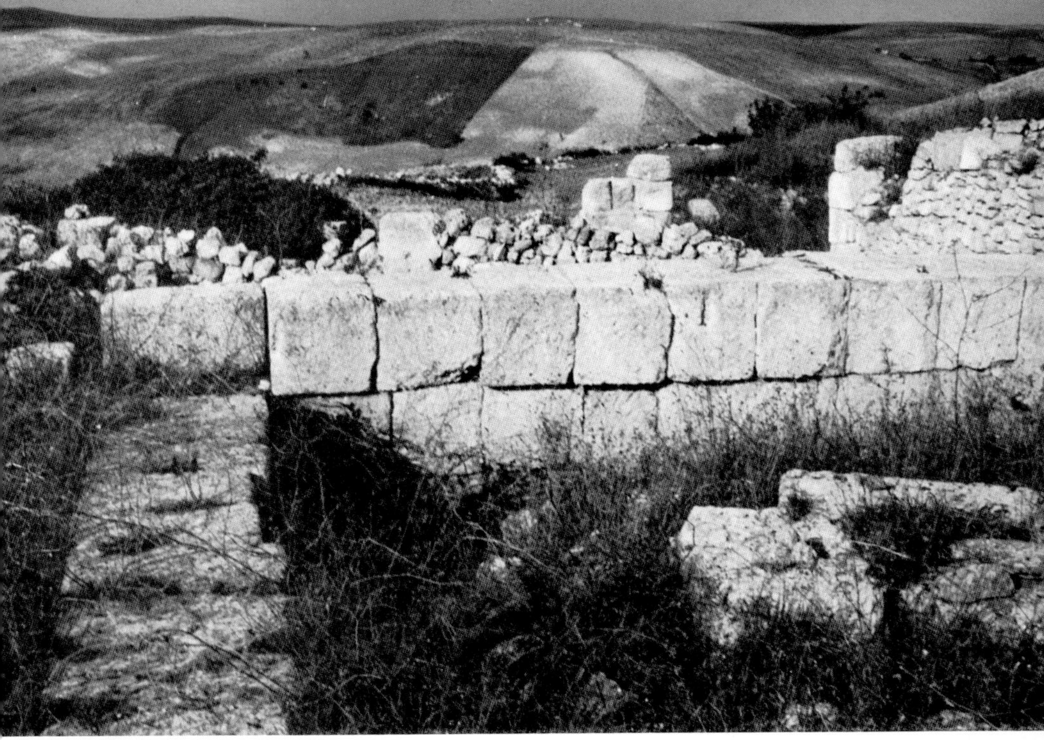

TARQUINIA Mauerreste von Tarquinia antica. Pian di Civita oder Pian della Regina

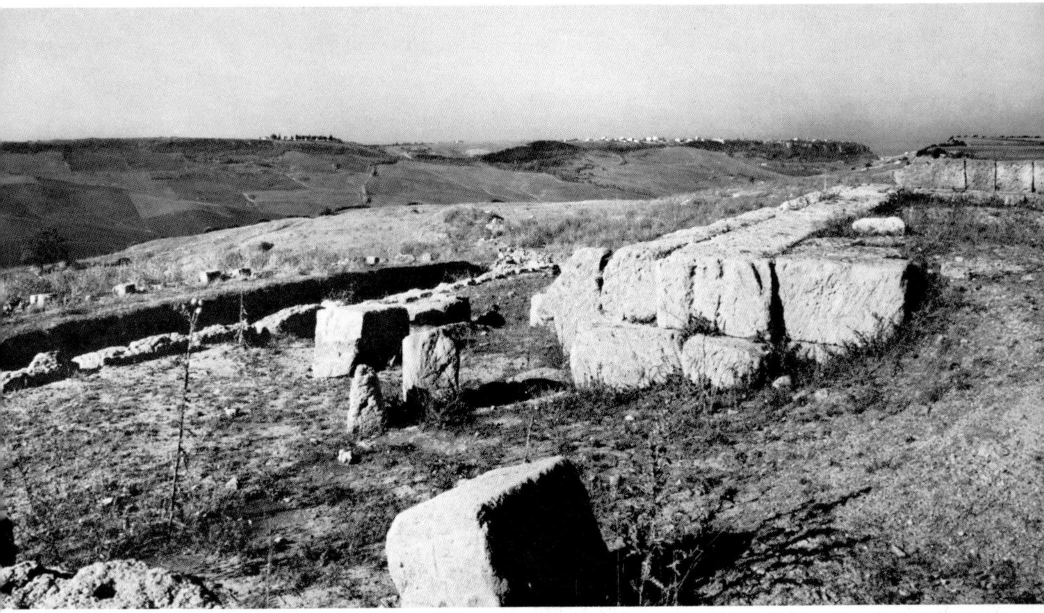

TARQUINIA Tempelreste ›Ara della Regina‹, 4.–3. Jh. v. Chr. Im Vordergrund ist die Stelle bezeichnet, an der sich die Akropolis des antiken Tarquinia befand. Die etruskische Stadt lag auf dem Plateau

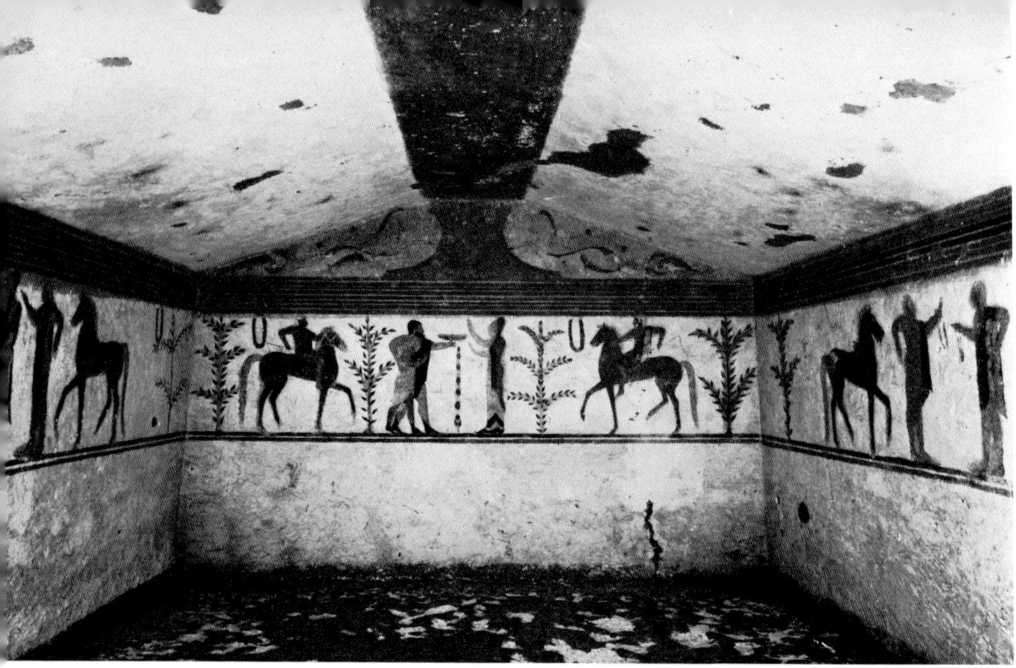

79 TARQUINIA Tomba del Barone, Ende 6. Jh. v. Chr. Nekropole dei Monterozzi

80 TARQUINIA Tomba dei Tori, um 550 v. Chr., Hauptbild der Grabkammer. Nekropole dei Monterozzi

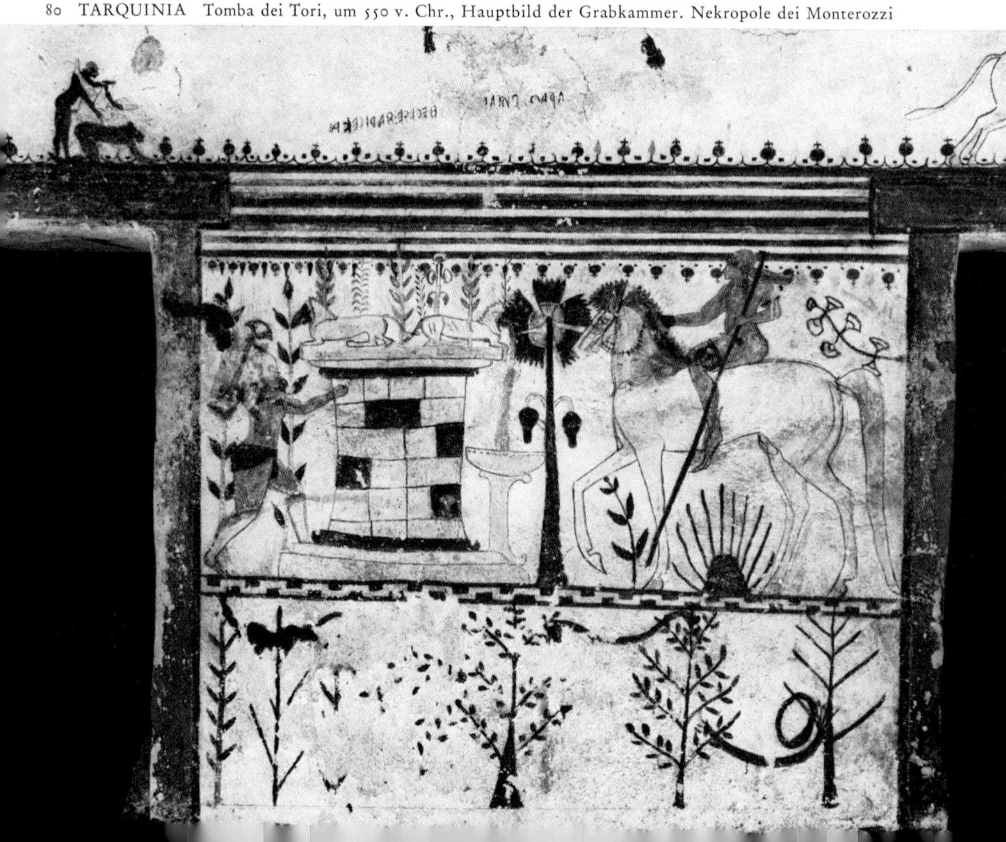

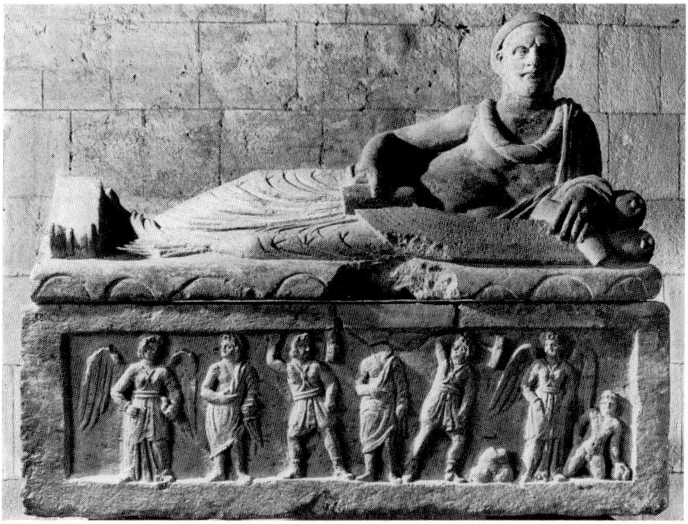

TARQUINIA Sarkophag des Lars Pulenas, eines Magistraten mit Schriftrolle, 3. Jh. v. Chr. Museum Tarquinia

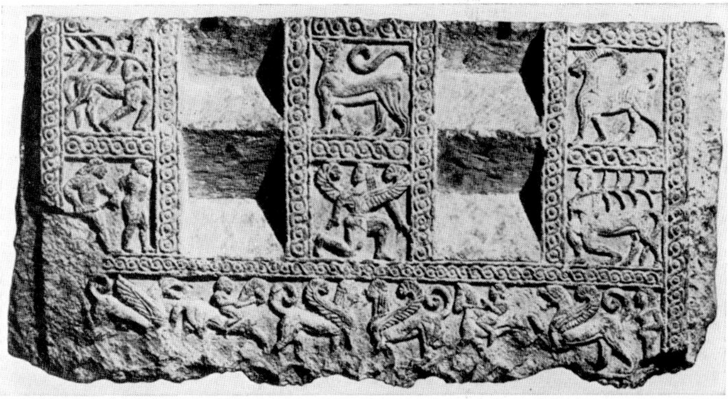

TARQUINIA Sog. Treppenstein von der Nekropole dei Monterozzi. Orientalisierende Phase, 6. Jh. v. Chr. Diese Platten wurden nur in Tarquinia und auch dort nicht in situ gefunden. Museum Tarquinia

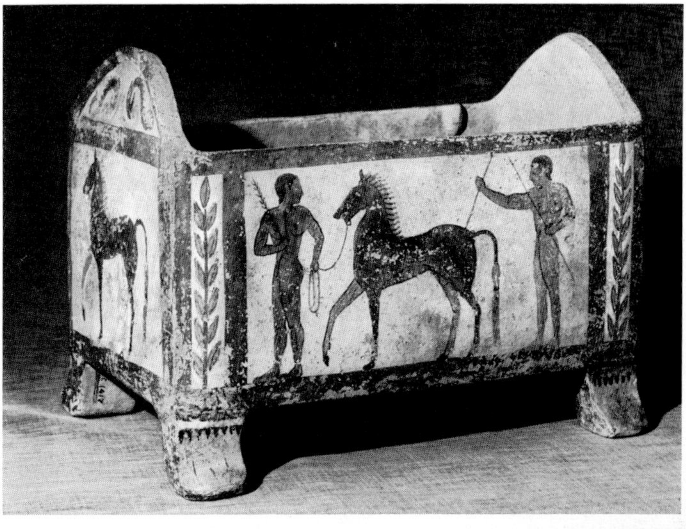

TARQUINIA Kleiner Terrakotta-Sarkophag, Länge 49,6 cm, Anfang 5. Jh. v. Chr. Museum Tarquinia

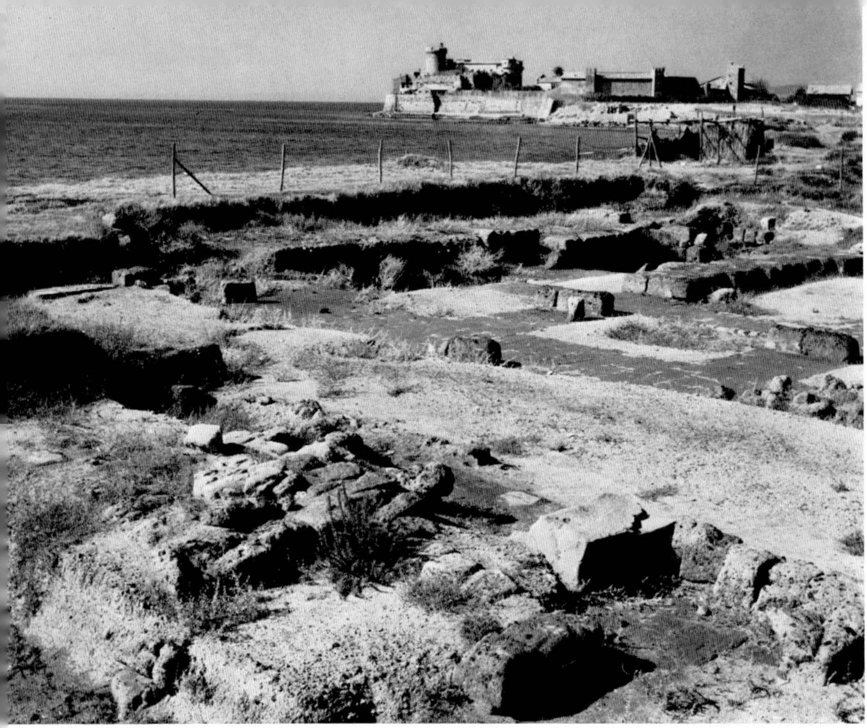

84 PYRGI (S. Severa) Reste zweier Tempel im Hafengebiet

85 PYRGI Sog. ›Gigantomachia‹, Hochrelief mit Zeus, Athene und Figuren aus dem thebanischen Mythos. Museo Villa Giulia, Rom

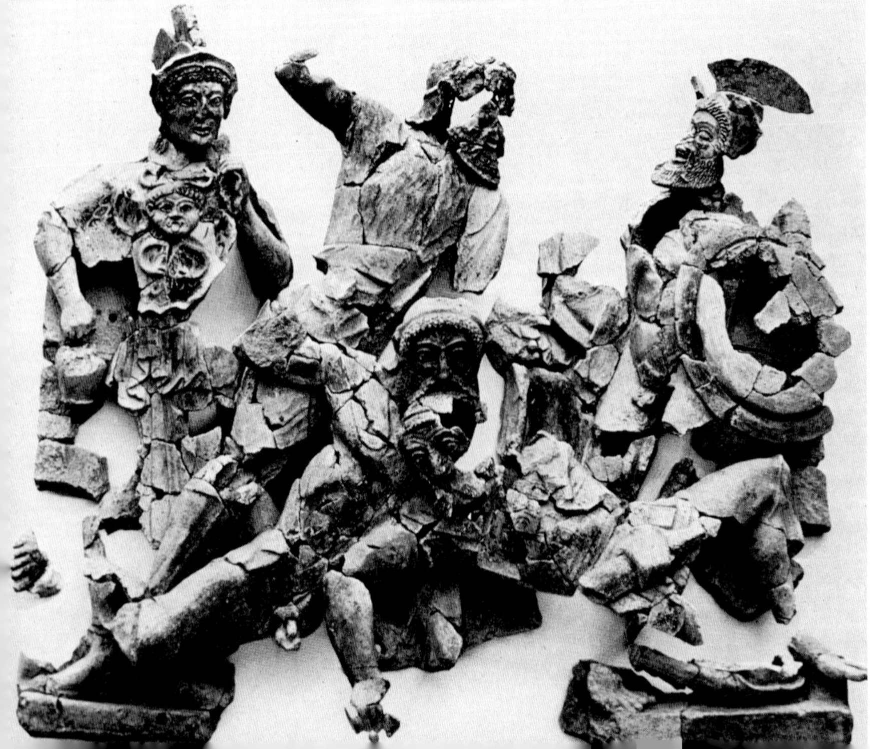

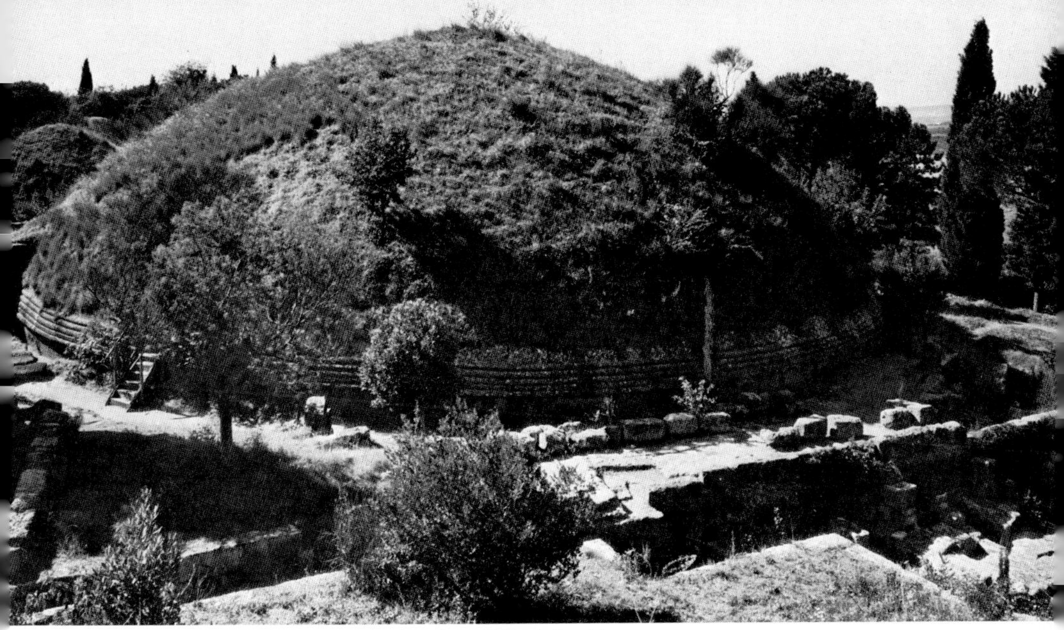

6 CERVETERI Hügelgrab in der Gräberstadt, über einem Tuffsockel errichtet

7 CERVETERI Grab der Schilde und der Thronsessel, Hauptraum, 7.–6. Jh. v. Chr. Banditaccia-Nekropole

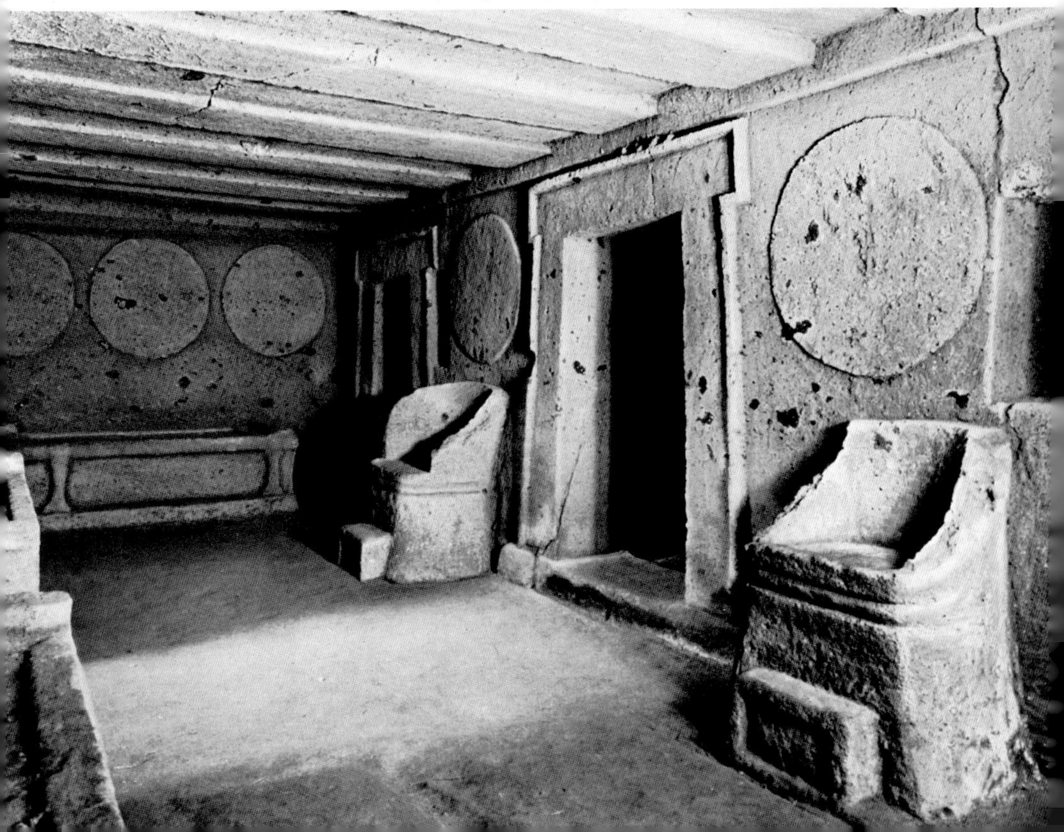

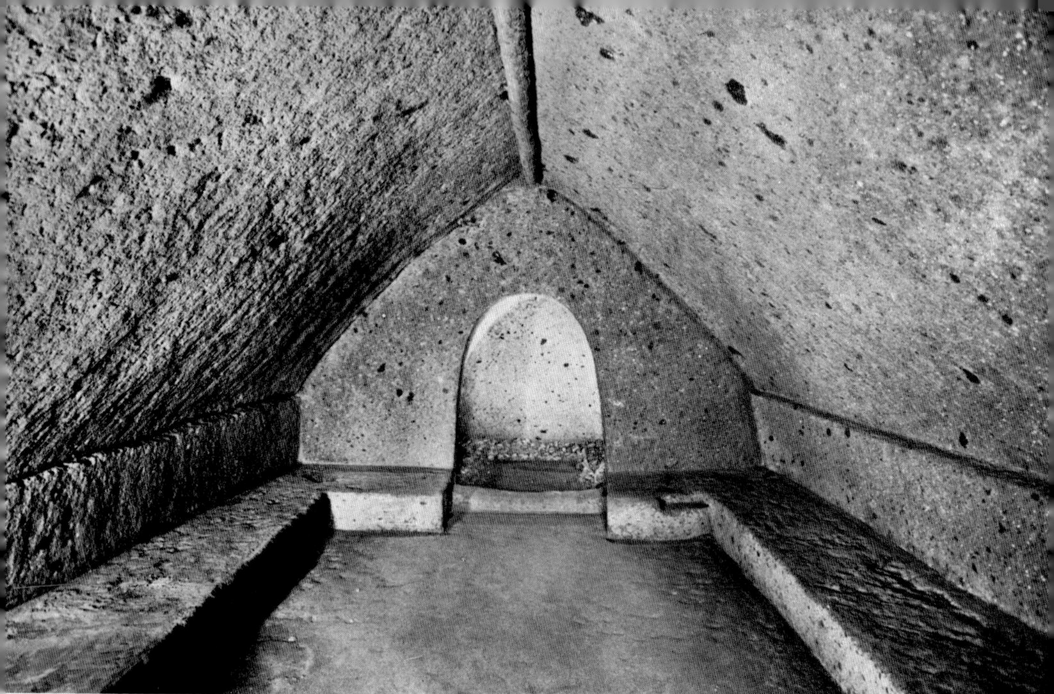

88 CERVETERI Eine der vier Kammern mit hüttenartiger Decke und seitlichen Leichenbänken im großen Tumulus II der Banditaccia-Nekropole

89 CERVETERI Grab der Stuckreliefs, 4.–3. Jh. v. Chr. Banditaccia-Nekropole. Auch ›Tomba Bella‹ genannt

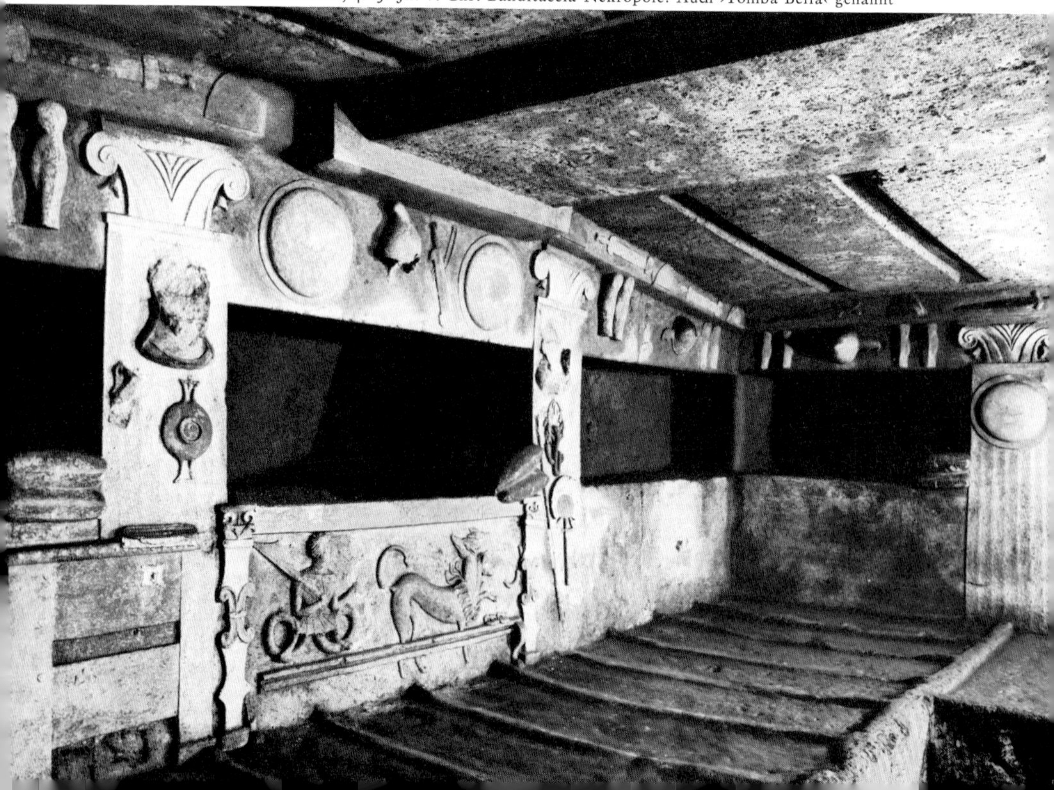

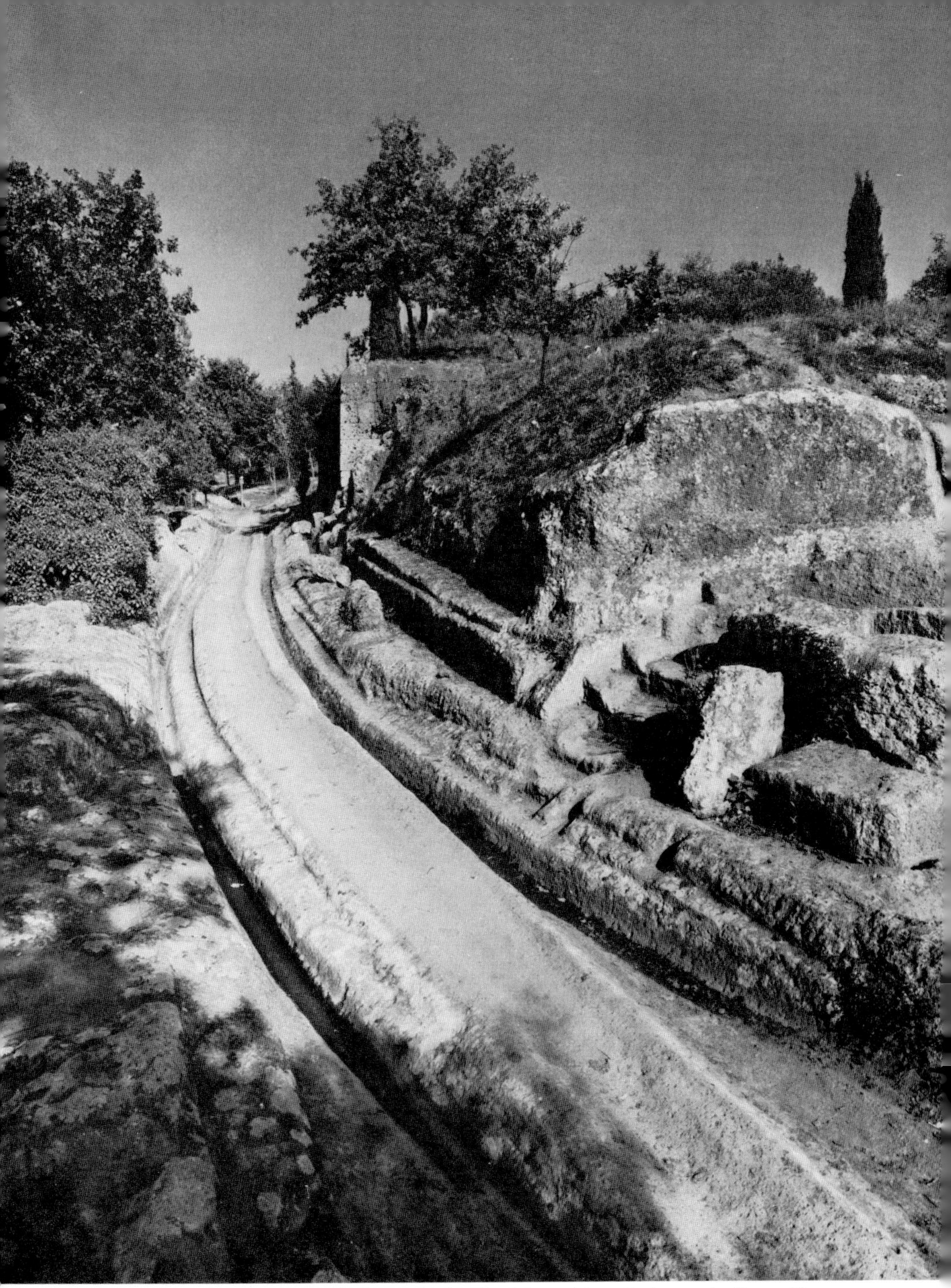

CERVETERI Gräberstraße. Die in den Tuff gehauene Straße zeigt tief ausgefahrene Radspuren der Totengefährte. Anfang 5. Jh. v. Chr.

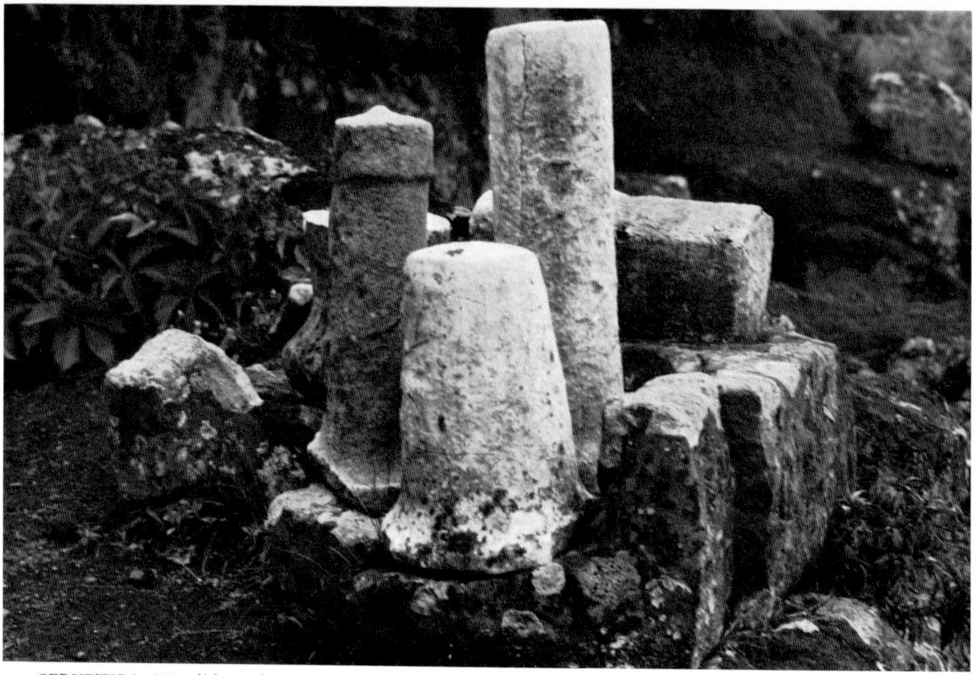

91 CERVETERI Männliche und weibliche Symbole (Cippi) bei den Gräbern

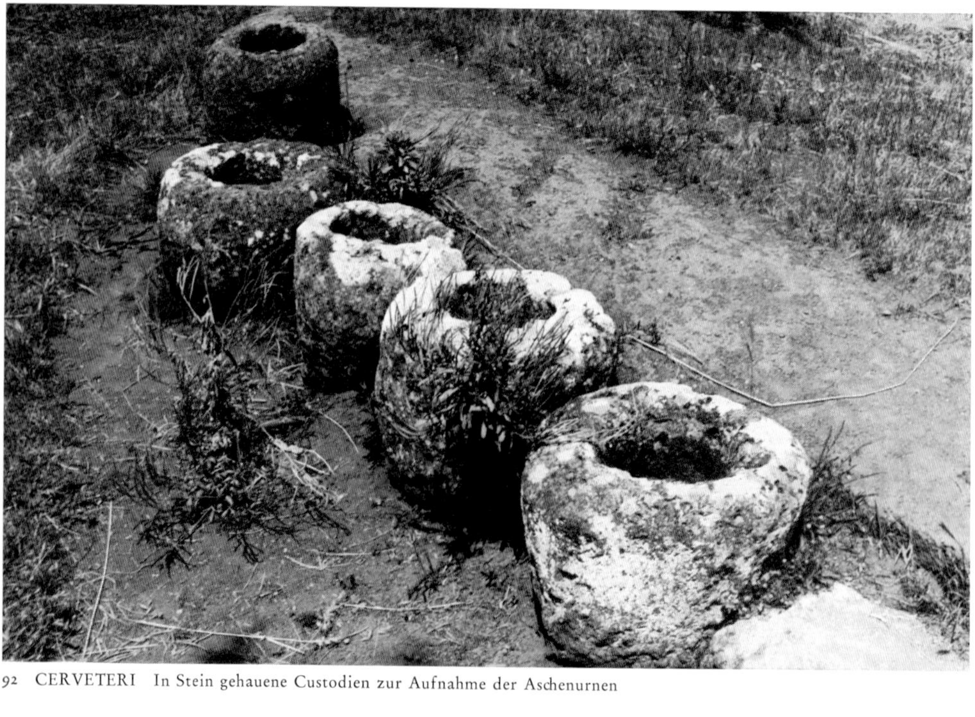

92 CERVETERI In Stein gehauene Custodien zur Aufnahme der Aschenurnen

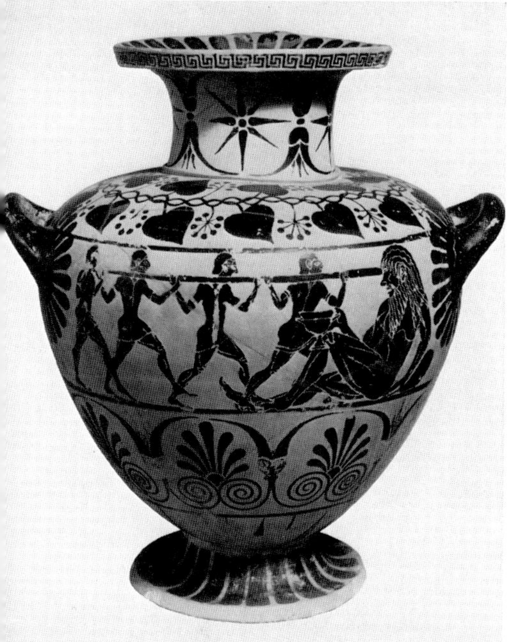

CERVETERI Sog. Ceretaner Vase mit der Blendung des Polyphem, 530–520 v. Chr. Museo Villa Giulia, Rom

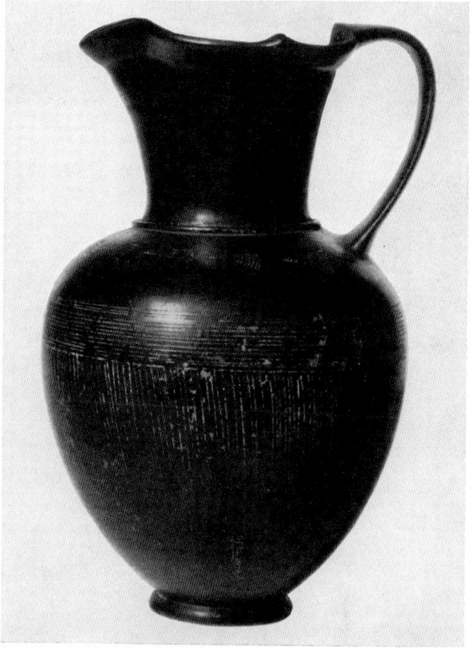

94 CERVETERI Charakteristische dünnwandige Kanne in Bucchero, Mitte 7. Jh. v. Chr. Museo Villa Giulia, Rom

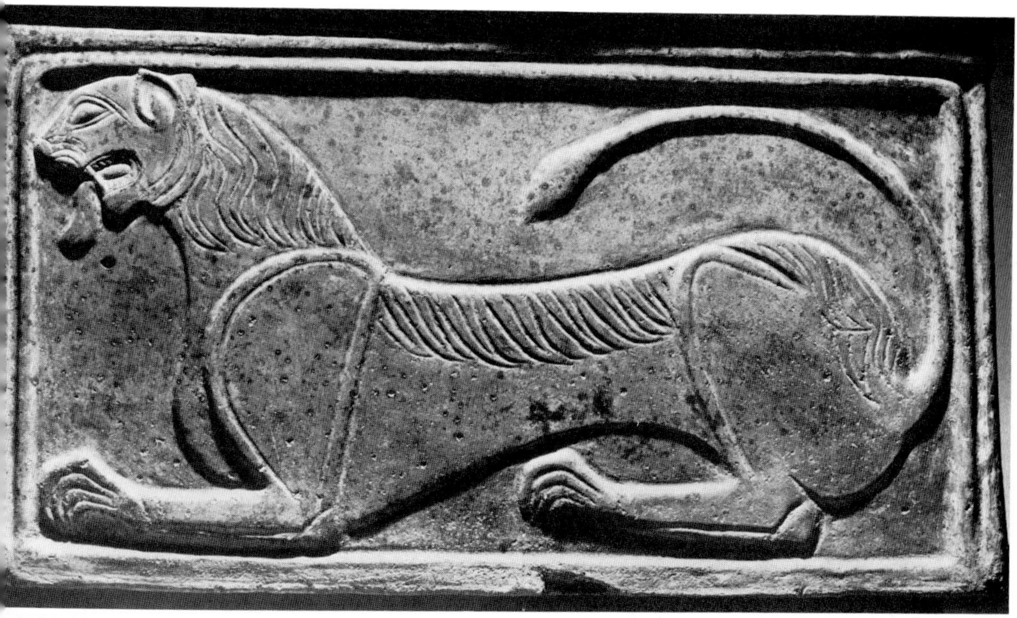

CERVETERI Detail vom sog. Löwensarkophag, 6. Jh. v. Chr. Aus Ceri bei Cerveteri. Museo Villa Giulia, Rom

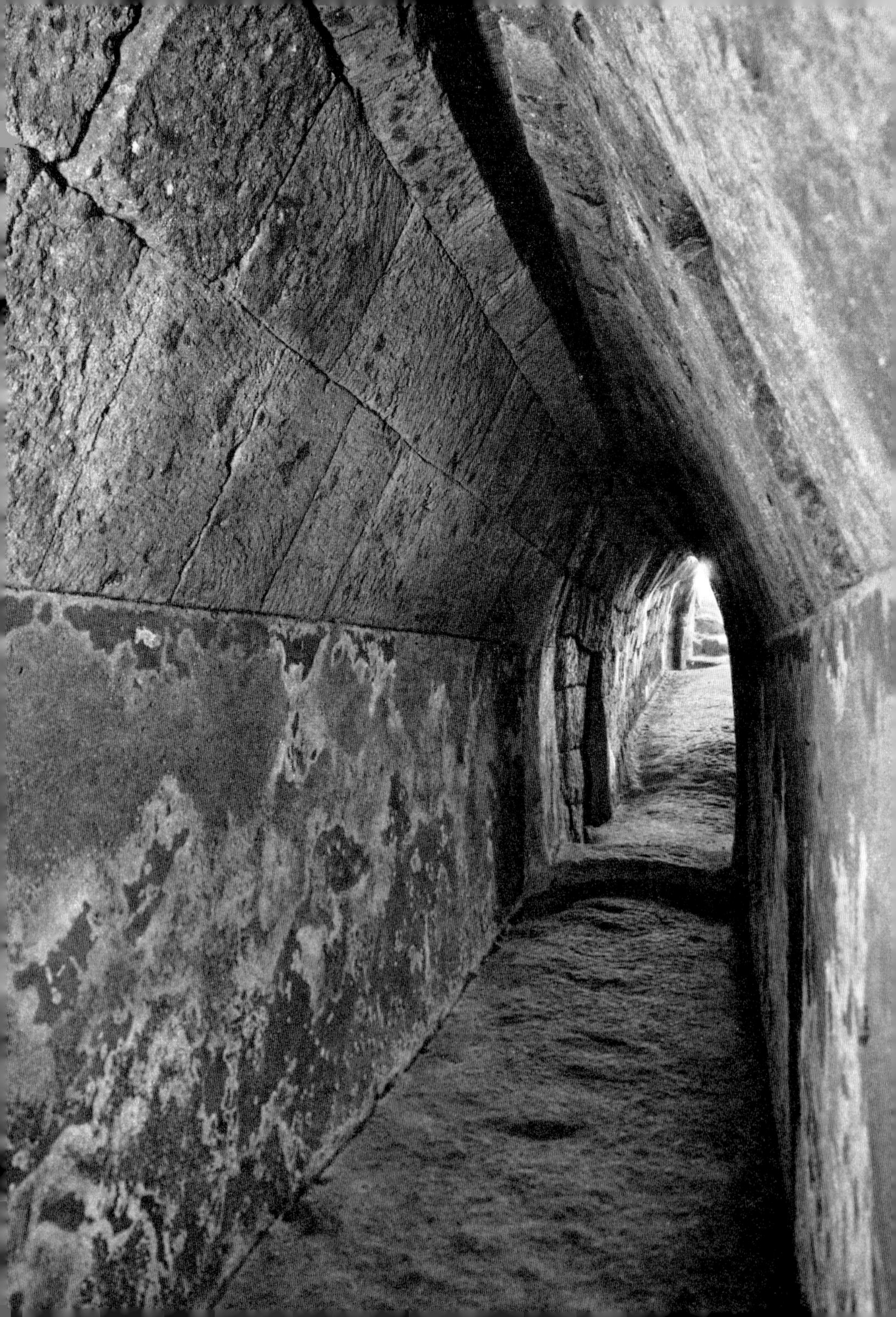

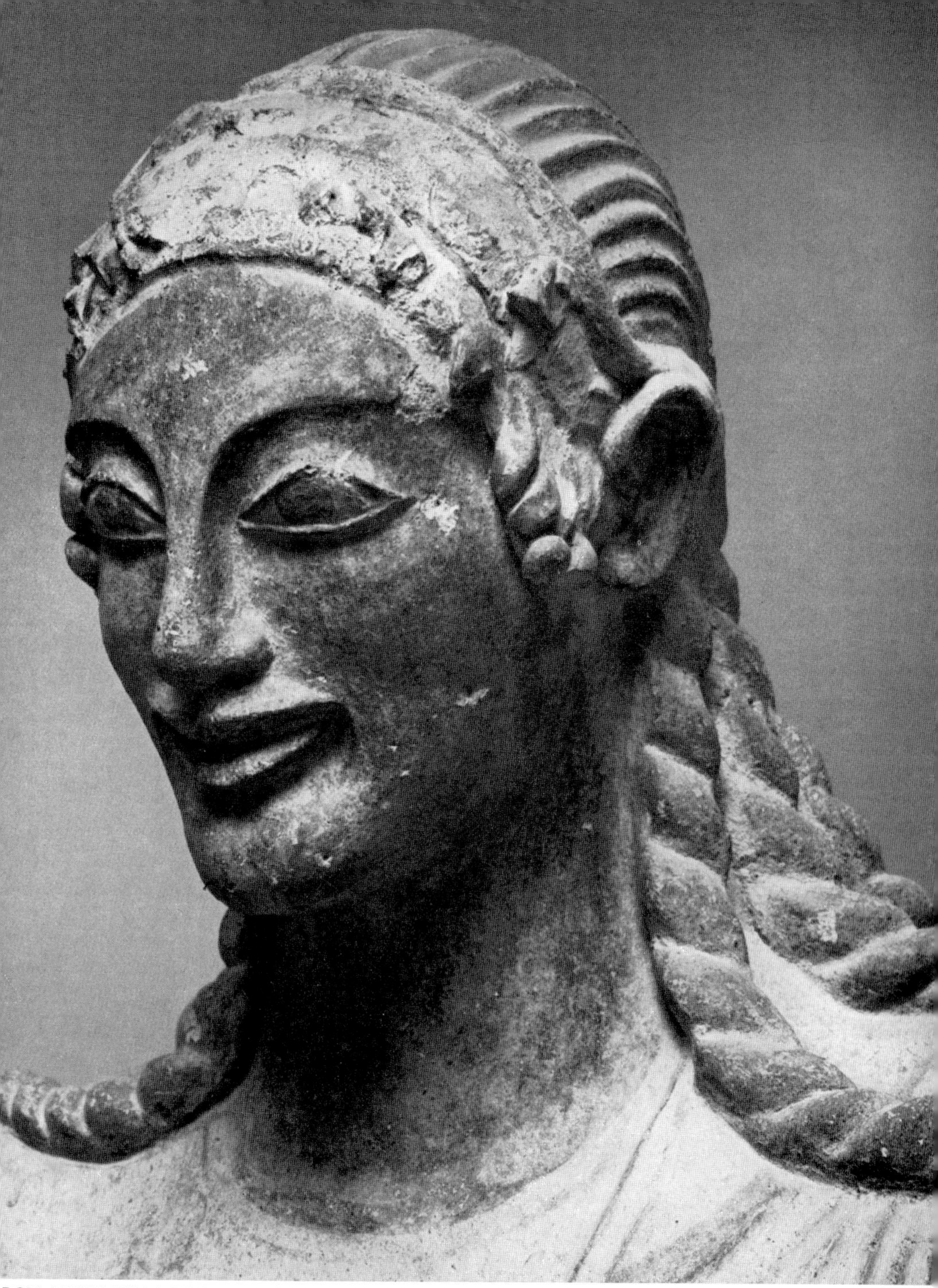

ROM, MUSEO VILLA GIULIA Kopf der Terrakotta-Statue des Aplu (Apollon), 6.–5. Jh. v. Chr. Aus Veji, Heiligtum von Portonaccio

CERVETERI Regolini-Galassi-Grab, 7. Jh. v. Chr., Sorbo-Nekropole. Teilansicht der Totenkammer und des langen Dromos

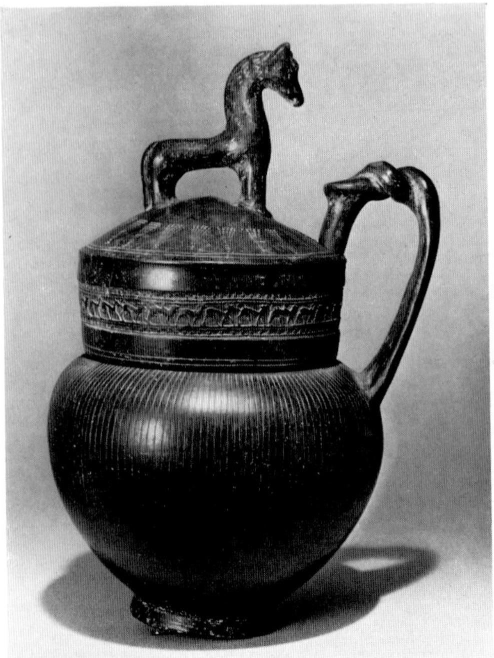

98 ROM, MUSEO VILLA GIULIA Bucchero-Kanne mit Pferd, Höhe 45 cm, Ende 7. Jh. v. Chr. Aus Orvieto

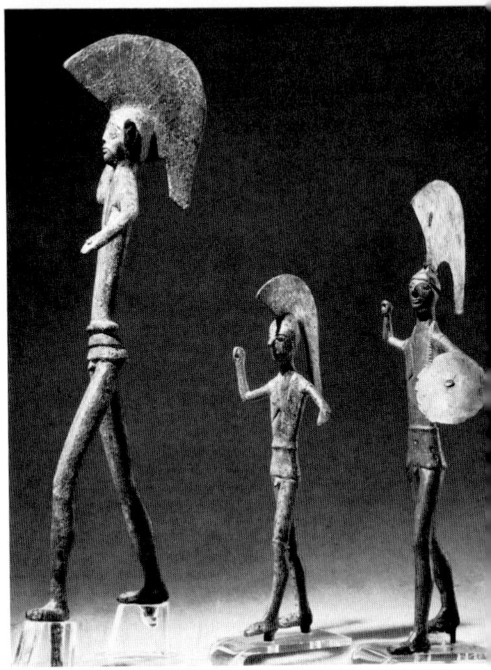

99 ROM, MUSEO VILLA GIULIA Krieger mit Federbus helmen, Votivbronzen aus Cagli, Höhe 28, 16,5 und 20,5 c 5. Jh. v. Chr.

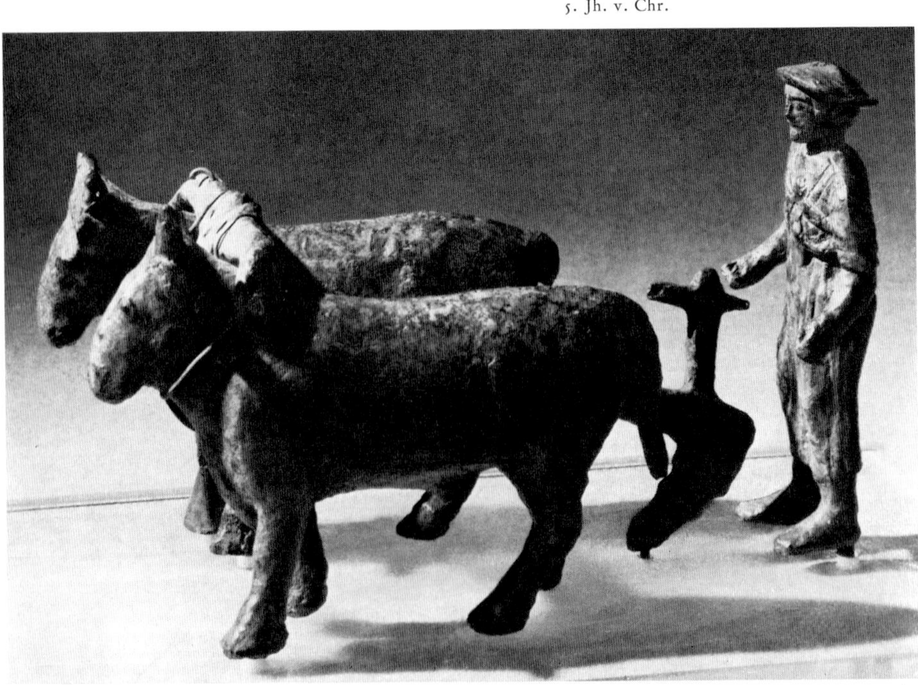

100 ROM, MUSEO VILLA GIULIA Bronzestatuette eines pflügenden Bauern, aus der Gegend von Arezzo. Höhe 11 cm, 4. Jh. v. Chr.

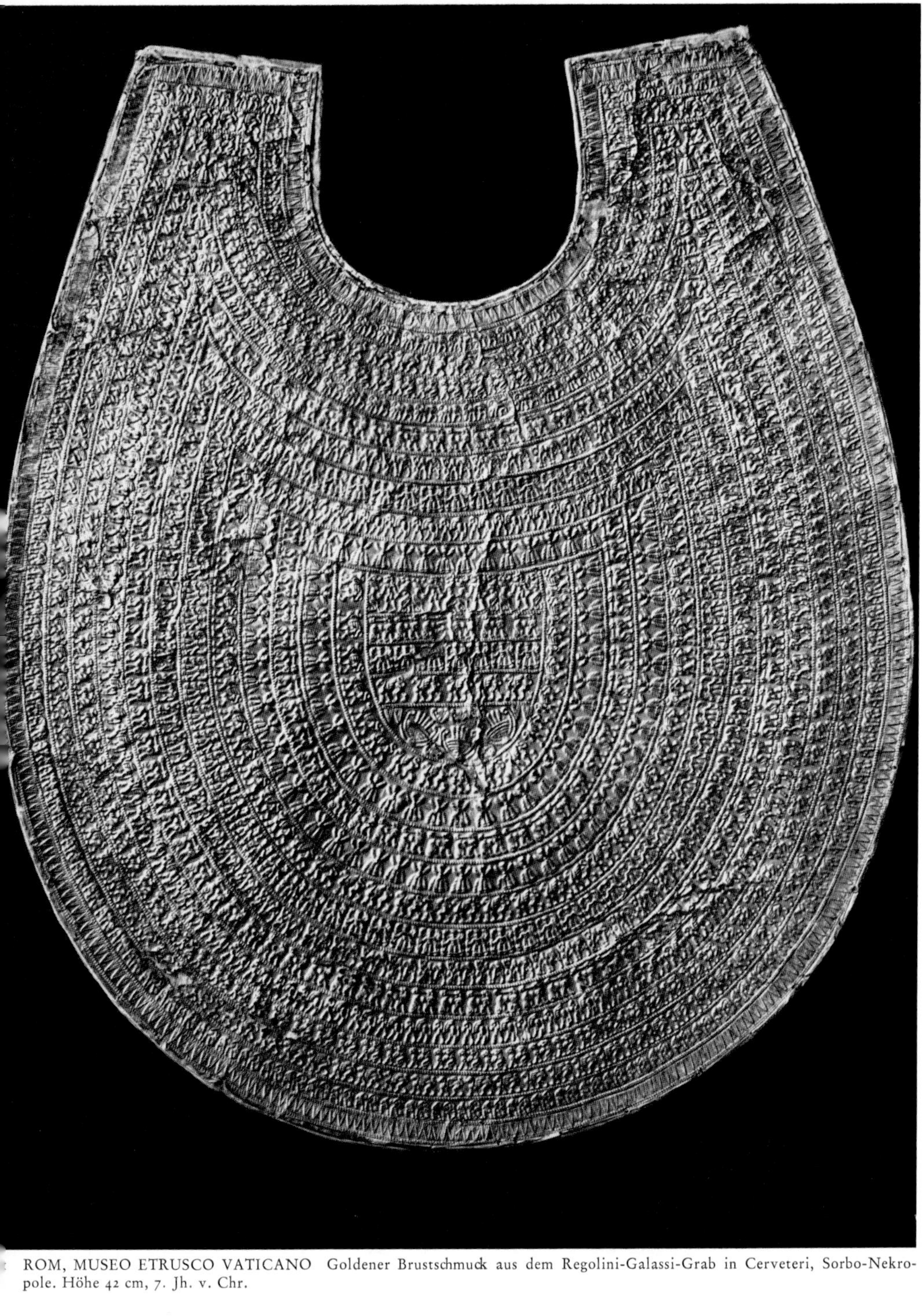

ROM, MUSEO ETRUSCO VATICANO Goldener Brustschmuck aus dem Regolini-Galassi-Grab in Cerveteri, Sorbo-Nekropole. Höhe 42 cm, 7. Jh. v. Chr.

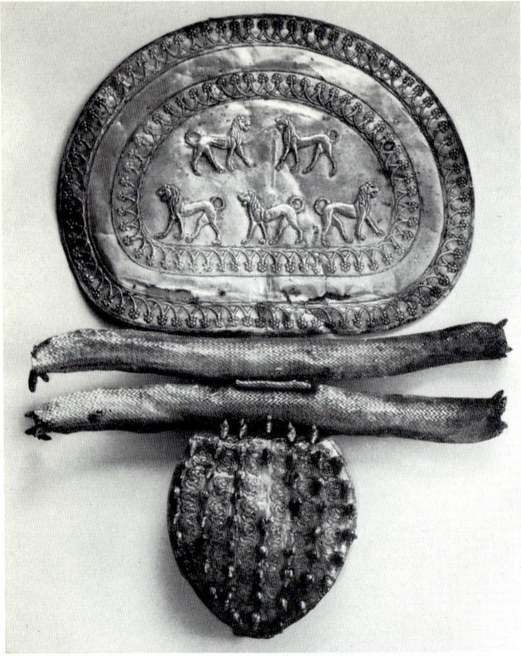

102 ROM, MUSEO ETRUSCO VATICANO Goldene Plattenfibel aus Cerveteri. Erste Hälfte 7. Jh. v. Chr.

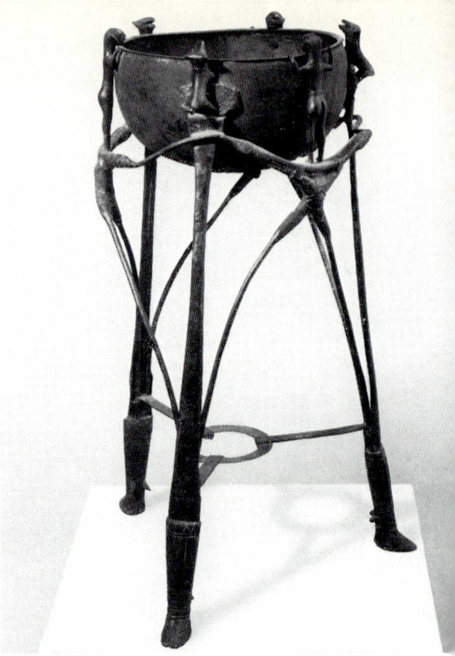

103 ROM, MUSEO VILLA GIULIA Kuhfüßiger Ku
kessel mit Topfguckern. Erste Hälfte 7. Jh. v. C
Aus dem Bernardini-Grab in Palestrina (Praeneste)

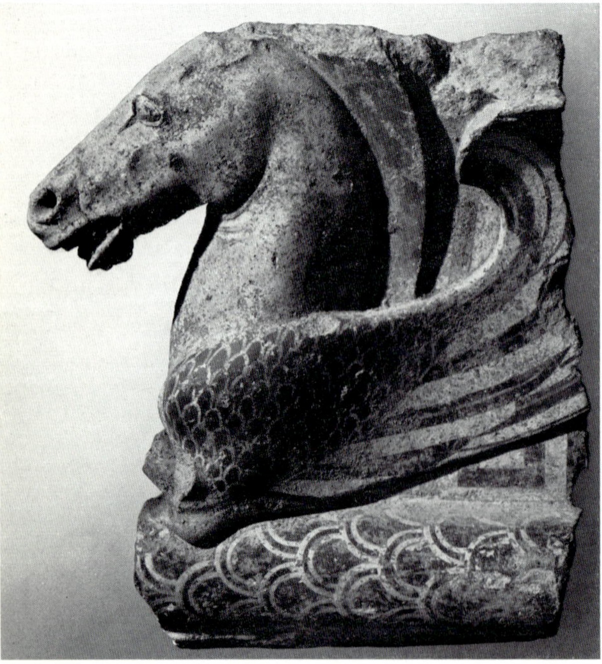

104 ROM, MUSEO ETRUSCO VATICANO Terrakotta-Flügelroß (Eckziegel) aus Cerveteri, Anfang 5. Jh. v. Chr.

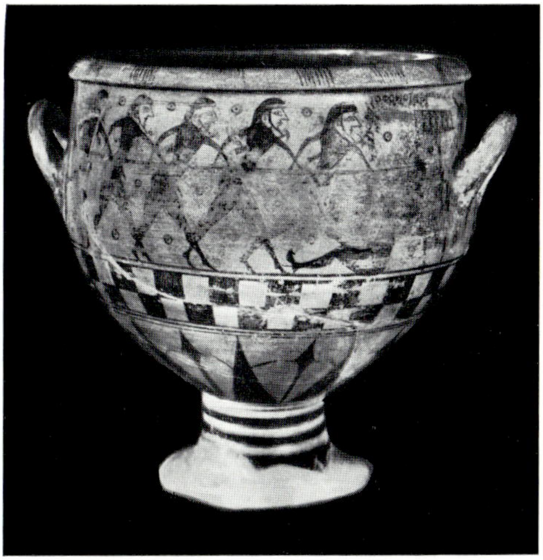

105 ROM, KAPITOLINISCHE MUSEEN Krater des Aristonothos, Ende 7. Jh. v. Chr.

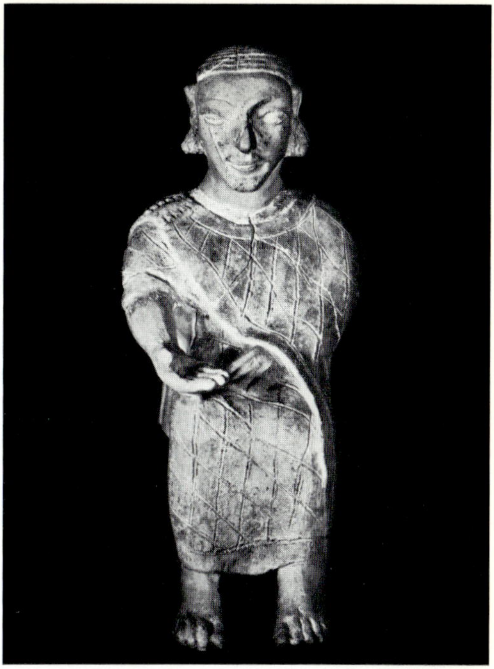

106 ROM, KAPITOLINISCHE MUSEEN Grabstatuette eines sitzenden Etruskers aus Cerveteri, gegen 600 v. Chr.

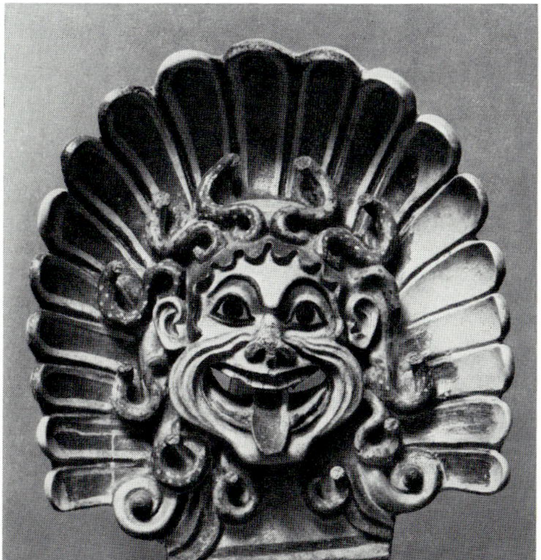

107 ROM, MUSEO VILLA GIULIA Gorgoneion aus Veji, Stirnziegel vom Heiligtum von Portonaccio, Höhe 48 cm, 6.–5. Jh. v. Chr.

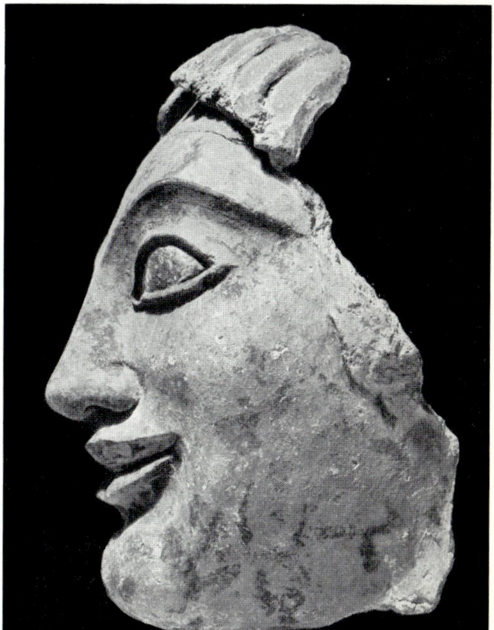

108 ROM, MUSEO VILLA GIULIA Fragment eines Männerkopfes aus Veji, Heiligtum von Portonaccio. Terrakotta, Höhe 18 cm, 6.–5. Jh. v. Chr.

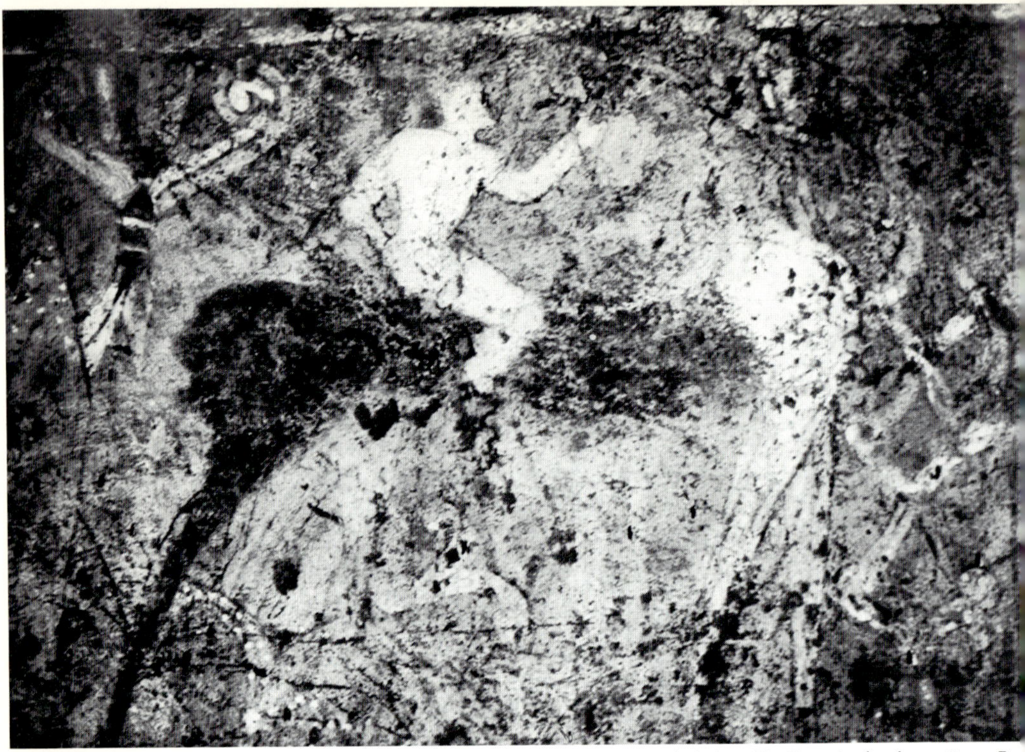

109 VEJI Tomba Campana. Auf der Vorderseite der Trennwand beider Kammern befinden sich die weitgehend zerstörten Re einer frühen Malerei. Sie lassen auf ein besonders bedeutendes Werk schließen. Um 600 v. Chr.

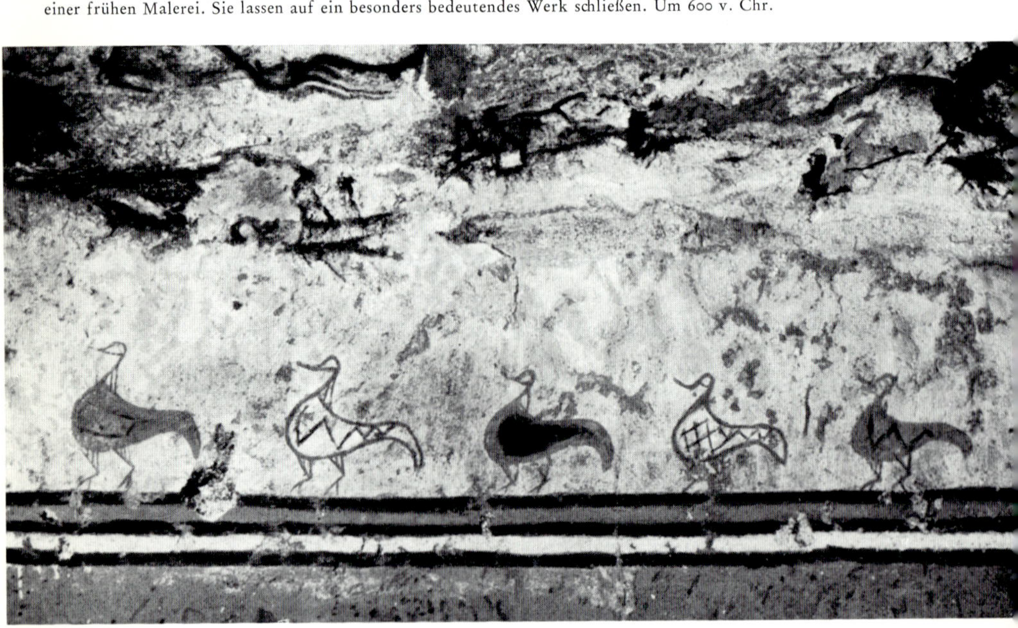

110 VEJI Tomba delle Anatre (Entengrab), um 675–650 v. Chr.

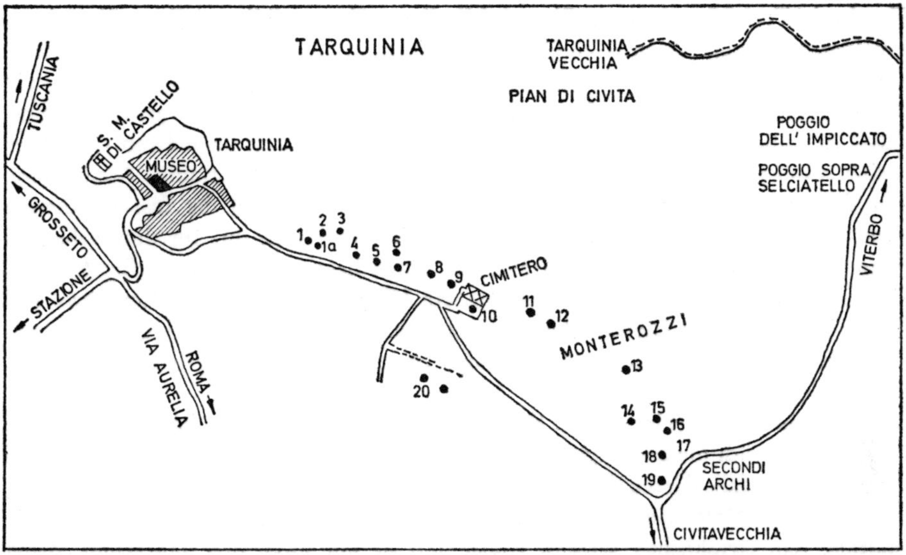

Plan der Gräber von Tarquinia. 1 Tomba della Caccia e della Pesca 1a Tomba dei Giocolieri 2 Tomba delle Leonesse 3 Tomba della Pulcella 4 Tomba del Letto Funebre 5 Tomba dei Leopardi 6 Tomba del Triclinio 7 Tomba dei Baccanti 8 Tomba del Tifone 9 Tomba degli Scudi 10 Tomba dell'Orco 11 Tomba dei Vasi dipinti 12 Tomba del Vecchio 13 Tomba del Morente 14 Tomba delle due Bighe 15 Tomba del Barone 16 Tomba dei Tori 17 Tomba degli Auguri 18 Tomba delle Olimpiadi 19 Tomba del Pulcinella 20 Tumuli della Doganaccia. (Aus den Gräbern 4, 6, 14, 18 wurden die Malereien ins Museum gebracht)

kurz streife, möchte ich versuchen, die Augen über den eingängigen Inhalt der Darstellungen hinaus auf die reichen Werte der Malerei zu lenken. Es ist vielleicht angezeigt, ein Wort über die Technik voranzuschicken, in der die Malereien ausgeführt wurden. In den ältesten Gräbern wurde die Farbe auf den geglätteten, mit einem Anstrich von Leim oder einer ähnlichen Substanz präparierten Felsen aufgetragen. Später wurde die Malfläche mit einem dünnen oder dichteren Verputz von Mörtel überzogen. Darauf konnten die Umrisse eingeritzt werden. Für die Malerei wurden natürliche Mineralfarben verwendet. Die abgenommenen Wandbilder delle Bighe und del Triclinio (jetzt im Museum) scheinen die etruskischen Künstler al fresco ausgeführt zu haben (Farbt. II). Dabei müssen wir, die wir an das helle künstliche Licht gewohnt sind, uns vorstellen, daß die etruskischen Maler in den dunklen Tuffkammern bei flackerndem Licht von Öllämpchen oder Fettdochten arbeiten mußten. Um so erstaunlicher ist die feine farbige Differenzierung, die wir etwa in der Wiedergabe durchsichtig leichter oder schwer in die Falten fallender Stoffe beobachten können.

Die steilen Treppen führen uns in die Tiefe des Bodens zu den kühlen, oft von zerstörerischem Kondenswasser feuchten Grabkammern.

Tomba dei Tori (Nr. 16 unseres Planes). Mit diesem ältesten (Mitte 6. Jh. v. Chr.), besterhaltenen und zugleich einzigen Grabe Tarquinias, in dem eine Szene aus dem griechischen Heroen-Mythos erzählt wird (Achilleus lauert dem Troilos auf), beginnen wir unsern Rundgang (Abb. 80). In der archaischen Darstellung scheinen griechische Einflüsse zu walten. Der Raum bekommt durch die Malerei einen besonderen Charakter – eine, man ist versucht zu sagen, mehr literarische als malerisch bestimmte Atmosphäre. Die dekorativen Bäumchen mit aufgehängten Wollbinden und der fast schüchterne ornamentale Fries von Granatäpfeln muten eher etruskisch an. Im durchgehenden Wandstreifen über dem Mittelfeld und den Türen liegen die beiden kräftigen Stiere, der eine mit bärtigem Männergesicht. Sie, ein Hippokamp, ein geflügelter Löwe und Reiter in den niederen Giebelfeldern sind mit straffen, herben Konturen, die Palme und die Sträucher dagegen in knapper graphischer Übersetzung wiedergegeben.

Tomba degli Auguri (Nr. 17). Im Komplex der zahlreichen Gräber bei der Tomba dei Tori befinden sich die erstrangigen Wandmalereien der Tomben degli Auguri und del Barone. Keinesfalls dürfen sie übergangen werden. Verglichen mit der Tomba dei Tori, schöpfen diese Malereien aus dem pulsierenden Leben und sind nach Inhalt und Gestaltung rein etruskischen Wesens. Dabei sind sie nur zwei, drei Jahrzehnte später (530, Ende 6. Jh. v. Chr.) als die Tomba dei Tori entstanden.

An der Stirnwand des Grabes degli Auguri beklagen zwei Männer (Priester?) beidseits der Porte zur Grabkammer oder zum Jenseits in weißer Tunika und dunklem Mantel den Toten. Gemessen, feierlich sind ihre rituellen Gesten. In flächiger Breite umhüllen die Gewänder die Gestalten. Subtil ist die Zeichnung. Köpfe und Hände sind voller Ausdruck. Mit kühner Sicherheit stoßen die großfigurigen Kompositionen der Seitenwände – ein sportlicher Ringkampf, der maskierte Phersu auf der Flucht und im grausamen Spiel mit einem wilden Hund – an die sakrale Stirnwand.

Tomba del Barone (Nr. 15). So nahe die zeitliche und örtliche Nachbarschaft des Grabes mit den Tomben dei Tori und degli Auguri ist, so groß ist der Kontrast zu ihnen (Ende 6. Jh. v. Chr.). Ein souveräner, weiser Verzicht auf eine malerische Füllung der Wände zeichnet das Grab aus (Abb. 79). Zwischen zarten Bäumchen mit *alla prima* hingesetzten Blättern umtraben schwarze Pferde den Raum. In ihrer rhythmischen Aufreihung beleben sie die obere Hälfte der einheitlich hellen Wände. Unauffällig fügt sich die wunderbare, zentrale Gruppe einer priesterlichen Frauengestalt und eines Mannes mit flötenspielendem, blondem Knaben im Arm ein. Die lichte Haltung des Raumes, sowie besonders die Noblesse der Figuren der kleinen Gruppe sind ein Höhepunkt nicht allein der Wandmalerei in Tarquinia, sondern des etruskischen Kunstschaffens überhaupt. Hoheitsvoll erhebt die Frau ihre Arme. Der Mann bietet ihr eine große Schale dar. Wie ein Geheimnis bleibt uns der Sinn der Handlung verborgen. Jedoch fühlt man sich beim Anblick dieses Werkes der etruskischen Geisteswelt näher als beim Lesen aller literarischen Berichte über die Etrusker.

Obwohl schon 1827 entdeckt, kam zum Glück diese meisterliche Wandmalerei in einem guten Erhaltungszustande auf uns.

Tomba Giustiniani. Auf der Stirnwand der Kammer – die Malerei der Seitenwände ist stark zerstört – haben wir ein hervorragendes Beispiel für die Phantasie der etruskischen Künstler in der Gestaltung des zentralen Raumabschlusses, wird doch der Gruppe des ›modisch‹ gekleideten Tänzerpaares und der Flötenspielerin ein Pferdegespann zugeführt. Im Motiv wie in der Ausführung ein hervorragendes Beispiel aus der Sternstunde der etruskischen Wandmalerei (Ende des 5. Jh. v. Chr.).

Tomba dell'Orco (Nr. 10). Vom religiösen Ernst und der dem Leben zugewandten Malerei vor und nach dem 5. Jh. v. Chr. kommen wir hier – auch räumlich – in die düstere Unterwelt. Sie ist bevölkert von Dämonen, Genien und Gestalten des griechischen Hades. Verwirrend sind, in roher Faktur, die Wände der zwei durch eine Türe verbundenen Kammern mit Figuren, Ornamentik und Inschriften bedeckt. Eine müde Resignation im fortschreitenden Niedergang des etruskischen Volkes kommt in dieser späten Malerei bedrückend zum Ausdruck (um 300 v. Chr.). Doch bringt der flüssig gemalte, überraschend gut erhaltene Kopf der jungen Etruskerin Velia Velca, schön wie das Freskostück der sogenannten Pariserin im Palast von Knossos, eine freundliche Note in die Kammer (s. Umschlagrückseite).

Tomba degli Scudi (Nr. 9). Dieses Grab aus der Spätzeit (ebenfalls um 300 v. Chr.) besteht aus einem Komplex von vier Kammern, welche durch Türen und Fenster in den Zwischenwänden verbunden sind – eine räumliche Aufteilung, wie sie in Cerveteri und anderen Tuff-Nekropolen zu sehen ist. Es sollen Nachbildungen von Wohnräumen des späteren etruskischen Hauses sein. Die Wandmalereien sind in Geist und Ausführung denen der Tomba dell'Orco ähnlich. Aufschlußreich scheint mir ein Vergleich der dürren, gestellten Bankettszenen mit langen Beschriftungen in diesem Grabe mit den lebendigen Darstellungen solcher Schmausereien in der Blütezeit der etruskischen Malerei zu sein, die keiner zusätzlichen Inschriften bedurfte.

Tomba dei Leopardi (Nr. 5). Von den beiden eben erwähnten späten Gräbern kommen wir hier zu Wandmalereien aus der ersten Hälfte des 5. Jh. v. Chr. Ihnen liegt das Kompositionsschema des Leichenmahles an der Stirnwand und der Tänzer und Musikanten an den Seitenwänden zugrunde, das im ganzen Jahrhundert bevorzugt wurde. Seit der um nur 50 Jahre älteren strengen Manier in der Tomba del Barone hat sich die Malerei zu einer blütenhaften Pracht entfaltet. In gutem Erhaltungszustande strahlt die Tomba in zauberhafter Frische aus dem dunklen Schoß der Erde.

Die heitere Geselligkeit der Bankettierenden, die leichten Schritte des Flötenbläsers und die dekorative Schönheit des etruskischen Kleides sind unmittelbar dem Leben entnommen. Jede Einzelheit – die Decke der Kline, die zarten Zweige, die grünen Kränze auf den Häuptern, das Fell der Leoparden im Giebel der Decke, ihr Mittelbalken mit geheimnisvoll kreisenden Scheiben – wurde Anlaß zu einer schwelgerischen Malerei.

Tomba della Caccia e Pesca (Nr. 1). Das Grab besteht aus zwei Kammern. Im Tympanon der ersten ist eine stark mitgenommene Rückkehr von der Jagd, in dem der zweiten ein besser erhaltenes Bankett dargestellt. Beim Betreten dieser zweiten Kammer geraten wir in einen Schwarm aufgescheuchter roter, gelber, weißer und blauer Vögel, die über die vier Wände flattern. Über ihnen hängen farbige Kränze, und unter ihnen ist das dunkle Meer mit Fischerboot, Fischen und springenden Delphinen. Von einem Felszacken stürzt sich ein Schwimmer ins Wasser.

Wir sind in der freien Natur, in der heiteren Gelöstheit eines Sommertages, der hier nicht erzählt, sondern lebendig dargestellt wurde. Die Malerei wird als archaisch bezeichnet. Damit ist die zeitliche Einreihung gemeint (um 520 v. Chr), aber auch das Altertümliche, ähnlich der Tomba dei Tori. Die treffliche Form und die Bewegung eines einzigen Vogels aus dem Schwarm ist von einer überraschenden Gegenwärtigkeit. Die Wandmalerei des Grabes ist ein einzigartiges Werk der gesamten etruskischen Malerei.

Tomba delle Leonesse (Nr. 2). Eigentlich sollte das Grab ›zum Tanz‹ oder so ähnlich heißen. Um so eher, als es nicht Löwinnen sind im Giebel, von denen es den Namen hat, sondern Panther. In keiner anderen Darstellung des Tanzes geben sich die Figuren wie hier an der Stirnwand so vital, so leidenschaftlich der rhythmischen körperlichen Bewegung hin (Farbt. III). Man gehe der Hand des erhobenen Armes der Einzeltänzerin links vom großen Krater nach und man hat den bildlichen Ausdruck des sich Verströmens in der Bewegung.

Die helle nackte Tänzerin rechts vom Krater wehrt die Zudringlichkeit des dunkelhäutigen Jünglings mit dem Zeichen des *malocchio* (bösen Blicks) entschieden ab. Bei beiden Tänzerinnen, links im Profil des Gesichtes und rechts in den Konturen des Körpers, blieben Korrekturen der Zeichnung unbedenklich stehen – alles Erscheinungen, die nicht für eine Abhängigkeit von Ostgriechen in der Zeit der Entstehung des Grabes (520 v. Chr.) sprechen, wie etwa angenommen wird.

Weitere sechs bedeutende Ausmalungen von Gräbern mußten aus Gründen der Erhaltung vom Felsen abgenommen werden. Wir werden ihnen im Museum begegnen.

Für Interessenten der etruskischen Malerei in Tarquinia seien in chronologischer Ordnung noch folgende Gräber angemerkt:

Mitte 6. Jh. v. Chr.: *Tomba del Topolino.*

An den Seitenflächen und Giebelwänden sind Bäumchen, Leoparden, Tänzer und auf dem Zweig eines Bäumchens ein Mäuschen dargestellt.

Tomba del Frontoncino.

Guterhaltene Bankettszene an der Stirnwand.

Ende 6. Jh. v. Chr.: *Tomba dei Vasi dipinti* (Nr. 11).

Rechte Seitenwand: Vasen. Bankett, Tänzer, Musikanten u. a. Malerei beschädigt.

Tomba dei Giocolieri (Nr. 1a).

Stirnwand: Gauklerin. Seitenwand rechts: Sehr schöne Figur einer Tänzerin. Treffliche Konturen.

Anfang 5. Jh. v. Chr.: *Tomba dei Baccanti* (Nr. 7).

Die Malerei hat stark gelitten. Das Paar eines robusten, bärtigen Mannes mit junger, zarter Frau an der Stirnwand ist hervorragend.

Anfang 4. Jh. v. Chr.: *Tomba del Cacciatore.*

Das Innere eines Jagdzeltes. Einzige derartige Darstellung. Reicher, schmaler Fries von Figuren und Tieren.

2. Jh. v. Chr.: *Tomba del Tifone* (Nr. 8).

Übergang des Etruskischen in den römischen Hellenismus. Auf zwei Seiten des zentralen, massigen Pilasters ist je ein geflügelter Typhon mit Schlange. Fries mit Delphinen und abstrakten Wellen. Etruskische und lateinische Inschriften.

2.–1. Jh. v. Chr.: *Tomba dei Festoni.*

Unterhalb der Straße. Große, niedere Kammer. Wände mit Schilden und Girlanden dekoriert (nicht dekorativ gestaltet!). Stark beschädigt. Römisch-hellenistische Haltung der Malerei.

Museo Nazionale, Palazzo Vitelleschi, Piazza Cavour 10. Der aus Tarquinia stammende Condottieri-Kardinal Giovanni Vitelleschi, von dem wir in der 14. Route hörten, ließ den Palazzo 1436/39 bauen. Er gilt als eines der bedeutendsten Bauwerke der Frührenaissance in Latium. Als Museum wurde er 1924 eingerichtet.

Ein unsymmetrisch angelegter Hof mit hohen Arkadenreihen an der rechten Wand und abschließenden, leichten Loggien darüber empfängt den Besucher des Museums. Von der dreiseitig offenen Loggia des Fassadentraktes im obersten Stockwerk hat man einen herrlichen Blick über die Stadt, das Land und, wie Jacob Burckhardt von Paestum sagte, auf das »bläuliche Meer«.

Erdgeschoß. Für unseren Gang durch das Museum möchte ich mich auf eine Orientierung über die Aufstellung der Hauptgruppen und auf wenige Bemerkungen zu einzelnen Werken beschränken.

In den kleineren Räumen des Untergeschosses und in den lichten Gängen der Arkaden rechts sind zahlreiche in Stein skulptierte Sarkophage, reliefierte Platten, Stelen und Fragmente ausgestellt. Ihre Anordnung wird immer wieder neuen Versuchen unterworfen.

Eine lokale Besonderheit Tarquinias sind die sogenannten Stein- oder Sakraltreppen in Nenfro mit den orientalisierenden Flachreliefs von Fabelwesen (7. Jh. v. Chr.; Abb. 82); keine dieser Platten wurde in situ (an Ort und Stelle) gefunden. Bis heute ist ihre Funktion unbekannt. Akerström denkt an Deckplatten des Schlitzes in der Einwölbung in frühen Kammern, deren Reliefs von den Toten gesehen wurden. Hier ist besonders auf zwei kleine Grabstelen, eine Tänzerin und einen Krieger, die archaisch lapidar in flachem Relief ausgehauen wurden, hinzuweisen (7. Jh. v. Chr.).

In den größeren Räumen des Erdgeschosses an der Fassadenseite des Palastes sind in gedämpftem Licht die schönsten Steinsarkophage aus dem 4.–2. Jh. v. Chr. aufgestellt. An Stelle der früheren, symbolhaften Heroisierung des Verstorbenen (wir werden sie in Chiusi sehen) ist bei diesen späten Sarkophagfiguren die naturalistische Porträthaftigkeit so stark, daß sogar Krankhaftes in einem Gesicht mitberücksichtigt ist. Zu den eindrücklichsten Steinsarkophagen gehört der des Lars Pulenas, auch Magistrat genannt, mit einer langen Schriftrolle in den Händen (Abb. 81), der eines Magnaten mit bemalten Reliefs am Kasten (Mitte 3. Jh. v. Chr.) und auch der mit flachliegender Figur auf dem Deckel und einem sehr schönen Relief kämpfender Tiere an der Längsseite des Schreins.

1. Stock. Mit dem kleinen Saal I beginnt die Reihe der Ausstellungsräume. In ihm und im Saal II ist die Villanova-Kultur in Tarquinia mit hervorragenden Funden aus den Nekropolen Selciatello und Impiccato, östlich vom antiken Tarquinia, ausgezeichnet vertreten. Man beachte die köstlichen Stücke in Impasto aus der frühen und späteren Villanova-Zeit (Tiere, Gießgefäße, Ossuarien, Lichterbäume, Hüttenurnen – um 700 v. Chr. – u. a.). Zu ihnen gesellen sich handwerklich vorzügliche Bronzearbeiten (getriebene Kamm- und Knopfhelme, Tierwägelchen, Gürtel, Pferdetrensen, Kessel u. a.). In einer Vitrine befindet sich neben anderen ägyptischen Funden die Fayence-Vase des Pharao Bocchoris der XXIV. Dynastie (730–715 v. Chr.). Für die Chronologie der frühen Gräber in Tarquinia ist sie von unschätzbarem Wert. Darüber, wie dieses wichtige Stück aus Ägypten in ein etruskisches Grab von Tarquinia gekommen ist, gehen die Meinungen auseinander. Zweifellos dürfte es ein Beweis für direkte Handelsbeziehungen Tarquinias mit Ägypten oder für eine Verbindung mit den Phöniziern sein.

Saal III. In diesem größeren Raum des ersten Stockes befinden sich sehr interessante, uns besonders ansprechende etruskisch-geometrisch bemalte Gefäße aus lokalen Werkstätten und zahlreiche protokorinthische und korinthische Vasen.

Der Saal IV enthält ausschließlich schwarzfigurige etruskische Vasen und eine bedeutende Sammlung von Buccheri sottili verschiedener Typen. Damit sind wir bereits in den Räumen, die seit dem März 1968 neu eingerichtet wurden. In modernen Vitrinen mit guter Belichtung kommen die wertvollen Objekte nicht nur zu voller Geltung, sie zu betrachten ist für den Besucher ein Vergnügen.

Schließlich kommen wir in den Sälen V und VI zu den großartigen schwarz- und rotfigurigen attischen Vasen, die in den Gräbern Tarquinias gefunden wurden. Es spricht für die hochentwickelte Kultur der Etrusker, daß sie diese herrlichen Werke griechischer Töpferei importierten. Im weiten Raum mit dem großen gotischen Fenster befindet sich auch ein sogenannter Psykter, ein eigentümliches, wulstiges Gefäß auf hohem zylindrischen Hals, auf dem eine schwarzfigurige Bankettszene dargestellt ist, die an etruskische Gelage in den nahen Gräbern erinnert.

Für das bekannte geflügelte Pferdepaar aus Terrakotta (Ende 4. – Anfang 3. Jh. v. Chr.), das von einem großen Tempel des Pian di Civita stammt und das 1939 mit erstaunlichem Geschick aus zahllosen Bruchstücken zusammengesetzt wurde, hat man einen eigenen, repräsentativen Raum bereitet.

2. Stock. Im großen hallenartigen Raum dieses Stockwerkes sehen wir, wie auf einem alten Holzschnitt die Zelte vor einer belagerten Stadt, die vom Istituto Centrale del Restauro abgenommenen Wandbilder von sechs Gräbern, die auf Leinwand übertragen in der Form der Grabkammern aufgespannt wurden. Natürlich vermißt man den Felsen als Träger der Malerei und störend bemerkt man einen dämpfenden grauen Hauch über der ursprünglichen Frische der Farben. Man bedenke aber: es ist der Preis für die Erhaltung dieser antiken Wandmalerei. An ihrem ursprünglichen Standort wäre sie durch die Feuchtigkeit in absehbarer Zeit für alle späteren Generationen verloren gegangen. Auf dem Plan der Nekropole sind die Namen der Gräber angegeben:

Tomba del Letto Funebre (Nr. 4). Mitte 5. Jh. v. Chr. An der Stirnwand befindet sich ein monumentales Totenbett, darüber eine rot-gelbe bestickte Decke, rechts von ihm Männer, links Frauen beim Leichenmahl. Die Malerei der Seitenwände ist weitgehend zerstört. Nur ein mit sicherer Hand gezeichnetes, schönes Pferd ist erhalten, das von einem Jüngling geführt wird.

Tomba del Triclinio (Nr. 6), 470 v. Chr. Ein Juwel der etruskischen Wandmalerei. Der Verlust der ursprünglichen Frische ist hier besonders schmerzlich. Doch blieb die Handschrift des genialen Malers, eines Renoir der Etrusker, erhalten.

Tomba della Scrofa Nera, 5. Jh. v. Chr. Die Malerei hat auf weite Strecken gelitten, aber man erfreut sich an den entzückenden Tauben und anderen Tieren unter der Kline der Bankettierenden. Das Grab wurde erst 1959 entdeckt.

Tomba delle Olimpiadi (Nr. 18), Ende 6. Jh. v. Chr. Das Grab wurde 1958 von der Fondazione Lerici geöffnet. Sportliche Wettkämpfe, Boxen, Pferderennen, Diskuswerfen, Wettlauf, sind dargestellt. Eine heitere Farbigkeit und eine ungewöhnliche Beschwingtheit im Motiv wie in der souveränen Malerei strahlen, für die frühe Entstehungszeit überraschend, von den Wänden. Zu Ehren der Olympiade 1960 in Italien erhielt das Grab den Namen der olympischen Spiele.

Fondazione Lerici. Es muß hier ein Wort über diese Fondazione des Polytechnikums in Mailand gesagt werden. Erfahrungen in der geophysischen Erduntersuchung, Messung der elektrischen Widerstände in der Erde und die genaue Bestimmung der Lage der Gräber nach Flugaufnahmen wurden für die Auffindung der Grabkammern von der Fondazione angewandt. Mit einem Erdbohrer wurde die Mitte der Kammerdecke des lokalisierten Grabes durchbohrt. Durch das Loch ließ man eine eigens konstruierte photographische Sonde ein, mit der der Zustand der Kammer, die in ihr befindlichen Beigaben und auch die Lage des Dromos (Grabeingang) festgestellt wurden. Aufgrund der photographischen Aufnahmen entschied dann das archäologische Interesse über seine Freilegung. Die mühevollen, zeitraubenden, oft resultatlosen Ausgrabungen mit Pickel und Schaufel wurden mit der neuen Methode vermieden (s. Literatur: Bartoccini, La Tomba delle Olimpiadi).

Große Erfolge waren dem Unternehmen Lerici beschieden. Hervorgehoben seien die beiden ausgemalten Kammern delle Olimpiadi und della Nave, die 1958 auf der Nekropole Monterozzi entdeckt wurden, in einem Felde, das man längst gründlich durchsucht glaubte.

Etwa 6 km südöstlich von Tarquinia am Meer, beim Porto Clementino am Lido di Tarquinia haben die jüngsten Ausgrabungen (1969) der Soprintendenza nicht minder bedeutende Entdeckungen zur Folge gehabt. Gefunden wurde die bisher nicht bekannte etruskische Hafenstadt von Tarquinia mit Straßennetz und Wohn- und Hafengebäuden aus dem 6. und 5. Jh. v. Chr., ferner auch die von den Römern erst 181 v. Chr. an der gleichen Stelle angelegte Bürgerkolonie *Graviscae*, deren Zentrum mit zwei Blockmauern umgeben war. Die Kolonie erreichte nicht annähernd den Umfang und die Bedeutung der etruskischen Hafenstadt zu ihrer Blütezeit. Ihr Niedergang erfolgte wohl im Zusammenhang mit der Verlagerung der Machtstellung Tarquinias nach Cerveteri.

Von den großen und vielen Eindrücken ermüdet, scheint es vielleicht ratsam, über Nacht in Tarquinia zu bleiben. Das neue Hotel Tarconte in der Stadt bietet dafür eine gute Möglichkeit.

Von Tarquinia nach Civitavecchia sind es aber nur 18 km. Vergegenwärtigen wir uns das Programm der nächsten Route, werden wir uns vielleicht doch zur Weiterfahrt entschließen. Auf der Fahrt nach Civitavecchia, 5 km vor der Stadt, zeigt ein Wegweiser die unbedeutende Nekropole *La Scaglia* an. Sie liegt, an die etruskische Besiedlung des Landes erinnernd, rechts zwischen der Via Aurelia und dem Meer. Ohne daß uns etwas entgeht, können wir sie übergehen. In Civitavecchia fahren wir durch die Stadt zum Hafen, zur mächtigen Festung Michelangelos (1557) und den eleganten, weißen Schiffen, die sich wiegend zur Überfahrt nach Sardinien rüsten.

18. Route

Civitavecchia – (Abstecher: Tolfa, Allumiere, 44 km hin und zurück) – S. Severa (Pyrgi) – Cerveteri – Ladispoli (40 km ohne Abstecher nach Tolfa)

Civitavecchia wurde im letzten Weltkrieg schwer bombardiert. Aus Trümmern und Schutt wurden die beschädigten Werke des *Museo Civico* – Sarkophage, Urnen, Vasen, Bronzen u. a. – wieder gesammelt. Im Juni 1970 ist das neu eingerichtete Museum mit den restaurierten Werken eröffnet worden.

Tolfa, Allumiere. Der Ausflug zu dem nahezu 500 m über Civitavecchia in den pittoresken Höhen der Monti della Tolfa liegenden kleinen Städtchen beansprucht mit der Besichtigung ihrer Sehenswürdigkeiten einen Tag. Da Tolfa von Civitavecchia aus am schönsten und bequemsten zu erreichen ist, sei hier auf dieses herrliche und interessante Gebiet hingewiesen, auch wenn es vielleicht erst auf einer späteren Reise besucht werden kann.

Die Fahrt von Civitavecchia bergan nach Tolfa beginnt hinter den letzten Häusern im Norden der Stadt. Zauberhaft weitet sich die Aussicht über die Hänge und das offene Meer, wo in der Ferne die zarten Konturen des Monte Argentario und der Isola Giglio zu erkennen sind. Das Gebiet von Tolfa und dem nur 5 km von ihm entfernten Allumiere ist archäologisch sehr interessant. Früh wurde es besiedelt. Protohistorische Wohnplätze und Gräber, Pozzi der späten Bronzezeit (13.–11. Jh. v. Chr.), Urnen der *Vor*villanova- und Villanovaphase wurden, besonders im Territorium von Allumiere,

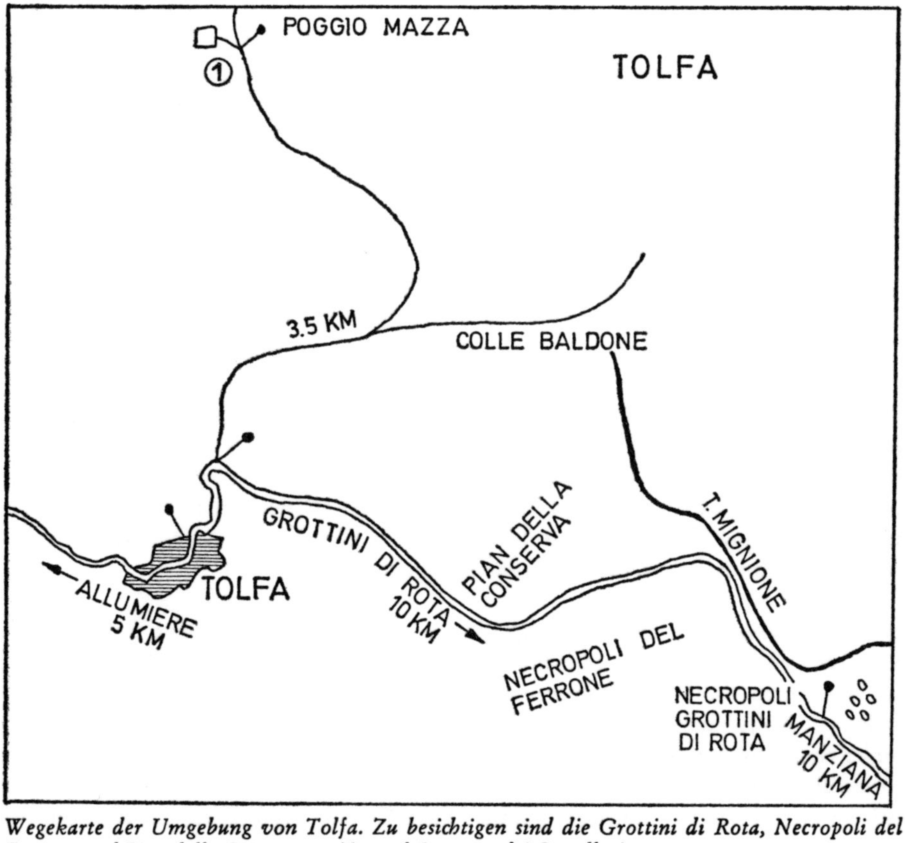

Wegekarte der Umgebung von Tolfa. Zu besichtigen sind die Grottini di Rota, Necropoli del Ferrone und Pian della Conserva. 1 Tempel Grasceta dei Cavallari

gefunden. Aus der etruskischen Zeit (7.–2. Jh. v. Chr.) stammen Nekropolen mit Kammergräbern. Da es keine Stadt gab, um die sie sich geschlossen gruppierten, sind sie östlich von Tolfa weit im Lande zerstreut. Die sehenswerten Gräber und Nekropolen sind auf dem Plan angemerkt. Im Antiquarium von Allumiere sind einige Urnen, im Museo Pigorini (E.U.R.) in Rom die wichtigsten Funde ausgestellt.

Tolfa. Vor der Eingliederung des erzreichen Gebietes von Tolfa in das Territorium von Cerveteri soll es mit der Region von Viterbo verbunden gewesen sein. Der unter Cerveteri eifrig betriebene Abbau der begehrten Erze, Eisen und Kupfer, in kleineren Mengen auch Silber, Blei und Zink, war wohl die ergiebigste Quelle des großen Reichtums des aufstrebenden Cerveteri. Nur 20 km südlich lag sein wichtiger Hafen Pyrgi (das heutige S. Severa), in dem das Erz verladen und in allen Richtungen zu den Hafenplätzen des Mittelmeeres verschifft wurde.

Museo Civico. In einigen Räumen des Erdgeschosses im stattlichen Palazzo Comunale von Tolfa ist das 1955 gegründete, nicht allzu umfängliche Museum untergebracht. Der sehr interessante Bestand setzt sich ausschließlich aus lokalen Funden zusammen, die das Bild von den verschiedenen Kulturphasen in Tolfa übersichtlich veranschaulichen. Außer Serien sehr schöner Buccheri und bemalter etruskischer Gefäße – unter ihnen die bedeutende Amphora des ›Maestro di Tolfa‹ (6. Jh.) – überrascht die erstaunliche Anzahl von griechischen Vasen (6.–5. Jh.). Der Custode Luigi Gobbi erteilt über das Museum und die Nekropolen jede Auskunft. Geöffnet ist das Museum praktisch zu jeder Zeit. Ist es geschlossen, wende man sich an Sig. Antonio Carboni, der auch Custode des Sitzes der Unione Sportiva ist (in der Nähe des Museums), oder an den Custoden Luigi Gobbi, der zum Ispettore Onorario ernannt wurde.

Tempel. Etwa 4,5 km nördlich von Tolfa, zwischen dem Monte Mazza und dem Monte Sassicari, liegen auf dem Landstück Grasceta dei Cavallari die restlichen Mauern eines etruskisch-römischen Tempels (3.–2. Jh. v. Chr.). Die systematischen Ausgrabungen seit 1955 legten außer den Tempelmauern eine sakrale Zelle mit zwölf Säulenbasen, Altäre und ältere Reste aus dem 7.–6. Jh. v. Chr. frei. Gefunden wurden zahlreiche interessante Votive, die sich im Museum befinden.

Allumiere. Von Tolfa nach S. Severa gibt es – nach der Karte – eine Straße. Noch kürzlich war sie aber in so schlechtem Zustand, daß von ihrer Benutzung abzuraten ist. Wir fahren also über Allumiere nach Civitavecchia zurück. Wer sich für die Protovillanova-Kultur interessiert, hat in Allumiere Gelegenheit, im Antiquarium Civico außer einigen interessanten lokalen Funden aus verschiedenen Zeitphasen auch Aschenurnen dieser frühen Kultur zu sehen. Die kleine Sammlung des Antiquariums befindet sich im alten Palazzo Camerale (Palazzo della Camera Apostolica) im Zentrum des Städtchens.

Einem landschaftlichen Wunder gleich ist der weitere Abstieg von den bewaldeten, steilen Bergen Tolfas durch das braune Land zum Meer. In Civitavecchia, wo Stendhal, der Dichter von ›Le Rouge et le Noir‹, mehrere Jahre als Konsul gelebt hat, nehmen wir uns vor, vielleicht den zurückgestellten Ausflug nach Tolfa bei nächster Gelegenheit nachzuholen.

Zwischen Meer und faltigen Ausläufern der Monti della Tolfa, auf der Via Aurelia (die Autobahn zu benützen, lohnt sich nicht), kommen wir der Küste entlang zum verstädterten S. Marinella. Es soll der Hafen Punicum von Cerveteri gewesen sein. Dem Blick erschließt sich an der Küste die massige Silhouette des Castello di S. Severa. Gärten, Bäume und dichtes Gebüsch, hinter denen sich die Feriensiedlung S. Severa verbirgt, drängen an die Straße. Ein gepflegter Weg zweigt rechts ab. Schnurgerade führt er zum Kastell mit romantisch bühnenhaften Innenhöfen, malerischen Brücken und Toren. Der mittelalterliche Bau wurde im 16. Jh. restauriert.

S. Severa (Pyrgi). Der Burg nahe, auf flachem Felde, verläuft eine niedere, sehr schöne Polygonalmauer, hinter der der wichtigste Hafen Cerveteris, Pyrgi, und das sakrale Geviert von etwa 500 m Seitenlänge mit den Tempeln in der Mitte und dem großen Heiligtum der Leukothea (die etruskische Muttergöttin Uni) liegen. Die Ausgrabungen in den Jahren 1957–1964, die zu den bedeutendsten der letzten Zeit gehören, haben die Blockmauern der Fundamente des großen, dreizelligen *Tempels A* (470 v. Chr.) und des kleineren *Tempels B* (um 500 v. Chr.) freigelegt (Abb. 84).

Zahlreiche bemalte Fragmente von Architektur-Terrakotten, Antefixen und Votiven wurden bei den Tempeln gefunden. Das großartigste plastische Werk ist das Hochrelief einer gewaltigen Gigantomachia (Abb. 85), die vermutlich zum Tempel A gehörte (in der Villa Giulia, Rom). Der gewichtigste Fund aber, der den Ausgräbern 1964 in die Hände fiel, besteht aus drei Goldblechen, von denen zwei etruskisch und eines phönizisch (punisch) beschriftet sind. Obwohl der Text noch nicht ganz entziffert werden konnte, kennt man seine linguistische, geschichtliche und religiöse Bedeutung. Er enthält den Bericht, daß ein König von Cerveteri, Thefarie Velianas, um 500 v. Chr. der phönizischen Göttin Astarte zum Dank für ihren Schutz einen Tempel weihte und daß er dem mit Rom verfeindeten Karthago einen Stützpunkt einräumte – Angaben, die mit dem damaligen scharfen Wettbewerb in der Handelsschiffahrt zwischen Etruskern, Phöniziern und Griechen im westlichen Mittelmeer in Beziehung zu bringen sind. Zahllose Terrakotten aus dem heiligen Bezirk befinden sich zur Bearbeitung noch im sogenannten Antiquarium von S. Severa, in einem Magazin neben dem Haus des freundlichen Custoden. Bereits denkt man an ein künftiges Museum im Castello.

Bei Cumae (heute Cuma) schlugen 474 v. Chr. die Griechen von Syrakus die etruskische Flotte vernichtend. Der Niederlage folgte der Niedergang der etruskischen Macht. Die auffallende Abnahme des Importes griechischer Vasen in diesen Jahren bringt es deutlich zum Ausdruck.

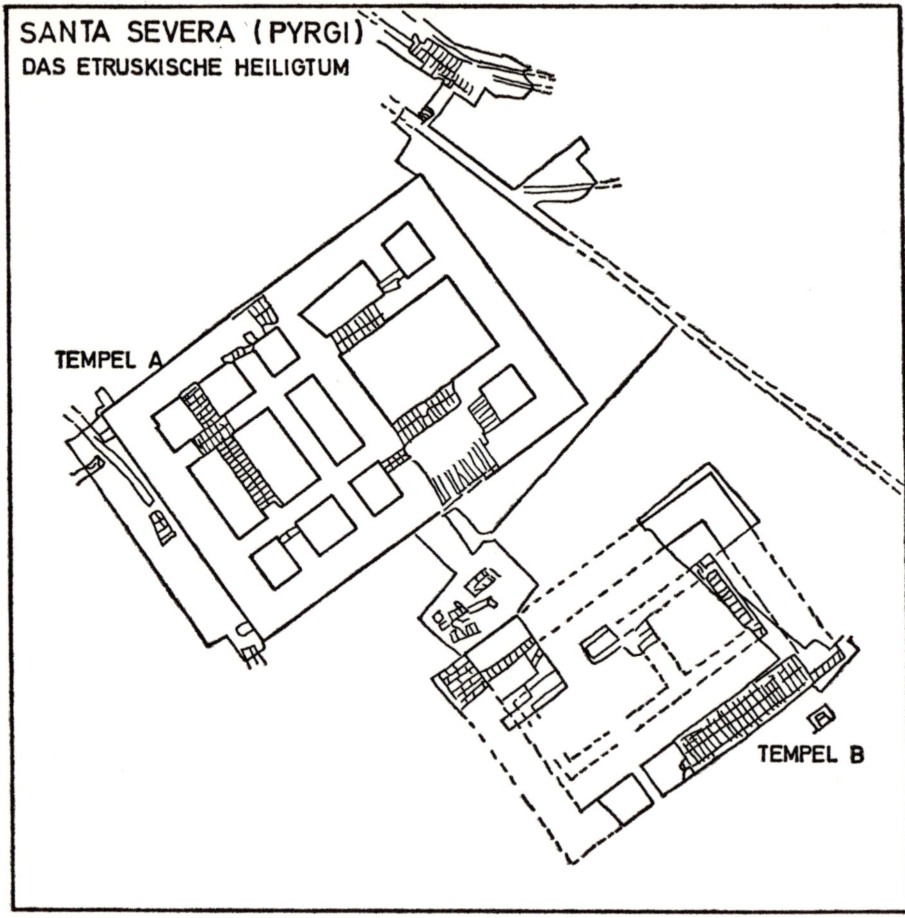

Das etruskische Heiligtum von S. Severa (Pyrgi). (Nach der Publikation der Villa Giulia, Rom)

Neunzig Jahre nach der Seeschlacht von Cumae, 384 v. Chr., kamen die Griechen von Syrakus unter Dionysios mit sechzig Schiffen nach Pyrgi. Zur Finanzierung eines Heeres gegen Karthago plünderten sie die Tempelschätze und verwüsteten den Hafen. Es war das Ende des alten Pyrgi. Das Areal der heiligen Stätten und des großen Hafens erhielt um 241 v. Chr. eine römische Kolonie.

Cerveteri. Kurz, nur 15 km, ist die Strecke auf der ausgebauten Via Aurelia oder auf der neuen Autobahn von S. Severa nach Cerveteri. Im bäuerlichen Städtchen auf dem gestreckten Tuffrücken parken wir den Wagen (im Zentrum oder beim Castello).

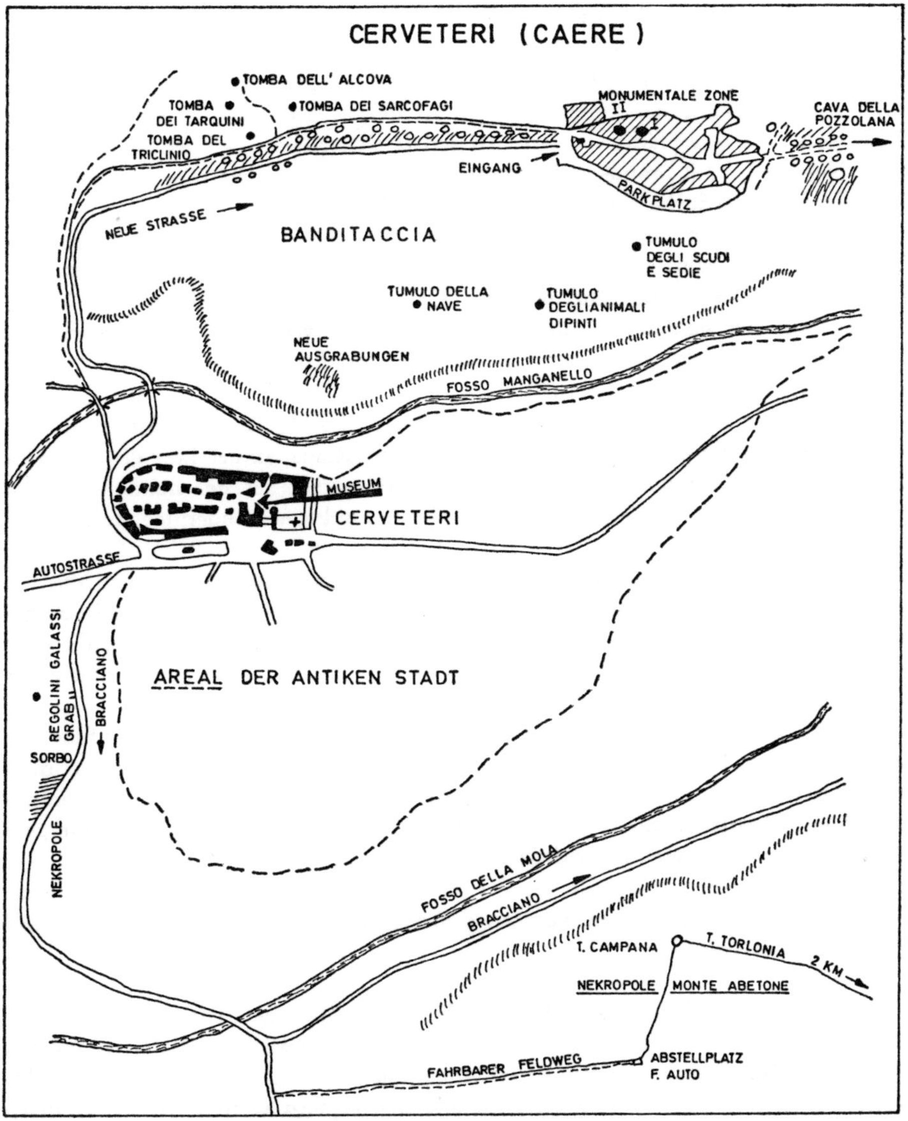

Wegekarte der Umgebung von Cerveteri (Caere)

Schon in der ersten Hälfte des 7. Jh. v. Chr. begann die Blütezeit Cerveteris (von Cere vetus). Die wirtschaftliche Macht Tarquinias hatte sich allmählich nach Cerveteri verlagert, das mit dem Export seiner Erze aus den Tolfa-Bergen rasch zu einer der größten, volkreichsten Küstenstädte Etruriens wurde. Viel umfänglicher als heute war die antike Stadt, die sich im Gebiet zwischen dem Fosso Manganello und dem Fosso della Mola am Fuße des Monte Abetone ausbreitete. In ihrem Umkreis lagen die Nekropolen, die eine Fläche von mehr als 400 ha einnahmen. Die ältesten, voretruskischen Nekropolen mit Brand- und Fossagräbern (8.–7. Jh. v. Chr.) lagen in Cava della Pozzolana und del Sorbo nördlich und südlich der heutigen Stadt.

Das lebhafteste Interesse aber kommt den zahlreichen Tumuli und den aus dem Tuff gehauenen Grabkammern auf der Nekropole der Banditaccia zu. Mit dem frühen Regolini-Galassi-Grab und mit dem Gräberfeld auf dem Plateau des Monte Abetone schließen sie den Kreis der Nekropolen um Cerveteri. Zu den Sehenswürdigkeiten gehört auch das schöne neue Museum, das prachtvolle Grabbeigaben aus den reichen Kammern der Tumuli enthält.

Wir beginnen die Besichtigungen mit dem Besuch des Museums. Nach dem Mittagessen in der schattigen Pergola des nahen Ristorante Roma, an der Ecke des zentralen Platzes, begeben wir uns zur monumentalen Gräberstadt auf der Banditaccia. Die weiteren, für Cerveteri charakteristischen Grabmäler suchen wir anderntags auf.

Das Museum. Am Ort der großartigsten Nekropole Etruriens zuerst in das Museum zu gehen, scheint sinnvoll, weil die Wohnungen der Toten unter den Hügeln ausgeräumt, leer sind. Die ihnen zugehörenden reichen und kostbaren Beigaben, die über vieles Auskunft geben, sind im Museum, in dem sie als eine wichtige Ergänzung der Gräber in Ruhe studiert werden können.

Man befürchte nicht, im Museum eine langweilige, magazinartige Anhäufung der aufschlußreichen Funde anzutreffen. In zwei im alten Castello vorzüglich hergerichteten Sälen stehen die modernen Vitrinen, in denen die Gegenstände vorbildlich chronologisch und künstlerisch angeordnet sind. Instruktive Aufnahmen, Grundrisse und gute Beschriftungen erläutern die wichtigeren Tomben, aus denen die gezeigten Objekte stammen. Die reichen Eindrücke, die wir im Museum und anschließend in der Totenstadt der Banditaccia erhalten, vermitteln uns ein anschauliches Bild vom Leben und der Kultur Cerveteris.

Die Nekropole der Banditaccia. Der alten Mauer des Städtchens entlang kommen wir über den Fosso Manganello in die Nuova Strada (neue Straße), welche direkt auf das Plateau der Banditaccia mit dem eingezäunten Bezirk führt. Von den großen etruskischen Nekropolen ist sie am besten untersucht und gepflegt worden. Im mäßig tiefen Graben links entlang der Straße bemerken wir die Kuppen einer langen Reihe mittelgroßer und kleiner Tumuli, hinter denen sich der alte Weg zur monumentalen Nekropole hinzieht. Jenseits, nördlich des Grabens, sind im freien Feld einige jüngere Grabhügel (4.–2. Jh. v. Chr.) zu sehen. Es sind die Tomben *dell'Alcova* (reiche Innenarchitektur, kannelierte Pilaster, Kapitelle, große Bettnische), *dei Tarquini* (Inschriften), *dei Sarcofaghi* (drei Alabaster-Sarkophage, zwei liegende Deckelfiguren, schöne Decke) und *del Triclinio.* Der Besuch dieser Gräber wird leider aus Zeitmangel oft unterlassen.

Ähnlich ergeht es mit den drei ungleich bedeutenderen Tumuli, die isoliert auf dem Rücken der Banditaccia zwischen der Straße zur Nekropole und dem Fosso Manganello liegen. Sie gehören zu den größten und ältesten (um 600 v. Chr.) Grabbauten der Nekropole. Der dem Ort Cerveteri am nächsten liegende Tumulus *della Nave* umfaßt fünf ausgehauene Grabanlagen, eine von ihnen mit hohem Totenbett und Fächerdecke. Der nächste Tumulus *degli Animali dipinti* enthält vier Kammergruppen. An einzelnen Wänden sind noch verblaßte Spuren von den Tiermalereien zu bemerken. Das großartigste Grabmonument der Reihe ist der 1834 entdeckte Tumulus *degli Scudi e delle Sedie.* Er enthält außer dem schönen Totenraum mit kassettierter Decke der ›Leoni dipinti‹ in der Hauptkammer eine meisterlich skulptierte Ausstattung. Thronsessel, Schilde an den Wänden, Leichenbetten und Balkendecke (Abb. 87). Bei all diesen Tumuli ist die überlegte Verbindung der Grabanlagen durch Korridore und Zugänge von besonderem Interesse.

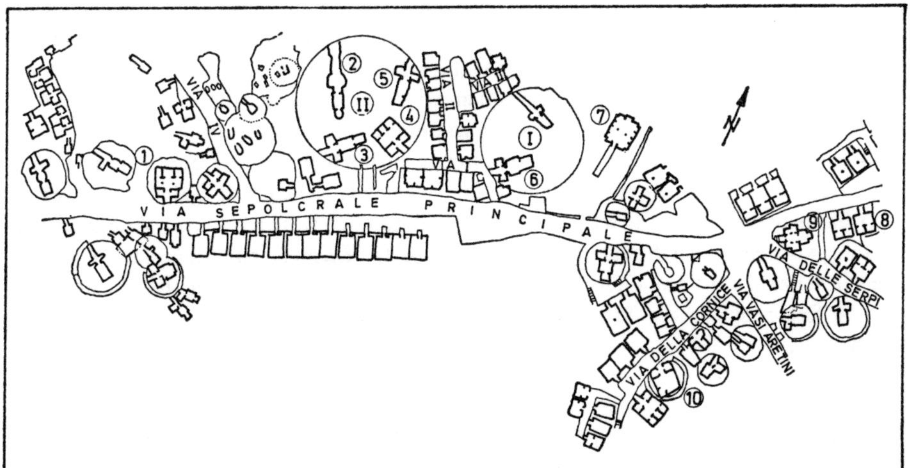

Cerveteri, die monumentale Zone der Banditaccia (Recinto). I Grande Tumulo II Grande Tumulo 1 Tomba dei Capitelli 2 Tomba della Capanna 3 Tomba dei Letti funebri 4 Tomba dei Vasi attici 5 Tomba dei Dolii 6 Tomba dei Letti lapidei 7 Tomba dei Rilievi 8 Tomba Marce Ursus 9 Tomba della Cassetta 10 Tomba della Cornice

Recinto Monumentale (die monumentale Zone). Wir sind am Höhepunkt der Sehenswürdigkeiten von Cerveteri. Nach den Worten von Pallottino vor einer »... visione completa e suggestiva del'antica città dei morti con le sue vie, i suoi monumenti ...«

(einer vollständigen und beeindruckenden Vision der alten Totenstadt mit ihren Straßen und ihren Monumenten). Mit dem Eintritt gelangen wir auf ihre Hauptstraße, die Via Sepolcrale Principale (Abb. 90). Breit durchzieht sie von Ost nach West die mehr als zweihundert Grabmäler. Man hat hier wie nirgendwo Gelegenheit, die interessante Entwicklung des Tumulus und der Grabkammer von den frühesten, kleinen ›tumuletti‹ mit einem Durchmesser von 10–15 m bis zu den imposanten Hügeln mit mehreren Kammern und einem Durchmesser von 30–45 m (6.–5. Jh. v. Chr.) zu verfolgen.

Diesem ersten Hinweis seien noch einige Bemerkungen zu den Bestattungen und Kammergräbern beigefügt. Auf einzelnen Wegen begegnen wir reihenweise aufgestellten, eiförmig in Stein gehauenen Gefäßen. Es sind sogenannte Custodien, die mit den Aschenurnen in voretruskischer Zeit (8. Jh. v. Chr.) in die Pozzetti eingelassen wurden (Abb. 92). Aus dem Fossagrab, einer vertieften, mit Platten gedeckten Grube, in dem die frühesten Leichenbestattungen (Inhumationen) erfolgten (7. Jh. v. Chr.), entwickelte sich das vom 7.–5. Jh. v. Chr. herrschende Kammergrab mit dem Erdhügel. Auf einem kreisrunden, aus Tuff gehauenen oder aufgemauerten, oft mit einem Fries geschmückten Sockel (Krepis) wurde der Erdhügel aufgeschüttet (Abb. 86). Man sieht darin einen frühesten Hinweis auf die Grabarchitektur in Europa, in der die Hügel ohne Sockel vom Boden aus aufgehäuft wurden. Der etruskische Tumulus enthielt überdies – außer frühen Ausnahmen – mehrere Totenkammern, in denen oft die Innenarchitektur der Wohnungen der Lebenden wiederholt wurde. Vom 6.–1. Jh. v. Chr. erscheinen die Hypogäen, die Grabkammern unter der Erde, ohne Hügel.

Die Kammern eines Tumulus waren unter sich durch Vorräume und Türen verbunden; ein Firstbalken in der Decke war die Regel. Sie haben eine Balken-, Kassetten- oder flache Satteldecke. Oft wurden sie mit Pfeilern oder Säulen gestützt. Außerhalb der Gräber wurden in der Spätzeit Cippi, symbolhafte Zeichen, auf Steinplatten gestellt, die die Anzahl und das Geschlecht der bestatteten Toten anzeigten. Es waren zylindrische Säulchen für die Männer und kleine Hütten oder Kassetten für die Frauen (Abb. 91).

Tomba dei Capitelli (Nr. 1 im Plan, S. 203). Nach wenigen Schritten auf der Via Sepolcrale gelangen wir zu der mittelgroßen Tomba dei Capitelli (2. Hälfte 6. Jh. v. Chr.), einem Beispiel für die obigen Ausführungen über die Grabkammern. Bei diesem Grab führt der Dromos mit zwei Seitenzellen in eine rechteckige Vorhalle. Leichenbänke für acht Bestattungen befinden sich an den Wänden. Zwei mehreckige Säulen mit dekorativen äolischen Kapitellen stützen die Decke. Drei Türen mit Stabrahmen verbinden den Vorraum mit drei Totenkammern zu je zwei Leichenstellen. Dieser Grabtypus ist mit zahlreichen Abwandlungen in den Felsennekropolen anzutreffen. Die räumliche Gliederung der Tomba Rosi in S. Giuliano wirkt wie eine Kopie der Tomba dei Capitelli, die neben anderen ein Beispiel für den kulturellen Einfluß Cerveteris in der Provinz gibt.

Die großen Tumuli II u. I (um 600 v. Chr.) erheben sich gewaltig links der Via Sepolcrale auf einem hohen, ausgehauenen Tuffsockel aus der Menge der Gräber. Fein gegliederte, ausgehauene Profile schmücken den oberen Rand der Sockel.

Tumulus II, der größere, enthält vier unterschiedliche Grabkammern, von denen die einfache Tomba della Capanna die eindrücklichste, älteste ist (Abb. 88). Die Kammer der Tomba dei Vasi Attici erinnert uns in ihrem Grundriß unmittelbar an die Tomba dei Capitelli. Die Tomba dei Dolii, ein Frauengrab mit vier Kammern, enthielt bei der Entdeckung etwa 900 Beigaben, Hausgeräte in Bronze, Toilettengegenstände, Goldschmuck, Vasen u. a. Bis vor einigen Jahren waren in ihr hinter einem Drahtgitter prachtvolle Vorratsgefäße in bemaltem Impasto, Weinamphoren und korinthische Keramik ausgestellt. 1964 wurde das Grab aufgebrochen und ausgeplündert. Seither ist die Grabkammer, wie alle anderen, leer. Zwischen den beiden Tumuli II und I, rechts der Via Sepolcrale bis zur Tomba dei Capitelli, liegen Reihen von frühen einzelligen Kammern unter der Erde. Über ihnen erhebt sich kein Tumulus. Ihre Zugänge gähnen dunkel gegen die Straße. *Tumulus I* enthält zwei Korridorgräber.

Die *Tomba dei Rilievi* (Nr. 7), ein spätes Grab (4.–2. Jh. v. Chr.), ist durch ihre einzigartige Ausstattung besonders attraktiv. Sie liegt rechts neben dem Tumulus I, ohne Grabhügel, tief in der Erde. Ein Dromos von 20 Stufen führt in den großen rechteckigen Totenraum mit zwei massigen Pfeilern. Vor den Wänden, welche Alkoven und Nischen mit Leichenlagern und ausgehauenen Kopfkissen enthalten, befinden sich breite Bänke für 32 Bestattungen. Die Flächen im Raume, Wände, Pfeiler und Balken, sind mit bemalten Stuckreliefs, Waffen, Helmen, Beinschienen, Werkzeugen, Haus- und Küchengeräten sowie Haustieren übersät. Die zwei kräftigen, wunderbaren Stierköpfe an der Innenseite des Einganges seien besonders erwähnt. Schon beim Dom in Fidenza, am Anfang der Reise, habe ich auf sie hingewiesen.

Wie in einer Ausstellung moderner Bedarfsartikel unsere praktischen Bedürfnisse abgelesen werden können, so erhalten wir durch die erstaunlich realistischen Reliefs des Grabes einen Einblick in den Alltag der späten Etrusker. Übrigens wurden Stuckreliefs für die dekorative Ausschmückung eines Raumes hier wohl erstmals angewendet.

Die Marmorreliefs am Gesims des Vespasian-Tempels (69–79 n. Chr.) auf dem Forum in Rom kommen diesen etruskischen Stuckreliefs überraschend nahe. Man könnte annehmen, der römische Bildhauer habe sie sich zum Vorbild genommen. Unmöglich ist es nicht, denn in der Kaiserzeit erwachte das Interesse der Römer am Etruskischen. Kaiser Claudius (41–54 n. Chr.) schrieb ein zweibändiges Werk über die Etrusker, das leider verlorengegangen ist. Vornehme Römer begannen, etruskische Kunst zu sammeln. Die Tomba dei Rilievi sollen sie gekannt haben. Sie wurde dann vergessen und erst 1850 vom Marchese Campana wieder entdeckt.

Wir wandern auf der Via Sepolcrale weiter bis zum Treffpunkt mehrerer Wege bei der Tomba della Cassetta (Nr. 9). Bevor wir einzelne interessante Gräber der Zone aufsuchen, begeben wir uns auf eigene Faust in Seitenwege, streifen durch wilde Vegetation nach Gutdünken zwischen halben Erdkugeln von Tumuli herum. Greifbar nahe sind der behauene Tuff der Sockel (Abb. 86) und die exakt vorkragend aufgemauerten Eingänge zu den Gräbern. Aus einer falsch verstandenen Sorge um ihre Konservierung wurden leider einzelne Sockel mit einem bereits wieder abbröckelnden Verputz versehen. Die Silhouetten der vielen Tumuli verschieben sich vor dem weiten landschaftlichen Hintergrund. Ihre Urtümlichkeit und symbolhafte Kraft bringen die Tiefe und das Geheimnis des etruskischen Totenkultes zum Ausdruck.

Auf unserem Weg kommen wir auch zur *Tomba della Cornice* (Nr. 10) mit schmalem, hohem Eingang und, an der Gabelung der Via Sepolcrale, zum äußerlich unscheinbaren *Tumulus della Cassetta* (Nr. 9). Sauber, die Schönheit des Tuffes zur Geltung bringend, sind die Kammern ausgehauen. In der Nähe liegt die Piazzetta Sepolcrale mit einem Typus von flachgedeckten, würfelförmigen Gräbern, dem wir bisher nicht begegnet sind.

Wir sind am Ende der monumentalen Zone. Die Fortsetzung der Via Sepolcrale führt außerhalb der Einhegung zwischen unbedeutenden Tumuli zu neuen Ausgrabungen (Tumulus Ofelia Maroi, 6. Jh. v. Chr.) und zum etwas abseits des Weges liegenden *Tumulus del Colonello*, einem der größten der Banditaccia. Um ihn besuchen zu dürfen, braucht es lebhafter Überredungskunst. Der Tumulus sei in Restauration. Auf hoher Krepis mit schönem Profil (Colonello!) überdeckt er vier Gruppen von Gräbern. Den Weg weiter verfolgend, kommt man schließlich zu pittoresken Abschnitten des Fosso Manganello und über eine Brücke in das Gebiet von Cerveteri zurück.

19. Route

Ladispoli – Cerveteri – Monte Abetone – Trevignano R. – Sette Vene (Motel Settevene, 36, Via Cassia) – La Storta (Bela Motel, 1801, Via Cassia) 73 km

Von Ladispoli fahren wir zur Nekropole der Banditaccia in Cerveteri zurück, wo wir uns etwa um 9 Uhr einfinden sollten, um rechtzeitig unsere Wünsche anbringen zu können: Besuch der drei großen Tumuli della Nave, Animali dipinti, Scudi e Sedie und der Tomben Alcova, Tarquini, Sarcofaghi und Triclinio. Sie liegen alle außerhalb der Monumentalzone (s. S. 202/203). Außerdem möchten wir auch das berühmte Regolini-Galassi-Grab sehen.

Regolini-Galassi-Grab. Es befindet sich in Privatbesitz und kann nur in Begleitung eines Custoden der Banditaccia oder des akkreditierten Weinhändlers Pietro Valeri

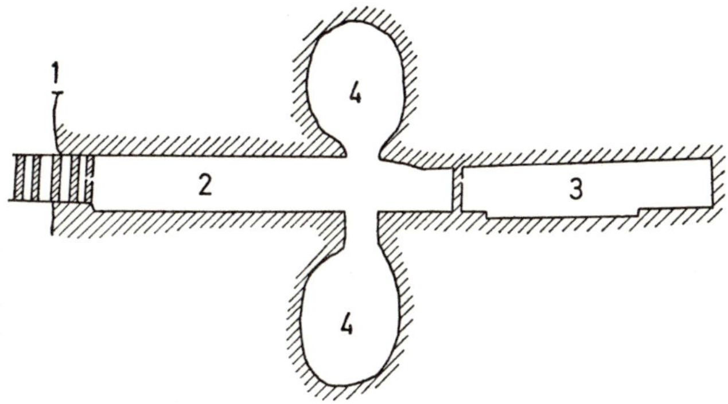

Cerveteri, Grundriß des Regolini-Galassi-Grabes
1 Eingang 2 Totenkammer des Fürsten 3 Cella der Fürstin 4 Nische

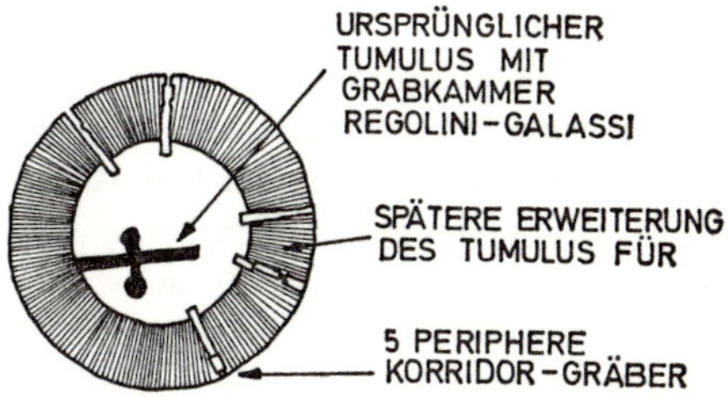

Cerveteri, Regolini-Galassi-Grab, spätere Erweiterung des Tumulus

in Cerveteri besichtigt werden. Etwa 1 km südlich von Cerveteri, an der Straße nach Bracciano, liegt es in der Località del Sorbo, einer Zone, in der die frühen Brand- und Bestattungsgräber gefunden wurden. Durch die Einhegung des Gutes sieht man ein kleines Gehäuse, das isoliert über dem Eingang des bedeutenden Grabes steht. An seiner Stelle erhob sich einst ein großer Tumulus, der mit drei kleineren Tumuli in seiner Nähe eingeebnet wurde. Im Häuschen kommt man über vier ausgehauene Stufen in den schmalen, lapidaren Korridor der Grabkammer hinunter (Abb. 96). Der ursprüngliche Erdhügel ist später – man sagt im 5. Jh. v. Chr. – peripherisch für fünf weitere Korridorgräber erweitert worden (s. Skizze).

Im März/Juni 1836 entdeckten der Erzpriester Regolini und der General Vicenzo Galassi das aus der Mitte des 7. Jh. v. Chr. stammende Grab. Bei der Erschließung stießen sie an den peripheren Kammern vorbei in den Kern des Tumulus vor, wo sie den Totenraum mit den fürstlichen Beigaben fanden. Im flackernden Licht konnten sie nicht ahnen, eine der wichtigsten Entdeckungen in der Geschichte der etruskischen Ausgrabungen gemacht zu haben.

Der untere Teil der Kammerwände ist aus dem Tuff-Felsen gehauen, der obere mit massigen, ungeglätteten Blöcken aufgemauert, die vorkragend den schmalen Korridor einwölben. Ungefähr in der Mitte des Korridorraumes sind seitlich zwei Nischen ausgebuchtet, hinter denen eine Wand die Totenkammer einer vornehmen Frau abtrennt.

Mit unvorstellbar reichem Goldschmuck übersät, mit Beigaben in Elfenbein, Silber und Bronze lag das zerfallene Skelett auf einer Metallbahre. Auf einem Silberstück wurde der eingravierte Namen ›Larthia‹ entdeckt. Von all den Kostbarkeiten, auch von denen, die der männlichen Leiche mitgegeben waren, zu berichten, ist hier nicht der Ort. Wir können sie alle im Museo Gregoriano Etrusco des Vatikans mit Muße betrachten.

In der vorderen Hälfte des Korridors fanden die Ausgräber auf einem Bronzebett die Gebeine des Fürsten. Außer ähnlich kostbaren Beigaben wie im Frauengrab befanden sich in der linken Nische Waffen, ein Thronsessel, ein Wagen und an den Wänden Zierschilde aus Bronze. Auch sie sind im Vatikanischen Museum ausgestellt. Erzählt wird, die Entdecker hätten beim Betreten des Grabes die bestatteten Leichen wie im Schlafe angetroffen. Augenblicklich seien sie wie ein Spuk verschwunden. Vielleicht enthält diese Mär Erinnerungen an die etruskische Heilighaltung der Gräber. Schon in der Frühzeit wurden sie mit Steinkreisen vor bedrohlichen Geistern und vor Profanierungen geschützt.

Die Zone del Sorbo mit dem Regolini-Galassi-Grab scheint eine ausgedehntere Nekropole gewesen zu sein, als bisher angenommen wurde. Ausgrabungen im Sommer 1969 brachten unweit des Regolini-Galassi-Grabes einen Komplex von Gräbern zutage, unter ihnen auch einen außerordentlich großen Tumulus. Sein Sockel soll einen Durchmesser von etwa 60 m haben. Die Gräber wurden alle intakt angetroffen.

Monte Abetone. In der Richtung Cerveteri – Bracciano kommt man über die Brücke des Fosso della Mola, hinter dem bald ein Sträßchen abbiegt, von dem ein leidlich fahrbarer Feldweg links auf die Höhe des Monte Abetone hinaufführt. Am Rande des Plateaus, in einiger Entfernung von der großartigen *Tomba Campana,* läßt man den Wagen auf einer Art Abstellplatz stehen.

Das Grab hat eine reiche Innenarchitektur mit einem großen Mittelraum, einem Vestibül mit Fächerdecke, Zellen, Durchgängen und kannelierten Pilastern, die ihre Akzente setzen. Der Gedanke an das Haus eines vornehmen, kultivierten Etruskers liegt nahe. Es soll um die Zeit des Fürstengrabes Regolini-Galassi entstanden sein.

Auf dem Rücken des Hügels liegt in einiger Entfernung die interessante Anlage der *Tomba Torlonia.* Als ich erstmals über den dürren Boden des Monte Abetone wanderte, begegnete ich einer eifrig beschäftigten Gruppe von Männern. Es waren die Leute der Fondazione Lerici, die mit Erdbohrern und photographischen Sonden ein Kammergrab untersuchten. Der Berg sei voll von Gräbern, sagte mein Freund, den ich von der Banditaccia her kannte. Noch sind mir die Häufchen Gebeine eines Bestatteten, die wie Elfenbein im Schein der Lampe hell auf der dunklen Tuffbank aufleuchteten, in lebhafter Erinnerung. Besorgter war man um die Beigaben, die bereits weggeräumt waren.

Vom Rande des riesigen Totenberges hat man einen einzigartigen Blick über das weite Areal des antiken Caere mit den Nekropolen um die zentral gelegene Stadt. Wieder auf der Straße nach Bracciano, verlassen wir die einstige etruskische Großstadt zwischen hohen, golden schimmernden Tuff-Felsen, die die Feierlichkeit von Pylonen haben.

Wir kommen durch das malerische Land zur Via Claudia Braccianese, auf der wir wenige Minuten nach rechts weiter fahrend die Abzweigung nach dem Fischerdorf *Anguillara Sabazia* am großen Kratersee von Bracciano erreichen. Zwischen wilder Vegetation, kultivierten, farbigen Gärten im Lande und der blauen Fläche des Sees setzen wir die Fahrt nach Trevignano fort.

Trevignano Romano. Wir gelangen auf die stattlich anmutende Piazza mit staubigen Palmen und einem skulptierten Brunnen. Ein Fischerdorf, das im Ferragosto jeweils überfüllt ist. In der Häuserreihe am Platz ist das Municipio, in dem sich im 2. Stock eine Sammlung von etruskischen Funden aus den Gräbern der nahen Umgebung befindet.

Im August 1965 stießen Arbeiter beim Aushub einer Baugrube für ein Sommerhaus auf dem Absatz einer Anhöhe über dem See in der Località Olivetello, nahe der westlichen Ausfahrt von Trevignano, auf ein bedeutendes etruskisches Familiengrab mit zwei Kammern. Auf vier aus dem Tuff gehauenen Totenbetten lagen die Gebeine von zehn Leichen. Um sie herum ausgebreitet und an Eisennägeln in den Wänden befanden sich etwa zweihundert Beigaben, griechische und etruskische Amphoren, Vasen in feinem Bucchero, Gold- und Silberschmuck, Bronzen u. a. Der reiche, in dieser Zone besonders interessante Fundkomplex soll im neuen Museum im Castello von Vulci zur Ausstellung kommen. Der Typus des Grabes (600–540 v. Chr.) ist uns von Cerveteri her bekannt und ein sprechendes Beispiel für die kulturelle Ausstrahlung Cerveteris ins Binnenland. Der umfängliche, kostbare Inhalt läßt überdies auf die Bedeutung der etruskischen Ortschaften im Lande schließen. Die Vermutung, es habe am Lago di Bracciano eine wichtige etruskische, noch im Boden verborgene Nekropole gegeben, gewann mit der Entdeckung des Grabes an Wahrscheinlichkeit. Bisher war das Grab abgeschlossen. Über die Möglichkeit einer Besichtigung erkundige man sich im Municipio.

Im alten Kern von Trevignano führen steile Gäßlein, Stufen und Treppen zum hochgelegenen engen Platz von S. Maria Assunta hinauf. In der Kirche befindet sich ein bedeutendes Triptychon aus der ersten Hälfte des 13. Jh. Auf den drei Tafeln sind in byzantinischer Manier Christus, die Madonna und der Evangelist Johannes dargestellt. Der Stifter und die Maler haben das Werk signiert.

Nicolaus de Petro Paulo cum filio suo Petro pictores romani	Nikolaus Sohn des Peter Paul mit seinem Sohn Peter römische Maler
Ego archipresbiter Martinus pingere feci	Ich Erzpriester Martin ließ es malen

Dem See entlang kehren wir in Richtung Anguillara zurück, bis zur linksabzweigenden breiten Straße nach *Sette Vene* an der Via Cassia. Sie führt durch stille Campagna, die an römische Landschaften von Corot erinnert. An einem geräumigen Vorplatz mit Benzinstation in Sette Vene liegt breit wie ein wohlbestallter Gutshof das Motel Settevene. Sein Ristorante ist sehr zu empfehlen.

Bela Motel. In südlicher Richtung kommen wir auf der Via Cassia nach 16 km zu einer schmalen Abzweigung rechts, welche zu unserem Standort ›Bela Motel‹ führt. Das Motel besteht aus einer Siedlung von kleinen Häuschen auf einer mäßigen Anhöhe, die von der Via Cassia aus gut zu sehen ist. Man merke sich den Wegweiser nach Isola Farnese, der etwa 100 m *vor* der Abzweigung zum Motel steht.

Das Bela Motel (1801 Via Cassia, Roma-La Storta, Tel. 6990232) ist ein Ort der Ruhe und Entspannung. Eine gepflegte Bepflanzung mit schönen Sträuchern und Blumen, ein Schwimmbad mit frischem Wasser und der wunderbare Blick in die römische Campagna tragen zur Heiterkeit des Ortes bei. Beim lärmigen, für den Ortsfremden verwirrenden Verkehr in Rom bin ich dazu gekommen, Schlaf und Ruhe außerhalb der Stadt zu suchen. Für die Besichtigungen in Rom fährt man an die Peripherie der Stadt (10 km), stellt den Wagen im Corso di Francia in eine Garage und nimmt für die Stadtfahrten ein Taxi.

20. Route

La Storta – Rom (Villa Giulia) – Veji – La Storta (45 km)

Rom. Der Name stammt vom etruskischen Ruma. Um die Gründung Roms und seine Frühzeit haben sich viele Legenden und sagenhafte Berichte gebildet. Aus ihnen blieb Romulus als Gründer der Stadt und das Jahr 753 v. Chr. als Zeit ihrer Gründung im Gedächtnis. Die späten römischen Chronisten und Schriftsteller beschrieben die legendären Begebenheiten als Geschichte der Vorfahren der Römer.

Für die Frage der Stadtwerdung Roms vermitteln uns heute neuere archäologische Funde und Forschungen solide geschichtliche Unterlagen. Sie erweisen den entscheidenden Anteil der etruskischen Dynastie der Tarquinier an der Vereinigung der isolierten Hüttendörfer der Hirten auf den römischen Hügeln zu einer geschlossenen Stadt (seit 575 v. Chr.). Die Täler zwischen dem Palatin, Esquilin und Quirinal wurden eingeebnet. Auf dem Kapitol entstand das zentrale Bollwerk, das Hauptquartier der Administration, der politische, wirtschaftliche und religiöse Mittelpunkt der Stadt. Reguläre Straßen und Häuser wurden gebaut. Es gab eine Straße ›Vicus Tuscus‹ (Etrusker-Straße).

Nach dem Zusammenschluß der dörflichen Siedlungen gelangten zunächst die Einflüsse der etruskischen Kultur, in der Folge auch, durch die Vermittlung der Etrusker, die der griechischen in die Stadt. Rom war vom etruskischen Territorium umgeben. Von den Hafenstädten Veji und Cerveteri wurden Imitationen von frühen korinthischen Vasen und originale griechische Keramik eingeführt. Bezeugt ist, daß Porsenna, der König des Stadtstaates Chiusi, Latium am Ende des 6. Jh. v. Chr. kontrollierte. In Rom entfaltete sich rasch ein intensives, zur Expansion drängendes Leben.

Es ist nicht möglich, hier auf diese Vorgänge näher einzugehen. Bezeugt werden sie durch etruskisch beschriftete Bucchero-Gefäße, die am Fuße des Kapitols, auf dem Palatin, und – eine Weihegabe – auch in Veji gefunden wurden. Früher für legendär gehaltene Personen und Geschehnisse müssen nach diesen Dokumenten und den Wandbildern der Tomba François in Vulci (s. S. 97 f.) als historische Wirklichkeiten genommen werden. Die städtische Entwicklung Roms im 6. Jh. v. Chr. wurde durch die Könige Tarquinius Priscus (616–579, etruskischer Herkunft, als römischer Bürger zum König erwählt), Servius Tullius (578–535, nicht Etrusker) und Tarquinius Superbus (534–510, Etrusker) mit vollem Einsatz gefördert. Jeder dieser Regenten hatte seine besonderen Verdienste um die Stadt.

Mit dem Bau des großen, nach etruskischem Schema dreizellig angelegten Tempels auf dem Kapitol, der auf die Dynastie der Tarquinier zurückgeht (vor 500 v. Chr.), erhielt Rom das sakrale Haus für die Göttertrias Jupiter, Juno und Minerva. Das großartige, in der ganzen römischen Welt berühmte Bauwerk bildete den Höhepunkt des etruskischen Einflusses in Rom. In ihm wurden die griechisch geschriebenen sibyllinischen Bücher, eine Sammlung von Orakeln aus Cumae, aufbewahrt, die der König Tarquinius Superbus erworben hatte und die im offiziellen Kult der Stadt eine große Rolle spielten.

Nach diesen wenigen Hinweisen auf den etruskischen Anteil am Werden Roms wenden wir uns den bedeutenden Werken der Etrusker in der Villa Giulia, im Vatikan und im Konservatoren-Palast auf dem Kapitol zu. Für den, der genügend Zeit hat, sei noch auf folgende Sammlungen hingewiesen, in denen sich etruskische Kunstwerke befinden:

Museo Barracco, ›Piccola Farnesina‹, Corso Vittorio Emmanuele 168. Unter dem reichen Bestand antiker Skulpturen befinden sich hier einige sehr schöne Flachreliefs aus Chiusi.

Museo Torlonia, Via Corsini 5. Es enthält die in der Tomba François in Vulci abgenommenen, geschichtlich und künstlerisch wichtigen Wandbilder. Von der Administration Torlonia in der Via Conciliazione wird die Karte für den Besuch ausgegeben.

Museo Preistorico ed Etnografico Pigorini, Palazzo delle Science im neuen Stadtteil E.U.R. (für die Esposizione Universale di Roma, 1942 gebaut). 1963 wurde mit der Überführung der Sammlung aus dem Collegio Romano in diesen Palast begonnen. Sie ist noch nicht abgeschlossen. Wichtige ur- und frühgeschichtliche Grabfunde aus Süd-Etrurien und Latium (u. a. aus Tolfa, Allumiere, Bisenzio, Tarquinia, Cerveteri) sind bisher in den Sälen 14–18 ausgestellt worden.

Mit der Villa Giulia an der Via delle Belle Arti im Norden Roms beginnen wir die Museumsbesuche.

Museo Nazionale di Villa Giulia (Unstimmigkeiten in den Angaben der Standorte der Werke sind auf Umstellungen zurückzuführen, die während der Abfassung des Textes vorgenommen wurden.) Papst Julius III. ließ den fürstlichen Palast während seines kurzen Pontifikats (1550–1555) nach einem Plan von G. Vasari und unter Mitwirkung von G. B. Vignola u. a. bauen. Die Regierung bestimmte ihn 1887 für die Aufnahme der archäologischen Funde aus Latium. In der Folge entstand die umfangreiche, für Süd-Etrurien repräsentative Sammlung etruskischer Kunst in seinen Räumen. Montags ist das Museum, wie alle staatlichen Museen, geschlossen. Ist man an einem Montag in Rom, sei auf das bedeutende etruskische Museum des Vatikans hingewiesen, das nur an Sonn- und Feiertagen geschlossen ist.

Da die Villa Giulia einen sehr großen Bestand umfaßt, befleißige man sich einer gewissen Konzentration auf die wichtigen Werkgruppen. Andernfalls gelangt man ermüdet zu abgelaufener Zeit etwa in der Hälfte der Sammlung an, ohne eine lebendige Vorstellung von einzelnen Hauptwerken zu haben.

Den *Rundgang* beginnen wir mit der sehr interessanten provisorischen Ausstellung der bedeutenden Funde aus *Pyrgi* (S. Severa) im Saal links vom Kassenraum.

Durch den bemalten Portikus, von dem aus in der Achse des länglichen Hofes das dekorative *Ninfeo* zu erblicken ist, gelangen wir in die erste Reihe Säle im Nordflügel des Museums (Säle 1–7).

Vulci. Die bedeutenden Werke aus den Nekropolen dieser erstrangigen Stadt des südlichen Etruriens wirken wie ein Auftakt zum Besuch der weiteren Sammlungen. Zu ihnen gehören im ersten Saal der für die frühe etruskische Bildhauerei besonders interessante ›dädalische‹ Kentaur (Anfang 6. Jh. v. Chr.; Abb. 45) und der auf beschwingter Linie eines Meerwesens sitzende Hippokampenreiter in Nenfro.

Nach weiteren fragmentarischen Steinskulpturen kommen wir im Saal 3 zur reichen Vertretung der Villanova-Kultur (9.–8. Jh. v. Chr.). Es sind hervorragende Bronzen jeder Art und schönste Exemplare von bikonischen Aschen- und Hüttenurnen aus dem Grabfeld der Osteria rechts der Fiora in Vulci. Besonders hervorzuheben ist die kleine Bronzestatuette eines nuragischen (sardinischen) Kriegers mit spitzem Helm und mächtigem Schild, der bei den neuen Ausgrabungen in der Osteria gefunden wurde.

Im 4. Saal, der die bedeutenden Beigaben der Tomba del Guerriero (Kriegergrab) aus dem späteren 6. Jh. v. Chr. enthält, waren bisher auch attische schwarz- und rotfigurige Vasen ausgestellt, unter denen sich zwei Amphoren des Nikosthenes und eine imponierende panathenäische Amphora des Antimenes-Malers (um 510) befanden. In der Mitte des 5. Saales führt eine Treppe ins Untergeschoß zur Rekonstruktion von zwei Grabkammern aus dem großen Tumulus ›Maroi‹ auf der Banditaccia in Cerveteri. Trotz der Beigaben ersetzt die Imitation kaum das Original.

Bisenzio (Visentium). Die außerordentlichen Funde, welche die Ausgrabung der Nekropole Olmo Bello von Bisenzio am Bolsena-See (1929–1931) erbrachten, sind im folgenden 6. Saal zusammengefaßt. Sie gehören zu einem der Höhepunkte der Villa Giulia. Elementar frühe Impasto-Gefäße, geometrisch bemalte etruskische Vasen, Ring-Askoi, Dreifußbecher, eine Kanopenurne auf dem Thron und außer den noch zu erwähnenden herrlichen Bronzen, Goldschmuck, Silber und Bernstein, wurden in den Fossa-Gräbern gefunden. Von den Bronzen sind es der großartige, vierräderige Räucherwagen (›Carrello‹) und die mit kleinen (tanzenden?) Figürchen übersäte Situla aus der besonders reichen Tomba 2, die in ihrer erstaunlichen technischen und künstlerischen Ausführung unsere Bewunderung erwecken (erste Hälfte 7. Jh. v. Chr.; Abb. 74).

Bisenzio war ein wichtiges, zu Reichtum gekommenes etruskisches Zentrum am Wege von der großen Küstenstadt Tarquinia in das Binnenland. Außer dem Grabfeld Olmo Bello war die Stadt noch von einer Anzahl Nekropolen umgeben (s. Plan, S. 162).

Veji. Im 7. Saal werden wir von den weltberühmten Spitzenwerken etruskischer Großplastik überrascht, von drei lebensgroßen Firstfiguren in Terrakotta, dem großartigen Apollo (180 cm hoch; Abb. 97), der Frau mit Kind und dem provisorisch restaurierten Herakles mit der Hirschkuh (Ende 6. Jh. v. Chr.). In Teilstücken wurden sie 1916 – mitten im ersten Weltkrieg – in der Nähe des Tempels von Portonaccio (dem sogenannten Apollo-Tempel) ausgegraben. Zu ihnen gesellen sich der herrliche Kopf des Hermes (Farbt. IV) und das flammende Gorgo-Antefix vom Tempel (Abb. 107). Der eigenständigen künstlerischen Lebendigkeit und Kraft, die von diesen etruskischen Meisterwerken der Skulptur, insbesondere von der Figur des Apollo und dem Kopf des Hermes, ausgeht, kann man sich nicht entziehen.

Wie barocke Architekturplastiken in freier Luft stand die Figurengruppe auf dem First des Tempels. Ihre ornamental geschmückten, sattelartigen Standbasen fand man bei den Ausgrabungen 1944. Die Annahme ist begründet, der berühmte Bildhauer Vulca von Veji habe die dreifarbig bemalten Großterrakotten gegen Ende des 6. Jh. v. Chr. geschaffen.

Cerveteri (Caere). Von unserem Besuch der Nekropolen und des Museums in Cerveteri nahmen wir eine Vorstellung vom Reichtum und der Bedeutung dieser etruskischen Großstadt mit. In den Sälen 8–10 wird sie mit besonders charakteristischen Werken ergänzt. Die umfängliche Sammlung an Keramik (Bucchero, etruskisch-korinthische, griechische importierte und faliskische Vasen) zeigt neben den ›Vedetten‹ des Museums, dem Löwensarkophag und dem ›Sarcofago degli Sposi‹, daß die Stadt ein Zentrum des künstlerischen Schaffens und der Kultur war.

Der Löwensarkophag (Mitte 6. Jh. v. Chr.) erweckt unmittelbares Interesse (Abb. 95). Gefunden wurde er nicht in Cerveteri, sondern in einem intakten Grab im 4 km östlich von Cerveteri gelegenen Procoio di Ceri (Nähe Ceri). Inmitten der umliegenden Vitrinen mit vielen Kleinwerken kommt die urtümliche Straffheit der zwei flach an der Sarkophagwand modellierten Löwen besonders zur Geltung. Auf dem First des satteldachartigen Sarkophagdeckels schreien vier kleine Löwen. Der braune robuste Impasto hat das Werk besser erhalten als die feiner geschlemmte Terrakotta den berühmten Sarkophag mit dem liegenden Ehepaar auf der Kline.

Wie die Terrakottafiguren aus Veji, gehört das ›Ehepaar‹ zu den Hauptwerken der etruskischen Plastik. In den Volumen wie in den Details ist der Sarkophag bedeutender als der ihm ähnliche im Louvre. Die notwendig gewordene Fixierung einzelner bröckelnder Stellen und besonders einige allzu geglättete Ergänzungen, obwohl äußerst gewissenhaft ausgeführt, beeinträchtigen partiell den künstlerischen Eindruck. Der Sarkophag kommt aus Cerveteri, doch weiß man nicht, aus welchem Grab.

An der Treppe vorbei, die zum Antiquarium im oberen Stockwerk hinaufführt, gelangen wir in den großen Saal 10. Er enthält zahlreiche, vielfältige Objekte des 7.–1. Jh. v. Chr. aus den Gräbern von Cerveteri. In der Vitrine 7 eine schöne Hydria von Nikosthenes, in den Vitrinen 14–19 etruskische und attische Vasen, unter denen sich eine Reihe Signaturen von berühmten griechischen Vasenmalern befinden. Ohne daß man die reiche Sammlung Castellani im oberen Stockwerk gesehen hat, wird es hier schon evident, daß die Etrusker, die diese Vasen importierten, Leute von feiner Kultur und künstlerischem Geschmack waren.

In den letzten Vitrinen des Saales sind Serien von charakteristischen etruskischen und faliskischen Vasen der Spätzeit (4.–1. Jh. v. Chr.) ausgestellt.

Die Sammlung des Antiquariums im Obergeschoß (Säle 11–18) hat einen künstlerisch und thematisch uneinheitlichen Aspekt. Werke verschiedener Zeiten und Regionen sind hier zusammengekommen. Hervorzuheben ist die ansehnliche Gruppe kleiner Bronzen, Götter, schlanke Krieger, Kopf des Acheloos, gelängte Haruspices u. a. Aufmerksamkeit verdient die schöne Kandelaberfigur eines etruskischen Tänzers, der pflügende Bauer mit Ochsengespann aus Arezzo (Abb. 100) und eine Votivtaube mit Inschrift. Berühmt ist die erzählerisch bemalte, protokorinthische Chigi-Kanne aus Formello (650–625 v. Chr.).

Wir kommen im Obergeschoß in den Raum des Halbrundes an der Frontseite der Villa Giulia, in dem in zwölf Vitrinen ein Teil der berühmten Vasensammlung Castellani ausgestellt ist. Fünf Jahre nach seinem Tode, 1919, ging sie in den Besitz des Staates über. Sein Bestand an antikem Schmuck – Castellani führte eine bekannte Goldschmiedewerkstatt –, hauptsächlich aber an griechischen und etruskischen Vasen, hatte internationalen Ruf. Die Werke waren in seinem Hause an der Piazza Trevi in Rom untergebracht. Sie wurden von den prominenten Rom-Reisenden aus aller Welt aufgesucht.

In typologischer und chronologischer Anordnung umgreift die jetzige selektive Ausstellung etruskische, italische, griechische, faliskische, apulische und campanische Gefäße vom 7.–1. Jh. v. Chr. Fast alle stammen aus etruskischen Gräbern. Von den vielen bedeutenden Werken sei die etruskische, orientalisierende Amphora (Vitrine I) besonders erwähnt.

Die anschließenden Räume des Südflügels enthalten überraschende frühe Bronzen und Impasto-Gefäße aus dem faliskischen Territorium, aus Nepi, Falerii (Civita Castellana) und den abgelegeneren Nekropolen von Capena, Corchiano, Narce u. a. In einer Vitrine der Säle 26–28 ist die einzigartige Hausurne in Bronze (8.–7. Jh. v. Chr.) aus dem Gebiet von Civita Castellana zu sehen.

Vom Saal 29 führt die Treppe zum Erdgeschoß zurück. An der Wand links sind in geschickter Aufmachung Fragmente der Tempelverkleidungen in bemalter Terrakotta, besonders aus Civita Castellana, ausgestellt. Gute Aufnahmen und Karten vermitteln ein Bild vom Standort der Tempel. Bekanntlich wurde der etruskische Tempel in Holz ausgeführt. Zum Schutze des anfälligen Materiales und auch zur farbigen, dekorativen Verzierung wurde er mit plastisch modellierten und kolorierten Tonplatten bekleidet. Die schönsten Beispiele aus dem 6.–1. Jh. v. Chr. dafür sind hier zusammengekommen. Der figürliche architektonische Tempelschmuck aus Falerii Veteres, Antefixe, Krieger von Sassi Caduti, der berühmte hellenistische Apoll von Scasato (4.–3. Jh. v. Chr.) und andere Plastiken sind in den Vitrinen der Säle zu sehen.

Die letzten Säle des Museums enthalten eine reiche und faszinierende Dokumentation aus etruskischen Zentren um Rom (Nemi, Alatri, Ardea, Tivoli, Satricum, Palestrina) und anderen Regionen (Todi, Terni Cagli). Die Abteilung wird besonders Spezialisten interessieren.

Palestrina (Praeneste). Im Saal 33 erhalten aber auch Laien von den ausstellungsmäßig nicht sonderlich hervorgehobenen orientalisierenden Meisterwerken aus Palestrina einen nachhaltigen Eindruck. Es sind vorab die herrlichen Funde aus den Fossagräbern Barberini und Bernardini, Schnitzereien in Elfenbein, raffiniert granulierte Pektorale und Schließen in Gold (Abb. 111), ägyptisierende silbervergoldete Gefäße, Dreifüße und Untersätze für Ritualbecken in getriebener und gegossener Bronze. Am Beckenrand des einen sind lustige ›Guckmännchen‹ angebracht (Abb. 103).

Zum luxuriösen orientalisierenden Goldschmuck des 7. Jh. v. Chr. gesellen sich in den Vitrinen die Leistungen des Bronzehandwerkes aus dem 4.–3. Jh. v. Chr. in Palestrina. Ein sensibles Empfinden und sichere Hände haben den Stichel in den zeichnerischen Gravuren auf den Cisten, Behältern und Bronzespiegeln geführt (Abb. 112). Die ›Ficoroni‹-Ciste, auf der die Argonautensage erzählt wird, wurde durch die Schönheit der Darstellung weltberühmt (Abb. 113). Auf dem Standplatz des dreifigurigen Deckelgriffes steht die lateinische Signatur: »Novius Plautius hat mich in Rom gemacht. Dindia Macolnia schenkte mich ihrer Tochter.«

Wohl mit etwas strapazierter Aufmerksamkeit sind wir am Ende der in den Palast Julius' III. eingebauten Museumssäle angelangt. Mit einem Taxi, das an der Kasse bestellt werden kann, oder zu Fuß gelangen wir auf die Piazza del Popolo. Im guten Ristorante Dal Bolognese mit Terrasse, bei einer der beiden Kuppelkirchen am Platz, werden wir mit dem Blick in das barocke Rom Mittagsrast halten. Zieht es uns in die Nähe von Veji, das wir auf dem Tagesprogramm haben, fahren wir von der Villa Giulia direkt (auf der Via Cassia) nach Isola Farnese, wo im ›Paradiso‹ eine ländlich schmackhafte Mahlzeit zu bekommen ist.

Veji (Veio). Der Weg nach Veji biegt unterhalb der Ortschaft Isola Farnese am Fuße des Schloßfelsens in spitzer Kurve in einen Waldweg, auf dem man zur ›Cascata della

Mola‹ kommt, wo man den Wagen stehenläßt. Am andern Ufer des Fosso Piordo verläuft der Fußweg steilen Felsen und Halden entlang zum nahen Tempelbezirk Portonaccio. Die Ausgrabungen im Areal des Tempels und die wichtigen abgeschlossenen Gräber der Nekropole können z. Z. an Werktagen 10–16, an Sonn- und Feiertagen 9–13 und 16–18 besucht werden. An Montagen ist geschlossen.

Bevor wir uns mit den Denkmälern in Veji befassen, sollten wir etwas von dieser bedeutenden etruskischen Stadt wissen. Nach antiken Schriftstellern war Veji mit über 100 000 Einwohnern – es gibt viel höhere Schätzungen – im 6.–5. Jh. v. Chr. die reichste und mächtigste Stadt Etruriens. Sie war so groß wie Athen. Auf dem weiten Dreieck des Tuffplateaus, das im Schutze der Flußläufe und Uferfelsen der Valchetta (früher Cremera), der due Fossi und des Piordo liegt, breitete sich die Metropole des Stadtstaates Veji aus. Sein Territorium reichte im Süden, zwischen dem damals schiffbaren Tiber, und dem Arrone (Cerveteri) bis an die Tibermündung ins Meer. Im Norden grenzte es, heute nicht genau bestimmbar, an das Faliskerland, an Tarquinia und an die Ufer der Seen Vico und Bracciano.

Die Stadt Veji lag, etwa 12 km vom rechten Tiberufer entfernt, nördlich von Rom, im Lande. Aus wirtschaftlichen und politischen Gründen – in Rom war der Drang zur Expansion erwacht – kam es zwischen den beiden Städten schon früh zu Reibungen, in der Folge auch zu einer Serie von Kampfhandlungen, die durch den üblichen Waffenstillstand unterbrochen wurden. Nach einer zehnjährigen, vergeblichen Belagerung der Römer gelang es ihnen, Veji durch List einzunehmen (396 v. Chr.). Es wird berichtet, die Römer hätten einen Stollen durch den Tuffberg unter die Mitte der Stadt getrieben. Von ihm aus sei Veji geplündert worden. Gefangene wurden als Sklaven verkauft und in römischen Volksspielen höhnend verspottet. Der römische Dichter Properz erinnerte zur Zeit des Kaisers Augustus in einer Elegie an den Untergang des glanzvollen Veji:

Veji, du altes,
auch dich befehligte damals
ein König;
auf deinem Marktplatz ward golden
der Thron ihm gestellt.
Heute ertönt in den Mauern
das Horn des gemächlichen Hirten,
und über eurem Gebein
werden die Felder gemäht.
(Übers. W. Willige)

Der Fall Veji's wirft ein Licht auf das Verhalten der etruskischen Städte. Den Römern hat es die Unterwerfung ganz Etruriens erleichtert. Capena, die faliskische, mit den Etruskern befreundete Stadt, unterstützte Veji in dessen Kampf gegen die Römer. Noch im Jahre des Falles von Veji wurde es dafür von den Römern mit einem Plünderungszug bestraft. Cerveteri aber, das Veji nächst gelegene Glied der etruskischen Föderation, hielt sich, vermutlich aus handelspolitischen Gründen, abseits. Unbeteiligt sah es der

Zerstörung der Barriere zu, die den Römern den Zugang nach Inner-Etrurien versperrt hatte.

Das ganze Gebiet des Staates Veji wurde 387 von Rom eingezogen. Der noch bestehende Marktflecken wurde von Augustus mit einer Veteranenkolonie zusammengelegt.

Die Nekropolen gruppieren sich im weiten, von Flüssen umrahmten Kreis um das Plateau des antiken Veji. Obwohl seit der Mitte des letzten Jahrhunderts in Abständen bis heute gegraben wurde – anfänglich waren es reine Raubgrabungen – und die systematischen Untersuchungen 1913–1926 1200 Pozzo-, Fossa- und Kammergräber freilegten, verbleibt der Forschung noch eine große Aufgabe.

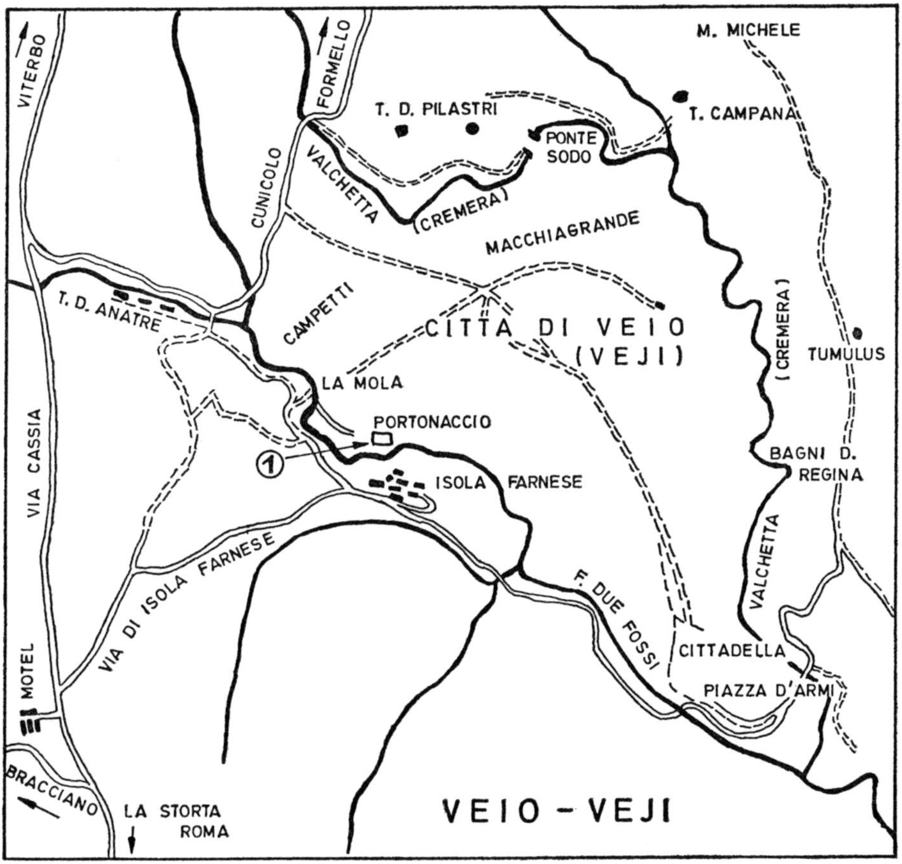

Wegekarte des Gebietes von Veji

Die Wanderung zu den verhältnismäßig wenigen Sehenswürdigkeiten, die im weiten Gebiet zerstreut sind, führt durch eine biblisch pastorale Landschaft. Je nach Jahreszeit begegnet man großen Schafherden. Vor einem überraschenden Gewitter findet man etwa in der Reisighütte eines Hirten, die an die Hüttenurnen erinnert, guten Schutz. Zuerst suchen wir den *›Apollo‹-Tempel in Portonaccio* auf. Am Eingang des Areals sichern wir uns einen Führer, der nicht nur die Wege zum romantischen Ponte Sodo, zu Ausgrabungen und Gräbern weiß, sondern der auch die Schlüssel zu den wichtigen Tomben Campana und delle Anatre hat. Für den Besuch der Akropolis (Piazza d'Armi) im Südzipfel des Stadtgebietes wird die Zeit kaum reichen.

Tempel der Minerva, Portonaccio. Seit dem Fund der großartigen Statue des Apollo (Abb. 97) wird der Tempel, wie bereits bemerkt, als ›Apollo‹-Tempel bezeichnet. Inzwischen kamen bei ihm viele Weihegaben zutage, die kranke Körperteile darstellen und einer etruskischen Göttin, die der römischen Minerva Medica (Göttin der Gesundheit) entspricht, gestiftet wurden. Im Zusammenhang mit dem großen Badebecken an der nördlichen Seite des Tempels, in das die schwefel- und eisenhaltigen Heilwasser aus dem von den Etruskern in den Tuffberg gehauenen Stollen flossen, ist man heute der Überzeugung, daß es sich um einen Tempel der Minerva handelt. Die Reste der 396 v. Chr. zerstörten Anlage liegen auf der breiten Terrasse von Portonaccio unterhalb des Plateaus der antiken Stadt. Tief unter ihr, im Schatten des Fosso, fließt der Piordo. Gegenüber auf dem hohen Rücken von Isola Farnese ragt die Silhouette des Schlosses.

Vom etruskischen Tempel sind nur noch niedere Mauerreste des Fundamentes zu sehen, die zur Erhaltung und Verdeutlichung der Anlage ergänzt wurden. Auf die Frage der Grundarchitektur des etruskischen Tempels kann hier nicht näher eingegangen werden. In Kürze sei nur erwähnt, daß der römische Baumeister Vitruvius in seinem vielbändigen Werk ›De Architectura‹ auch den etruskischen Tempel beschrieben hat. Danach stand dieser auf einem Podium. Räumlich teilte er sich in eine offene, säulengestützte Vorhalle und in drei Zellen in der rückwärtigen Hälfte. Die Ausgrabungen der Tempel in Marzabotto, Fiesole, Bolsena und jüngst auch in S. Severa führten zu der Auffassung, daß der etruskische Tempel eine einzige, an die Rückwand anstoßende Zelle hatte, an deren Seiten je ein schmaler Flügel war. In Portonaccio ist diese Anordnung nicht deutlich zu erkennen. Auch fand man keine Spuren von den Säulen der Vorhalle.

Im Bereich des Tempels wurden die berühmten Werke in bemalter Terrakotta, Bekleidungsplatten, Antefixe, die großen Figurengruppen vom First des Tempeldaches, die wir in der Villa Giulia sahen, entdeckt (Abb. 97, 107, 108; Farbt. IV). An das etruskische Hauptwerk des Apollo, an den Kopf des Merkur, des Hermes, und an das Antefix mit dem Gorgo-Gesicht werden wir uns hier besonders erinnern.

Am östlichen Rande des Areals befinden sich verschiedene, noch nicht völlig geklärte bauliche Reste, offene Wasserrinnen, ein quadratischer Altar, zugehauene Blöcke und Platten.

Wiederholt erwähnten wir die plastischen Hochleistungen Vejis. Wenn wir es nochmals tun, so um hervorzuheben, daß die Stadt auf dem Gebiet der Terrakotten gegen das Ende des 6. Jh. v. Chr. das bedeutendste künstlerische Zentrum Süd-Etruriens war. Plutarch erzählt, daß Tarquinius Superbus bei den Bildhauern in Veji eine Terrakottagruppe für den Jupiter-Tempel auf dem Kapitol in Rom bestellt habe. Auch den berühmten Bildhauer Vulca aus Veji soll man für den Tempelschmuck herangezogen haben. Wie sich Cerveteri, Palestrina und Vetulònia in der Goldschmiedekunst, Vulci in der Steinplastik und in Bronzearbeiten, Tarquinia in der Grabmalerei und Chiusi in den Kanopen und Flachreliefs auszeichneten, so kommt Veji in der Koroplastik der höchste Ruhm zu.

Ponte Sodo. Am Wege zur Tomba Campana liegt der malerische Ponte Sodo. Es ist keine Brücke, sondern ein 80 m langer Durchstich, den die Etrusker für den Abfluß der Valchetta (Cremera) zur Verhütung von Überschwemmungen durch den Tuffrücken gehauen hatten. Vielleicht diente er auch zur Verbindung der Stadt mit ihren nördlich gelegenen Nekropolen. In der feuchten, warmen Luft des Bachbettes drängt und sprießt eine tropische Fülle von Wasserpflanzen.

Tomba Campana. Nur Spuren in der mageren, harten Erde führen vom Ponte Sodo den Hang des Monte Michele hinauf zur Tomba Campana. Beidseits des Grabeinganges befinden sich zwei so stark verwitterte Löwen, daß sie auch für Sphingen gehalten wurden. Die aus dem Tuff gehauene Anlage besteht aus einem Hauptraum mit zwei Totenbetten und einer hinteren, kleineren Kammer mit einer niederen Tuffbank an drei Wänden.

Das Grab wurde 1843 vom Marchese Giampietro Campana entdeckt. Den mit Steinen verschlossenen Eingang traf der Entdecker demoliert und die Kammern ausgeraubt an. Nur drei Terrakotta-Urnen mit einem Kopf auf dem gewölbten Deckel, orientalisierende Bucchero- und Impasto-Vasen und ein Bronzehelm waren noch vorhanden. Die Einbrecher hatten es offensichtlich auf Gold abgesehen. Auf den Totenbetten der Hauptkammer lagen zwei Skelette. In der kleineren Kammer fand man die Aschenurnen. Bestattung und Kremation waren im selben Grabe beieinander.

Unser besonderes Interesse gilt der frühen etruskischen Malerei an den Stirnwänden der beiden Kammern (Mitte 7. Jh. v. Chr.; Abb. 109). Obwohl sie so gelitten hat, daß von den Darstellungen nur noch fragmentarische Reste zu erkennen sind, haben die Räume eine Atmosphäre von großem künstlerischem Ernst. Denn, was wir heute wieder besser verstehen, nicht die akkurate, pedantisch gezeichnete Erzählung eines Geschehnisses gibt einem Raum seinen Charakter, sondern die rhythmische Aufteilung der Wand und eine dekorativ betonte Einbeziehung der Farbe.

Die Türe vom Hauptraum in die kleinere Kammer ist von einem kräftigen Zick-Zack-Ornament in Gelb, Rot und Schwarz umrahmt. Für die motivischen Kompositionen wurde die Fläche beidseits der Tür in zwei Quadrate aufgeteilt. In den oberen Feldern sind sie noch schwach zu erkennen. Rechts von der Tür ist eine Jagdszene mit Pferd und Panther, links ein hochbeiniges Pferd mit einem jungen Reiter dargestellt. Es ist wohl richtig, wenn in dieser Malerei kretische Einflüsse angenommen werden. Im Museum von Candia befindet sich ein herrlicher Reiterfries aus dem kleinen Tempel des Dorfes Prinias (Kreta), auf dem in haargenau gleichen Proportionen ein junger Reiter auf hochbeinigem Pferd dargestellt ist. (Nach Zervos gegen 620 v. Chr.). Die Entstehung der Wandbilder der Tomba Campana war lange umstritten. Früher wurden sie in das 7. Jh. v. Chr. angesetzt, heute werden sie um 600 v. Chr. datiert.

An der Stirnwand der kleinen Kammer befindet sich eine dekorative Malerei – sechs tachistisch gemalte, geometrisch angeordnete Zierschilde. Solche Schilde aus dünnem Bronzeblech wurden in Tempeln, vornehmen Häusern und Gräbern (Regolini-Galassi-Grab) als Schmuck an die Wand gehängt oder in ihr ausgehauen (z. B. im Grab der Schilde und Sitze in Cerveteri, Abb. 87).

Dem Besuch der Tomba Campana seien noch einige Bemerkungen über den Entdecker des Grabes, den Bankier Marchese Giampietro Campana (1808–1880), hinzugefügt. Als leidenschaftlicher Sammler – seine künstlerischen und händlerischen Interessen sind nicht genau abzugrenzen – hatte er die größte private Antikensammlung seiner Zeit zusammengebracht. Seinem Interesse und seiner Initiative ist auch die Entdeckung einer Reihe berühmter Gräber (u. a. der Tomba dei Rilievi in Cerveteri) zu danken. Der Marchese war Gründer und Generaldirektor des Monte di Pietà (Pfandleihhaus) des Kirchenstaates. Unstimmigkeiten mit der Verwaltung des Kirchenstaates führten zum Verkauf seiner international bekannten Sammlung. Der Hauptstock kam für ein geplantes Museum Napoleon III. nach Paris (heute im Louvre). Darunter sind Glanzstücke wie die bemalten Terrakotta-Platten aus Cerveteri (6. Jh. v. Chr.), von denen Italien kein Stück besitzt. Weitere bedeutende Werke kamen nach London in das Britische Museum. Auch Kaiser Alexander II. von Rußland war unter den Käufern. Seine Erwerbungen gelangten nach Petersburg.

Gegenüber der Tomba Campana, in einer römischen Nekropole des 3.–1. Jh. v. Chr., ist das sogenannte *Kolumbarium*, ein hoher, massiger Felsbrocken, in den unregelmäßige, nischenartige Ausbuchtungen eingehauen sind. Man erinnert sich dabei der Kavernen an der Via Cassia in Sutri.

Tomba dei Pilastri. Nehmen wir auf dem Rückweg von der Tomba Campana zur Besichtigung der Tomba delle Anatre die Richtung zur Straße nach Formello, kommen wir im Bezirk Picazzana auf leichter Anhöhe zur Tomba dei Pilastri, einer großen, gedrungenen Grabkammer, deren Raum breiter ist als lang. Zwei tuskanische Pilaster mit quadratischer Basis und Kapitellen stützen den Deckenbalken. In der Zone wurde 1960 eine größere Nekropole der Villanova-Zeit ausgegraben.

Tomba delle Anatre. Auf der Straße von Formello, Richtung Via Cassia, sind wir sehr bald an der kleinen havarierten Brücke dell'Isola, die den Piordo links überquert. Von

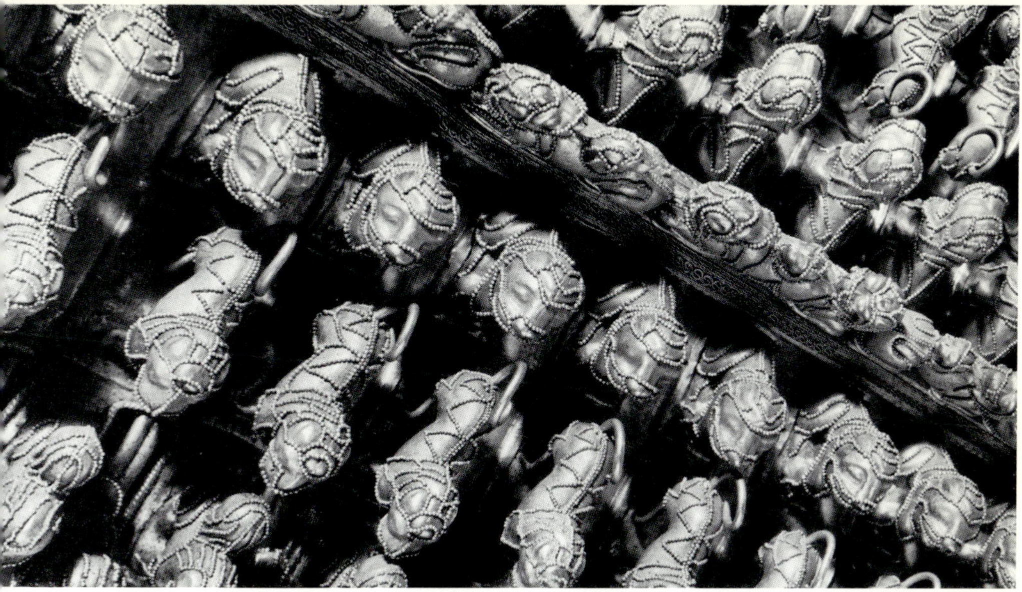

1 ROM, MUSEO VILLA GIULIA Detail der großen Schulterfibel aus dem Bernardini-Grab in Palestrina (Praeneste)

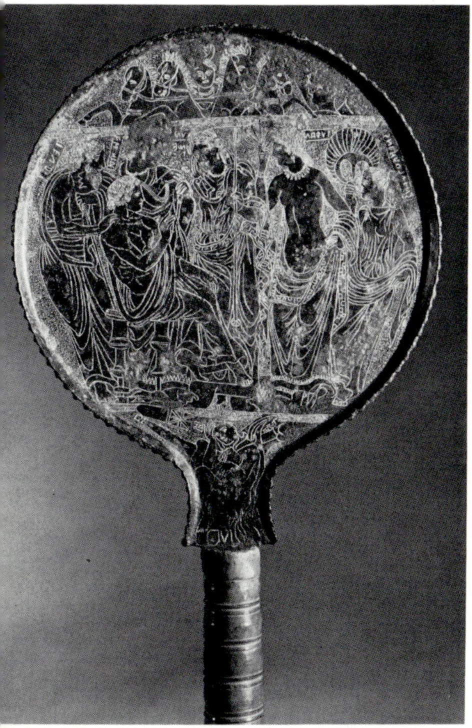

2 ROM, MUSEO VILLA GIULIA Bronzespiegel mit dem ›Urteil des Paris‹. Aus Palestrina (Praeneste)

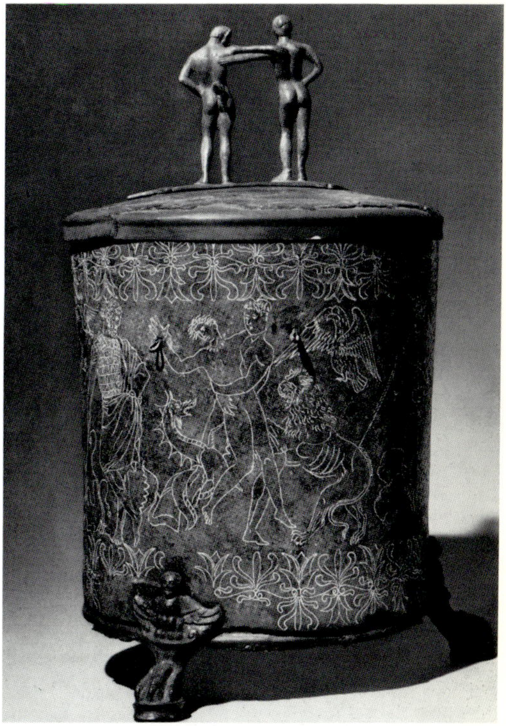

113 ROM, MUSEO VILLA GIULIA ›Cista Ficorini‹ aus Palestrina (Praeneste), Höhe 75 cm, Mitte 4. Jh. v. Chr.

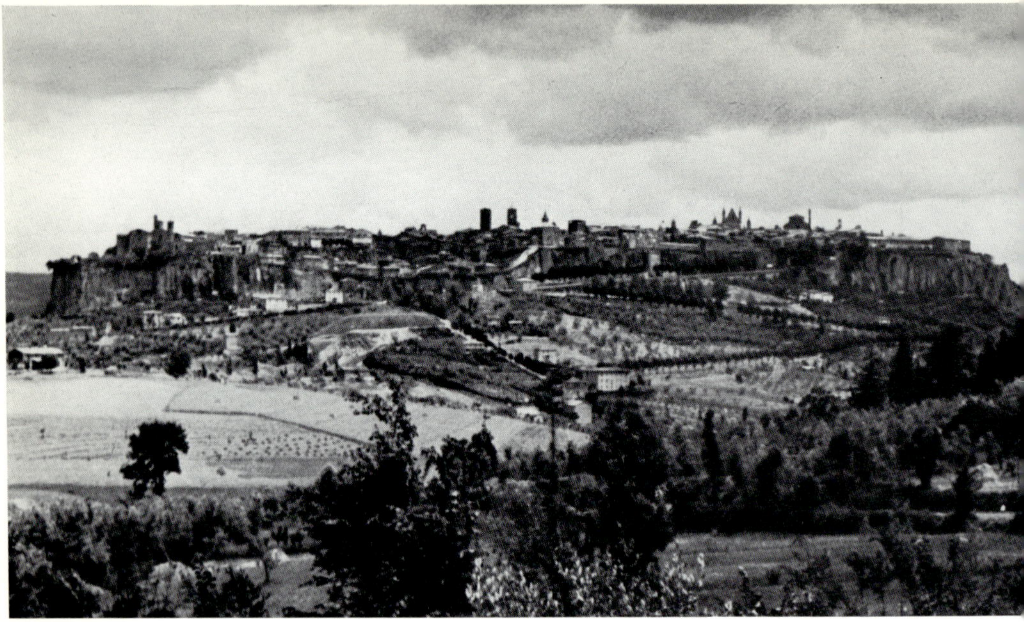

114 ORVIETO Blick auf die Stadt

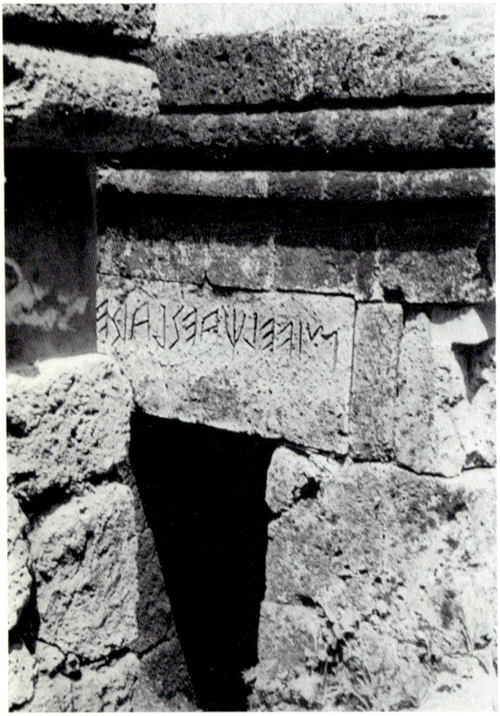

115 ORVIETO Nekropole Crocefisso del Tufo. Letzte Ausgrabungen

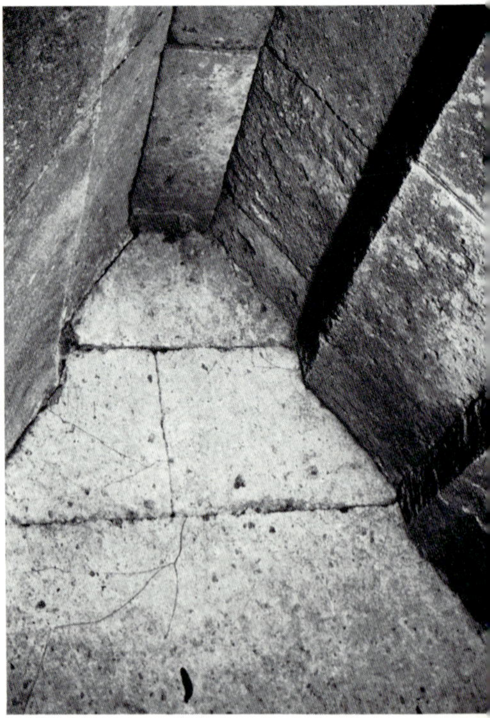

116 ORVIETO Vorkragende Eindeckung der Kammern, N
kropole Crocefisso del Tufo

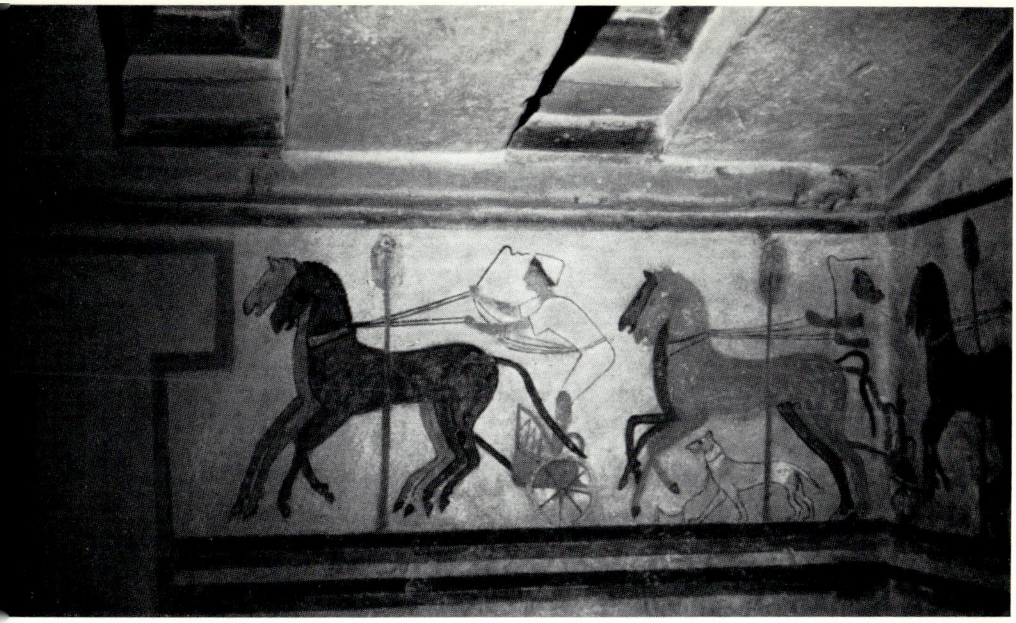

7 CHIUSI Tomba del Colle (früher Casuccini), Fresko: Wagenrennen. Skulpierte und bemalte Kassettendecke. Um 470 v. Chr.

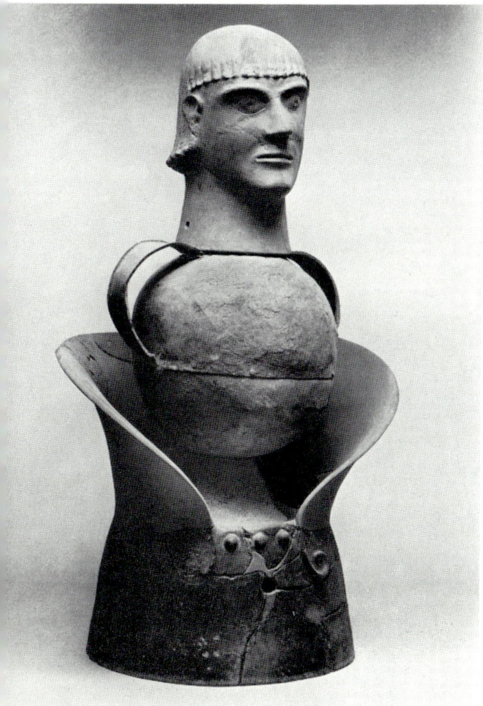

8 CHIUSI Kanope. Kopf aus Terrakotta, Thron aus Impasto, Aschenbehälter aus Bronze. Gesamthöhe 61 cm, 6. Jh. v. Chr. Museum Chiusi

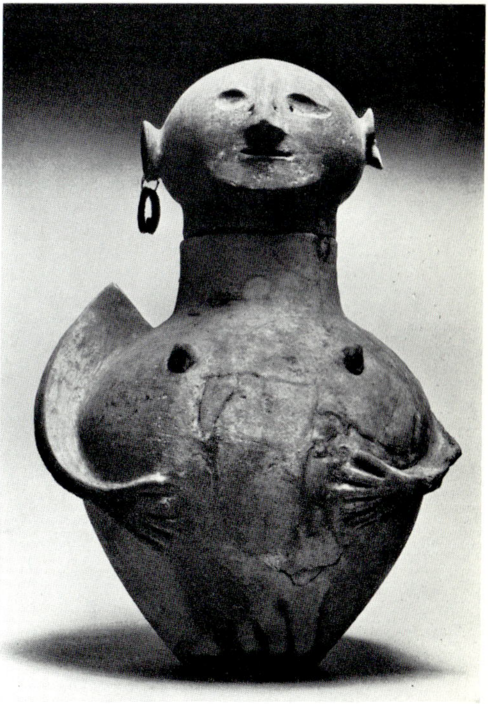

119 CHIUSI Kanope aus Impasto, Höhe 44 cm, 6. Jh. v. Chr. Aus der Provinz Chiusi. Museo Archeologico, Florenz

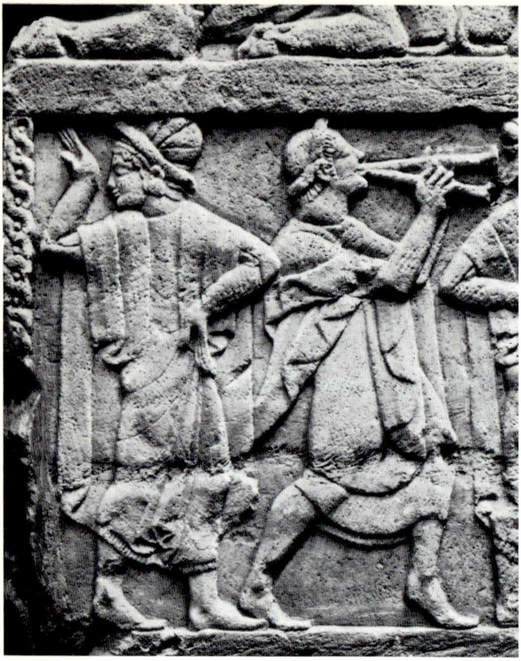

120 CHIUSI Detail von einem Sandstein-Cippus, Höhe 55 cm, Wende zum 5. Jh. v. Chr. Museum Chiusi

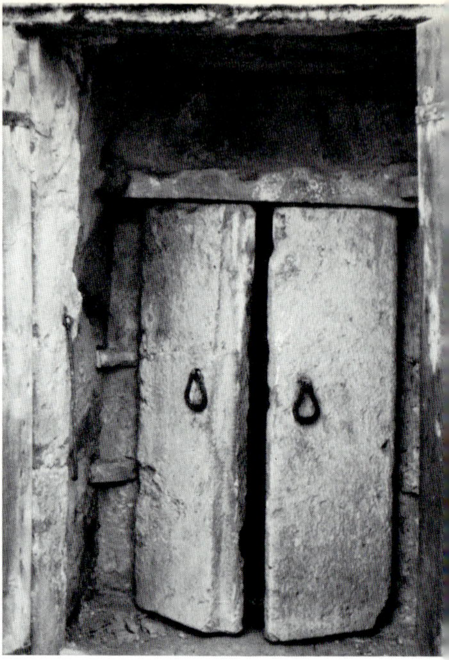

121 CHIUSI Grabtür der Tomba del Colle. 5. Jh. v. Ch

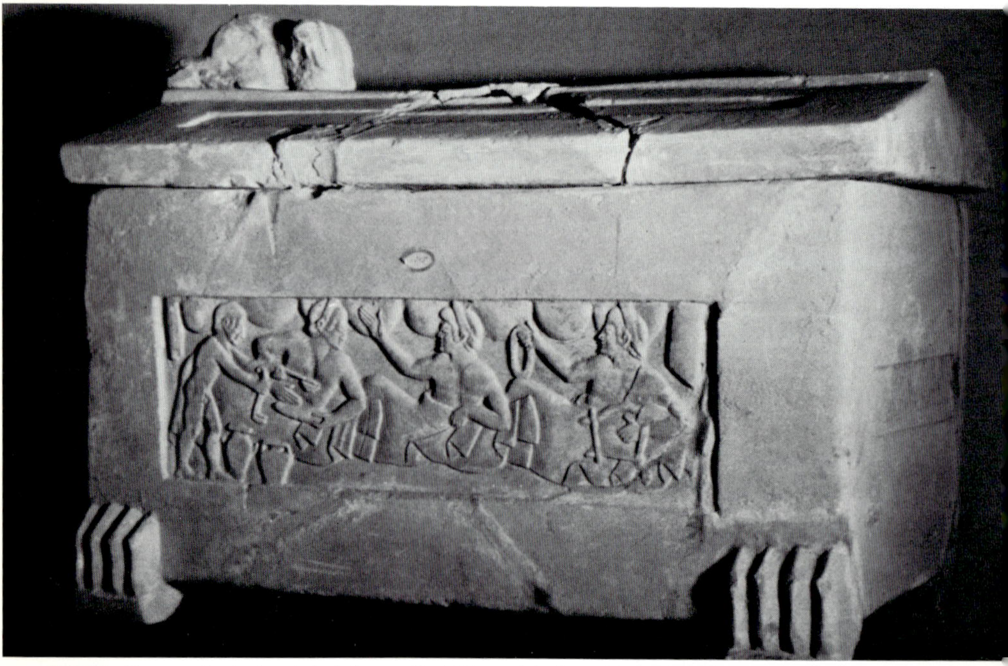

122 CHIUSI Urne aus Sandstein mit Reliefszene: Drei Männer bei einem Gastmahl. Höhe 11,5 cm, Anfang 5. Jh. v. Chr. M seum Chiusi

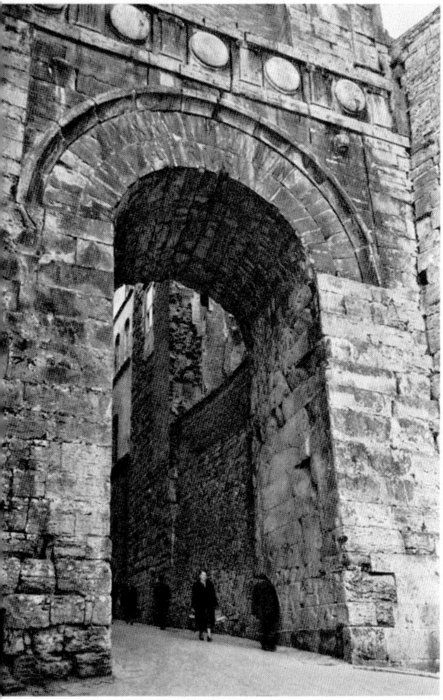

PERUGIA Arco di Augusto, Nordtor der spätetruskischen Mauer, 3.–2. Jh. v. Chr.

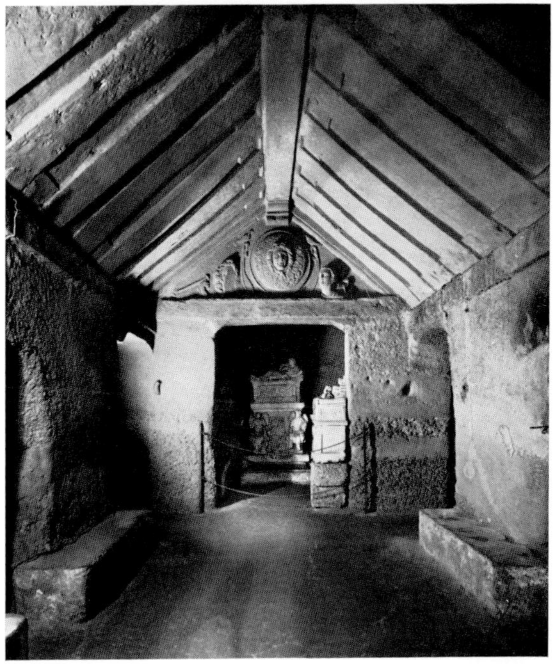

124 PERUGIA Das tief in den Tuff geschnittene Volumnier-Grab. Zweite Hälfte 2. Jh. v. Chr.

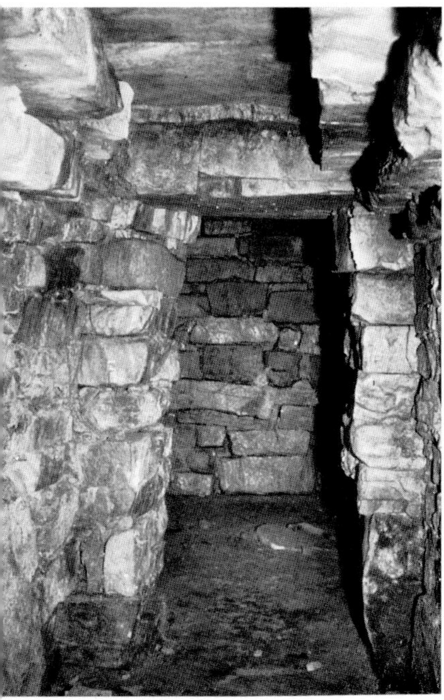

CORTONA Tomba di Pitagora (Grab des Pythagoras). Zwischen 4. u. 5. Jh. v. Chr.

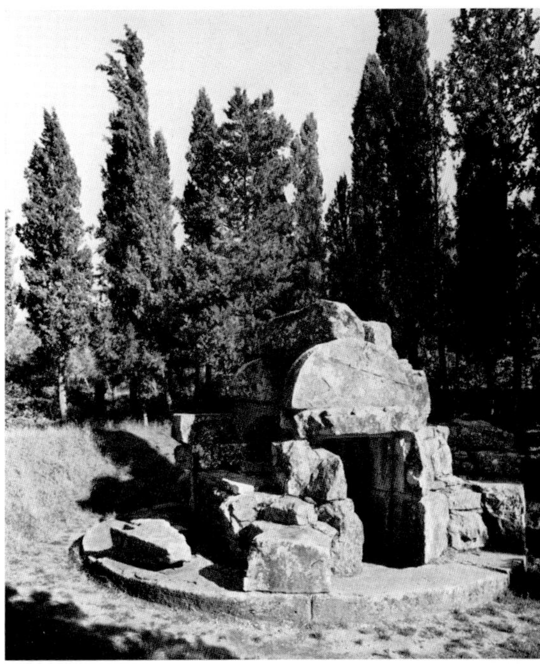

126 CORTONA Melone del Sodo I, vorkragender Aufbau mit Deckplatte

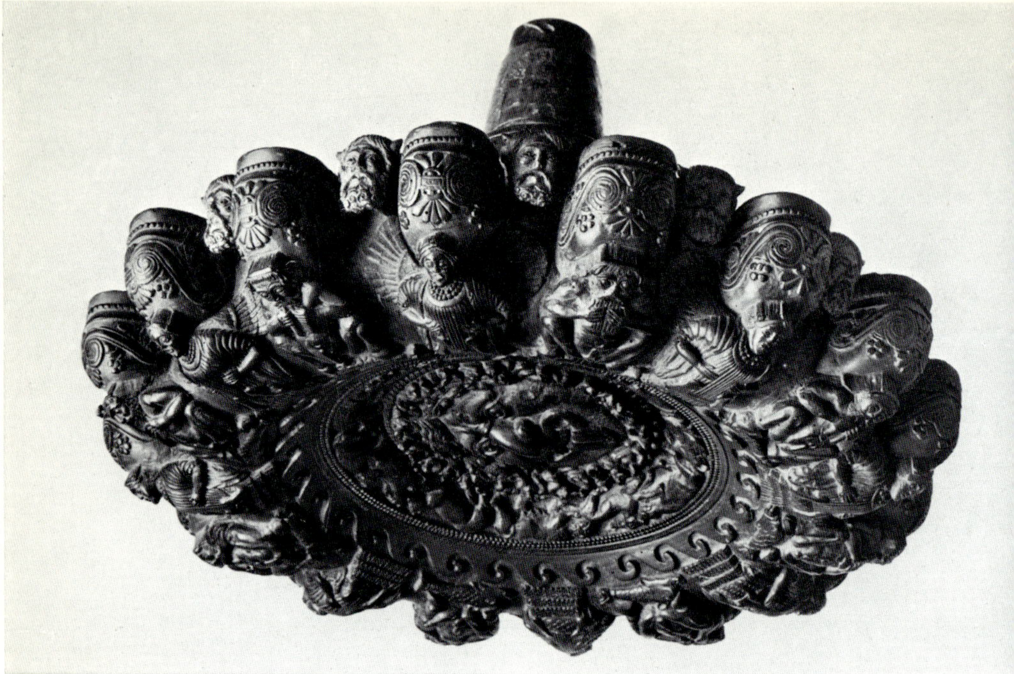

127 CORTONA Etruskische Bronzelampe, Durchmesser 60 cm, 5. Jh. v. Chr. Museo Accademia Etrusca, Cortona

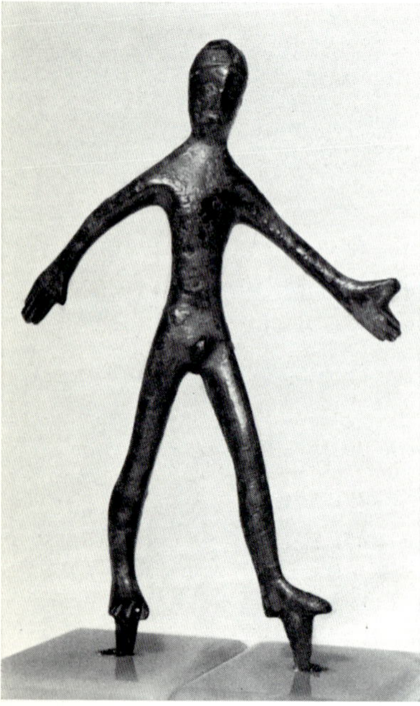

128 Gegend AREZZO Schreitender, Höhe 9 cm, 5. Jh. v. Chr. Privatbesitz, Basel

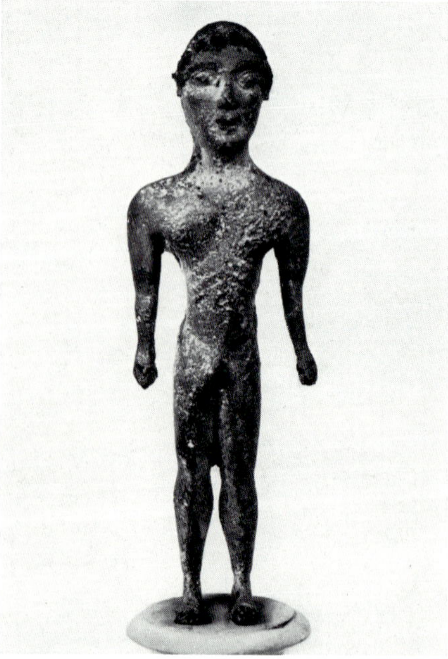

129 AREZZO, MUSEO ARCHEOLOGICO Kleine etruskische Bronze

130 SPINA Amphora mit Löwendarstellung, Museo Archeologico, Ferrara

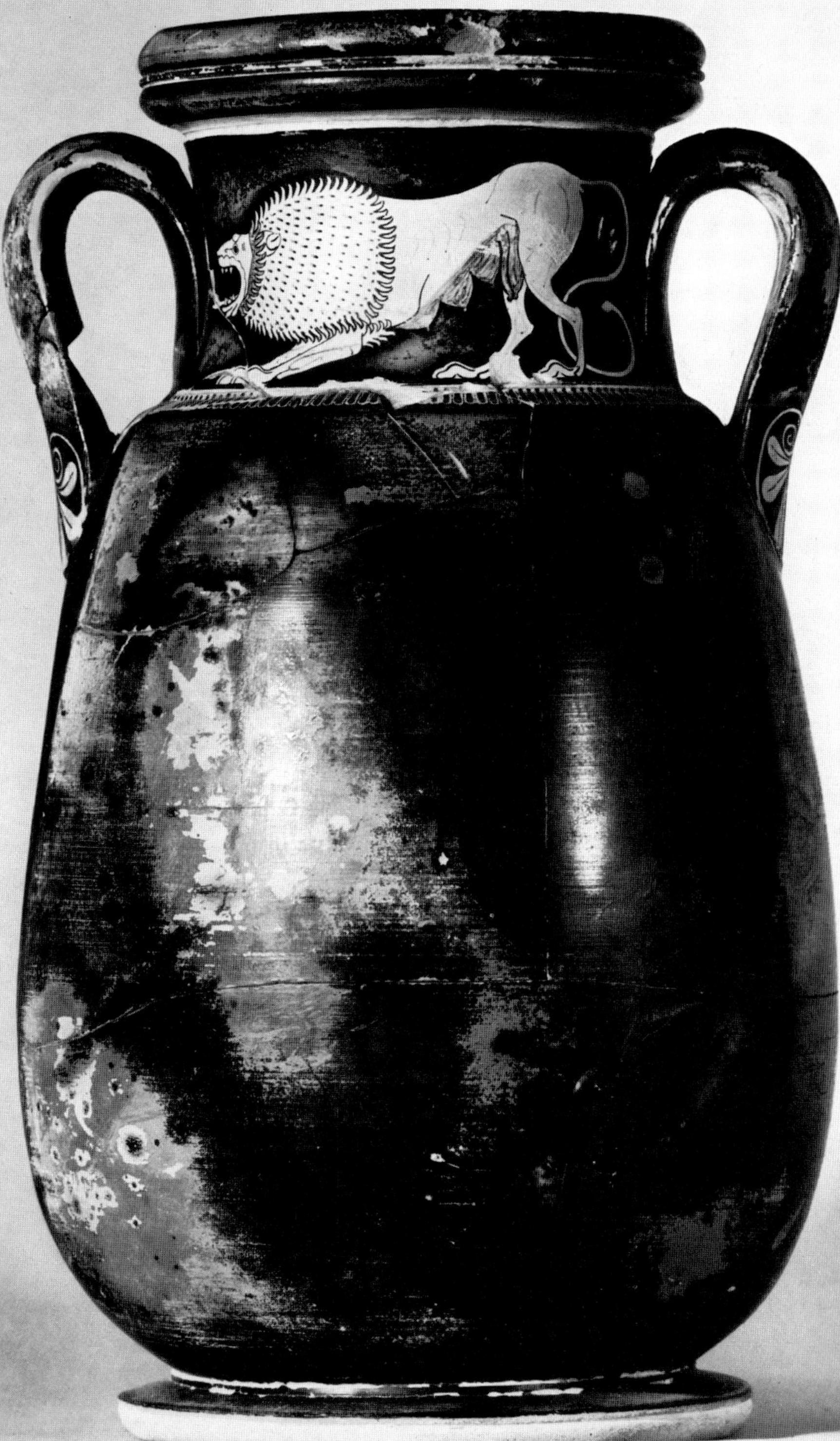

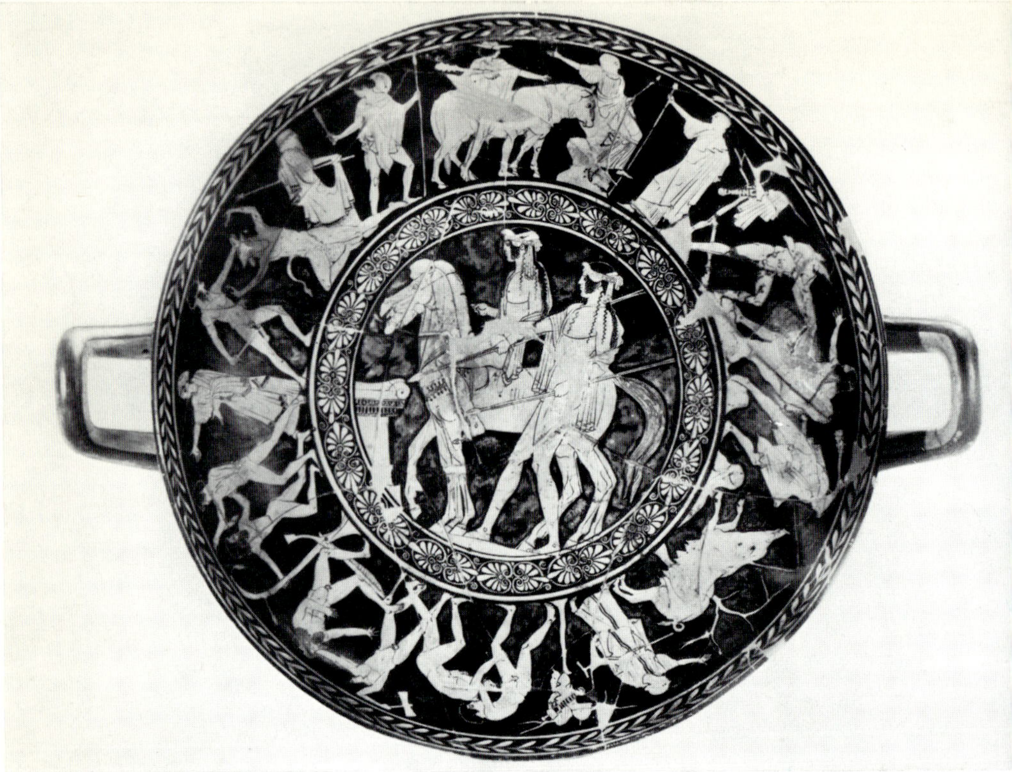

131 SPINA Nekropole Valle Pega. Attische Kylix des Penthesilea-Malers, Durchmesser 56,6 cm, Mitte 5. Jh. v. Chr. Museo Ar-cheologico Nazionale, Ferrara

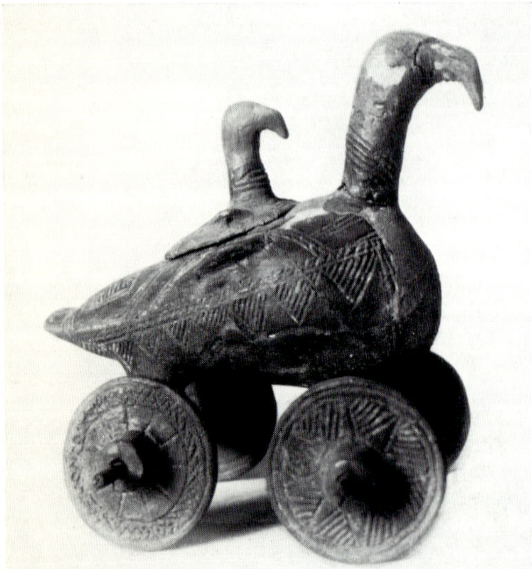

132 ESTE Kleiner Karren von der Tomba Pelà, Ende 8. Jh. v. Chr. Museo Nazionale Atestino

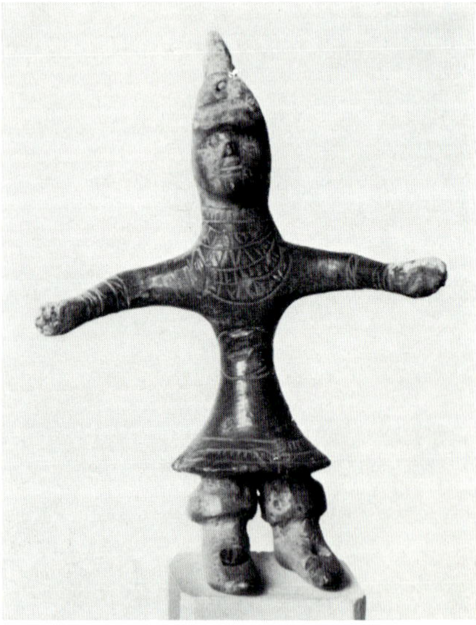

133 ESTE Weibliche Bronzestatuette aus Caldevigo. Museo Nazionale Atestino

der Straße zur La Mola rechts abbiegend, kommen wir an der Flanke eines wilden Grabens zu einer Reihe von vier Kammergräbern. Das letzte, einzig bemalte, ist die Tomba delle Anatre.

Indessen ist die Zeit vorgerückt. Das abendliche, warme Licht der Sonne liegt horizontal in dem nach Westen orientierten kurzen Dromos. Von der Sonne wie von einem Scheinwerfer hell beleuchtet, erstrahlt aus dem Dunkel der kleinen Grabkammer der Entenfries an der Stirnwand (Abb. 110). Eine massive Leichenbank nimmt die ganze

Veji, Tomba delle Anatre, Grundriß und Schnitt

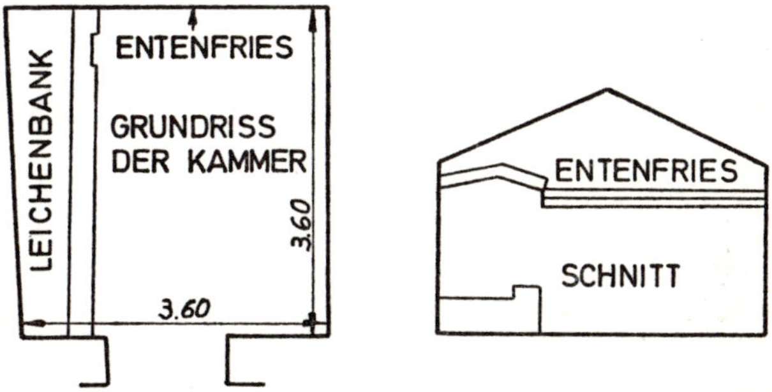

Länge der linken Seitenwand ein. Nach dem fast düsteren Ernst der Tomba Campana wirkt die Einerkolonne von fünf auf dem gelben Hintergrund der Wand davonspazierenden Enten heiter und munter. In exakt bemessenen Abständen bewegen sie sich hintereinander auf dem schwarz-gelb-roten Streifen. Die starken Farben erinnern an die Pythagoräer, die nur Weiß, Schwarz, Rot und Gelb anerkannten. Wie von einem virtuosen modernen Graphiker ist das Gefieder der ausgezeichnet erhaltenen Enten flüssig aus der Hand, abstrakt ornamental gezeichnet.

Der ganze Raum ist in der unteren Hälfte rot, in der oberen gelb bemalt. Die Decke der Kammer ist in vier Zwickel eingeteilt, die wiederum abwechselnd rot-gelb gehalten sind. Es ist erstaunlich, daß die Farbe, direkt auf dem Tuff aufgetragen, sich so frisch erhalten hat. Über dem Fries der Enten fand man sechs in die Wand geschlagene Eisennägel für Kränze und andere Gegenstände.

Dem Sinn der Ente im Grabkult nachzugehen, würde zu weit führen. Bemerkt sei nur, daß Enten und andere Wasservögel bei den Etruskern in der orientalisierenden Epoche in Gold, Bronze und Stein vorkommen und in der Vasenmalerei häufig als schmückendes Motiv verwendet wurden. Es darf auch nicht übersehen werden, daß Enten und andere Wasservögel auf spätminoischen (kretischen) Sarkophagen und Vasen einen jenseitigen, religiösen Sinn hatten.

Durch Schwarzgräbereien aufmerksam gemacht, führten offizielle Nachforschungen im Januar 1958 zur Entdeckung des Grabes. Die Grabräuber waren durch ein Loch in der Decke in den Raum eingedrungen. Die Tür war mit aufgehäuften Steinen verschlossen. An nennenswerten Funden waren nur noch die Scherben von zwei sehr interessanten, etruskisch-geometrisch bemalten Vasen (Ollen) vorhanden.

Der Entenfries wird für die älteste etruskische Wandmalerei gehalten (675–650 v. Chr.). Daß sie älter sein soll als die Malerei der Tomba Campana, löste in mir jedoch bei jedem Besuch des Grabes Zweifel aus.

21. Route

La Storta – Rom – Tivoli – Palestrina – Rom – La Storta (150 km)

Vor Antritt der Route die Bemerkung, daß sie um 15 km gekürzt werden kann, wenn auf Tivoli verzichtet wird und man auf der Via Casilina direkt nach Palestrina fährt.

Wählen wir den weiteren Weg, so fahren wir von unserem Standort an der Via Cassia in Richtung Rom zur links abzweigenden Via Flaminia Nuova, auf der wir die Ringstraße um Rom (Raccordo Anulare) erreichen, eine langweilige Autobahn, von der wir nach etwa 15 km in die Via Tiburtina einschwenken, die direkt zur *Villa Adriana*, der größten derartigen Anlage der römischen Kaiser, und zum reizvollen Städtchen *Tivoli* führt. Die berühmte Villa d'Este des Städtchens mit ihren Gärten und Wasserläufen ist durch ein Bild von Velázquez in die Kunstgeschichte eingegangen.

Nach dem Aufenthalt in Tivoli drängt es uns, nach *Palestrina*, dem Ort der Gräber Barberini und Bernardini zu kommen, wo die großartigen etruskischen Schmuckstücke in Gold und die meisterlichen Bronzewerke herstammen, die wir in der Villa Giulia bewunderten (Abb. 111, 112, 113). In Palestrina sind wir in der Nähe des an Latium grenzenden Campanien, das wir nur kurz erwähnen können.

Campanien. Die früher bezweifelte etruskische Herrschaft über Campanien, die im 6. Jh. v. Chr. bis nach Sorrent reichte, ist durch allerhand Funde, besonders durch die lange Inschrift auf dem sogenannten Ziegel von Capua (jetzt in Berlin) gesichert. Erwähnt sei auch die hervorragende Bronzegruppe – Mann und Frau vom Deckelgriff einer Urne, 510 v. Chr. –, die aus S. Maria di Capua Vetere stammt. Sie befindet sich im Britischen Museum in London. Dem etruskischen Kernland ähnlich, bestand in Campanien die Organisation eines Bundes von zwölf Städten, von denen vermutlich Capua, das an der Stelle des heutigen S. Maria di Capua Vetere lag, den Vorrang hatte.

Palestrina (Praeneste). Am Fuße des steilen Südhanges, eines Vorsprunges des Apennins (Monte Ginestro – Ginsterberg), wo sich auf der kulminierenden Höhe von 752 m das Castel S. Pietro befindet, liegt Palestrina, der von Kaisern und Vornehmen Roms bevorzugte Ort für den Sommeraufenthalt. Der ausgedehnte Komplex des Heiligtumes der Fortuna Primigenia breitete sich vom hochgelegenen Tempel den Hang hinab über das Areal der mittelalterlichen Stadt aus. An der Stelle eines antiken Gebäudes erhebt sich an der Piazza Regina Margherita der im 12. Jh. rekonstruierte Dom. Fragmente davon sind an der Fassade und in der noch nicht gänzlich ausgegrabenen Krypta zu sehen. Wie jede kleine Stadt Italiens ein Denkmal für einen berühmten Sohn hat, so steht auch hier in weißem Marmor die etwas pathetische Figur des berühmten Renaissance-Komponisten Giovanni Pierluigi Palestrina (1525–1594). Die Inschrift nennt ihn ›Principe della Musica‹.

Der *Tempel der Fortuna Primigenia,* einer der größten und reichsten der Antike, hatte eine wunderbare, Stadt und Land beherrschende Lage. Es ist nicht verwunderlich, daß er den späteren Herren von Palestrina für ihre ambitiösen Palastbauten weichen mußte, die gewisse antike Bauteile, wie etwa das repräsentative Halbrund der Säulenhalle, beibehielten. Der heutige, etwas unfreundliche Aspekt des Palazzo Baronale (nach dem letzten Besitzer auch Barberini genannt) geht auf Umbauten und Renovationen der Colonna im 16. Jh. und, in der Innenausstattung, auf die Barberini im 17. Jh. zurück.

Zum Tempel, d.h. zum Palazzo hinauf, in dem das Museum untergebracht ist, kommt man auf zwei Wegen. Auf dem Fußweg vom Platz des Domes, links am Seminario vorbei über Rampen und fünf Terrassen, und auf der breiten Fahrstraße, die am Rande des Städtchens zum antiken Heiligtum und auf die Höhe von Castel S. Pietro führt.

Das Museum. Über Stufen, die im Halbkreis wie Sitzreihen eines Theaters angeordnet sind, kommt man in das Atrium des Museums, in dem der Rundgang durch die vierzehn mittelgroßen, hellen Ausstellungssäle beginnt.

Im Erdgeschoß ist das römische Praeneste mit zahlreichen Statuen, Cippi, Büsten, Altären und Statuen-Basen des 4.–1. Jh. v. Chr. vertreten. Im ersten Raum des oberen Stockwerkes kommen wir in die etruskische Welt. Ein bemaltes archaisches Tonrelief von der Sima (Traufleiste) eines Tempels (um 600 v. Chr.) mit Pferden, Figuren und Wagen ist wohl ein Ausschnitt von einem Triumphzug. Es ist eines der hervorstechenden Kleinwerke des Museums. Die folgenden Säle enthalten die reiche Sammlung von Bronzen, gravierten Handspiegeln und zylindrischen Zisten mit gegossenen figürlichen Deckelgriffen und Füßen aus den berühmten Werkstätten von Palestrina. Eine der Vitrinen des Saales 9 enthält unter vielen Arbeiten in Bronze, Elfenbein und Terrakotta die sehr schöne Bronzestatuette eines Epheben (um 500 v. Chr.). Das Modell der alten Tempelanlage im nächsten Raum ist sehr instruktiv, denn es ist nicht einfach, allein durch die Ausgrabungen eine klare Vorstellung vom Heiligtum zu bekommen.

Durch die nächsten drei Säle mit fragmentarischen Terrakotten, Antefixen, Votiven, Friesen und Bronzen des 5.–1. Jh. v. Chr. kommt man zum letzten Saal im obersten Stockwerk. In ihm ist die Hauptattraktion des Museums, das großartige römische Mosaik vom Leben am Nil, ausgezeichnet belichtet ausgestellt. Wie ein herrliches Wandbild kommt es prachtvoll zur Geltung. Ursprünglich schmückte es den Boden vor einer

Apside im unteren Komplex des Tempels der Fortuna. Es ist zwischen dem 1. Jh. v. Chr. und dem 3. Jh. n. Chr. entstanden. Dem Künstler gelang es, mit der Erzählung unendlich vieler vergnüglicher Episoden aus dem farbigen Leben am Nil ein bildhaftes, bedeutendes Kunstwerk zu schaffen. Erstaunlich ist die unverbogene Beibehaltung des römischen ›Impressionismus‹ in der musivischen Technik.

Den einzelnen baulichen Elementen, den schon angedeuteten Terrassierungen, Rampen, Bogen, Gewölben und Treppen (1. Jh. v. Chr.), die vom Dom zum dominierenden Palazzo hinaufführen, hier beschreibend nachgehen zu wollen, würde über den Rahmen unseres Führers hinausgehen. Begnügen wir uns mit der Erwähnung des zierlichen Rundbaues in einem Hof des Museums, bei dem sich die Besucher gewöhnlich fragend aufhalten. Es ist die Rekonstruktion einer von Säulen getragenen Überdachung von einem Pozzo (Brunnenschacht).

In Latium gab es mehrere Heiligtümer der Fortuna Primigenia. Der Ruhm des Kultes und des Orakels in Palestrina überragte sie alle. Die Urmutter, man sagt auch die Beschützerin der Mütter, thronte, ihre vermählten Kinder Jupiter und Juno an der prallen Brust, in der Cella des Tempels. Durch göttliche Weisung fand der vornehme Numerius Suffucius aus Praeneste im Spalt des nahen Felsens die Höhle, in der sich die Holzstäbe befanden, auf denen die Schicksale der Menschen und alles Künftige eingezeichnet waren. Dabei floß aus einem Ölbaum Honig. Aus seinem Holz wurde dann eine Truhe für die Stäbe angefertigt. Die Befrager des Orakels hatten von den Stäben, die zuvor von einem Knaben gemischt wurden, einen zu nehmen. Das Vertrauen, das dem Orakel entgegengebracht wurde, war groß. Vom römischen Senat im Ersten Punischen Krieg (241 v. Chr.), später auch von Kaisern, wurde es befragt. Der Kult in Praeneste hat sich bis ins 4. Jh. n. Chr. erhalten.

Auf der Via Casilina oder der Autostraße A 2, an den berühmten Weinbergen Frasactis vorbei, erreichen wir bald den Raccordo Anulare. An seinem Ende kommen wir über die kurze Via Flaminia Nuova wieder in die Via Cassia.

22. Route

La Storta – Rom/Vatikan (Museo Gregoriano Etrusco) – Rom (Kapitolinische Museen) – Orvieto (102 km)

Wir verlassen das Bela Motel, fahren in das Zentrum Roms, wo wir vormittags das Museo Gregoriano Etrusco im Vatikan und nachmittags einzelne Säle im Konservatorenpalast auf dem Kapitol aufsuchen. Etwa um 17 Uhr treten wir die Weiterfahrt nach Orvieto an.

Das Museo Gregoriano ist außer an Sonn- und Feiertagen täglich, wie bereits bemerkt, auch am Montag, von 9 bis 14 Uhr geöffnet.

Über die Besuchszeiten des Konservatorenpalastes erkundige man sich an Ort und Stelle.

Das *Museo Gregoriano Etrusco* im Vatikan wurde von Papst Gregor XVI. gegründet und 1837, ein Jahr nach der Entdeckung des Regolini-Galassi-Grabes, eingeweiht. Es war für die Aufnahme der alten Bestände des Vatikans und der zahlreichen Grabbeigaben bestimmt, die damals in den großen Nekropolen Süd-Etruriens, besonders in Vulci, gefunden wurden. Der einzigartige, intakte Fundkomplex des Regolini-Galassi-Grabes verleiht ihm die Bedeutung einer erstrangigen öffentlichen Sammlung etruskischer Kunst. Mit der umfänglichen Privatsammlung, welche Marchese A. Benedetto Guglielmi 1935 Papst Pius XI. schenkte, erhielt das Museum einen außerordentlichen Zuwachs. Es befindet sich im zweiten Stock des Museumtraktes im Vatikan. Eine repräsentative Doppeltreppe führt zum Eingang, wo mit dem Saal 1 der Rundgang beginnt. In gedrängter Aufstellung enthält er Denkmäler in Stein, von denen zwei Grablöwen aus Vulci (6. Jh. v. Chr.), ein Grabmonument in Form eines Rundtempels und vier Sarkophage, darunter einen mit flachliegender Deckelfigur und schönen Reliefs, hervorgehoben seien (5. Jh. v. Chr.).

Im anschließenden großen Saal 2 sind die Funde aus dem mehrfach erwähnten *Regolini-Galassi-Grab* in Vitrinen und in freier Aufstellung vereinigt worden (s. S. 206 ff.). Ärgerlich fad gemalte Ansichten vom Grab und der Landschaft in Cerveteri ›schmücken‹ die beiden Stirnwände. Beim Anblick der großartigen Schätze in edlem Metall, in Elfenbein und Bronze aus der orientalisierenden Phase der etruskischen Kultur kommt man zu der betrüblichen Einsicht, daß auch beste Abbildungen von ihnen keine anschauliche Vorstellung geben können.

Unter dem reichen Goldschmuck ist es vorab die große Plattenfibel (31/23 cm), die unsere Aufmerksamkeit erregt (Abb. 102). Sie besteht aus zwei ungleichen Schilden, die durch ein röhrenförmiges Scharnier zusammengehalten werden. Auf dem oberen, halbkreisförmigen Schild sind fünf in das Goldblech getriebene Löwen, die von zwei Palmettenmustern eingefaßt sind. Die Konturen und Binnenzeichnungen der Tiere sind granuliert – eine Technik, welche die Etrusker zu höchster Vollendung entwickelt haben. Die Fibel stammt aus der ersten Hälfte des 7. Jh. v. Chr. (Vitrine A 1). Zu den fürstlichen Schmuckstücken gehört auch ein breiter goldener Armreif, der durch granulierte Mäander in rechteckige Felder eingeteilt ist. Je drei in Goldblech getriebene Frauenfiguren stehen in den Bildflächen. Die Konturen und Innenzeichnungen sind wie in der erwähnten Plattenfibel granuliert. Die Anwendung der Granulation zusammen mit der Treibarbeit ist ein Typus der Goldschmiedekunst, der nur in Etrurien vorkommt (Vitrine A 3).

Die goldene Halskette mit drei überlangen, orientalisch wirkenden Anhängern aus der Mitte des 7. Jh. v. Chr. beeindruckt ebenfalls stark. Jeder Anhänger besteht aus

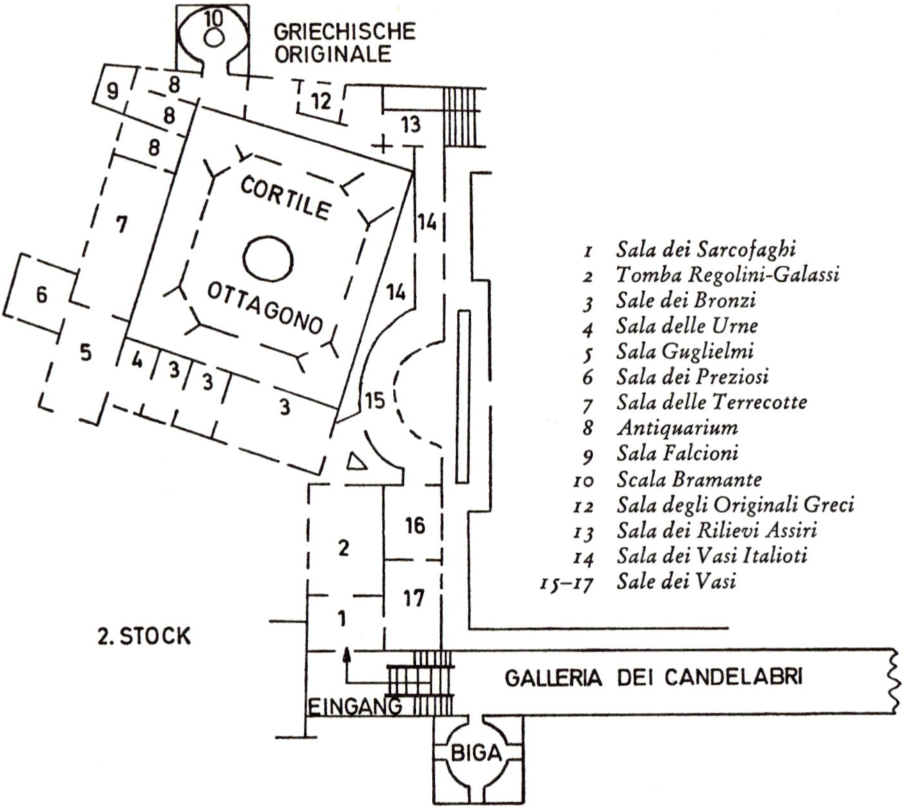

Museo Gregoriano Etrusco im Vatikan

einem großen, in granuliertem Gold gefaßten Medaillon aus Bernstein, dem ein bikonisch gestalteter Stab mit vier Löwenköpfen an den Enden angefügt ist. Bernstein kam seit der Villanova-Zeit nach Etrurien (Vitrine A 2).

Wir erwähnen flüchtig eine weitere – obwohl in Goldblech – schwerwirkende Halskette mit 16 länglichen Gliedern und verbindenden Kugeln (Vitrine A 66), überlassen dem Besucher die nähere Betrachtung der Goldfibeln und der hervorragenden vergoldeten Silberschalen mit reichem Reliefschmuck und beschließen unsere Hinweise mit der besonderen Hervorhebung des singulären Brustschildes (Vitrine A 28). Die schimmernde große Goldfläche ist dicht übersät mit kleinen Tierfiguren und dekorativen Ornamenten, die in Reihen von schmalen Friesen zusammengedrängt in das dünne

Goldblech gestempelt wurden. Kaum ein anderes Werk der etruskischen Goldschmiedekunst vermittelt einen so lebendigen, direkten Eindruck vom ›orientalischen‹ Gefallen der etruskischen Herrenschicht an seltenem, kostbarem Material und prunkvoller künstlerischer Arbeit (Abb. 101).

Vom Gold und Silber wenden wir uns der in ganz Etrurien durch alle Jahrhunderte verbreiteten schwarzen Bucchero-Keramik zu. In der Vitrine M 400 des Saales haben wir das schönste figürliche Kleinwerk (26 cm hoch) in Bucchero, den sogenannten *Wagenlenker-Askos*. Auf der Wölbung des Körpers steht ein schlanker Jüngling, der, die Arme ausgestreckt, zwei schlauchartig lange Tierhälse mit gekrönten Pferdeköpfen wie ein Wagenlenker führt. Von seiner Schulter, parallel zu den Tierhälsen, verläuft der breite Bandhenkel. Der kreisrund ausgeweitete Fuß gibt der schmalhohen Plastik einen guten Stand (Ende 7. Jh. v. Chr.). Gefunden wurde diese berühmte ›Ampolla‹ (Essig-Öl-Flasche?), wie sie willkürlich genannt wird, in der Nähe der Tomba Regolini-Galassi in Cerveteri (Nekropole del Sorbo).

Meisterliche Bucchero-Werke sind auch die beiden Pyxiden (Büchsen, Behälter), von denen die eine mit vier aufgesteckten, gehörnten Tierköpfen auf dem Rand, die andere mit einem Kranz von runden, vorstehenden Stäben und von zwei Stier- und Widderköpfen auf dem blechdünnen Rand geschmückt sind (Vitrine M 404). Hinzuweisen ist auch auf die kunsthandwerklichen Spitzenwerke einer noblen Kleeblattkanne und auf einen kugelförmigen Krater in Impasto mit der vertieften, nicht bloß eingeritzten Zeichnung eines Mannes mit zwei Pferden.

Die 33 in der Vitrine D 233 aufgereihten kleinen Bucchero-Statuetten erwecken die Neugierde. Offensichtlich diente ein Teil von ihnen als Stütze der kelchartigen Schalen, von denen ein besonders schönes, intaktes Exemplar sich ebenfalls in der Sammlung befindet. Die anderen sollen einen Zusammenhang mit dem Funerärkult haben.

Noch stark beeindruckt vom Reichtum des Grabes, versetzen uns die bedeutenden orientalisierenden Bronzen (Mitte 7.–6. Jh. v. Chr.) am Ende des Saales erneut in Staunen. Hinzuweisen ist vor allem auf den meterhohen Kessel-Untersatz, der aus einem trichterförmigen Sockel mit zwei übereinandergelegten großen Kugeln und einem mit zwei Friesen geschmückten ›Glockenkrater‹ für die Aufnahme des Kessels (Lebes) besteht. In die konische Wandung des Sockels sind in drei Zonen prachtvolle phantastische, geflügelte Greifen, Stiere und ungeflügelte Löwen getrieben (Vitrine G 303). Zu ihm gesellt sich der runde geometrische Zierschild, der besterhaltene von acht sehr havarierten ähnlichen Schilden. Akkurat gezeichnete schmale Streifen umkreisen die Mitte der Rundfläche. Wie wir bereits wissen, wurden Schilde als Wandschmuck oder Votive verwendet. Schließlich enthält die Gruppe großer Bronzen noch zwei sehr schöne Kessel aus dem Ende des 7. Jh. v. Chr. mit getriebenen und gegossenen Löwen- und Raubtierprotomen. Beim größten (Dm 47 cm) sind es fünf nach auswärts gebogene Löwen auf der Schulter (Vitrine G 307). Beim kleineren (Dm 38 cm), dessen Kessel mit getriebenen, scharf konturierten Löwen und Stieren geschmückt ist, sind es sechs einwärts gebogene Raubtiere (Vitrine C 196). In den Vitrinen C 199–209 sind ein Dutzend gerippte Bronzeschalen, sogenannte Zungenschalen, die wohl Kultzwecken dienten. Sie sind für die Beziehungen Etruriens mit dem Osten von Interesse, denn man findet sie schon im 8.–7. Jh. v. Chr. in dem für Bronzearbeiten berühmten Luristan.

Der vierrädrige Totenwagen, der zweirädrige Streitwagen und der Thronsessel verdienen besondere Aufmerksamkeit. Die Bruchstücke vom getriebenen Zierbeschlag der Wagen und des Thronsessels sind auf Rekonstruktionen aus Holz angebracht.

In den Vitrinen befinden sich ferner ein korinthischer Kolonettenkrater (Vitrine L 397), eine panathenäische Preisamphora (VL 392), ein rotfiguriger Stangenkrater (V. 0522) und eine frühe rotfigurige Schale (V. 0522) aus Cerveteri.

Die folgenden Säle 3/I/II, III, IV bergen zahlreiche Bronzegegenstände, Statuetten, Kandelaber, Spiegel, Helme, ein etruskisches Horn und die Funde aus zwei Familiengräbern. Interessieren dürfte der mehrfach vertretene etruskische Helmtypus (Saal 3/I), der jenem entspricht, den der Hieron von Syrakus für seinen Seesieg über die Etrusker bei Cumae (474 v. Chr.) nach Olympia weihte (heute im Britischen Museum). Auch der oft publizierte Spiegel aus Vulci mit der eingravierten Darstellung des geflügelten Sehers Kalchas, der die Leber eines Opfertieres untersucht (Vitrine K), und die große Bronzefigur des Mars von Todi (spätes 4. Jh. v. Chr.), die zum Saal 4 mit Urnen- und Aschenkisten überleitet, sind zu beachten.

Mit dem Eintritt in den großen Saal 15 kommen wir zu einem gewichtigen Akzent des Museums, zur oben erwähnten Sammlung des Marchese A. Benedetto Guglielmi. Das reiche Sammelgut stammt aus den Gräbern des Landbesitzes des Marchese in Vulci. Wie in der Villa Giulia und im neuen Museum von Cerveteri vermitteln auch hier einige Pläne und Photographien eine Vorstellung von der Landschaft und den Gräbern in Vulci.

In den freistehenden Vitrinen der Saal-Mitte sind die griechischen Vasen, in den Wandvitrinen die zahlreichen etruskischen Gefäße in Bucchero und Gegenstände in Bronze thematisch zusammengefaßt und gut vergleichbar aufgestellt.

Von der respektablen Gruppe griechischer Vasen ist auf die rotfigurige Hydria des Euthymides (Vitrine K), den schwarzfigurigen Kyathos (Vitrine D 17) und von den etruskischen Töpfereien auf eine rotfigurige Trinkschale (Vitrine E 6.7) und ein kleines zweihenkliges Buccherogefäß mit eingeritzten Figuren und Fabeltieren (Vitrine F) aufmerksam zu machen.

Vom Saal Guglielmi aus hat man Zugang zur Sala dei Preziosi (Saal 6), wo, die Goldarbeiten der Tomba Regolini-Galassi ausgenommen, die vatikanische Sammlung von antikem, meist etruskischem Goldschmuck ausgestellt ist. Sie besteht hauptsächlich aus Diademen, Kopfkränzen mit Lorbeer-, Eichen- oder Efeublättern, aus Ohrgehängen des 6.–4. Jh. v. Chr., aus Halsschmuck, Ketten und Anhängern des 4.–2. Jh. v. Chr., die nahezu alle 1837 in Vulci gefunden wurden. Es verwundert nicht, daß damals Ausgräber und Antiquare auf Gold aus waren und oft wertvolle Vasen achtlos liegen ließen. Die Goldfunde und der umfangreiche Import von griechischen Vasen geben, wie übrigens schon bemerkt, eine bildhafte Vorstellung vom Reichtum des etruskischen Vulci und dem entwickelten künstlerischen Geschmack seiner Einwohner, was, den lokalen Verhältnissen entsprechend, für die anderen etruskischen Küstenstädte ebenfalls zutrifft.

Der große 7. Saal (Sala delle Terrecotte) umfaßt in breiter Fülle und in allen Übergangsstufen die Keramik von den Impasto-Urnen der Villanova-Zeit und den Bucchero-Gefäßen bis zu den Vasen und Figuren in fein geschlemmtem Ton der hellenistischen Spätzeit. Beispielhaft seien nur die charakteristischen Hüttenurnen (Vitrine E) und der hervorragende Fußkrater in Impasto (7. Jh. v. Chr.) erwähnt. Zu den bedeutendsten Tonplastiken des Saales gehört der Kopf eines geflügelten Pferdes vom Eckkrater (Randziegel) einer Tempelfront (520–490 v. Chr.). Vermutlich stammt dieses prachtvolle Beispiel einer etruskischen Tierdarstellung aus Cerveteri (Vitrine F; Abb. 104).

Von den zahlreichen späten Terrakotten sind zwei figürliche Sarkophagdeckel der im 2.–1. Jh. v. Chr. langweiliger gewordenen Produktion in Tuscania und das Grabmal mit dem sterbenden Adonis in der Vitrine M (um 100 v. Chr.) hervorzuheben. Die sentimentale, süßliche Figur des Adonis gehört zu den populärsten Plastiken des Saales.

Durch die kleinen Säle 8/I, II, III (Antiquarium Romanum) mit interessanten Werken des römischen Kunsthandwerkes erreichen wir den Saal 9 (Sala Falcioni), der wie ein Erker in der Bauflucht liegt. Er enthält verschiedenerlei etruskische Funde aus der Umgebung von Viterbo. Von ihm aus hat man eine herrliche Sicht über Rom.

An der Scala Bramante vorbei gelangen wir zur verhältnismäßig bescheidenen Sammlung griechischer Skulpturen in den ebenfalls bescheidenen Sälen 12/I, II. Es sind Fragmente von Metopen des Parthenons, die Grabstele eines Jünglings mit Knabe und einige weitere bildhauerische Proben, die wir in der Nachbarschaft etruskischer Spitzenwerke interessiert begrüßen.

Der Rundgang bringt uns zu assyrischen Reliefs und zur berühmten, schwarzfigurigen Amphora des Exekias, auf deren Seiten Achilleus und Aias beim Würfelspiel, Leda und Tyndareos mit ihren Söhnen dargestellt sind. Der Künstler hat das großartige Werk als Töpfer und Maler signiert. Wir sind in der Nähe der Vasensammlung in den Sälen 14–17.

In der bisherigen Anordnung der Vasen waren im Saal 14 die italischen und etruskischen, in den Sälen 15–17 die griechischen ausgestellt. Da in den Räumen des Regolini-Galassi-Grabes, der Schenkung Guglielmi und des Terrakotta-Saales die italische, frühe etruskische und griechische Keramik bereits zu Worte gekommen ist, kann ich mich hier auf wenige ergänzende Hinweise beschränken.

Die Kollektion der griechischen Vasen enthält korinthische Gefäße des 7. und 6. Jh. v. Chr., zahlreiche schwarz- und rotfigurige attische Amphoren, Hydrien und Schalen des 6. und 5. Jh. v. Chr., zwei Amphoren des Nikosthenes und vier panathenäische Preisamphoren, von denen diejenige mit fünf Läufern ein Werk des berühmten ›Berliner Malers‹ ist. Die Keramik Süditaliens ist mit einigen charakteristischen Kelch- und Glockenkrateren des 4. Jh. v. Chr. vertreten.

Der *Konservatorenpalast* (Palazzo dei Conservatori), liegt gegenüber dem Museo Capitolino, beide zusammen werden als Kapitolinische Museen bezeichnet. Der Eingang befindet sich in der Mitte der Fassade. Für den Vorschlag des Rundganges durch die Museen des Palastes lasse ich mich von der Absicht leiten, jene Räume aufzuzeigen, in denen uns interessierende Werke etruskischer Kunst und auch bedeutende, in den Gräbern der Etrusker gefundene griechische Vasen ausgestellt sind.

Über eine breite Treppe gelangen wir in den 1. Stock, in dem in der Folge der Konservatorensäle, die den Rundgang einleiten, uns im Saal 4 (Sala Trionfi) der straffe, bronzene Kopf des Brutus (3. Jh. v. Chr.) und der bekannte Dornauszieher aus dem 1. Jh. v. Chr. interessieren dürften.

Im nächsten Saal, Sala della Lupa, kommen wir zur weltberühmten *Kapitolinischen Wölfin,* der großartigsten Fassung des Wahrzeichens von Rom. Von ihr weiß man, daß sie seit dem 10. Jh. am Lateranpalast stand, daß sie sich um 1550 auf dem Kapitol befand, dort von Antonio Pollaiuolo mit den Zwillingen ›ergänzt‹ wurde, die man in letzter Zeit wieder entfernte. Über die Herkunft und Bestimmung des Werkes ist Sicheres nicht bekannt. Mit guten Gründen wird die große Plastik für die Wächterin eines Grabes oder für eine Weihegabe gehalten.

Faszinierend bringt diese Plastik die Spannung und Wildheit des Tieres zum Ausdruck. Die ornamental dekorativen Haarstreifen lassen an romanische Bronzen und Skulpturen denken. Wenn es sich, wie heute allgemein angenommen wird, um ein etruskisches Werk handelt, dann haben die Etrusker eine der schönsten bekannten Tierdarstellungen der Antike geschaffen.

Wir suchen den Saal Camino (22) auf, in dem sich eine sehr schöne etruskische Amphora (6. Jh. v. Chr.), seltenere campanische Stirnziegel, Antefixe aus Capua, Buccheri und Impastogefäße, Spiegel u. a. befinden. Ein ausgewählter Teil der bedeutenden Sammlung Castellani ist in den anstoßenden Sälen 23 und 24 untergebracht worden. Augusto Castellani schenkte sie 1866 dem Museum.

Der erste Saal enthält bemalte etruskische Gefäße, prachtvolle, schlanke Bandhenkel-Amphoren in blechdünnem Bucchero sottile (6. Jh. v. Chr.), Kesseluntersätze, faliskische Vasen und Bronzereliefs von einem etruskischen Wagen. Nach diesem versprechenden Präludium werden wir im zweiten Saal von einer Fülle hervorragender griechischer Vasen empfangen. Unter ihnen befinden sich attische, tyrrhenische, pontische Gefäße, panathenäische Preisamphoren, eine schöne Amphora des Nikosthenes, und in der Saalmitte der herrliche *Krater des Aristonothos* aus Cerveteri (Ende 7. Jh. v. Chr.; Abb. 105), auf dessen Bildflächen die Blendung des Polyphem und der Kampf zwischen den Besatzungen eines Ruder- und Segelschiffes meisterlich dargestellt sind. Über dem Kopf des Polyphem befindet sich die Signatur des Künstlers.

Ohne auf weitere Einzelobjekte einzugehen, wenden wir uns vor Verlassen des schönen Saales, des letzten im Konservatorenpalast, den zu besuchen wir uns vornahmen, noch der seltsamen, etwa 50 cm hohen Terrakottafigur eines sitzenden Etruskers in der Mitte des Raumes zu (Abb. 106). Obwohl aus einigen Fragmenten zusammengesetzt, ist sie von einer ausdrucksvollen plastischen Geschlossenheit. Gefunden wurde sie 1865 in einem Kammergrab von Cerveteri. Die zwei einzigen noch bekannten, sehr ähnlichen Figuren kamen in das Britische Museum in London.

Den Rundgang durch den Konservatorenpalast beschließen wir – viele römische Werke übergehend – bei der historisch bedeutsamen *Muro Romano* im freundlichen Garten des mit dem Palast verbundenen *Museo Nuovo*. Es ist ein eindrucksvolles Teilstück der Basismauer vom monumentalen Tempel des Jupiter Capitolinus, der 509 v. Chr. eingeweiht wurde.

Der Weg zu diesem originalen Denkmal aus der für Rom kulturell bedeutenden Zeit der Tarquinier führt vom Saal Castellani in die benachbarte Sala dei Bronzi mit dem Kolossalkopf Konstantins d. Gr., dem Bruchstück eines mächtigen Stieres und der prachtvollen Bronze eines Pferdes. Durch den nächsten Raum, die Sala Orti Mecenaziani, erreichen wir wieder die Galleria, die durch einige Stufen mit dem Passaggio Muro Romano verbunden ist. Am Kopf dieses Durchganges zweigt links der Braccio Nuovo ab, der in seinen sieben Sälen vornehmlich römische und auch griechische Skulpturen (4.–1. Jh. v. Chr.) enthält. In der entgegengesetzten Richtung gelangen wir im Passaggio zum Komplex der Säle Museo Nuovo Capitolino. Dieses neue Museum wurde 1925 im früheren Palazzo Caffarelli eingerichtet, der im 16. Jh. auf dem Boden des Tempels des Jupiter Capitolinus gebaut wurde. Der Rundgang beginnt mit dem Saal des Traktes am Garten (Giardino Museo Nuovo). Die Räume bergen meist in Rom gefundene spätere Statuen, Reliefs, Sarkophage, Grabmonumente, Büsten u. a. Besonders hingewiesen sei auf den Saal 39, in dem sich griechische Weihereliefs, darunter eine weibliche Statue, befinden, und auf den größeren Saal 42, in dessen Mitte Funde vom Jupitertempel ausgestellt sind.

Der Tempel nahm die doppelte Fläche des heutigen Museo Nuovo ein. Seine offene Vorhalle an der Front bestand aus drei Reihen von je sechs Säulen. In der hinteren Hälfte waren die drei Zellen für die Kultstatuen von Jupiter, Juno und Minerva, von denen der Bildhauer Vulca aus Veji die Statue des Jupiter geschaffen haben soll. Der weitere plastische Tempelschmuck, eine Quadriga (Viergespann) im Giebel, figürliche Friese, Akrotere, Antefixe – immer in Terrakotta –, kam ebenfalls aus den Werkstätten von Veji. Von dieser reichen koroplastischen Ausstattung fand man bisher nur wenige Fragmente – ein sehr schönes Stück von einem Fries mit geflügelten Pferden und den Kopf eines Silens von einem Antefix.

Die schöne, ebenmäßige Blockmauer in Peperino (Tuffstein) vom Tempel im Garten des Museums wirkt wie ein Eckstein der antiken Weltstadt, den die Tarquinier gesetzt haben. Bei ihm nehmen wir vom etruskischen und auch vom modernen Rom Abschied.

Wenn wir auch auf den Besuch der Museen Barracco und Torlonia verzichten, so seien jene, die sich für die voretruskischen Kulturphasen interessieren, auf das neu eingerichtete Museo della Preistoria e Protostoria del Lazio *Luigi Pigorini* aufmerksam gemacht. Es befindet sich im Palazzo delle Scienze, der für die Esposizione Universale di

Roma (E.U.R.) 1942 an der südlichen Peripherie der Stadt gebaut wurde. Die Einrichtung des Museums ist noch nicht abgeschlossen. Jedoch können die Säle 14–18 mit bronze- und eisenzeitlichen Funden (u. a. aus Tolfa-Allumiere, Bisenzio, Tarquinia, Cerveteri) bereits besichtigt werden.

Auf der Autostrada del Sole (A 1), deren Station am Raccordo Anulare uns vom Ausflug nach Palestrina her bekannt ist, fahren wir nach Orvieto. Bald kommen wir in das Tal des Tibers, überqueren den Fluß und gelangen nach rund 20 km an die Station Fiano Romano mit Restaurant. Hier zweigt die Straße zu den Ausgrabungen des antiken Heiligtumes und wirtschaftlichen Zentrums Lucus Feronie und nach *Capena* ab, die alte etruskische Stadt, die Veji in seiner langen Verteidigung gegen Rom unterstützt hatte.

Im weiteren Abschnitt der Strada del Sole bis Orvieto möchte man öfter in das verlockende etruskische Land ausbrechen, etwa im alten *Orte* über dem Tiber, in dessen Umgebung sich etruskische Gräber befinden und von dem aus die Straße durch eine herrliche Landschaft über Amelia nach Orvieto führt. Die gewaltigen Diagonalmauern, auf denen Amelia liegt, sind eine besondere Sehenswürdigkeit.

Reicher und großartiger, freilich auch weiter, ist der Abstecher von Orte über das Bergstädtchen *Narni* nach dem hochgelegenen *Todi*, in dessen Umgebung sich eisenzeitliche und etruskische Gräber befinden und wo die berühmte Bronzestatue des Mars (im Vatikan) entdeckt wurde. Die zentrale Piazza der Stadt, umrahmt von den herben romanischen Bauten des Domes und der Paläste, gehört zu den eindrucksvollsten Plätzen des mittelalterlichen Italien. Vor der Stadt, isoliert am Hang, erhebt sich der prachtvolle, weiße Zentralbau einer Marienkirche aus der Renaissance. Im Palazzo del Comune an der Piazza befindet sich das über eine stattliche Freitreppe zu erreichende Museo Civico mit interessanten etruskischen und umbrischen Lokalfunden und einer beachtlichen Sammlung etruskischer Münzen.

Orvieto. Aus welcher Richtung auch immer man sich der Stadt nähert, erscheint sie mit ihren Türmen und Zacken phantastisch silhouettenhaft auf dem Plateau des bis 50 m hohen Tuffrückens (Abb. 114). Fahren wir von der Ebene die breite Staatsstraße 71 hinauf, kommen wir an der berühmten Nekropole Crocefisso del Tufo vorbei zum weiten Platz Cahen, an dem sich an der oberen Station des Funicolare der bekannte Pozzo S. Patrizio und die Grundmauern des *Tempels Belvedere* (s. Plan, S. 242) befinden. Der Tempel war der höchsten etruskischen Gottheit Tinia geweiht. Sein Grundriß entspricht annähernd dem von Vitruv beschriebenen Typus des etruskischen Tempels mit nicht ganz quadratischem Podium, Freitreppe, offener zweireihiger Säulenhalle und drei Zellen für die Kultstatuen in der hinteren Hälfte. Hier und vereinzelt auch am Standort anderer Tempel Orvietos wurden zahlreiche Elemente der Tempeldekoration und Votive in bemalter Terrakotta, Antefixe, Akrotere, figürliche Fragmente, bärtige Männerköpfe, Masken (5.–4. Jh. v. Chr.) und ein sehr schöner Krieger-

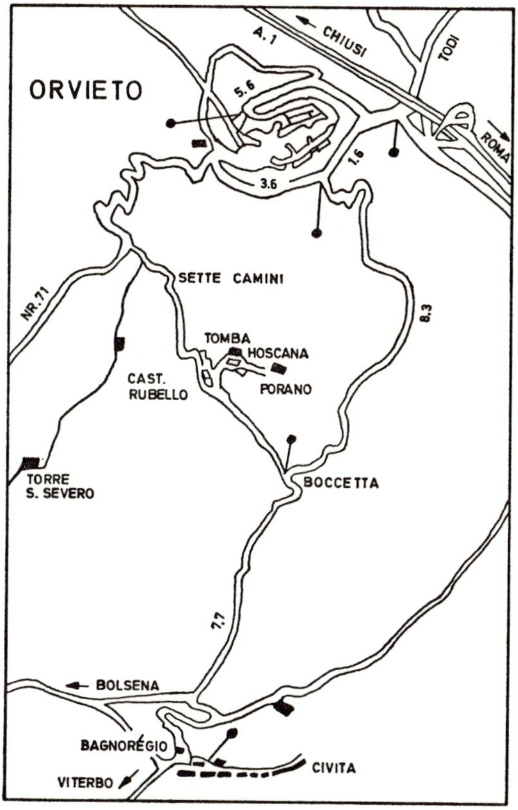

Wegekarte der Umgebung von Orvieto

kopf in Nenfro (6. Jh. v. Chr.) gefunden. Wir werden diesen Werken im Museo Faina begegnen.

Vom Platz schwenken wir in den Corso Cavour ein, der die Stadt bis zur zentralen Piazza della Repubblica und zum Quartiere Vecchio (mittelalterliches Quartier) durchquert. Gegenüber der vom Corso abzweigenden Via del Duomo kommen wir durch ein enges Gäßchen auf die schöne Piazza del Popolo mit dem imposanten Palazzo del Popolo.

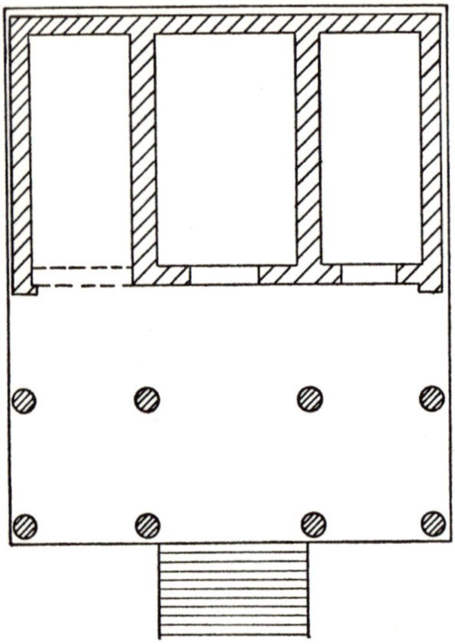

Orvieto, der etruskische Tempel Belvedere, 5. Jh. v. Chr.
Treppe zum überdachten Podium mit acht Säulen und drei Zellen des Heiligtumes

23. Route

Orvieto (Museen) – Chiusi (41 km)

Orvieto. Nach jüngsten Forschungen sollen sich schon vor den Ertruskern Villanova-Leute auf dem Plateau der Stadt niedergelassen haben. Die Etrusker sind seit dem 7. Jh. v. Chr. in Orvieto nachweisbar. Ihre Blütezeit fällt mit der des etruskischen Volkes zusammen (6.–4. Jh. v. Chr.). Auffallend ist das Fehlen der orientalisierenden Kulturphase.

Volsinii (Velzna), eine der wichtigsten Städte Inner-Etruriens, deren Standort umstritten ist, soll an der Stelle des heutigen Orvieto – sein etruskischer Name ist nicht bekannt – gelegen sein. Die Ausgrabungen der französischen Schule von Rom unter Raymond Bloch (1946) schienen die Auseinandersetzungen um die Lage von Volsinii endgültig für Bolsena entschieden zu haben (s. S. 159). Die Forschungsergebnisse des früh verstorbenen Denkmalpflegers von Orvieto, Mario Bizzarri († 1969), sprechen aber mit gewichtigen Argumenten für eine Lokalisierung von Volsinii in Orvieto.

Museen. Die zwei gedrungenen Paläste mit den beiden Museen Faina und Archeologico (Opera del Duomo) liegen am Anfang und Ende der Häuserreihe gegenüber der bunt glitzernden Domfassade von Orvieto.

Museo Faina. Im Erdgeschoß, links vom Eingang, befindet sich der Eintritt zur Sammlung. Die vorzügliche Einrichtung der Säle von Mario Bizzarri ist besonders hervorzuheben. Beim Gang durch die reiche Kollektion Faina beschränke ich mich auf die Hervorhebung der für Orvieto und das Museum charakteristischen Funde. Außer der Vielfalt von Bucchero-Gefäßen ist es die Gruppe von Tempel- und anderen Terrakotten des 5.–3. Jh. v. Chr. – wir haben sie beim Tempel Belvedere bereits erwähnt –, die mit der Vorstellung vom etruskischen Orvieto verknüpft sind. Nach den Bronzen im Saal IV und den griechischen Vasen, unter denen erstrangige Töpfer und Maler vertreten sind (Säle V und VII), kommen wir zu einigen wichtigen Einzelwerken, zur leider etwas schadhaften griechischen Kultstatue der Venus von der Nekropole Cannicella (5. Jh. v. Chr.) und zum schweren, mit voluminösen Reliefs geschmückten Steinsarkophag von Torre S. Severo (3. Jh. v. Chr.) an der Stirnwand des letzten Saales. Auf der dem Betrachter zugekehrten Längsseite des Sarkophages ist die Opferung der trojanischen Gefangenen dargestellt. Von den übrigen Steinplastiken seien die modern anmutenden birnen- oder kugelförmigen und zylindrischen Cippi und auch der schöne Kriegerkopf in Nenfro erwähnt. Seinen bedeutenderen ›Kollegen‹ haben wir im Museum von Florenz gesehen.

In den beiden weiteren Sälen des Erdgeschosses erhält man ein lebendiges Bild von den jüngsten Ausgrabungen in der Nekropole Crocefisso del Tufo (1960–1966). Die guten Pläne, die großen photographischen Aufnahmen und die wertvollen Funde aus dem 6. Jh. v. Chr. in den Vitrinen sind eine ausgezeichnete Einführung für den Besuch der Nekropole.

Auf steilen Treppen oder mit dem Lift, zu dem der Custode den Schlüssel hat, kommen wir zum zweiten Teil der Sammlung Faina im obersten Stock. Er enthält u. a. Kanopen in Terrakotta, vielerlei Buccheri, zahlreiche figürliche und andere Bronzen und, als Hauptbestand, eine bedeutende Sammlung griechischer Vasen.

Der Bestand des Museums geht auf den Conte Mauro Faina zurück, der 1864 zu sammeln begann. Sein Nachkomme, der 1954 verstorbene Conte Claudio Faina, setzte die Sammeltätigkeit fort. Er hinterließ der Stadt seinen umfänglichen Bestand an griechischen Vasen und einen ansehnlichen Landbesitz, dessen Ertrag er für die Förderung der etruskischen Forschung in Orvieto und für Neuerwerbungen für das Museum bestimmte. Die seit 1960 von Mario Bizzarri unternommenen Ausgrabungen in Crocefisso del Tufo und wohl auch die sehr schöne moderne Einrichtung der Säle im Erdgeschoß des Museums Faina wurden durch diese Stiftung ermöglicht.

Auch im *Museo Archeologico* (Opera del Duomo), Piazza del Duomo, befindet sich das Museum im obersten Stockwerk des Palazzo. Unter der Fülle der ausgestellten Grabbeigaben erregen zunächst sehr schöne Impasto- und Bucchero-Gefäße (8.–6. Jh. v. Chr.), korinthische, attische, etruskische und faliskische Vasen (6.–4. Jh. v. Chr.) und die Bronze-Statuette einer Tänzerin unser Interesse. Doch ist auf eine Sondergattung schwerer Bucchero-Gefäße, vermutlich Produkte einer lokalen, von Chiusi beeinflußten Werkstatt, besonders hinzuweisen. Sie ist mit zwei Kannen und einem Rhyton (Ausgußgefäß), auf dessen Körper Gesichtsreliefs und ein schnittiger, bärtiger Kopf modelliert sind, in den Vitrinen I und VII hervorragend vertreten. Zur Gruppe gehört auch der Askos in Gestalt einer Sirena-Arpia, der sich in der ›Mostra‹ des Palazzo Faina befindet.

Es besteht die Absicht, die Museen Faina und Opera del Duomo im Palazzo Faina zu vereinigen. Das reiche Ausstellungsgut könnte, sinnvoll geordnet, ohne Doppelspurigkeiten zu einer stärkeren Wirkung kommen.

Wir begeben uns auf die Piazza del Duomo, wo wir den Wagen für den Besuch der Nekropole Crocefisso del Tufo und für die Weiterfahrt nach Chiusi geparkt haben. Die Besichtigung der herrlichen Innenarchitektur des Domes und insbesondere des epochalen Meisterwerkes von Luca Signorelli, das er 1499–1504 in der rechten Seitenkapelle des Querschiffes, der Cappella Nuova, ausführte, werden wir nicht versäumen. Die mönchisch-mittelalterliche Heiligenwelt des Fra Angelico und die kühne Ankündigung der neuen Zeit des Luca Signorelli stehen in der Kapelle einander wie zwei Welten gegenüber. In den großen, freien Kompositionen der Predigt des Antichrist und der Auferweckung des Fleisches auf den seitlichen Wandflächen schuf der Maler in neuer Sprache sein danteskes Meisterwerk.

Die Nekropolen. Wie ein Ring von Gräbern umziehen sie am Fuße der Felsen den Stadtberg. Im Südosten liegt die noch nicht gründlich untersuchte *Cannicella,* und im Nordwesten breitet sich das berühmte Gräberfeld *Crocefisso del Tufo* aus. In den waldigen Anhöhen südlich der Stadt liegen die Kammergräber von *Sette Camini* und *Castel Rubello.* Unser nächster Besuch gilt der *Nekropole Crocefisso del Tufo* (Abb. 115).

Vom Domplatz fahren wir zur Straße unserer Herfahrt, auf der wir nach einem Kilometer zur Abzweigung nach links und unter Kastanienbäumen in fünf Minuten zum Custoden am Eingang der Nekropole kommen. Den Namen hat die Totenstätte von einem primitiven Kruzifix, das im 6. Jh. in einer kleinen Kapelle am Stadtfelsen aus dem Tuff gehauen wurde. Über ihr, am hohen Plateaurande des mittelalterlichen Orvieto, liegt S. Giovenale, die interessanteste romanische Kirche der Stadt.

Beim Bau der neuen Straße (1830) stieß man auf die Gräber. Erst 1872 erfolgte ihre Ausgrabung auf breiterer Basis, und erst 1960–1966 konnte Mario Bizzarri seine erfolgreichen weiteren Ausgrabungen im östlichen Teil der Zone unternehmen. Durch die Weinstöcke des Aufsehers kommen wir zum Punkt, von dem aus die singuläre planimetrische Anlage der Nekropole mit Wegen und Quartieren von Kammergräbern aus der Nähe zu überblicken ist. Die Wände der rechteckigen Zellen sind mit zugehauenen Tuffblöcken aufgemauert und mit einer vorkragenden, spitzen Wölbung eingedeckt (Abb. 116). Über dem Türeingang der Kammer liegt ein langer, waagerechter Block (Architrav, Sturz), in den oft der Name des Erstbestatteten eingekerbt wurde. Auf jedem Grabbau liegt eine niedrige, mit einem Cippus bekrönte Anhäufung von Erde. Auch die Eingänge zu den Grabkammern werden da und dort von Cippi flankiert.

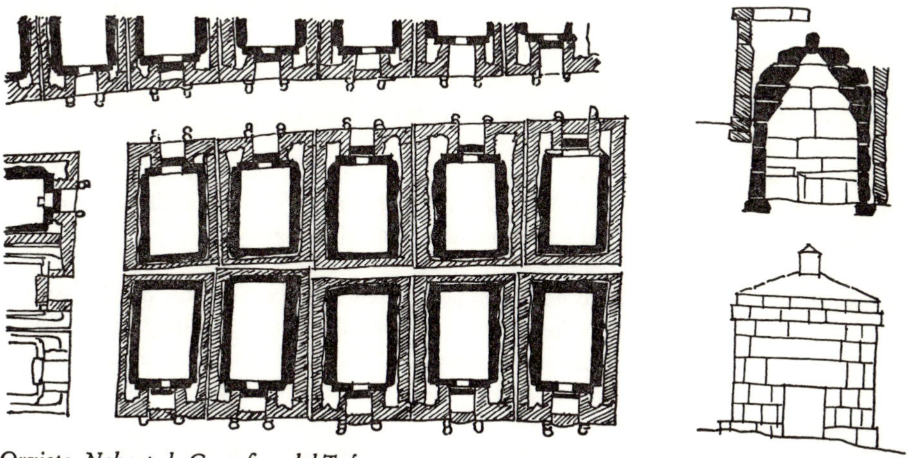

Orvieto, Nekropole Crocefisso del Tufo.
Durch Wege quartierartig eingeteilte Anlage der Nekropole. Neben den Eingängen zu den einzeln aufgemauerten Grabkammern stehen Cippi. Der Sturz trägt oft eine Inschrift. Die Kammern sind vorkragend eingewölbt. Sie sind 3–3,70 m lang, 1,75–2 m breit und 2,58–3,27 m hoch

Unweit östlich dieser Totensiedlung liegt der jüngst von Bizzarri ausgegrabene Teil, dessen Gräber, besonders in ihren monumentalen Abschlußfriesen, einen älteren Charakter haben. Obwohl der soeben besichtigten Anlage ähnlich, wird die Größe dieser Grab-Architektur auch auf den flüchtigen Besucher einen nachhaltigen Eindruck machen.

Sette Camini / Castel Rubello (Tomba degli Hescana). Südlich der Stadt, in den Anhöhen jenseits der Talsohle, liegen diese ursprünglich ausgemalten Kammergräber. ›Ursprünglich‹, weil die noch erhaltenen Wandmalereien von Sette Camini vor ihrer gänzlichen Zerstörung durch die Feuchtigkeit abgenommen oder kopiert wurden. Die recht mäßigen Kopien befinden sich im Museum von Florenz. Sie vermitteln uns den Inhalt der Originale aus dem 4. Jh. v. Chr. Es sind Szenen des etruskischen Alltags – Schmausereien, Köche, Bäcker, Metzger an der Arbeit, Musikanten, Wagenrennen u. a.

Die zwei großen Kammergräber von Sette Camini werden nach ihrem Entdecker Golini I und II oder Tomba dei Velii und Tomba delle due Bighe genannt. Sie liegen in waldigem Gelände unweit des Seminario.

Tomba degli Hescana. Malerisch, etwa neun Kilometer von Orvieto entfernt, liegt dieses sehr schöne, den Namen der bestatteten Familie tragende Kammergrab in der Zone von Castel Rubello, nicht allzu weit von den Sette Camini.

Ein langer, ungewöhnlich tief in den Tuff gehauener Dromos führt zum Grab (für den Besuch wende man sich an den Bauern im nahen Haus). Der Zustand der Malerei ist beklagenswert. Sie soll etwa zwanzig Glieder der Familie Hescana zwischen Genien und Dämonen im Jenseits enthalten haben. Der Wagenlenker einer Biga (Zweigespann) an der rechten Wand des Einganges war mit dem früher noch lesbaren Namen ›Laris Hescana‹ bezeichnet. Als Haupt der Familie symbolisiert er ihre Abreise in die Welt der Toten.

Zu erreichen sind die Gräber – Sette Camini kommen wohl nur für passionierte Spezialisten in Frage – auf dem Weg, der von der Straße (Nr. 71) nach Viterbo oberhalb des Friedhofes nach Castel Rubello und Torano abzweigt.

Chiusi (Clusium). Von Orvieto nach dem berühmten Chiusi sind es auf der Autostrada del Sole 41 km. Das Städtchen liegt etwa 3 km von der neuen Siedlung an der Bahnstation entfernt auf dem Plateau eines breiten Hügels. Im Museo Archeologico Nazionale finden wir uns ein, um die Besichtigung der abgeschlossenen Gräber mit dem Custoden zu vereinbaren.

Ist die zur Verfügung stehende Zeit beschränkt, empfiehlt sich vor allem der Besuch des bedeutenden Museums und, mit dem Custoden, die Besichtigung des schönsten Kammergrabes von Chiusi, der *Tomba della Scimmia,* und vielleicht auch des interessanten späten Ganggrabes *della Pellegrina.* Ferner kann die sehr schön ausgemalte *Tomba del Colle* (Abb. 117, 121) und als Beispiel für die tonnengewölbten, hellenistischen Gräber die *Tomba del Granduca* anhand des Planes, S. 248, aufgesucht werden. Das Museum mit seiner nicht zu großen, aber außerordentlich wichtigen Sammlung enthält großartige, für die Region von Chiusi besonders charakteristische Kanopen (Abb. 118, 119), Masken und Urnen (Abb. 122), die in den meisten Publikationen über etruskische Kunst vertreten sind.

Die Anfänge der Stadt gehen in das Ende des 8. Jh. v. Chr. zurück. Ihre weitere Entwicklung läßt sich bis in die römische Zeit verfolgen. Außer ihrer Zugehörigkeit zum Bunde der zwölf etruskischen Städte sprechen die vielen, weit in ihrem umliegenden Territorium zerstreuten Ortschaften, Nekropolen und Gräber sowie vor allem ihre Lage auf der das Tal der Chiana beherrschenden Höhe für ihre Bedeutung und ihren Einfluß. Zu erwähnen sind auch ihre wichtigen Verbindungswege zu den großen etruskischen Zentren Tarquinia, Vulci, Vetulonia und Populonia. Nicht zu übergehen ist in diesem Zusammenhang die legendär überlieferte Gestalt des *Lars Porsenna,* eines Königs von Chiusi, der gegen Ende des 6. Jh. v. Chr. die Hegemonie einführte, Latium kontrollierte und sogar Rom angegriffen oder erobert haben soll. Sicher ist, daß die Glanzzeit der Stadt am Ende des 6. Jh. v. Chr. in Zusammenhang mit den Unternehmungen des Porsenna stand. Sein von den Alten phantastisch beschriebenes Grabmal hat man nicht gefunden. Die monumentale Cajella nördlich der Tomba della Scimmia, durchfurcht wie die Cucumella in Vulci, das ›Labirinto di Porsenna‹, wurde dafür gehalten.

Innerhalb des kulturell Gemeinsamen zeigen die etruskischen Städte ausgeprägte lokale Eigenarten in der Kunst und im Grabkult. In Chiusi und seinem Territorium waren es die archaischen Ziro- oder Doliogräber, in die die Aschenurnen in Impasto und Bronze gelegt wurden. Eine andere Besonderheit sind die expressiven Bronzemasken, die auf dem Körper der Urnen angebracht wurden. Auf sie folgten die für Chiusi besonders charakteristischen *Kanopen* (um 650 v. Chr.). Ein übersetzter menschlicher Oberkörper in Terrakotta oder Bronze, oft mit dem Kopf als Deckel, der, den Toten heroisierend, auf einen tönernen oder bronzenen Sessel thront (Abb. 118, 119). Man sah in diesen Kanopen die Anfänge plastischer Porträtkunst. Ohne auf die Frage hier eingehen zu können, sei zum Vergleich an das wesentlich Porträthafte der Köpfe der späten Sarkophagfiguren, etwa in Tarquinia, erinnert.

24. Route

Chiusi – Lago Trasimeno – S. Manno – Perugia (54 km)

Abstecher: Perugia – Bettona hin und zurück (39 km)

Vor dem Abschied von Chiusi und der Fahrt nach Perugia suchen wir noch die in der vorhergehenden Route kurz erwähnten Gräber auf, unter denen sich die berühmten Tomba della Scimmia und Tomba del Colle befinden.

Mit dem Führer, den wir im Museum treffen, fahren wir der südlichen Stadtflanke entlang, wo 1967 die antike Stadtmauer (5. Jh. v. Chr) entdeckt wurde, und schwenken bald in die rechts zur Tomba della Scimmia führenden Straße ein. Etwa 300 m weiter sind wir am Zugang zur späten *Tomba della Pellegrina* aus der Endzeit der Etrusker, einem großen, charakteristischen Grab des Überganges von den Kammer- zu den Gang- oder Dromosgräbern.

Tomba della Scimmia. Den Namen ›Grab des Affen‹ hat sie von dem auf einem Baumstrunk sitzenden Äffchen in der Ecke eines Wandbildes der ersten Kammer. Die Grabmalereien in Chiusi, die hier und in der Tomba del Colle besonders gut erhalten auf uns gekommen sind, stammen aus der Zeit der politischen und kulturellen Blüte der Stadt im 5. Jh. v. Chr. Sportliche Wettkämpfe, Spiele, Tanz und viele vergnügliche Einzelheiten, auf die der Führer hinzuweisen nicht unterläßt, stellen sie dar. Bei einem Vergleich mit den Wandmalereien in Tarquinia fällt eine gewisse nüchterne, zeichnerische Haltung auf.

Tomba del Granduca (Grab des Großherzogs). Unweit, einen halben Kilometer nördlich der Tomba della Scimmia, befindet sich das mit dem Auto zu erreichende Grab. Es ist ein bevorzugtes Beispiel für den bereits kurz erwähnten hellenistischen Typus der

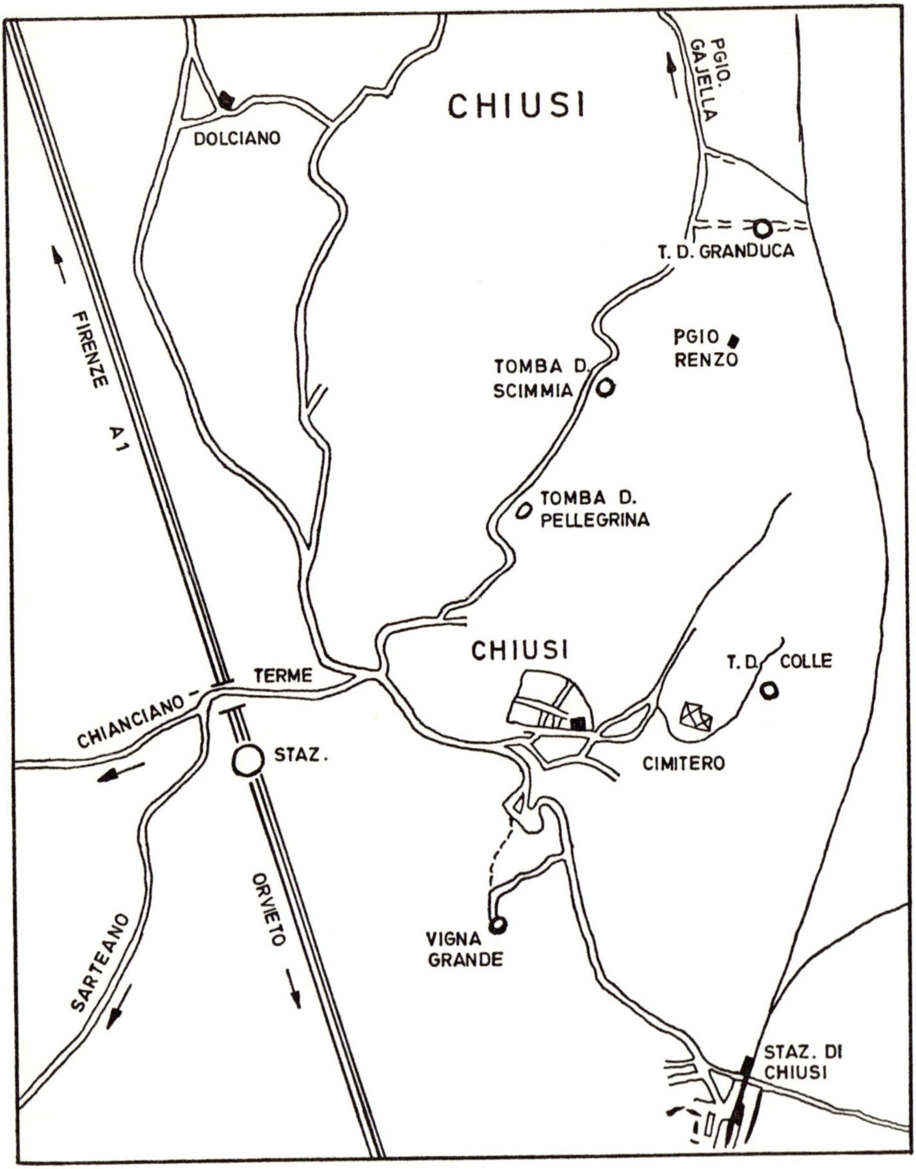

Wegekarte der Umgebung von Chiusi

einräumigen, mit echtem Tonnengewölbe überdeckten Grabkammer. Aufgemauert wurden sie mit zugehauenen Travertinblöcken (3.–1. Jh. v. Chr.). Die Gräber enthalten – oder enthielten – skulptierte Aschenurnen mit Motiven aus der griechischen Sagenwelt. Weiter nördlich liegt der monumentale Grabhügel *Gajella*, der neuerdings wieder untersucht wurde.

Tomba del Colle (früher Casuccini), 5. Jh. v. Chr. Zurück in Chiusi, unterlassen wir es keinesfalls, den etwa halbstündigen Abstecher zu diesem schönen Grabe östlich der Stadt zu unternehmen. Man schlägt den Weg zum Friedhof (Cimetero) ein (s. Plan). Gelbe Wegweiser markieren die fahrbare Strecke bis zum Grab. Zwischen Oliven und Reben, mit einem Ausblick auf den kleinen See von Chiusi, kommt man zu einem bäuerlichen Waschtrog, dem gegenüber das neuere Haus des Custoden steht, der den Schlüssel zum Grab verwahrt.

Ein langer, ansteigender Dromos führt zur originalen antiken Türe des Grabes (5. Jh. v. Chr.; Abb. 121). Ihre beiden schweren Flügel, Platten aus Travertin, funktionieren heute noch. Durch sie kommt man direkt in die zwei bemalten Kammern des Grabes. Neben den Wandbildern verdienen die meisterlich ausgehauenen Decken besondere Beachtung. In der ersten Kammer sind es kräftige Längs- und Querbalken, in der zweiten schwarz-rot-bemalte Kassetten (Abb. 117).

In der Malerei der Räume entfaltet sich frisch und heiter die Darstellung zweier Zyklen; zunächst der Verlauf eines Wagenrennens, das von schlanken Lenkern mit eleganten Pferdegespannen ausgetragen wird (Abb. 117). In der zweiten Kammer sehen wir den dekorativen Ausschnitt aus einem szenisch gereihten Zuge von einer Tänzerin mit Kastagnetten in den Händen, der sich ein Flötenspieler, ein nackter Athlet, ein Kampfrichter und ein Ringkampf anschließen. Die Malerei gehört offensichtlich zu jener ›Schule‹, aus der die der Tomba della Scimmia hervorgegangen ist. Obwohl sie aufgeschlossener wirkt, wird sie, nicht zu Recht, geringer eingeschätzt. Ähnlich unverständlich ist die Gleichsetzung der Wandmalereien mit den viel bedeutenderen Flachreliefs von Chiusi (um 500 v. Chr.), von denen in vielen Museen, besonders in Florenz, aber auch hier im nahen Perugia (Sperandio-Sarkophag) und im Museo Archeologico Nazionale in Palermo (aus der Sammlung Casuccini), überragende Beispiele zu sehen sind.

Auf der Fahrt nach Perugia, Straße Nr. 71, in Richtung zum Trasimenischen See gelangen wir nach etwa 10 km zur Abzweigung links nach *Villastrada* und dem kleinen *Vaiano* (etwa 4 km), nahe am Ostufer des Lago di Chiusi. Dort liegt das sehr schöne, oft publizierte späte Grab vom Typus der tonnengewölbten Einzel-Kammer, wie wir es in der Tomba del Granduca in Chiusi sahen. Auf der Straße Nr. 71, 2 km weiter, biegen wir bei *Panicale* rechts in die Straße nach Magione ein. Wir kommen in die Nähe des in schönsten Farben schillernden, sumpfigen Südufers des durch Hannibals Sieg über die Römer (217 v. Chr.) bekannten *Lago Trasimeno*.

San Manno. Vor Magione schwenken wir rechts in die Hauptstraße (75 bis) nach Perugia ein. Etwa 15–20 km weiter, 5 km vor Perugia, liegt eine enge Häusersiedlung an der Straße, von der aus die Via Olivetti steinig und steil die Halde hinauf zu S. Manno führt. Aus den wenigen ärmlichen Bauernhäusern ragt ein wuchtiger, alter Turm. An ihm kauert die kleine Kirche und unter ihr im Boden befindet sich der großartigste tonnengewölbte spät-etruskische Grabraum mit der, nach Pallottino, längsten und vollständigsten etruskischen Inschrift (3.–2. Jh. v. Chr.) an der linken Seitenwand. Elf Stufen führen zu diesem aus behauenen Blöcken aufgebauten, gewaltigen etruskischen Grabraum hinunter. Er warf die Frage nach der Erfindung oder Entstehung des echten, mit zugehauenen Keilsteinen konstruierten Bogens und Gewölbes auf, denn es gibt auch im Nahen Osten und im griechischen Raum Bauten dieser Konstruktion.

Nach einem Blick über das herrliche Land mit seinen Hügeln bis Perugia fahren wir vom Großbau der späten etruskischen Grabarchitektur, der heute noch dem Orden der Malteserritter gehört, auf die Straße nach Perugia zurück.

Bettona (Vettona). Ob wir nach der langen Route noch die genußvolle, nicht allzu weite Fahrt (22 km) nach dem wunderbar gelegenen alten Etruskerstädtchen unternehmen oder sie mit der folgenden Route verbinden wollen, wird wohl am besten in Perugia entschieden. Wer sich auf die wichtigeren etruskischen Denkmäler konzentriert, der kann auf den Abstecher verzichten.

Vom Viale Roma im Süden von Perugia, der Ausfahrtsstraße nach Bettona, erreicht man bald über dem schlängelnden Lauf des Tibers die Straße nach Todi und die Abzweigung nach Bettona. Etwa 2 km unterhalb des Städtchens, bei Colle, befindet sich isoliert links an der Straße ein imposanter tonnengewölbter Grabbau vom Typus, der für die Spätzeit in der Region von Chiusi charakteristisch ist.

Der bäuerliche Marktflecken Bettona mit seinen alten Häusern, dem Rest der etruskischen Stadtmauer und einem kleinen Museum liegt auf einer von Oliven umstandenen Höhe (335 m). Gegen Norden öffnet sich dem Blick eine bezaubernde, weite Sicht über das umbrische Land.

25. Route

Perugia – Cortona – Arezzo (86 km)

Perugia (Perusia). Die Besichtigung der etruskischen Denkmäler und des wichtigen, neu eingerichteten Archäologischen Museums der Stadt zeigt anschaulich, daß die etruskische Frühzeit (7. Jh. v. Chr.) in Perugia fehlt. Die ältesten Nekropolen sind aus dem 5. Jh. v. Chr. Zur höchsten Blüte kam die Stadt im 4.–3. Jh.; in dieser Zeit entstanden auch die langen Strecken der Stadtmauern und die Stadttore, der Arco Etrusco und die Porta Marzia. Perugia gehörte dem Zwölferbund der prominenten etruskischen Städte an. Nach Livius hatte die Stadt Scipio für seinen Kriegszug nach Afrika Korn sowie Holz für den Schiffbau zu liefern.

Die weit auseinanderliegenden etruskischen Sehenswürdigkeiten mit dem Wagen durch die im Mittelalter angelegten Straßen aufzusuchen, ist für den Ortsunkundigen zeitraubender als ein Gang zu Fuß, bei dem wir überdies durch die alten, malerischen Quartiere kommen. Vormittags suchen wir die Porta Marzia, das Archäologische Museum und den Arco Etrusco auf. Nach der Mittagsrast unternehmen wir – mit dem Wagen – den kurzen Abstecher (5 km) zum Ipogeo dei Volumni außerhalb der Stadt, von dem wir dann nach Cortona weiterfahren.

Porta Marzia. Wir gehen durch die belebte breite Hauptstraße, den Corso Vannucci, zur Piazza Italia (vor der Prefettura), von der links die Via Marzia zur Mauer der Rocca Paolina hinunterführt, der entlang wir zur Portalfassade der Porta Marzia kommen, zur ›Fassade‹, weil der Architekt Giuliano da Sangallo beim Bau der Bastion im 16. Jh. nur die Vorderansicht des bestehenden etruskischen Tores als großartiges dekoratives Element in die Mauer einbeziehen konnte. In der Anlage der Ballustrade über dem zierlichen Bogen mit den Götterbildnissen und einem Pferdekopf zwischen den Pilastern ist es dem Arco Etrusco, den wir noch sehen werden, ähnlich. Doch hat es einen grazileren, leichteren Charakter als der robustere Arco Etrusco. Das Portal ist vermutlich auch etwas jünger.

Museo Nazionale Archeologico dell'Umbria. Von der Porta Marzia gehen wir in den nahen Corso Cavour, auf dem wir bald zur großen Kirche S. Domenico und zum angeschlossenen ehemaligen Kloster mit weitem Kreuzgang kommen. In den für das Museum eingerichteten klösterlichen Räumen und Zellen ist die bedeutende Sammlung vorzüglich untergebracht. An den Wänden des lichten Kreuzganges sind zahlreiche für Perugia charakteristische Aschenurnen, meist in Travertin, aufgereiht.

Im 1. Stock des ausgedehnten Baues sind die vor- und frühhistorischen Funde in Umbrien, u. a. die geritzten Gefäße aus Belverde von Cetona bei Chiusi, und die interessantesten etruskischen Objekte ausgestellt. Der verfügbare Raum erlaubte eine lockere Aufstellung der Werke.

Wir befassen uns vornehmlich mit der etruskischen Abteilung. Dort ziehen, außer einer beidseitig etruskisch beschrifteten großen Steinplatte, einem Cippus, und einem archaischen Sarkophag der Villasperandio mit herrlichem langem Flachrelief aus Chiusi, besonders die fragmentarischen, getriebenen Bronzebleche aus der Mitte des 6. Jh. v. Chr. die Aufmerksamkeit auf sich. Es sind großartige figürliche Treibarbeiten, vermutlich von einem Wagen aus Castel S. Mariano bei Perugia, von dem weitere Stücke auf Umwegen nach München kamen. Wie die berühmten Reliefs des Bronzewagens von Spoleto (New York) stellen sie Szenen aus der griechischen Mythologie dar.

Erwähnt sei hier auch der prachtvoll mit einem Krieger, Löwen und Sphingen geschmückte Lebes aus S. Valentino di Marsciano bei Perugia (Ende 4. Jh. v. Chr.), der ebenfalls nach München gelangte.

Zu diesen in Bronzeblech getriebenen Werken gesellen sich eine Anzahl sehr interessanter figürlicher Kleinbronzen, von denen ein gegossenes Meerwesen aus Castel S. Mariano (Ende 6. Jh. v. Chr.) und unter den sogenannten gelängten Figuren der geschmeidige, speerwerfende Krieger (Mitte 5. Jh. v. Chr.) genannt seien.

Der Import von attischen Vasen scheint nicht bis nach Perugia gekommen zu sein. Perugia bezog bemalte Vasen aus Volterra und auch aus Campanien. Für Bucchero, die Nationalkeramik Etruriens, war Chiusi Lieferant.

Arco Etrusco (oder Arco di Augusto). Vom Museum wandern wir zurück auf die Piazza 4 Novembre, auf der sich an der Seite des Domes die berühmte Fontana Maggiore aus dem 13. Jh. befindet. Am Chor des Domes vorbei begeben wir uns in die Via Battisti, auf der wir direkt zum alten Hauptportal der antiken Stadt, zum Arco Etrusco an der Piazza Fontebraccio hinunter kommen (Abb. 123).

Der Aufbau des Tores in seiner Gesamtheit besteht aus Elementen zeitlich verschiedener Kulturen. Der untere Teil mit breitem Doppelbogen und einer von fünf flachen, kurzen Pilastern und Rundschilden unterteilten Balustrade (vgl. Porta Marzia) stammt aus der etruskischen Spätzeit (3.–2. Jh. v. Chr.). Doch erinnern die flachen Schilde seltsam an die um einige Jahrhunderte früheren Zierschilde in den Tomben Campana (Veji) und Scudi e delle Sedie (Cerveteri). Der kleinere Bogen über der Balustrade ist römisch, die Loggia links von ihm entstand im Zuge von Befestigungsarbeiten im 16. Jh. Trotz aller Veränderungen aber behält der etruskische Teil des Torbaues eine urtümliche Größe.

Ipogeo dei Volumni (Begräbnisstätte der Volumnier). Dieses wohl eindrucksvollste große Grab aus der hellenistisch-etruskischen Spätzeit (Ende 2. Jh. v. Chr.) liegt südöstlich von Perugia in der vorstädtisch besiedelten Località Palazzone, wo schon 1840 etruskische und römische Gräber entdeckt wurden (Abb. 124).

Die Ausfahrt von Perugia zu diesem Grab erfolgt über den Viale Roma, der bei S. Pietro im äußersten Süden der Stadt in die Straße 75 nach Foligno mündet. Einen Kilometer vor der Stazione Ponte S. Giovanni kommt man nach der Überquerung der Bahnlinie zum Ipogeo dei Volumni. Der Eingang zum Grab führt durch ein Vestibül, in dem zahlreiche etruskische und auch römische Aschenurnen aus der Nekropole Palazzone aufgestellt sind. Auf einer steilen Treppe von 29 Stufen gelangt man in den tiefliegenden Grabraum hinunter, in dem neun figürliche Aschenurnen in Travertin auf Tuffbänken liegen. In seiner Mitte an der Stirnwand erhebt sich auf hohem Untersatz die imposanteste, die des ARNTH VELIMNAS AULES, des Sohnes von Aulos, Magistrat und Haupt der Familie. Links und rechts am Urnenmal befinden sich die plastischen Werke der beiden geflügelten Laren oder Genien, die inmitten der uns heute nicht sonderlich ansprechenden Skulpturen durch ihre Qualität besonders hervorstechen.

Für die Bedeutung Perugias in der etruskischen Spätzeit spricht auch die hervorragende Bronzestatue des AULUS METELLUS in römischem Gewande (3.–2. Jh. v. Chr.). Sie wurde unweit südlich der Stadt in Pila gefunden, kam dann nach Florenz, wo sie unter dem Namen *Arringatore* (Redner) zu den Berühmtheiten des Museums gehört.

Schon vor der Errichtung des aufwendigen Grabes der Volumnier gegen Ende des 3. Jh. v. Chr. war Perugia gezwungen, mit Rom ein Bündnis einzugehen. Später, nach dem Bundesgenossenkrieg, erhielt es das Munizipalrecht.

Cortona (Curtun?). Von der hellenistischen Grabkammer der Volumnier begeben wir uns zur Bahnstation von Perugia, wo wir in die Straße nach Cortona-Arezzo einbiegen. Durch das heitere Land, an der Abzweigung zum Grabgewölbe von S. Manno vorbei, kommen wir bald an das Nordufer des Lago Trasimeno und zur Siedlung *Camucia* in der Ebene der Bahnstation. Eine breite Straße windet sich in langen Kehren durch Oliven und Weinberge zum Städtchen hinauf. Links an der Einfahrt parken wir den Wagen auf der kleinen, baumumstandenen Piazza Garibaldi beim Ristorante Tonino. Von seiner Terrasse hat man eine herrliche Aussicht über die fruchtbare Ebene des Val di Chiana auf die umrahmenden Hügel und Höhen von Siena, die Berge Amiata (1738 m), Cetona und den Trasimenischen See. Die Hauptstraße des Städtchens, die Via Nazionale, nimmt hier ihren Anfang. Sie führt direkt zu den beieinander liegenden Plätzen Repubblica und Signorelli im Zentrum.

Im alten Palazzo Casali (13. Jh.) an der Piazza Signorelli befinden sich das Museo dell'Accademia, die Bibliothek der 1727 gegründeten Accademia Etrusca, das Archiv der Stadt und neuerdings auch die umfassende Ausstellung von Werken des 1966 verstorbenen futuristischen Malers Gino Severini, der vor dem ersten Weltkriege besonders auf die junge deutsche Malerei Einfluß hatte. Wir werden noch Mosaiken dieses berühmten Sohnes der Stadt in der Via Margherita begegnen.

Museo dell'Accademia Etrusca. Den Hof des Palazzo durchquerend, kommt man zu den zwei offenen Treppen, die zum Obergeschoß und zum großen, hohen Museumssaal hinaufführen. In seiner Mitte hängt der einzigartige, weltberühmte Bronzeleuchter (Lampadario), das Prunkstück des Museums. Er hat einen Durchmesser von 58 cm, ein Gewicht von 57,7 kg und stammt aus der zweiten Hälfte des 5. Jh. v. Chr. Nach George Dennis wurde er 1840 in Fratta, westlich des Stadtberges, in einem Graben entdeckt (Abb. 127).

Der reich geschmückte, kreisrunde Körper des Ölleuchters ist mit den vielen, virtuos modellierten Motiven und ihrem überlegten Aufbau ein Meisterwerk des etruskischen Bronzegusses. In der Aufsicht reihen sich über einem Kreis von abstrakten Wellen und Delphinen an der Wölbung der großen Schale acht bärtige, nackte Silene, abwechselnd

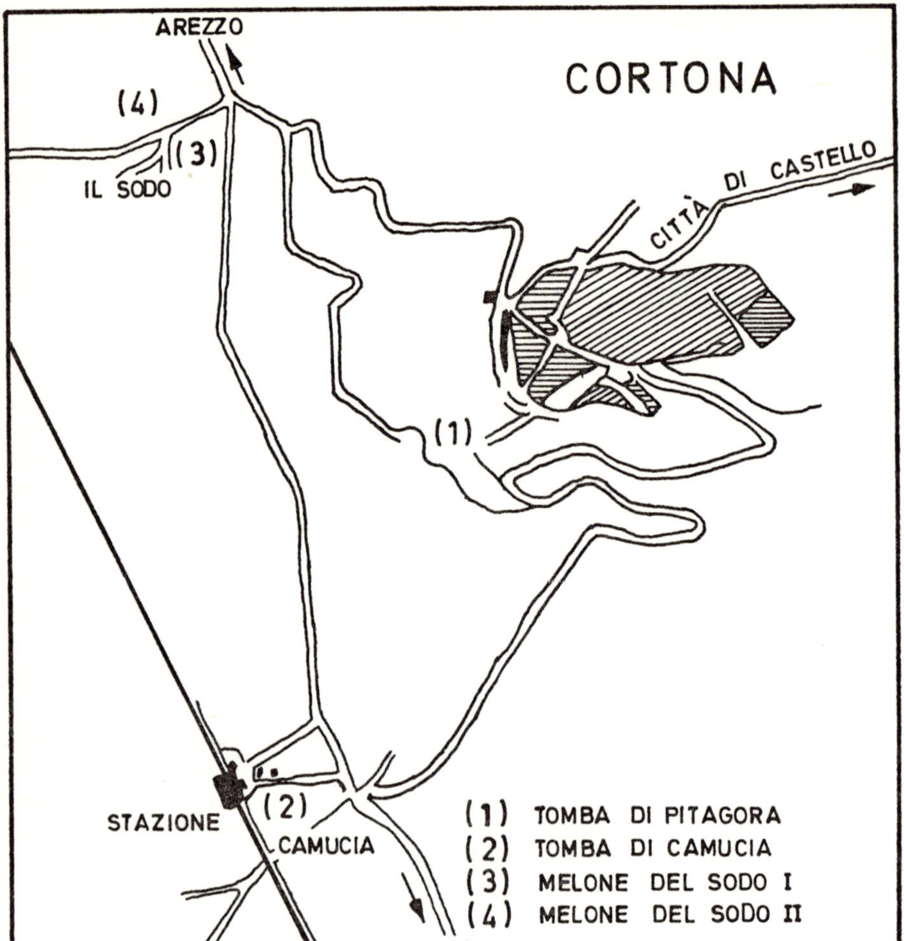

Wegekarte der Umgebung von Cortona

die Flöte und Syrinx blasend. Acht Sirenen in plissiertem Gewande stehen zwischen ihnen. Die eingebuchtete Mitte des Leuchters nimmt das Gesicht einer bleckenden Gorgo ein. Züngelnde Schlangen und ein runder Fries sich bekämpfender Tiere umrahmen es. Mit Palmetten geschmückte Ölnäpfchen, zwischen denen sechzehn gehörnte bärtige Acheloos-Köpfe hervorgucken, bilden den Abschluß. Ein kräftiger, sich verjüngender Aufhänger wächst organisch aus der Mitte des Leuchters, der vermutlich als letzter Zeuge eines unbekannten Tempels auf uns gekommen ist. Der beigegebene Gipsabguß erleichtert eine genaue Betrachtung der Einzelheiten.

In den stark vergitterten Vitrinen des Saales sind viele figürliche etruskische Kleinbronzen (5. Jh. v. Chr.), Buccheri und einige etruskische und griechische bemalte Vasen zu sehen. Zwischen ihnen an den Wänden und in den kleineren Nebengemächern haben Tafelbilder, u. a. von Signorelli und Pinturicchio, ein Madonnenmosaik (12. Jh) und ein segnender Christus der Sieneser Schule (13. Jh.) ihren Platz gefunden. Der Saal 13 enthält vielerlei Funde aus den etruskischen Gräbern von Cortona: Buccheri, Foculi, Vasen, Tassen, Bronzen, Spiegel, Münzen u. a.

Museo Diocesano (Diözesan-Museum) gegenüber dem Dom. Von den vielen Werken dieser Sammlung seien nur die bedeutendsten erwähnt: die prachtvolle Verkündigung mit den reizenden Episoden der Predella aus dem Leben des hl. Dominikus von Fra Angelico, die große Grablegung von Signorelli und das Kruzifix des Sienesen Pietro Lorenzetti.

Via S. Margherita. Von der Piazza Garibaldi spazieren wir bis zur Fassade der kleinen Kirche S. Marco hinter der alten Stadtmauer die Straße hinauf. Ihr entlang führte der Maler Gino Severini im Auftrag der Stadt die vierzehn Stationen der Via Crucis (Kreuzweg) 1947 in Mosaik aus, ein Spätwerk des Künstlers. Die schlichte Fassade des Kirchleins an der Straße erhielt durch ein Mosaik des S. Marco Bedeutung. In der mittelalterlichen Kleinstadt mit dem Gewicht historischer Denkmäler einem Kunstwerk unserer Zeit zu begegnen, erfreut uns. Als Dank für die Bewahrung vor den Greueln des Krieges wurde es von der Stadt in Auftrag gegeben.

Tomba di Pitagora (oder Tanella di Pitagora). Der Name des Grabes ist willkürlich. Es liegt etwa einen Kilometer südlich der Stadt (Abb. 125). Zu erreichen ist es von der Porta S. Agostino in der Südwest-Ecke der Stadt oder von der langen Straßenschleife (Passeggiata Pubblica) aus. Ohne auf Auseinandersetzungen um das Grab einzugehen, sei hier kurz auf das Wesentliche seines heutigen Zustandes hingewiesen.

Auf einer niederen, runden Plattform ruht der Aufbau der ebenerdigen, rechteckigen Grabkammer mit Nischen für die Aschenurnen. Über der Eingangstüre und der ihr gegenüberliegenden Hinterwand ist je ein halbkreisförmig zugehauener Block, über den zur Einwölbung des kleinen Raumes (2 x 2,5 m) längslaufende, monolithische Blöcke gelegt wurden – eine Konstruktionsweise, die in der Grabarchitektur Etruriens sonst nirgends vorkommt. Häufig anzutreffen ist sie an der Westküste Kleinasiens (Belevi bei Ephesus, Hierapolis in Phrygien und vereinzelt auch bei Lindos auf Rhodos). Das Grab stammt aus dem Ende des 4. Jh. v. Chr.

Tomba di Camucia (6.–5. Jh. v. Chr.). Dieses größte der drei monumentalen Gräber von Cortona (Umfang des Tumulus 200 m) liegt in der Ebene, etwa 150 m südlich vom Bahnhof an der Seitenstraße, die zur Hauptstraße führt. Das Grab ist abgeschlossen. Man erkundige sich im Haus nebenan oder in der Schlosserei an der Straße.

Der Anblick des Grabes mit dem abgeflachten Tumulus und dem erstaunlich breiten, leeren Vorplatz erweckt nicht den Eindruck der Größe. In der Front der nüchternen Mauer sind zwei Türen, die zu je zwei großen, durch eine Wand getrennten Grabkammern führen. In den beiden Ecken des Platzes ist je eine Zelle. Auf dem weiten Vorplatz befand sich das eingestürzte Vestibül. In seiner isolierten Lage, nicht in der äußeren Erscheinung erinnern die Camucia und die zwei anderen Hügelgräber reicher Familien, Melone del Sodo I und II, an die ›Montagnola‹ in Quinto Fiorentino oder an den alleinstehenden Grabbau Monte Calvario in Castellina in Chianti. Diese für das nördliche Inner-Etrurien charakteristischen Monumentalgräber haben gewisse konstruktive Ähnlichkeiten, von denen nur die vorkragende Eindeckung der Kammern erwähnt sei.

Über den ebenerdigen Totenräumen der Camucia liegen noch drei weitere Kammern, auf die man bei ihrer Entdeckung 1842 zuerst gestoßen ist. In ihnen wurden die meisten und wertvollsten Beigaben gefunden. Die etruskisch-korinthische schwarzfigurige Platte ›Urteil des Paris‹ – im Museum von Florenz – ist ein besonders hervorzuhebendes Stück aus diesem Fundkomplex.

Melone del Sodo I. Etwa zwei Kilometer von der Bahnstation in Richtung nach Arezzo steht ein Wegweiser, der nach links zum ›Ipogeo Etrusco‹, d. h. zum monumentalen Tumulus Melone del Sodo, zeigt. In wenigen Minuten ist man bei der Mühle links vom Sträßchen, bei der wir den Wagen stehen lassen und in der wir die Frau finden, die den Schlüssel zum Grabbau hat. Vorsorglich wird sie sich mit Kerzen versehen.

Der nahe Tumulus mit einem Durchmesser von 50 m ist versteckt unter einer urwaldhaften Decke von Gestrüpp, Gebüsch und ragenden Bäumen. Er birgt die symmetrische Grabanlage Melone del Sodo I, ein quadratisches Vestibül, einen Korridor mit Zugängen zu fünf Grabkammern, von denen die Kammer A an der Stirnwand die größte ist. Der beigegebene Grundriß gibt eine bessere Vorstellung als der Versuch einer weiteren Beschreibung. Hinzuweisen ist auf den Architrav der Kammer B, die mit der Kammer C verbunden ist, auf dem sich eine eingeritzte etruskische Inschrift befindet. Die mit zugehauenen, schweren Blöcken aufgemauerten Wände und vorkragenden Eindeckungen der Räume sind aus einem Stein, der in Cortona nicht vorkommt (Abb. 125; dazugehörige Legende 126).

Zur Erhaltung der Anlage waren partielle Ergänzungen in den Mauern und Gewölben notwendig. Sie wurden sichtbar mit Ziegelsteinen ausgeführt, die den einheitlichen Eindruck von dieser etruskischen Grabanlage nicht zu beeinträchtigen vermögen.

Melone del Sodo II. Jenseits des schmalen Kanales an der Straße liegt die ›romantische‹ Ruine des Tumulus Melone del Sodo II. Sein Erdhügel hatte einen Durchmesser von 60 m, der freilich nicht in Erscheinung tritt. Er enthielt sieben Grabkammern, deren Decken fast alle eingestürzt sind und deren Ähnlichkeit mit Melone del Sodo I mehr durch eine Untersuchung als optisch festgestellt werden kann.

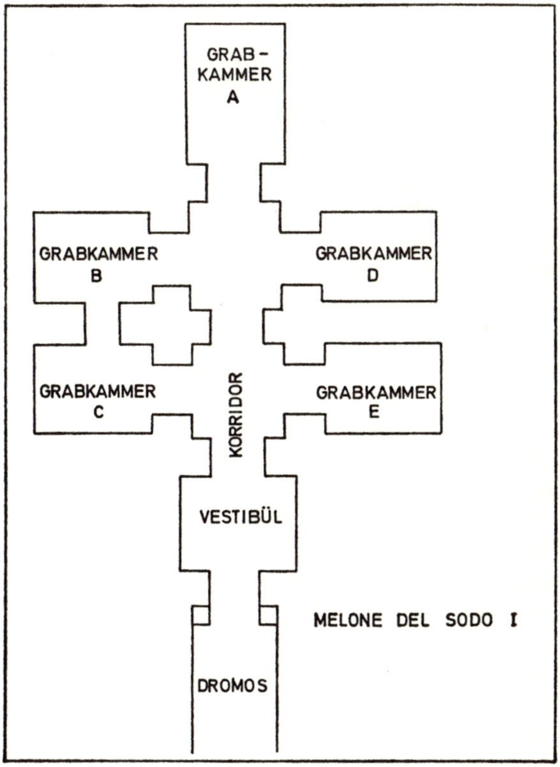

Cortona, Grabanlage Melone del Sodo I. (Nach: A. Neppi Modona, Cortona 1925)

Durch die schmaler werdende Ebene des Chiana-Tales fahren wir nach *Arezzo* (30 km), wo wir gute Unterkunft finden.

26. Route

Arezzo – Florenz – Ferrara (224 km)

Arezzo (Arretium) ist die Geburtsstadt vieler berühmter Männer: Guido d'Arezzo, Petrarca, Pietro Aretino, Giorgio Vasari. Besonders zu erwähnen ist der späte Etrusker *Maecenas* († 8 v. Chr.). Er stammte aus einem alten Lukumonen-Geschlecht von Arezzo und wurde der zuverlässigste, langjährige Freund und Mitarbeiter des Kaiser Augustus. In der Politik auf alle äußeren Abzeichen seiner hohen Stellung verzichtend, spielte er in der Literatur als großzügiger Förderer der Dichter Vergil, Horaz und Properz eine eminente Rolle. Unsere Bezeichnung ›Mäzen‹ geht auf seinen Namen zurück.

Das etruskische Arezzo – es lag im oberen Teil der heutigen Stadt – gehörte zu den Binnenstädten Nord-Etruriens, die in ihrer Entfaltung hinter den früh aufblühenden südlichen Städten zurückblieben. In der Spätzeit der etruskischen Kultur aber, als einige dieser südlichen Orte ihre Bedeutung verloren hatten oder gar untergegangen waren, erreichten die nördlichen Zentren ihren Höhepunkt. Aus dem Katalog der Kontributionen, die die etruskischen Städte Scipio 205 v. Chr. für seinen Zug nach Afrika zu leisten hatten – wir hörten bereits davon – ist ihre wirtschaftliche Kapazität ersichtlich. Arezzo hatte abzuliefern: 3000 Schilde, 3000 Helme, 50000 Wurfspieße, Schwerter, Äxte, Hacken u. a. Die Liste beweist, daß die Stadt im 3. Jh. v. Chr. ein leistungsfähiger Mittelpunkt der Metallindustrie war.

Wir haben eine längere Strecke vor uns. Die Autobahn über Florenz nach Bologna und Ferrara ermöglicht es, vor der Weiterfahrt das Hauptwerk des bedeutendsten Malers der Frührenaissance, Piero della Francesca (1416–1492), und das interessante Museo Archeologico aufzusuchen.

San Francesco. Die gerade Straße Guido Monaco führt vom Bahnhof direkt zum Platz und zur Kirche S. Francesco, einem langen, dreischiffigen Bau mit offener Decke und drei abschließenden Chorkapellen (14. Jh.). An den hohen Wänden der mittleren Chorkapelle breitet sich der grandiose Freskenzyklus der Auffindung des Kreuzes nach der Legende des Jacopo da Voragine (1228–1298) aus. In hellen, kühlen Farben, in atmosphärischem Licht und in einer seine Zeit weit überholenden Räumlichkeit stellte *Piero della Francesca* die Figuren der Legende lebensgroß dar. Es sind vornehme Männer und Frauen sowie Krieger mit ihren Pferden. Man ist betroffen von der Kühnheit und selbstsicheren Freiheit des großen Malers. Nicht verwunderlich, daß unsere Zeit mit ihren Problemen des Lichtes in der Malerei auf Piero della Francesca aufmerksam wurde. Die Konservierung der Fresken wurde jüngst abgeschlossen.

Museo Archeologico. Von S. Francesco führt ein kurzes Wegstück der Via Cavour in den Corso d'Italia, durch den wir links in die Via Crispi einschwenken, auf der wir nach wenigen Schritten in die Via Margaritone kommen, an der sich links das römische Amphitheater (2. Jh. n. Chr.) und das Museo Archeologico befinden. In einem ehemaligen Kloster aus dem 15. Jh. ist es vorbildlich eingerichtet worden. Nach den vielen Museen, die wir besichtigt haben, kann ich mich auf einige summarische Angaben und wenige besondere Hinweise beschränken.

Die Räume des Erdgeschosses enthalten etruskische Tempelterrakotten, Stelen, Cippi, Skulpturen, Urnen und, in einer Reihe von Sälen, römische Kunst. Im 13. Saal befindet sich eine umfassende Sammlung von ›Terra Sigillata‹-Gefäßen (auch Korallenvasen genannt). Es ist das feine rote Tongeschirr der römischen Kaiserzeit, für dessen Herstellung seit 30 v. Chr. die Werkstätten von Arezzo die berühmtesten waren.

Im Obergeschoß ist die Kollektion von umbrischen, etruskischen, griechischen und römischen Münzen (Saal 14) und die reichhaltige Vasensammlung (Saal 19) zu erwähnen, in der Villanova-Gefäße, griechische, etruskische, campanische und apulische Vasen vertreten sind.

Von den etruskischen Bronzen (Säle 16–18) ist auf die faszinierenden ›bronzetti‹, figürliche Kleinbronzen, mit Nachdruck hinzuweisen (Abb. 129). Die zahlreichen schlanken Krieger, Anhänger, Pferde, Stierköpfe, Amulette und Votive aus dem 7.–6. Jh. v. Chr. sind eine charakteristische Besonderheit des Museums. Mit einem Blick von der schönen, geräumigen Laube des ehemaligen Klosters auf das Amphitheater und die sanften Höhenzüge über den Dächern der Häuser nehmen wir Abschied von der sympathischen Stadt.

Arezzo – Ferrara. Von Arezzo zur Station der Autostrada del Sole im Valdarno sind es etwa 10 km. Nach der Überquerung des Apennins von Süden nach Norden, die uns neue Aspekte von dem ganz Italien durchziehenden Gebirgszug eröffnet, begeben wir uns von der Autostrada Bologna Sud in die 11 km lange Umfahrungsstraße Bolognas. Sie führt direkt zur Station Arco Veggio der Autostrada A 13 nach Ferrara Sud (35 km). Bis ins Zentrum von Ferrara (Castello Farnese) sind es dann noch 8 km.

27. Route

Ferrara – Spina – Adria – Este (163 km).

Auch wenn nicht viel Zeit zur Verfügung steht, sollten die Werke des Cosmé Tura (1430–1495) im Museum der Kathedrale und die phantastischen Fresken in der ›Sala dei mesi‹ im Palazzo di Schifanoia besucht werden.

Wir beginnen den Tag mit dem Besuch des bedeutenden *Museo di Spina* (Museo Nazionale Archeologico in Ferrara), Via XX Settembre. Die berühmte Sammlung griechischer Vasen aus dem 5. Jh. v. Chr. und, etwas weniger breit vertreten, aus dem 4. Jh. v. Chr. ist im fürstlichen Renaissancepalast des Lodovico il Moro untergebracht (Abb. 130). Das Museum wurde 1935 eröffnet.

Bevor wir den Rundgang durch das Museum antreten, ist es angezeigt, sich über die Ausgrabungsplätze des reichen Bestandes an griechischen Vasen zu informieren. Die großen Nekropolen der bedeutenden etruskisch-griechischen Hafenstadt Spina an der Adria, in denen die Vasen in den Gräbern gefunden wurden, liegen etwa 6 km westlich von *Comacchio*. Links von der Straße Ferrara – Ostellato – Comacchio ist die Nekropole des Lagunenbeckens *Valle Trebba*, wo 1213 Gräber freigelegt wurden (1924 bis 1935). Südlich davon, jenseits der heutigen Straße und des schiffbaren Kanals, liegen die Nekropolen des *Valle Pega* mit antiken Kanälen, dem Hafen und der Stadt Spina.

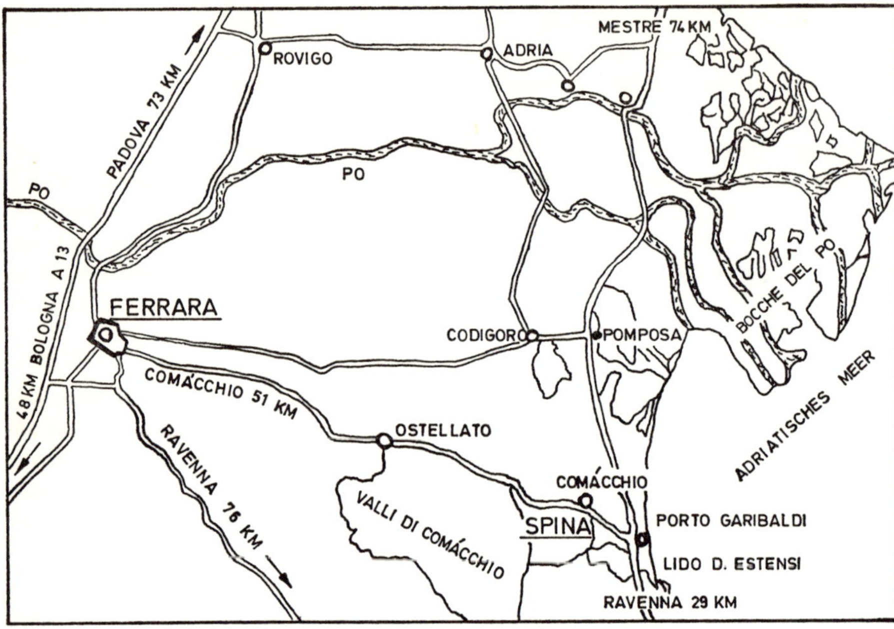

Wegekarte Ferrara–Spina–Adria

Die Ausgrabungen in den Jahren 1954–1960 brachten die lang gesuchte Stadt Spina und 2523 Gräber ans Licht.

Grundverschieden waren diese Ausgrabungen von den üblichen im mittleren und südlichen Etrurien. Der seit der Antike fortschreitend verlandete Boden bestand – vor der heutigen Amelioration – aus Schichten von 35 cm lehmigem Sand, 25 cm kompaktem Lehm und 65 cm antikem Küstensand. Die Ausgrabungen selber waren eine Art Wettlauf mit den vorrückenden Ungetümen von Maschinen zur Trockenlegung des Landes.

Frühmorgens, als die Wasserpumpen schon ratterten, und ein bewachender Carabinieri bereits zur Stelle war, fand man sich ein. Nach der groben maschinellen Aufschürfung der obersten Bodenschicht traten die Männer unter der erfahrenen Leitung von Professor N. Alfieri mit Sondierstangen und Schaufeln vorsichtig in Funktion. Beim metalligen, nassen Aufglänzen eines Schädels oder eines Gefäßes oder dem Widerstand eines harten Gegenstandes wurde der Professore gerufen. Auf einem langen Brett wurden die von Hand losgeschälten, gewaschenen Funde sortiert, numeriert und inventarisiert. In der ansteigenden Hitze gegen Mittag wurde die Arbeit abgebrochen.

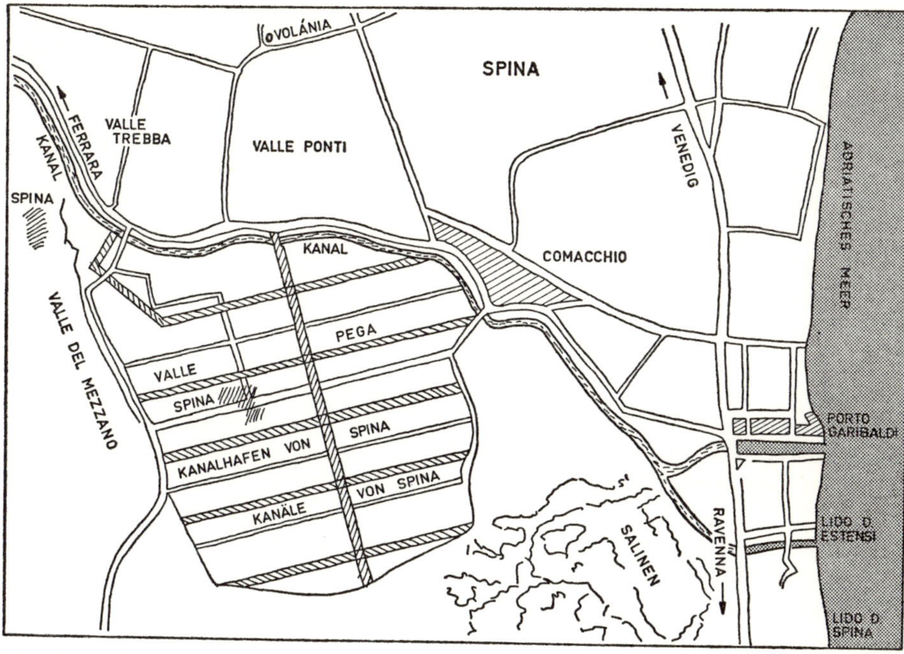

Plan der Nekropolen von Spina

Zwischen den Valle Pega und Trebba wurden die Ausgrabungen 1968–1969 sporadisch fortgesetzt.

Von den Gräbern waren etwa zwei Drittel Bestattungen und ein Drittel Kremationen. Die bestatteten Leichen waren ohne Sarg in einem Laken eingehüllt, die Asche wurde in Gefäßen, auch in griechischen Vasen, beigesetzt. Die ältesten Gräber stammen aus der Zeit um 500 v. Chr., die spätesten aus dem Anfang des 3. Jh. v. Chr.

Der Boden, der den wunderbaren Reichtum an griechischen Vasen des Museums enthielt, ist heute in eine fruchtbare Erde für Korn (Weizen) und rote Rüben (Barbabietola) umgewandelt. Nachdem wir von der Lage und Art der Nekropolen von Spina eine Vorstellung haben, suchen wir das Museum auf. Es enthält vorherrschend rotfigurige griechische Vasen, unter denen erste Meister oder Gefäße ihrer Werkstätten vertreten sind. Verhältnismäßig spärlich sind Bronzen, die vermutlich im nassen Boden zugrunde gegangen sind. Es ist nicht möglich, auch nur die bedeutendsten Objekte der 15 Säle einzeln zu erwähnen. Spezialisten und besonders Interessierte können sich an den vorbildlichen Katalog ›Spina, Guida al Museo Archeologico‹ in Ferrara von N. Alfieri u. P. E. Arias halten, in dem jedes Stück mit allen Angaben beschrieben ist.

Der Rundgang nimmt im ›Piano Nobile‹ des 1. Stockwerks seinen Anfang. Der quadratische, große *Saal I* enthält interessante Aufnahmen von den Ausgrabungen 1922–1935 im Valle Trebba, kleine Schalen und Gefäße mit eingeritzten griechischen und etruskischen Inschriften und sämtliche schwarzfigurigen griechischen Vasen (500–470 v. Chr.), die in Spina gefunden wurden. Die weiteren Gefäße gehören der späteren rotfigurigen Produktion an.

Die Vitrine in der Mitte des *Saales III* beherbergt einen sehr schönen Kylix (Schale) und einen Kolonettenkrater, die den Auftakt zu der langen Folge von Vasen des 5. Jh. v. Chr. bilden.

Im *Ecksaal IV* kommen wir zu einer Reihe hervorragender attischer Vasen. Von ihnen ist auf die 56 cm hohe Amphora (480 v. Chr.) in der Vitrine rechts vom Ausgang und mit Nachdruck auf die wunderbare Pelike des Berliner Malers mit den prachtvollen Löwen zwischen den Henkeln am Hals (um 490 v. Chr.) hinzuweisen (Abb. 130).

Der kleinere *Saal VI* enthält griechische und etruskische Gefäße, Terrakotten und zwei einfache Marmor-Sarkophage, die einzigen, die in Spina gefunden wurden. Sie enthielten die Asche der Toten.

In der kleinen Vitrine links am Eingang des *Saales VII* treffen wir zwei interessante Krüge und einen Krater in dem von den Gelehrten nicht sonderlich geschätzten Stil ›alto-adriatica‹ (nördlich des Apennins). Die skizzenhafte, freie Pinselzeichnung auf weißlichem Grund entspricht unserem Empfinden. Es sind hier bereits gallische Einflüsse festzustellen. In Adria werden wir noch weitere Beispiele dieses Typs einer selbständigen Vasenmalerei sehen.

Von den Bronzen im *Saal VIII*, die der Zerstörung durch den nassen Sand der Nekropolen entgangen sind, sind besonders die Abschlußfiguren der Kandelaber zu erwähnen.

Der *Saal IX* ist charakteristisch für eine Serie sogenannter ›Fischteller‹ – schwarze oder rote Teller mit einer runden Vertiefung in der Mitte (für Salz oder Öl?) und mit einem Dekor von drei Meerfischen auf der Randfläche. Gefunden wurden sie in beiden Nekropolen (Trebba und Pega), 4. Jh. v. Chr.

Außer einer Anzahl rotfiguriger Kannen und anderer Gefäße finden wir im *Saal X* auch einen Rhyton (Trink- oder Spendegefäß) in der Form eines Widderkopfes des Malers Eretria (nach 440 v. Chr.).

Im *Saal XI* sind eine Anzahl Typen rotfiguriger griechischer Gefäße vereinigt, vom kleinen Kantharos (zweihenkeliger Becher) bis zu großen Schalen und Krateren. Von ihnen sind der schon in der Antike restaurierte Krater des Malers von Altamura in der Mitte des Saales und die im Aufbau skurril wirkende Hochzeits-Lebes des Meidias-Malers (um 400 v. Chr.) besonders bemerkenswert.

Die Ausstellung des großen Bestandes an Vasen und der bescheideneren Zahl von Bronzen findet im *Saal XII* und in den folgenden zwei Sälen ihre Fortsetzung. In der Vitrine beim mittleren Fenster unseres Saales fallen zwei große Kelchkratere auf: der eine (56 cm hoch) mit der Darstellung eines Amazonenkampfes (440 v. Chr.), der andere (59 cm hoch), dem Niobiden-Maler zugeschrieben, in zwei Zonen geteilt. In der oberen sind eine Gigantomachia, in der unteren Demeter, Kore, Dionysos und tanzende Mänaden (460–450 v. Chr.) dargestellt. Schließlich sei noch auf den sehr schönen, der Werkstatt des Polygnot zugeschriebenen Volutenkrater (55,5 cm hoch, nach 440 v. Chr.) in der Vitrine der Saalmitte, und auf den phantastischen Krater (65,5 cm hoch) in der Vitrine nahe der Fensterwand hingewiesen.

Von den Bronzen sind die bekannte Tänzerin von der Spitze eines Kandelabers, das Detail eines scharf beobachteten Tierkampfes von einem Dreifuß und einige Kleinfiguren zu nennen.

Den *XIII. Saal* könnte man als Saal der Schalen und Kolonettenkratere bezeichnen. Er enthält nicht weniger als elf Schalen und vierzehn Kratere. Nicht zu übersehen ist der mit aufeinander stehenden Figuren fast zirkushaft wirkende Volutenkrater aus der Werkstatt des Niobiden-Malers (450–440 v. Chr.) und der statuarisch komponierte Kelchkrater (Höhe 42 cm) mit Artemis, Orestes, Iphigenie und anderen Figuren (in der Vitrine zwischen den Fenstern). Zu erwähnen ist auch die bescheidenere, sehr schöne Oinochoë mit einem fliegenden Adler.

Nach der Fülle rotfiguriger Vasen des 5. Jh. v. Chr. kommen wir im *Saal XIV*, mit der Vitrine zwischen den zwei Fenstern, zu einer überraschenden Scherbe von einem großen Kelchkrater. Die Bemalung zeigt eine andersartige, äußerst lebendige Handschrift. Dargestellt ist der Tod des kretischen Heroen Talos. Das Werk wird dem Maler von Talos zugeschrieben (Ende 5. – Anfang 4. Jh. v. Chr.).

Wie zu einem großartigen Finale sind im letzten *Saal XV* die Spitzenwerke der griechischen Vasen des Museums vereinigt. In der ersten zentralen Vitrine haben wir den 74 cm hohen monumentalen Volutenkrater des Boreas-Malers (465–460 v. Chr.); aus 165 Fragmenten wurde er zusammengesetzt. Das berühmteste Werk aber ist die größte bekannte Schale (Dm. 56,6 cm) des *Penthesilea-Malers* (460 v. Chr.). Der Figurenstreifen im Innern des Kylix erzählt die Abenteuer des attischen Heros Theseus, und im Medaillon der Mitte überrascht die schöne Gruppe von zwei Epheben mit ihren Pferden (Abb. 131). Auf der Außenseite der Schale ist der Streit des Achilleus um seine Waffen und der Zweikampf zwischen Aias und Hektor dargestellt. Auf den meisterlichen Kelchkrater (Höhe 54,8 cm) mit einer Gigantomachia (440–430 v. Chr.) in der Vitrine sei noch besonders hingewiesen.

Die zweite zentrale Vitrine enthält eine weitere schöne Schale mit dem Raub des Ganymed des Penthesilea-Malers (470 v. Chr.). Ferner sind in der Vitrine noch einige etruskische Kleinbronzen ausgestellt.

Von den bedeutenden Vasen in der dritten Vitrine der Saalmitte sind die dem Berliner Maler zugeschriebene panathenäische Amphora (Höhe 71,5 cm; ca. 490 v. Chr.), der imposante Volutenkrater (Höhe 71,5 cm) mit einer Amazonenschlacht des Niobiden-Malers (um 460–450 v. Chr.) und der ihn noch überragende Volutenkrater des Chicago-Malers (Höhe 80 cm) hervorzuheben.

Beim Ausgang darf man die strenge Villanova-Grabstele aus der Mitte des 7. Jh. v. Chr. nicht übersehen. Eine aufrechte, schmale Platte mit aufgesetzter runder Scheibe, dem Typus der Kopfstelen von Bologna angehörend. Der seltsame Kontrast zu den benachbarten virtuosen, griechischen Krateren reizt zum Nachdenken.

Wer die Rückreise abkürzen möchte, fahre von Ferrara nach Castelfranco in der Nähe der Autostrada del Sole A 1, Station Modena Sud, von wo die Autostraße bis Como führt. Verglichen mit unserer Route 27 ergibt es eine Abkürzung von 120 Kilometern. Reisende nach Österreich werden von unserer Route 27 in Verona nach Bolzano – Innsbruck abzweigen.

Ferrara – Spina – Porto Garibaldi. Vom Museum fahren wir das Endstück der Via XX Settembre bis zur Via Alfonso d'Este, auf der wir rechts zu einer Brücke kommen, nach der wir sogleich links in die Straße Ostellato – Comacchio einbiegen. Bald nach Ostellato breitet sich rechts von der Straße und vom Kanal das weite, bebaute Feld der einstigen Lagune der Valli di Comacchio aus. Etwa 12 km weiter zieht sich die Straße – ohne besondere Anzeichen – mitten durch das der Lagune abgewonnene Land der großen Nekropolen von Spina. Links, nördlich von ihr, waren die Nekropolen der Valle Trebba, wo Professor Alfieri noch in den letzten Jahren sporadische Grabungen vorgenommen hat. Südlich, rechts von ihr, liegt die Valle Pega, wo die Nekropolen der Zone, die antiken Kanäle, der Hafen und die Stadt Spina gefunden wurden. Wie bei vielen versunkenen alten Städten und Nekropolen müssen wir uns auch hier mit der Vorstellung des tätigen Lebens, das sie durchpulste, abfinden.

In Comacchio umfahren wir das alte, an Markttagen laut und farbig bewegte Städtchen. Auf Wegen und Dämmen zwischen braunem Schilf, niederen Büschen und schmalen Fischerhäfen kommen wir in eine Landschaft Italiens, der wir bisher nicht begegnet sind. Über dem breiten Kanal zum offenen Meer, dem Porto Garibaldi, mit dichtgedrängten Booten der Fischer, schwingt sich die moderne Brücke der neuen ›Strada Romea‹, die zu den erst vor wenigen Jahren angelegten, aufblühenden Badeorten Lido degli Estensi, Lido di Spina u. a. in großen Pinienwäldern führt. Gegen Norden kommt man auf ihr bis in die Nähe von Venedig, gegen Süden nach Ravenna.

Abbazia di Pomposa. Auf der neuen ›Strada Romea‹ taucht nach 18 km nordwärts überraschend der vielleicht eindrücklichste romanische Campanile Italiens auf (1063), das monumentale Wahrzeichen der im Mittelalter weithin berühmten Abtei von Pomposa. Kaiser und zahllose vornehme Herren haben sich auf ihren Romfahrten hier aufgehalten. Die frühen erzählerischen Fresken in der Basilika sind sehr eindrucksvoll. Seit dem Ende des 13. Jh. verließen die Mönche der sumpfigen Luft und Malaria wegen die Abtei. Die letzten zogen sich erst 1652 nach Montecassino zurück.

Heute ist der imposante, immer noch isolierte Bau vom näherrückenden Getümmel des Tourismus bedroht.

Adria. In der Achse des hochragenden Campanile die ›Strada Romea‹ überquerend, fahren wir über *Codigoro* nach dem kleinstädtischen, agrikolen Zentrum *Adria,* das einst neben Spina die bedeutendste etruskische Hafen- und Handelsstadt an der Adria war. Ihre Gründung ist noch wenig geklärt. Das Meer hat sich im Laufe der Jahrhunderte um 21 km vom Standort des alten etruskischen Hafens zurückgezogen. Archäologisch wurde festgestellt, daß Adria, ähnlich wie Spina, eine etruskische Stadt mit starker griechischer Präsenz war, daß sie ihre Blütezeit im 5. Jh. v. Chr. hatte und daß der gallisch-keltische Einfluß in ihr im 4.–2. Jh. v. Chr. überhandnahm. Der Wandel kommt besonders in den bemalten Gefäßen des Stiles ›alto-adriatica‹ zum Ausdruck, die zu den spätesten Erzeugnissen der Stadt gehören. Im Museum von Ferrara haben wir schon von ihnen gesprochen.

Die Sammlung des kleinen *Museo Archeologico,* Piazzale Etruschi 2, ist nicht nur von lokalem Interesse. Namentlich ist der griechische Einfluß mit Fragmenten bedeutender schwarz- und rotfiguriger attischer Vasen dokumentiert. Das etruskische Element ist mit einer Anzahl schöner ›bronzetti‹, etruskisch und venetisch beschrifteter Keramik und mit etruskisch-kampanischen Gefäßen vertreten.

28. Route

Este – S. Bonifacio – Soave – Verona – (Abzweigung nach Bolzano – Innsbruck) – Brescia – Bergamo – Mailand – Como (259 km)

Die vielen Kilometer dieser letzten Route sollen uns nicht beunruhigen. Von Este nach Soave, der Einfahrt in die Autostrada ›La Serenissima‹, sind es 44 km. Für die restliche Strecke von Soave über Mailand nach Como (215 km) haben wir ebenfalls eine Autostraße zur Verfügung, an der sich vier Restaurants befinden.

Wie in Ferrara beginnen wir den Tag in Este mit einem Besuch des weniger bekannten, jedoch bedeutenden *Museo Nazionale Atestino.* Einige kurze Angaben über das antike Este seien vorausgeschickt.

Este (Ateste). Vom Ende des 7. bis zum Ende des 4. Jh. v. Chr. war Este zusammen mit den etruskischen Städten Adria und Spina das größte Handelszentrum der Veneter an der Adria. Die kulturellen Beziehungen von Este mit dem benachbarten Nord-Etrurien (Etruria Padana) kommen im Museum nur spärlich zum Ausdruck. Das ist um so eigenartiger, als die Veneter gegen Ende des 6. Jh. v. Chr. – die ältesten venetischen Inschriften stammen aus dieser Zeit – den Typus des nordetruskischen Alphabetes übernommen haben.

Ein alter Palazzo aus dem 16. Jh., unweit vom Hotel Beatrice d'Este, beherbergt das *Museo Nazionale Atestino*. Es enthält eine reiche Sammlung von Funden der vorgeschichtlichen bis in die römische Zeit in der Zone um Este (Abb. 132, 133). Wir konzentrieren uns zunächst auf die zwei herausragenden Gruppen des Museums, auf die frühen Ossuarien in Ton und auf die Toreutik, d. h. auf die berühmten Treibarbeiten in Bronze. Allein auf die bikonischen, ornamental geritzten Impasto- und Terrakotta-Urnen, die hochstieligen Pokale, die Vase mit zwei Gänsen auf vier Rädern und die vielen weiteren Objekte aus dem 8.–6. Jh. v. Chr. könnte man einen vollen Tag verwenden. Den Höhepunkt erreicht man bei den erstaunlichen, hochkünstlerischen Bronzearbeiten des 6. bis 4. Jh. v. Chr. Es ist die Kunst der Situlen, der Eimer in Bronze, deren Wände mit einem unvorstellbaren Reichtum von Figuren, Tieren und Pflanzen in Treibarbeit überzogen wurden. Este war für diese Kunst ein frühestes Zentrum. Die Situlen waren für den Gebrauch im Hause und als funeräre Aschenbehälter bestimmt. Die älteste bekannte, figürlich verzierte Situla, die *Situla Benvenuti* mit drei breiten Tierfriesen, wurde um 600 v. Chr. in Este hergestellt.

Ihr folgen die Situla Randi (550 v. Chr.) und die prachtvollen Eimer Boldù-Dolfin und Capodaglio aus dem 4. Jh. v. Chr. Nirgendwo findet man eine ähnlich stattliche Reihe von diesen Kunstwerken. Über die Situlen und deren Verbreitung sprachen wir bereits bei der Beschreibung der berühmten *Situla Certosa* in Bologna (s. S. 30).

Diesen großartigen Werken reihen sich die kleineren gehämmerten Arbeiten im Museum an, Gürtel, Votive, Deckel von Situlen, Ossuarien und auch die gegossenen Figuren. Gewisse Situlen (z. B. die von der Certosa) weisen östliche Elemente auf. Solche Feststellungen erinnern an die großen Bronzekessel mit getriebenen Untersätzen der orientalisierenden Phase aus Cerveteri, Palestrina oder Vetulònia, die auch aus dem Osten nach Etrurien gekommen sind.

So spärlich die etruskische Vertretung im schönen Museum von Este ist, so neuartig und interessant ist die Begegnung mit charakteristischen Werken des venetischen Randgebietes von Nord-Etrurien.

Noch unter dem starken Eindruck von der frühesten Hochkultur Italiens und der Ursprünglichkeit des Landes, in dem die Gräber liegen, aus denen unser Wissen von den Etruskern stammt, fahren wir auf die ›Serenissima‹. Über Mailand nordwärts haltend, erreichen wir die ›Laghi‹ (Seen) an der Grenze des Landes.

Literaturhinweise

Gesamtdarstellungen

BANTI, L., Die Welt der Etrusker. Stuttgart 1960

BIZZARRI, M., und CURRI, C., Magica Etruria. Florenz 1968

BLOCH, R., Die Etrusker. Köln 1960

– Die Etrusker. Genf 1970

– Tite Live et les premiers siècles de Rome. Paris 1965

CLES-REDEN, S., Das versunkene Volk. Frankfurt a. M. 1956

Etruscan Culture. Land and People. By Members of The Swedish Institute in Rom. Columbia University Press, New York / Malmö 1962

HARREL-COURTÈS, H., L'Italie des Etrusques. Paris 1960

HEURGON, JACQUES, La Vie Quotidienne chez les Étrusques. Paris 1961 (Deutsche Übersetzung: Die Etrusker. Reclam, Stuttgart 1971)

– Die Etrusker. Stuttgart 1971

MANSUELLI, G., Etrurien und die Anfänge Roms. Baden-Baden 1963

MÜLLER, K. O., und DEECKE, W., Die Etrusker. Stuttgart 1877 (Nachdruck Graz 1965)

NEPPI MODONA, A., Führer zu den etruskischen Altertümern. Florenz 1968

NOGARA, B., Gli Etruschi e la loro civiltà. Mailand 1933

PALLOTTINO, M., Die Etrusker. Frankfurt/M. 1965

PFIFFIG, AMBROS JOSEF, Einführung in die Etruskologie. Darmstadt 1972

STÜTZER, H. A., Die Etrusker. München 1965

VACANO, O. W. VON, Die Etrusker. Stuttgart 1955

– Die Etrusker in der Welt der Antike. Hamburg 1957

Kunst, Kultur, Religion

ANDRÉN, A., Architectural Terracottas from Etrusco-Italic Temples. 2 Bde. Lund 1939 bis 1940

BARTOCCINI, R. u. A. DE AGOSTINO, Museo di Villa Giulia. Katalog des Antiquariums und der Kollektion Castellani. Mailand 1961

BEAZLEY, J. D., UND F. MAGGI, La Raccolta Benedetto Guglielmi, Museo Gregoriano Etrusco. Città del Vaticano 1939

BEAZLEY, J. D., Etruscan Vase-Painting. Oxford 1947

BIANCHI BANDINELLI, R., u. G. COLONNA, Arte Etrusca e Arte Italica. Enciclopedia dell' Arte Classica, Bd. III u. IV. Rom 1963

BLOCH, R., Die Kunst der Etrusker. Würzburg 1958

CAMPOREALE, G., Buccheri a Cilindretto di Fabbrica Orvietana. Florenz 1972

Capua (Caserta). Museo Provinciale Campano, Via Roma 68

CLEMEN, C., Die etruskische Säkularrechnung. Studi e materiali stor. rel. 4, S. 235 ff., 1928

– Die Religion der Etrusker. Bonn 1936

DEL CHIARO, M., Etruscan Art. University of California, Santa Barbara 1967

DUCATI, R., Storia dell'arte etrusca. 2 Bde. Florenz 1927

GERHARD, E., Etruskische Spiegel. 5 Bde. Berlin 1884–1897

GIGLIOLI G. Q., L'Arte Etrusca. Mailand 1935

GRENIER, A., Les religions étrusques et romaines. Paris 1948

Grosseto, archäologisches Museum. Palazzo dello Scuole Classiche, Via Mazzini 28

HAMPE, R., und E. SIMON, Griechische Sagen in der frühen etruskischen Kunst. Mainz 1964

HELBIG, W., Führer durch die Sammlungen klassischer Altertümer in Rom. I Vatikan (1963), II Konservatorenpalast (1966), III Museo Nazionale di Villa Giulia (1969)
HERBIG, R., Die jüngeretruskischen Steinsarkophage. Berlin 1952
– Götter und Dämonen der Etrusker. Mainz 1965
HEURGON, J., La vie quotidienne chez les Etrusques. Paris 1961
KASCHNITZ VON WEINBERG, G., Das Schöpferische in der römischen Kunst. (Im II. Teil das Auftreten der Etrusker.) Reinbek 1961 (Rowohlt)
KASTELIC, JOZE, Situlenkunst. Wien 1964
Kunst und Kultur der Etrusker. Katalog der Ausstellung in Wien 1966
LEISINGER, H., Malerei der Etrusker. Stuttgart 1954
LLEWELLYN-BROWN, W., The Etruscan Lion. Oxford 1960
Medical Biology and Etruscan Origins. Ciba Foundation. London 1959
MORETTI, M., Museo di Villa Giulia. Katalog. Rom 1964
PALLOTTINO, M., La Peinture étrusque. Genf 1952
– Die etruskische Sprache. Katalog der Ausstellung Kunst und Leben der Etrusker, Köln 1956
PFIFFIG, A. J., Die Ausbreitung des römischen Städtewesens in Etrurien. Florenz 1966
– Die etruskische Sprache. Graz 1969
POULSEN, VAGN, Etruskische Kunst. Königstein 1969 (Die Blauen Bücher)
RONCALLI, FR., Le Lastre dipinte da Cerveteri. Florenz 1965
SANTANGELO, M., Musei e Monumenti Etruschi. Novara 1960
STÜTZER, H. A., Die Kunst der Etrusker und der römischen Republik. München 1956
– Die Etrusker. München 1965
TRESKOW, E., Über die Technik der Granulation. Katalog Kunst und Leben der Etrusker, Köln 1956

Über die etruskischen Gräber

AKERSTRÖM, A., Studien über die etruskischen Gräber. Uppsala 1934
DEMUS-QUATEMBER, M., Etruskische Grabarchitektur. Baden-Baden 1958
DENNIS, G., The Cities and Cemeteries of Etruria. 2 Bde. London 1883 (Neuauflage 1948)
DUHN, FR., Italische Gräberkunde. 2 Bde. Heidelberg 1924/39
ROSI, G., Sepulcral Architecture as illustrated by Rock-Facades of Central Etruria I and II, Journal of Roman Studies XV (1925), XVII (1927)

Orte und Nekropolen

Acquarossa-Férento (bei Viterbo)

OESTENBERG, C. E., Gli scavi dell'Istituto Svedese all'Acquarossa. Tuscia archeologica. Rom 1971, Nr. 1

Allumiere

TOTI, O., Allumiere e il suo territorio. 1967. Antiquarium Civico di Allumiere

Bisenzio

PANNUCCI, U., Bisenzio e le Antiche Civiltà intorno al Lago di Bolsena. Grotte di Castro 1964

Bologna

Civiltà del Ferro. Studi pubblicati nella ricorrenza centenaria della scoperta di Villanova. Bologna 1959

Castel d'Asso (bei Viterbo)

COLONNA DI PAOLO, E., und G. COLONNA, Castel d'Asso. Rom 1970
CRESSEDI, G., Enciclopedia dell'Arte Antica, Bd. II, 1959

Castellina in Chianti
ROCCHETTI, L., Montecalvario, Enciclopedia dell'Arte Antica, Bd. V, 1963

Castro (Viterbo)
STENDARDI, E., Città di Castro. Viterbo 1959
TORELLI, M., Una biga etrusca scoperta negli scavi di Castro, ›Archeologia‹ N. 42, 1967

Cerveteri (Caere)
PARETI, L., La Tomba Regolini-Galassi. Città del Vaticano 1947
VIGHI, R., G. RICCI und M. MORETTI, Caere in Monumenti antichi Lincei, XLII, 1955
PALLOTTINO, M., La necropoli di Cerveteri. Itinerario N. 70, Rom 1966

Chiusi
LEVI, D., Il Museo Civico di Chiusi. Rom 1935
THIMME, J., Chiusinische Aschenkisten und Sarkophage der hellenistischen Zeit. St. Etr. XXIII, 1954/55, XXV, 1957
MESCHINI, S., Enciclopedia dell'Arte Antica, Bd. II, 1959

Cortona
NEPPI MODONA, A., Cortona etrusca e romana. Firenze 1925
DEMUS-QUATEMBER, M., Zur Konstruktionsweise der ›Tomba Pitagora‹, Palladio Nr. II, III, 1957

Etruria Padana
Katalog der Mostra dell'Etruria Padana e della Città di Spina. Bologna 1960

Férento
ROSSI DANIELLI, L., Gli Etruschi del Viterbese. Férento. 2 Bde. Viterbo 1959/62 (siehe auch Acquarossa)

Ferrara
AURIGEMMA, S., und N. ALFIERI, Il Museo Nazionale Archeologico di Spina in Ferrara. Itinerari N. 95. Rom 1961 (siehe auch Spina)

Fiesole
DE AGOSTINO, A., Fiesole. Itinerari N. 83. Rom 1949
MAETZKE, G., Sul tempio etrusco di Fiesole. St. Etr. XXIV, 1955/56

Grotta Porcina (unweit Vetralla)
COLONNA, G., Bollettino d'Arte, S. 130. Rom 1965

Marsiliana d'Albegna
MINTO, A., Marsiliana d'Albegna, Florenz 1921

Marzabotto
MANSUELLI, G. A., Guida alla Città Etrusca e al Museo di Marzabotto 1966

Norchia
DEMUS-QUATEMBER, M., Die Tomben mit Tempelfassade in der Nekropole von Norchia. Österr. Jahreshefte XL 1953
GUERRINI, L., Norchia, Enciclopedia dell' Arte Antica, Bd. V, 1963

Orvieto
BIZZARRI, M., La necropoli di Crocifisso del Tufo in Orvieto. Orvieto 1963
– Orvieto Etrusca. Orvieto 1967

Palestrina (Praeneste)
QUATTROCCHI, G., Il Museo Archeologico Prenestino. Rom 1956
JACOPI, G., Il Santuario della Fortuna Primigenia e il Museo Archeologico Prenestino Itinerario N. 100, Rom 1967
DENSMORE CURTIS, C., The Bernardini Tomb, Memoirs of the American Academy Rome, III, 1919
– The Barberini Tomb, V, 1921

Perugia

KÖRTE, G., Das Volumniergrab bei Perugia. Berlin 1909

PAOLETTI, A., Studi su Perugia etrusca. Perugia 1923

FERUGLIO, A. E., Perugia, Enciclopedia dell' Arte Antica, Bd. VI, 1965

Poggio Buco

MATTEUCIG, G., Poggio Buco. Berkeley/ Los Angeles 1951

BARTOLINI, G., Le Tombe Da Poggio Buco. Florenz 1972

Poggio Civitate

Poggio Civitate (Murlo, Siena). Katalog der Ausstellung Firenze – Siena, 1970

Populonia

MINTO, A., Populonia. Florenz 1943

DE AGOSTINO, A., Populonia, La Città e la necropoli. Itinerario N. 109, Rom 1965

Pyrgi (S. Severa)

PALLOTTINO, M., Scavi nel santuario etrusco di Pyrgi, Archeologia Classica X, 1958

Quinto Fiorentino (bei Florenz), ›La Montagnola‹

CAPUTO, G., Nuova tomba etrusca a Quinto fiorentino, St. Etr. XXVII, 1959

– La Montagnola di Quinto Fiorentino. Bollettino d'Arte N. II/III, Rom 1962

– Quinto Fiorentino, Enciclopedia dell'Arte Antica, Bd. IV, 1965

Roselle

LAVIOSA, C., St. Etr. XXVII 1959

– Rusellae. Florenz 1965

MAZZOLAI, ALDO, Roselle e il suo Territorio. Grosseto 1960

San Giovenale

HANELL, K., San Giovenale. Etruscan Cultur, S. 277, 1962. Schwedisches Institut Rom. Columbia University Press New York. Allhem Malmö Schweden

– Enciclopedia dell'Arte Antica, Bd. VI, 1965

San Giuliano (bei Barbarano Romano)

GARGANA, A., La necropoli rupestre di S. Giuliano, Mon. Ant. Lincei XXXIII, S. 298, 1930

Saturnia

MINTO, A., Saturnia etrusca e romana, Mon. Ant. XXX, 1925

TALLOCCHINI, A., Saturnia, Enciclopedia dell' Arte Antica, Bd. VII, 1966

Sovana

BIANCHI BANDINELLI, R., Sovana. Florenz 1929

BALDINI, E., Sovana. Florenz 1956

MAZZOLAI, A., Guida di Sovana. Ente Prov. per il Turismo. Grosseto

Spina

ALFIERI, N., und P. E. ARIAS, Spina. München 1958 (siehe auch Ferrara)

– Spina. Guida al Museo archeologico in Ferrara. Florenz 1960

Sutri

POPERS, J., Sutrium, British School at Rome 1958

Tarquinia

ROMANELLI, P., Tarquinia, la necropoli e il museo. Itinerari N. 75, Rom 1954

BARTOCCINI, R., R. LERICI und M. MORETTI, La Tomba delle Olimpiadi, mit Beitrag über geophysische Methode zur Auffindung der Gräber. Mailand 1959

MORETTI, M., La Tomba delle Nave. Mailand 1961

HENCKEN, H., Tarquinia and Etruscan Origins. London 1968

Tolfa

STAFANINI, A., Recenti scoperte nel territorio di Tolfa. Tolfa 1965

Tuscania

TORELLI, M., Il Museo di Tuscania. Rom 1964

– Tuscania. Enciclopedia dell'Arte Antica, Bd. VII, 1966

– Nuovi sarcofaghi etruschi della necropoli di Tuscania. Archeologia, N. 42, 1967

Veji

DE AGOSTINO, A., Itinerari N. 108, Rom 1965,

– La Tomba delle Anatre. Quadrini di Villa Giulia. Rom 1964

Vetulònia

FALCHI, I., Vetulonia e la sua necropoli anticissima 1891

LEVI, D., Vetulonia. Carta archeologica della città. St. Etr. Bd. V, 1931

CAMPOREALE, G., La Tomba del Duce. Florenz 1967

Viterbo

FOTI, G., Museo Civico di Viterbo. 1957

Volterra

CONSORTINI, L., Volterra nell'antichità. Volterra 1940

FIUMI, E., Volterra. Enciclopedia dell'Arte Antica, Bd. VII, 1966

Vulci

MESSERSCHMIDT, FR., u. A. VON GERKAN, Die Nekropolen von Vulci. Berlin 1930

BARTOCCINI, R., Vulci. Storia – Scavi – Rinvenimenti. Rom 1960

RICCIONI, GIULIANA, und M. T. FALCONI AMORELLI, La Tomba della Panatenaica di Vulci. Quaderni di Villa Giulia N. 3. Rom 1968

HUS, ALAIN, Vulci Étrusque et Etrusco-Romain. Paris 1971

Villanovakultur

ABERG, N., Bronzezeitliche und früheisenzeitliche Chronologie I, Italien. Stockholm 1930

AKERSTRÖM, A., Der geometrische Stil in Italien. Lund 1943

Civiltà del Ferro. Studi pubblicati nella ricorrenza centenaria delle scoperta di Villanova. Documenti e Studi, Bd. VI. Bologna 1959

PALLOTTINO, M., Sulla cronologia dell'età del bronzo finale e dell'età del ferro in Italia. St. Etr. XXVIII (1960), S. 11 ff.

– Civiltà artistica etrusco-italica. Florenz 1971

RANDALL MACIVER, D., Villanovens and Early Etruscans. Oxford 1924

– The Iron Age in Italy. Oxford 1927

Verzeichnis der Abbildungen

Schwarzweiß-Abbildungen

(Aufnahmen ohne Angabe der Herkunft stammen vom Autor)

28 VETULONIA Deckstein eines Grabes aus dem 7. Jh. v. Chr. Museo Archeologico Nazionale, Florenz (Foto: L. von Matt)

29 ROSELLE Etruskische Rampenmauer (Foto: L. von Matt)

30 ROSELLE Ausgrabungen (1968)

31 ANSEDONIA ›La Tagliata‹, Barriere und Mündung des Kanals (Foto: L. v. Matt)

32 COSA bei Ansedonia, Stadtmauer

33 SATURNIA Etruskische Polygonalmauer mit Porta Romana (Foto: L. von Matt)

34 POGGIO BUCO Bauernhaus über einem Kammergrab

35 POGGIO BUCO Eingeritzter Tierfries von einem Impastogefäß des 7. Jh. v. Chr. Privatbesitz, Basel

36 POGGIO BUCO Amphora des 7. Jahrh. v. Chr. mit geometrischer Darstellung. Privatbesitz, Basel

37 Bei SOVANA (Foto: L. von Matt)

38 SOVANA Tomba Pola

39 SOVANA Tomba della Sirena (Foto: L. von Matt)

40 PITIGLIANO Unterhalb der Häuser Straße nach Sovana

41 CASTRO Stadthügel

42 VULCI Brücke über die Fiora u. Kastell, in dem ein Museum eingerichtet wurde

43 VULCI Tomba François in der Nekropole di Ponte Rotto

44 VULCI Tomba dei Tori. Einer der beiden Stierköpfe in situ. Von Grabräubern verschleppt, kamen sie später ins Museum des Kastells

45 VULCI Kentaur in Nenfro-Stein, Anfang 6. Jh. v. Chr. Museo Villa Giulia, Rom

46 VULCI Tänzerfigur vom unteren Teil eines etruskischen Räucherständers; Höhe 36,6 cm, um 490–480 v. Chr. Badisches Landesmuseum, Karlsruhe

47 VULCI Kelchschale in Bucchero mit Stützfiguren, beliebte Gattung der orientalisierenden Phase in Südetrurien, 7. Jh. v. Chr. Museo Villa Giulia, Rom

48 VULCI Detail vom Nenfro-Sarkophag, Ende 4. Jh. v. Chr. Museo Villa Giulia, Rom

49 TUSCANIA Blick auf Kastell und S. Pietro

50 TUSCANIA Deckel eines Terrakotta-Sarkophags, 2.–1. Jh. v. Chr. Museum Tuscania

51 TUSCANIA Fassade von S. Pietro. Links etruskisches Relief eines Tänzers

52 VITERBO Markt und Kirche Il Gesù, 11. Jh. Auf den Dachschrägen Tiere wie auf dem Rande eines etruskischen Bronzebeckens

53 CASTEL D'ASSO Würfelgrab mit dem Profil einer großen Scheintür an der Fassade. Unter ihr Reste des abgebrochenen Vordaches und der kleineren Scheintür, vor der der Gang zur Totenkammer im Boden liegt

54 CASTEL D'ASSO Scheinwürfel mit Vordach

55 NORCHIA Sogen. Tempel- und Würfelgräber. Zwischen den Würfeln Treppen zum Plateau hinauf

56 BARBARANO ROMANO Die Ortschaft über dem Fosso Biedano

57 SAN GIULIANO bei Barbarano Romano Tomba Cima, Pilaster im linken Längsraum

58 SAN GIULIANO Tumulus del Caiolo, Vorhalle (Foto: Moncini)

59 SAN GIULIANO Tomba della Regina

60 SAN GIULIANO Le Palazzine, Halbwürfelgrab mit drei Kammern (Foto: Moncini)

61 SAN GIULIANO Tomba Displuviata (Foto: Moncini)

62 SAN GIULIANO Tomba del Cervo, Hirsch und Hund an der Seitenwand des Grabwürfels

63 SAN GIULIANO Neue Ausgrabungen

64 SUTRI Madonna del Parto, zu einer Kapelle umgestaltete etruskische Kammergräber (Foto: Alinari)

94 CERVETERI Charakteristische dünnwandige Kanne in Bucchero, Mitte 7. Jh. v. Chr. Privatbesitz Basel

95 CERVETERI Detail vom sog. Löwensarkophag, 6. Jh. v. Chr. Aus Ceri bei Cerveteri. Museo Villa Giulia, Rom (Foto: L. von Matt)

96 CERVETERI Regolini-Galassi-Grab, 7. Jh. v. Chr., Sorbo-Nekropole. Teilansicht der Totenkammer und des langen Dromos

97 ROM, MUSEO VILLA GIULIA Kopf der Terrakotta-Statue des Aplu (Apollon), 6. bis 5. Jh. v. Chr. Aus Veji, Heiligtum von Portonaccio (Foto: L. von Matt)

98 ROM, MUSEO VILLA GIULIA Bucchero-Kanne mit Pferd, Ende 7. Jh. v. Chr. Aus Orvieto (Foto: L. von Matt)

99 ROM, MUSEO VILLA GIULIA Krieger mit Federbuschhelmen, Votiv-Bronzen aus Cagli, 5. Jh. v. Chr. (Foto: L. von Matt)

100 ROM, MUSEO VILLA GIULIA Bronzestatuette eines pflügenden Bauern, aus der Gegend von Arezzo, 4. Jh. v. Chr. (Foto: L. von Matt)

101 ROM, MUSEO ETRUSCO GREGORIANO Goldener Brustschmuck aus dem Regolini-Galassi-Grab in Cerveteri, Sorbo-Nekropole. 7. Jh. v. Chr. (Foto: L. von Matt)

102 ROM, MUSEO ETRUSCO GREGORIANO Goldene Plattenfibel aus Cerveteri, erste Hälfte 7. Jh. v. Chr. (Foto: Dräyer)

103 ROM, MUSEO VILLA GIULIA Kuhfüßiger Kultkessel mit Topfguckern. Erste Hälfte 7. Jh. v. Chr. Aus dem Bernardini-Grab in Palestrina (Praeneste) (Foto: Dräyer)

104 ROM, MUSEO ETRUSCO GREGORIANO Terrakotta-Flügelroß (Eckziegel) aus Cerveteri, Anfang 5. Jh. v. Chr. (Foto: Dräyer)

105 ROM, KAPITOLINISCHE MUSEEN Krater des Aristonothos, Ende 7. Jh. v. Chr.

106 ROM, KAPITOLINISCHE MUSEEN Grabstatuette eines sitzenden Etruskers, aus Cerveteri, gegen 600 v. Chr.

107 ROM, MUSEO VILLA GIULIA Gorgoneion aus Veji, Stirnziegel vom Heiligtum von Portonaccio, 6.–5. Jh. v. Chr. (Foto: L. von Matt)

108 ROM, MUSEO VILLA GIULIA Fragment eines Männerkopfes aus Veji, Heiligtum von Portonaccio. Terrakotta, 6.–5. Jh. v. Chr. (Foto: L. von Matt)

109 VEJI Tomba Campana. Auf der Vorderseite der Trennwand beider Kammern befinden sich die weitgehend zerstörten Reste einer frühen Malerei, um 600 v. Chr.

110 VEJI Tomba delle Anatre (Entengrab), um 675–650 v. Chr.

111 ROM, MUSEO VILLA GIULIA Detail der großen Schulterfibel aus dem Bernardini-Grab in Palestrina (Praeneste) (Foto: L. von Matt)

112 ROM, MUSEO VILLA GIULIA Bronzespiegel mit dem ›Urteil des Paris‹. Aus Palestrina (Praeneste) (Foto: L. Matt)

113 ROM, MUSEO VILLA GIULIA ›Cista Ficoroni‹ aus Palestrina (Praeneste), Höhe 75 cm, Mitte 4. Jh. v. Chr. (Foto: L. von Matt)

114 ORVIETO Blick auf die Stadt

115 ORVIETO Nekropole Crocefisso del Tufo. Letzte Ausgrabungen

116 ORVIETO Vorkragende Eindeckung der Kammern, Nekropole Crocefisso del Tufo

117 CHIUSI Tomba del Colle (früher Casuccini), Fresko: Wagenrennen. Skulptierte und bemalte Kassettendecke. Um 470 v. Chr.

118 CHIUSI Kanope. Kopf aus Terrakotta, Thron aus Impasto, Aschenbehälter aus Bronze, 6. Jh. v. Chr., Museum Chiusi (Foto: L. von Matt)

119 CHIUSI Kanope aus Impasto, 6. Jh. v. Chr. Aus der Provinz Chiusi. Museo Archeologico Nazionale, Florenz (Foto: L. von Matt)

120 CHIUSI Detail von einem Sandstein-

Farbtafeln

Abbildungen im Text

(Die Ziffern verweisen auf die Buchseite)

Register

Personen

1 *Dennis, George*, Engländer, hat von 1842 bis 1847 Etrurien erforschend bereist. In zwei Bänden, in ›Cities and Cemeteries of Etruria‹, hat er seine Beobachtungen publiziert. Die erste deutsche Übersetzung ist 1852 erschienen. K. O. Müller hat für sein berühmtes Buch ›Die Etrusker‹ die Bücher von Dennis benutzt.

2 *Rossi Danielli, Luigi* aus Viterbo (1870–1909), ein begeisterter Laie, hat in Verbindung mit den besten Archäologen seiner Zeit auf eigene Kosten wichtige Ausgrabungen im Gebiet von Viterbo unternommen. Férento (Theater) 1902–1908, Musarna, Poggio Montano, Norchia, S. Giuliano, Blera u. a. Seine Berichte mit Zeichnungen und Plänen sind in zwei Bänden ›Gli Etruschi del Viterbese‹ (1959 und 1962) in Viterbo erschienen. Die vielfältigen Funde hat er den Museen von Florenz und Viterbo geschenkt.

Orte